우리가 몰랐던
진짜 금융
이야기

우리가 몰랐던 진짜 금융 이야기

한국의 사회적금융 현장 리포트

문진수 지음

북돋움 COOP

일러두기

① 대출과 융자는 같은 의미로 사용했다.
② 투자는 융자를 포함하는 금융 행위 전부를 뜻하지만, 여기서는 구조와 방식 면에서 투자와 융자를 구분해 서술했다.
③ 시장금융이란 주류 금융시장의 작동 원리와 방식을 말한다.
④ 사회적경제기업은 사회적기업, 마을기업, 협동조합, 자활기업을 말한다.
⑤ 소셜벤처기업은 넓은 의미의 사회적경제기업에 포함되지만 별도의 기업 형태로 분류했다.
⑥ 혁신기업은 사회적 가치를 추구하는 범사회적경제기업을 포괄한다.
⑦ 지역(local)은 상대적으로 큰 범위, 공동체(community)는 작은 범위를 말한다.
⑧ 사회적금융의 범주와 기관 분류 방식은 저자의 판단에 따른 것이다.
⑨ 각 기관의 통계 수치는 2021년 12월 31일 현재 기준으로 집계한 것이다.
⑩ 장별 기관 배치 순서는 설립 연도 혹은 사업 개시 연도 기준이다.

무엇이든 이루어지기 전에는 불가능해 보인다.

(It always seems impossible until it's done.)

- 넬슨 만델라(Nelson Mandela)

목차

들어가며

모자 속의 코끼리

“사회적금융이 뭐예요?”

“착한 금융입니다.”

“그럼 현실의 금융은 나쁜 금융인가요?”

“나쁘다고 단정할 순 없지만, 착하지 않은 건 맞습니다.”

“그래서 정확히 사회적금융은 뭔데요?”

지난 십수 년 동안 가장 많이 받았던 질문과 답변의 순서는 언제나 같았다.

내 눈에 금융은 코끼리를 삼킨 보아뱀처럼 보였지만, 사람들은 모자가 무슨 문제가 되는지 모르겠다는 반응이었다. 어른들을 위한 금융 동화를 써 볼까 생각했지만, 그림 솜씨가 없어 포기했다. 다만 비록 형편없는 글일지언정, 모자 속에 감추어진 코끼리를 보여 주고 말리라는 다짐을 했다. 이 글은 그 다짐의 결과물이다.

지금부터 금융에 관한 이야기를 하려고 한다. 그렇다고 딱딱하고 재미없는 금융 이론을 다루려는 것은 아니다. 신문이나 뉴스에서 흔히 접할 수 있는 이른바 돈 버는 이야기는 더더욱 아니다. 이 글의 주제는 사회적금융social finance이다. 금융 앞에 사회라는 말이 붙어 있어서 낯설게 느껴질지 모르겠다. '금융은 금융이지, 사회적금융은 무슨 뜻인가? 현실 금융은 사회적이지 않다는 것인가?' 그런 생각이 들 것이다.

몸속에 피가 순환하지 않으면 생명을 유지할 수 없듯이, 경제가 살아 움직이려면 돈이 막힘없이 잘 돌아야 한다. 그것이 금융의 역할이다. 그런데 한 가지가 더 있다. 우리가 살아가고 있는 사회와 국가, 지구와 환경이 지속 가능한 상태를 유지하려면 돈이 좋은 곳으로 흘러가야 한다. 금융이 가치 있는 일을 하는 사람들을 돕는 도구가 되어야 한다.

은행은 기업에 돈을 빌려주지만 원금을 떼이지 않고 이자를 걷으면 그만일 뿐, 그 돈이 어떻게 쓰이는가는 관심이 없다. 하지만 돈은 누가 어떤 목적으로 사용하는가에 따라 다른 결과를 만들어 낸다. 지구 환경을 위협하는 석유 채굴회사와 신재생에너지를 생산하는 기업 중 어느 쪽이 더 이로운가를 생각해 보면 된다. 두말할 나위 없이 후자가 전자보다 더 큰 사회적 가치를 만들어 낸다.

그런 일을 하는 곳이 존재한단 말인가? 그렇다. 앞으로 소개할 기관들이 바로 그 주인공들이다. 사회적 가치를 창출하는 일에 금융이 유용하게 쓰이도록 힘쓰는 회사와 기관들, 바로 사회적금융 중개기관들이다. 자본시장과 혁신기업을 잇고, 금융에서 배제된 이들을 포용하며, 사익이 아닌 공익적 가치를 위해 금융이 활용되도록 다리 역할을 한다.

시장금융의 거대한 흐름에 비하면 아주 작은 영역에 불과할지 모르지만 이들을 통해 미래의 희망을 본다. 금융은 어떻게 활용하는가에 따라 세상을 좋은 방향으로 이끄는 촉매가 될 수 있다는 것, 수익과 가치를 함께 도모하는 일이 불가능한 게임이 아니라는 것, 수익만을 탐하는 금융은 사회와 환경을 망치지만 가치 있는 일에 돈을 투자하면 멋진 세상을 만들 수 있다는 희망 말이다.

우리나라를 대표하는 사회적금융 중개기관 42곳 이야기를 하려고 한다. 활동하는 영역과 역할은 조금씩 다르지만, 사회적으로 가치 있는 일에 돈을 투자한다는 점에서 공통점을 가지고 있다. 은행 문턱을 넘지 못하는 소외계층에게 돈을 빌려주고, 지구와 환경을 지키려는 혁신기업에 투자하며, 지역에 뿌리를 둔 사회적경제 조직을 지원하고, 공동체를 지키고 보전하기 위해 금융을 활용한다. 세상을 이롭게 하는 금융 질서를 만들기 위해 노력하고 있다.

사회적금융이란 무엇이고, 어떤 역할을 하며, 누가 이 생태계에서 활동하고 있는지를 소개하기 위해 이 글을 썼다. 금융업에 종사하고 있는 분들, 공공 영역에서 일하는 분들, 금융 관련 정책을 만드는 분들, 사회적경제 영역에서 일하는 분들, 혁신기업의 성장을 돕는 분들, 지역의 지속 가능한 생태계를 고민하는 분들, 우리 사회의 건강한 미래를 고민하는 분들에게 읽기를 권한다.

이 글은 총 6개의 장으로 나누어져 있다.

1장에는 사회적금융이란 무엇이고 어떤 유형과 범주로 나누는지, 중개기관은 어떤 역할을 하는지, 현재 우리나라 사회적금융 생태계는 어떻게 움직이는지에 관한 이야기를 담았다. 2장부터 6장까지는 이 책의 주인공인 사회적금융 중개기관이 무슨 일을 하고 있는지 소개하는 내용이다.

2장은 포용금융을 실천하는 곳들이다. 무담보 소액대출 사업을 하는 비영리 민간기관들을 만날 수 있다. 3장은 호혜금융에 관한 이야기이다. 노동자, 자활 공동체, 활동가 등 시민들 스스로 금융 안전망을 만들고 있는 공제조합과 지역에서 활동하고 있는 신용협동조합, 청년, 사회적경제 등 대안적인 금융 질서를 모색하는 기관들을 소개하려 한다.

4장은 최근 ESG 흐름과 더불어 폭발적인 성장세를 나타내고 있는 임팩트impact 금융에 관한 내용이다. 비영리 기반의 민간 법인들, 시민들로부터 자금을 모아 혁신기업에 투자하는 플랫폼 사업자, 사회목적투자를 전문으로 하는 중개회사, 사회주택 사업자를 지원하는 기금과 조직 등 다양한 중개기관이 이 영역에서 활동하고 있다.

5장은 마을공동체 금융을 실천하는 기관과 사회적경제 영역을 지원하기 위해 설립된 지방자치단체 기금 등 지역금융에 관한 내용이 담겨 있다. 마지막으로 6장은 정부의 사회적금융 활성화 정책(2018년)에 따라 자금 공급 채널 역할을 담당하고 있는 공공기관들을 소개하려 한다. 독자들의 이해를 돕고자, 사회적금융에 관해 궁금해할 만한 내용을 모아 부록에 담았다.

가능한 한 읽기 편하게 쓰려고 노력했지만, 금융을 처음 접하는 분들은 전문 용어들로 인해 부담을 느낄 수도 있을 것 같다. 특별히 관심이 가지 않는 곳은 건너뛰어도 무방하다. 다만 사회적금융의 개념과 종류, 흐름을 다룬 1장은 꼭 읽어 보시길 추천한다. 책에 소개된 회사와 기관들을 좀 더 깊게 알고 싶은 분은 관련 누리집homepage을 방문해 보시기 바란다.

가능한 한 주관을 배제하고 사실에 입각하고자 했으나, 저자의 관점과 주장이 포함된 내용이 많아 어떤 분에겐 불편함을 줄 수도 있을지 모르겠다. 만일 사실과 다르거나 과장된 측면이 있다면 모두 글쓴이의 잘못이다. 이견에 대한 가감 없는 노출과 건강한 토론을 통해 더 나은 방안을 찾아가자는 말씀으로 양해를 구한다.

전염병이 기승을 부리던 작년 여름부터 가을 사이, 여러 기관을 방문해 현장의 목소리를 들었다. 인터뷰를 통해 녹음된 대화 내용을 확인하고 관련 자료를 정리하는 동안, 겨울에서 봄으로 계절이 바뀌었다. 팬데믹 덕분에 만남 횟수가 많이 줄어 집중할 여유를 얻을 수 있었다. 여전히 부족한 구석이 많이 보이지만, 그만 세상으로 보낼 때가 된 것 같다.

분주한 가운데서도 흔쾌히 시간을 할애하고 소중한 경험을 들려준 모든 분에게 이 지면을 빌려 고맙다는 말씀을 전한다. 여기 수록된 기관들 외에도, 보이지 않는 곳에서 어려운 이웃을 돕고 훌륭한 기업을 키우려고 노력하는 착한 금융기관이 많이 존재할 것이라 믿는다. 더 열심히 행적을 따라가 귀중한 경험을 듣고 전하지 못한 것이 미안할 따름이다.

끝으로 이 책이 완성되기까지 도움을 주신 분들께 감사의 인사를 드린다. 한국사회가치연대기금의 장지연 실장과 서유경 팀장은 중개기관들을 만나 인터뷰할 수 있도록 다리 역할을 해 주었다. 오랜 기간 사회적금융이란 주제를 놓고 함께 고민하는 동지이자 후배인 홍길과 상진에게도 고마움을 전한다. 책의 기획부터 검증까지 많은 시간을 할애해 귀한 조언을 해 주었다. 진심으로 고맙게 생각한다.

북돋움coop 출판사에도 감사 말씀을 드린다. 거친 원고를 다듬어 주고 세상에 내놓을 수 있도록 해 주었다. 늘 곁에서 격려와 응원을 아끼지 않는 가족들, 사랑하는 아내와 아들의 격려와 지원이 없었다면 이 책은 세상에 나오기 힘들었을 것이다. 이 볼품없는 글이 더 나은 금융 질서를 고민하는 이들에게 미력하나마 힘이 된다면 더 바랄 것이 없겠다.

2022년 6월 어느 날 문진수 씀

1장

사회적금융이란 무엇인가?

세계적 범위의 대공황으로 실업자가 들끓던 시절에, 경제학자 케인스John Maynard Keynes는 지금은 고전 반열에 오른 책 《고용, 이자 및 화폐의 일반 이론》을 통해, 당시 주류를 차지하던 고전파 경제학의 이론을 정면으로 비판했다. 그는 이 책에서 "변화에서 가장 힘든 것은, 새로운 것을 생각하는 게 아니라 기존에 갖고 있던 고정관념의 틀에서 벗어나는 것이다."라는 유명한 말을 남겼다.

옳은 지적이다. 우리 사고를 지배하고 있는 생각의 틀에서 벗어난다는 것은 얼마나 어려운 일인가. 오랫동안 익숙해진 질서 그 자체를 의심한다는 것은 쉽지 않은 일이다. 영화 〈매트릭스〉에 나오는 가상세계 속의 군상을 떠올려 보라. 절대다수의 사람들은 아무 의심 없이 그 구조 안에서 평생을 살아갈 것이다. 누군가 진짜 세상이 있다는 것을 알려 준다고 해도 믿지 않을 가능성이 크다.

금융도 그렇다. 사람들은 현실 금융의 작동 방식에 문제가 있다고 느끼지만 금융의 원리와 질서에 대해 깊이 고민하지 않는다. 금융은 어렵고 손 닿기 힘든 영역에 존재하는 그 무엇이라고 생각한다. 혹은 금융을 아는 사람이라 하더라도 1세기 이상 동안 돈의 흐름을 지배하고 있는, 화석처럼 단단한 이 구조물을 어떻게 해 볼 엄두가 나지 않을 것이다.

2008년에 터진 금융위기를 통해 사람들은 투기자본의 탐욕이 세상을 어떻게 망가뜨리는지 목도하고 큰 충격을 받았다. 위기가 없었다면 평생 접해 보지 못했을 '파생상품'이라는 단어도 알게 되었다. 금융을 그대로 두었다가는 고삐 풀린 망아지처럼 날뛰게 될 것이므로 재갈을 물려야 한다는 교훈도 얻었다. 금융위기의 진원지였던 뉴욕시에서 월가 점령시위가 시작되고 이어서 '계좌 이동 캠페인'[1]이 전개될 때만 하더라도 무언가 변화가 생기리라는 기대가 있었다.

하지만 그 지점에서 더 나아가지 못했다. 월가의 살찐 고양이들fat cats은 얼마 지나지 않아 다시 복귀했고, 여전히 주류 금융의 주인 자리를 꿰차고 잘 살아가고 있다. 이윤 극대화를 신앙처럼 받드는 이들이 지배하는 현실은 과거와 달라진 게 없다. 현실 금융 질서의 구조적 결함, 즉 오직 점수가 높은 자들만이 그 혜택을 누린다는 섭리가 돈의 흐름을 결정한다. 그 사이, 금융에서 배제된 이들은 무시무시한 정글에서 포식자들의 먹이가 되고 있다.

언제부터인가 금융은 사람들에게 불신의 대상이 되어 버렸다. 금융

---

1 2008년 금융위기 이후 미국과 영국 시민사회에서 시작된 운동이다. "대형 투자은행과 상업은행에서 돈을 빼 공동체은행과 신협 등 착한 금융회사로 계좌를 옮기자(Move your money)."는 것이 주요 내용이다.

상품 소비자들은 금융회사의 말을 액면 그대로 믿지 않는다. 소비자의 이익을 위해 설계된 상품이 아니라 자신들의 이익을 높이려는 꼼수가 숨겨져 있을지 모른다는 합리적 의심을 하고 있다. 금융위기를 거치며 "손실은 사회화하고 이익은 사유화하는" 금융회사들의 모습을 보았기 때문이다.

금융은 공공재公共財이다. 공공재란 특정한 경제 주체에 의해 생산이 이루어지면 사회 구성원 모두가 혜택을 누릴 수 있는 재화나 서비스를 말한다. 따라서 모든 시민이 혜택을 골고루 누릴 수 있어야 한다. 시장금융에서 소외된 이들에게도 따뜻한 햇볕을 비출 수 있어야 한다. 비가 오면 우산을 뺏고 비가 그치면 우산을 내주는 방식이 아닌, 거꾸로 작동하는 원리와 방법론을 찾아야 한다.

사회적금융이 고민하는 주제가 그것이다. 공공재로서의 금융이 인간과 사회를 위해 봉사하는 질서를 찾고자 하는 것이다. 다행스러운 사실은, 돈보다 사람이 먼저이고 금융은 목적이 아니라 인간과 사회의 도구라고 생각하는 조직이 늘고 있다는 점이다. 이들의 활동에 힘입어 소외된 이웃을 돌보고, 무너진 지역을 살리며, 사회혁신을 추구하는 기업에 자금을 공급하는 사회적금융의 씨앗들이 싹을 틔워 가고 있다.

미국 예일대 경제학과의 실러[2] 교수는 "금융자본주의는 인간의 발명품이지만 아직 미완성 상태"라고 말한다. 나아가 "분명한 것은 지금 상태로는 부족하다는 것이고, 따라서 더 민주적이고 인간적인 금융

---

2 Robert J. Shiller. 미국의 경제학자이며, 2008년 금융위기를 예측한 것으로 유명하다. 2013년에 노벨경제학상을 받았다.

시스템이 우리 삶에 폭넓게 스며들어야 한다."[3]라고 강조한다. 금융 자체가 아니라 금융을 어떻게 제대로 활용할 것인가가 중요하다는 이야기이다.

그렇다. 금융은 다만 도구일 뿐, 그 자체가 문제는 아니다. 인류가 만든 이 훌륭한 발명품이 선하게 쓰이도록 하는 것, 금융을 사적 이익의 극대화를 위한 수단으로 쓰지 못하도록 '공공성'과 '사회성'을 강화하는 것, 실러 교수의 말대로 민주적이고 인간적인 얼굴을 가진 운영 시스템을 설계하는 것이 중요하다.

하지만 경제적 가치가 사회적 가치를 압도하고 있는 현실에서, 이 구조를 어떻게 만들 수 있단 말인가? 금융이 재산 증식의 사유화된 도구로 사용되지 않고 그 편익이 사회 구성원의 복지 향상에 쓰이도록 하려면 어떤 접근과 시도가 필요할까? 지금부터 이 주제를 다루어 보려 한다.

검은 백조

많건 적건 누구나 어느 정도의 돈을 은행에 맡기고 있을 것이다. 그런데 내가 은행에 맡긴 돈은 어디로 흘러가고 있을까? 어쩌면 한 번도 생각해 보지 않은 주제일지 모르겠다. 갚을 능력만 있으면 돈을 빌려주는 곳이 은행 아닌가? 그 돈을 어떻게 쓸 것인지는 차주借主의 판단과 결정에 달린 것이지, 은행의 역할이 아니지 않은가.

---

3 《새로운 금융시대》(2013.11)에서 인용. 원제는 'Finance and the good society'이다.

맞다. 은행은 돈이 흘러가도록 중개하는 역할만 할 뿐, 누가 어떻게 쓸 것인지는 관심이 없다. 은행에 돈을 맡긴 사람들도 마찬가지이다. 중요한 것은 이자율이지, 돈의 쓰임새가 아니다. 그런데 모든 백조는 흰색일 것이라는 세상의 통념을 깨고 돌연변이처럼 행동하는 검은 백조black swan가 있다. 고객이 맡긴 돈을 착한 일에만 쓰는 특별한 은행이 존재한다.

독일의 지엘에스GLS, 네덜란드의 트리오도스triodos, 이탈리아의 방카에티카Banka Ethica, 영국의 채러티Charity bank, 캐나다의 밴시티Vancity 등이 그런 곳이다. 돈과 이익보다 인간과 사회, 환경을 먼저 생각하는 윤리은행들ethical banks. 현재 세계 44개 나라에 65개가 넘는 은행이 활동하고 있다.[4] 안타깝게도 아직 우리나라에는 이런 착한 은행이 없다.

때로는 우리가 아는 것보다 모르는 것이 더 중요할 때가 있다. 정상적인 것이 오류로 판명되면 비정상이 정상이 된다. 검은 백조의 출현이 수 세기 동안 받아들여졌던 흰 백조의 아성을 일시에 무너뜨렸듯이, 윤리적인 곳에만 돈을 투자하는 은행이 존재한다는 사실은 우리가 아는 은행과 이들의 금융 행위가 그릇된 질서일 수 있음을 알려 준다.

노동자를 머슴처럼 부리는 회사와, 장애인을 고용하는 사회적기업에 빌려준 대출금은 '같은' 돈이 아니다. 하나는 사회질서를 어지럽히지만 다른 하나는 더불어 사는 사회를 만든다. 석탄과 핵을 원료로 하는 발전소를 짓는 자본과, 햇빛과 바람을 이용해 재생에너지를 생산

---

4 2022년 현재, 세계 윤리은행들의 네트워크 조직인 'GABV(Global alliance for banking on values)'에 가입된 금융기관은 총 66개이다.

하는 자본은 '다른' 돈이다. 하나는 지구를 망치는 쪽으로, 하나는 지구를 살리는 쪽으로 기능한다.

생산적인 일에 돈이 흘러 들어가면 경제가 살아나지만, 투기장으로 돈이 몰리면 사회가 혼란에 빠진다. 돈에도 '꼬리표'가 붙어 있다. 다만 우리가 이를 애써 외면해 왔을 뿐이다. 돈의 흐름을 통제하는 것은 불가능하다고? 그렇지 않다. 우리가 돈에 대한 바른 철학과 관점을 가진다면 방향을 선한 쪽으로 바꿀 수 있다. 금융이 사회를 유익하게 만드는 밑거름이 된다.

여유 자금이 생겨 가까운 은행에 들렀다고 가정해 보자. 창구에 앉은 은행 직원에게 예금을 하고 싶다고 말하자 종이 한 장을 내민다. 서류에는 내가 맡긴 돈을 투자할 수 있는 사업 목록들이 열거되어 있다. 그 아래 "투자하고 싶은 곳을 표시하세요."라는 안내문이 보인다. 내 돈을 어디에 투자하면 좋을지 알려 달라는 것이다.

서류 하단부에는 굵은 글씨로 "우리 은행은 마약이나 총포류, 자연환경에 위협이 되는 제품을 생산하는 기업에는 돈을 빌려주지 않습니다."라고 적혀 있다. 친환경 에너지 생산과 유기농업, 공정무역과 사회적경제 등에 표시를 마치자, 창구 직원이 "소중한 돈 잘 쓰도록 하겠습니다."라는 인사와 함께 연말에 연차보고서를 발송해 드리겠다는 이야기를 전한다.

우리는 이제까지 한 번도 이런 경험을 해 본 적이 없다. 은행에 돈을 맡긴다는 것은 '원금과 이자를 받는 것으로 거래가 종결되는 것'이라고 믿고 있다. 우리나라에 있는 모든 상업은행은 이 질서를 따른다. 따라서 고객에게 돈의 투자처를 물을 필요가 없다. 이자율과 세금, 예금

통장과 연결된 서비스 목록을 알려 주는 것으로 족하다.

만약 우리 집 주변에 윤리은행과 보통은행 둘이 나란히 있다면, 이자율 차이도 없고 서비스도 비슷하다면, 어느 쪽과 거래하고 싶은가? 초등학교에 다니는 아이 이름으로 통장을 개설한다면 어디를 선택하고 싶은가? 연차보고서에 회계장부의 숫자만 적혀 있는 은행과, "고객분들이 맡긴 돈이 세상을 이만큼 밝게 만들었습니다."라고 쓸 수 있는 은행 중 어느 쪽이 더 맘에 드는가?

보이는 것이 전부가 아니라는 말처럼, 세상에는 훌륭한 일을 하는 금융회사와 기관이 여럿 있다. 이 책에서 소개하는 곳들도 그 범주에 포함된다. 무담보 소액대출 사업, 공제조합, 신용협동조합, 임팩트 투자회사, 시민 투자 플랫폼, 사회주택, 마을공동체은행이 그들이다. 주류 금융의 크기에 비하면 아직 미미한 수준이지만 미지의 땅을 개척해 가는 이들이 존재한다.

지금부터 이들의 발자국을 따라가 보려고 한다. 그전에 몇 가지 알아 두어야 할 것이 있다. 현실의 금융 질서가 어떻게 작동하고 있는지, 왜 금융에서 배제되는 현상이 생기는지, 이 문제를 해결하려면 어떤 노력이 필요한지, 사회적금융은 이 문제와 어떤 연관성이 있는지를 먼저 살펴보고자 한다. 현실을 명확히 알아야 대안도 만들 수 있는 법이니 말이다.

사회적+금융의 뜻

이 단어를 처음 접하는 사람도 있을 것이다. 사회적금융이라니, 왜 금융 앞에 '사회'라는 말이 붙는단 말인가? 이 개념을 이해하기 위해서는 '사회적social'이라는 표현의 의미와 맥락을 짚어 볼 필요가 있다. 최근 우리 사회에 '사회'라는 접두사가 붙은 말이 많이 회자되고 있다. 사회적기업, 사회적경제, 사회적 가치가 대표적이다.

이 단어들이 자주 등장하는 이유는 뭘까? 단순화해서 말하면 시장과 경제가 사회 위에 군림하고 있기 때문이다. 시장경제에서는 경제가 사회의 기본 법칙으로 간주되고 시장에 포섭되지 않은 요소들은 무가치한 것으로 해석된다. 경제가 사회적인 관계에 흡수되는 것이 아니라 사회가 시장을 기초로 한 경제 구조와 시스템에 지배되는 현상이 나타난다.

사회라는 말이 새삼 강조되는 이유가 여기 있다. 경제를 사회적 관계 안에 다시 흡수시켜 재배치해야 할 이유와 필요성이 점점 커지고 있다. 사회적금융도 같은 맥락에서 바라볼 수 있다. 사회적금융이란 '사회를 위한' 금융, '사회 구성원을 돕는' 금융이라는 뜻이다. 현실 금융이 사회를 위해 봉사하지 않고 경제적 이익만 좇고 있으니 사회에 도움이 되는 금융 질서를 고민할 필요가 있다는 것이다.

그렇다면 현실의 금융은 사회적으로 무가치하다는 말인가? 그런 뜻이 아니다. 금융의 도움이 없었다면 자본주의는 지금보다 훨씬 더디게 발전해 왔을 것이다. 금융은 경제를 움직이는 혈관으로 작동하면서 많은 부가가치를 창출해 왔고 지금도 그 역할을 하고 있다. 금융은 경제에 활력을 불어넣는 필수적인 도구이다. 문제는 금융이 작동되는 방식, 즉 운영 체제의 비非사회성에 있다.

현실의 금융은 사람들이 돈이 필요할 때에는 은행 문을 닫아걸고,

자금에 여유가 있을 때에는 돈을 빌려 가라고 호들갑을 떤다. 시스템이 작동하고 있을 때에는 이익 챙기기에 급급하고, 시스템이 망가지면 손실을 사회로 떠넘긴다. 대마불사大馬不死, 금융회사가 도산하면 경제가 혼란에 빠지니 구제해야 한다는 논리가 작동한다. 지금 우리가 목도하고 있는 모습이다.

사회적금융이 필요하다고 주장하는 이들은 이 방식이 잘못이라고 생각한다. 공공재인 금융이 사회를 위해 복무하지 않는 것은 운영 체제에 심각한 오류가 있다는 뜻이므로, 기존 시스템을 그대로 두고 보수공사를 할 게 아니라 새로운 보편new normal을 만드는 작업에 착수해야 한다고 믿는다. 금융의 사회성sociality을 회복하기 위한 작업 말이다.

사회적금융의 대척점에 시장금융이 위치한다. 사회적금융은 '가치' 우선, 시장금융은 '수익' 우선이다. 여기서 '우선'이라는 표현을 쓰는 것은 사회적금융이 수익을 후순위로 둔다는 뜻이다. 마찬가지로 시장금융은 가치를 후순위로 둔다. 사회적금융은 가치를 추구하나 수익을 포기하지 않고, 시장금융은 수익을 좇으나 가치를 완전히 배제하지는 않는다.

가치와 수익은 대립하는 개념이지만 그렇다고 완전히 배타적이라고 볼 수는 없다. 사회적금융 중개회사는 사회적 가치를 창출하는 기업에 투자해 큰 수익을 올릴 수 있고, 시중은행도 이자라는 수익을 창출하는 것이 목표지만 실물경제가 원활히 움직이도록 시장에 자금을 공급하는 순기능을 통해 일정한 가치[5]를 창출하고 있기 때문이다.

모두가 알고 있듯이 지금은 시장금융이 '주류'를 이루고 있다. 검은 백조 몇 마리가 나타났다고 해서 흰 백조가 없어지겠는가? 세상에는 흰색 깃털을 가진 백조가 훨씬 많고 이들이 금융시장을 장악하고 있다. 검은 깃털을 가진 백조가 '우세종'이 될지 혹은 역사의 뒤안길로 조용히 사라질지 알 수 없다. 중요한 것은 두 가지 색의 백조가 현실에 실존하고 있다는 사실이다.

사람이 금융 제도를 만들었으니 질서를 바꿀 수 있는 것도 역시 사람이다. 그렇다면 뭔가 다른 금융을 시도해 볼 수 있지 않을까? 인간 위에 군림하는 금융이 아니라 공동체와 사회를 위해 봉사하는 금융 질서를 만들어 보면 어떨까? 작은 단위부터 모델을 만들고 경험을 축적해 가면서 좀 더 큰 시도와 도전을 해 보자. 이것이 지금 사회적금융을 실천하는 이들이 가진 공통된 생각이다.

1) 사회적금융의 정의

금융시장은 '신용'을 매개로 움직인다. 소牛에 등급이 매겨지는 것처럼, 사람에게도 신용 점수가 따라다닌다.[6] 등급을 매기든 점수를 산출하든 본질은 같다. 높은 점수를 얻은 이에게는 좋은 조건의 금융을 이용할 수 있는 혜택이 주어지지만 점수가 낮으면 거래에서 불이익을 받는다. 일정 점수 이하의 사람은 아예 금융회사를 이용할 기회가 박탈된다.

---

5 가치는 상대적 개념이다. 사회적 가치란 특정한 재화와 서비스가 사회에 대해 갖는 상대적 가치로 봐야 한다. 이는 '있고 없고'가 아니라 '많고 적음'의 문제이다.

6 얼마 전까지 '등급제'로 운영되다가 최근에 '점수제'로 바뀌었다.

기업도 마찬가지이다. 땅과 건물을 소유하고 영업이익이 탄탄한 기업은 필요하면 언제든 은행에서 돈을 빌릴 수 있지만, 담보도 없고 이제 막 창업한 기업가는 사업 자금을 구하는 데 애를 먹는다. 채권을 발행하거나 주식을 판매하는 것도 기업 신용이 없으면 불가능하다. 영리를 목적으로 하지 않는 단체나 조직은 금융시장으로의 진입로가 원천적으로 막혀 있다.

우리는 신용이 금융 거래의 중심축인 사회credit society를 살아가고 있다. 신용이 곧 돈이다. 그렇다면 신용으로 작동하는credit-oriented 현실의 금융 질서는 합리적인가? 그렇기도 하고 아니기도 하다. 그렇다는 것은 이 방법 외에 다른 대안을 찾지 못했다는 것이고, 아니라는 것은 이 방식만으로는 충분하지 않다는 뜻이다.

아래 그림은 신용도와 금융 공급의 상관관계를 나타낸 것이다. 가

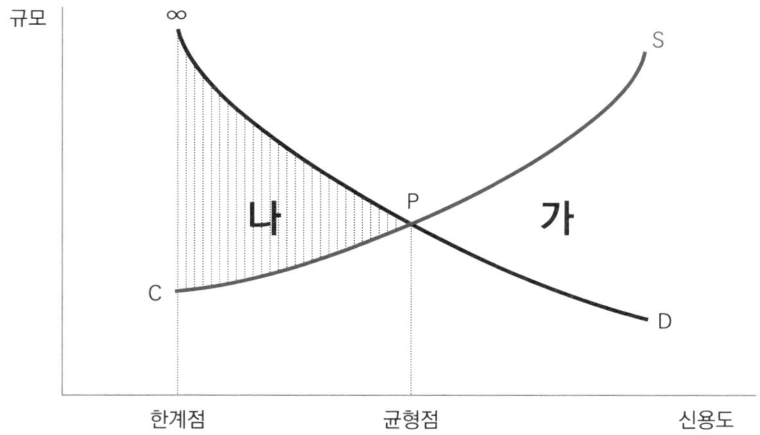

신용도와 금융 공급 상관관계

로축은 개인이나 조직의 신용 상태를, 세로축은 규모를 의미한다. S(supply)가 공급 곡선, D(demand)가 수요 곡선이다. 신용 점수가 낮으면 공급량이 적고, 점수가 높아질수록 공급량은 증가한다. 수요는 이와 정반대이다. 신용 점수가 높으면 수요량은 적고, 점수가 낮아질수록 수요량은 늘어난다. 공급 곡선이 영zero에 수렴하지 않는 이유는 특정 점수 이하에게는 신용 공급이 이루어지지 않기 때문이다.

그림의 '가' 지역은 이른바 젖과 꿀이 흐르는 땅이다. 필요하면 언제든 금융을 공급받을 수 있다. 신용이 높은 이에게 대출은 선택 사항이다. 하지만 그림의 '나' 지역은 완전히 다른 환경이다. 수요는 넘치는데 공급은 제한되어 있다. 따라서 신용이 낮은 이들은 어디든 돈을 빌려주는 곳에 손을 벌릴 수밖에 없다. 이곳에는 절박한 상황에 몰린 먹잇감을 노리는 이들이 있다. 불법 사채업자를 포함해 돈이 궁한 이들의 등골을 빼먹는 포식자들이 잠복해 있다.

두 지역은 극적인 대비를 이룬다. 한 번이라도 '나' 지역의 땅을 밟아본 사람이라면 이 말의 의미를 알 것이다. 급하게 돈이 필요한 상황에서 어디에서도 자금을 조달할 수 없을 때, 카드 돌려막기를 하다가 빚의 악순환에 빠져들었을 때, 혁신적인 기술을 개발했음에도 사업 자금이 없어 기회를 살리지 못할 때, 얼마나 큰 고통이 수반되는지를 말이다.

신용을 매개로 금융이 작동하는 사회에서 신용을 잃었다는 것은 곧 금융시장에서 배제되었다는 뜻이다. 현재 신용거래를 하는 우리나라 국민의 약 10~15%가 이 상황에 놓여 있다.[7] 이처럼 기준선 이하의 신용 점수 때문에 은행 등 제도권 금융기관을 통해 필요한 돈을 조달할

수 없게 된 상황을 '금융 결핍financial lack'이라고 부른다.[8]

현실 금융에서 이 공간을 원천적으로 없애는 것은 불가능하다. 아무리 부유한 국가라 하더라도 돈이 많은 사람과 없는 사람, 신용 점수가 높은 사람과 낮은 사람은 존재하기 마련이다. 따라서 누군가는 금융에서 배제될 수밖에 없다. 문제는 "시장에서 배제된 금융 소외계층을 어떻게 할 것인가?"이다. 그대로 방치하면 많은 사람이 고통받게 될 것이 자명하다.

그러므로 이들의 어려움을 덜어 줄 방안이 필요하다. 그래야 다시 경제활동을 하고 건강한 시민으로 복귀할 수 있다. 이 공백을 메우는 것, 금융에서 소외된 사람과 기업이 다시 일어설 수 있도록 도와주는 것, 이것이 '사회적금융'의 역할이다. 시장실패로 금융이 제대로 작동하지 않는 영역 안에서, 시장금융과 다른 문법과 접근 방식을 통해 포용적인 질서를 창제創製하는 것이다.

금융 결핍 해결 방안

어떻게 해야 할까? 두 가지 접근법이 있다.

첫째는 사막 어딘가에 '오아시스'를 만드는 것이다. 시장금융의 흐름과 상관없이 독립된 금융 공동체를 건설하는 것이다. 신용 점수를

---

7 신용거래 기록이 있는 4,700만 명을 대상으로 할 때, 신용불량 등급이라 할 수 있는 '6등급' 이하에 해당하는 사람은 약 730만 명으로 추산된다.

8 전형적인 시장실패(market failure) 사례라 볼 수 있다. 현실에서는 고금리를 감수하고 제도권 밖 사금융권을 통해 필요한 자금을 조달한다.

근간으로 이루어지는 거래 금융 방식이 아닌, 공동체에 속한 구성원들의 관계에 기초한 질서[9]를 통해 새로운 운영 체제와 시스템을 구축하는 것이다. 호혜금융이 대표적이다.

둘째는 공급 곡선을 위로 밀어 올리는 것이다. 곡선이 상승해 금융 공급이 늘어나면 결핍된 공간이 줄어든다. 빈곤계층의 자립을 돕는 마이크로크레디트 사업, 혁신기업에 대한 임팩트 투자, 낙후된 지역을 살리기 위한 지역개발금융, 금융시장에서 배제된 이들을 구제하기 위한 정책금융이 여기에 해당한다.

공급만 늘리면 문제가 해결될까? 그렇지는 않다. 금융 결핍을 메우기 위한 공급 확대는 한 가지 중대한 문제를 발생시킨다. 공급 곡선이

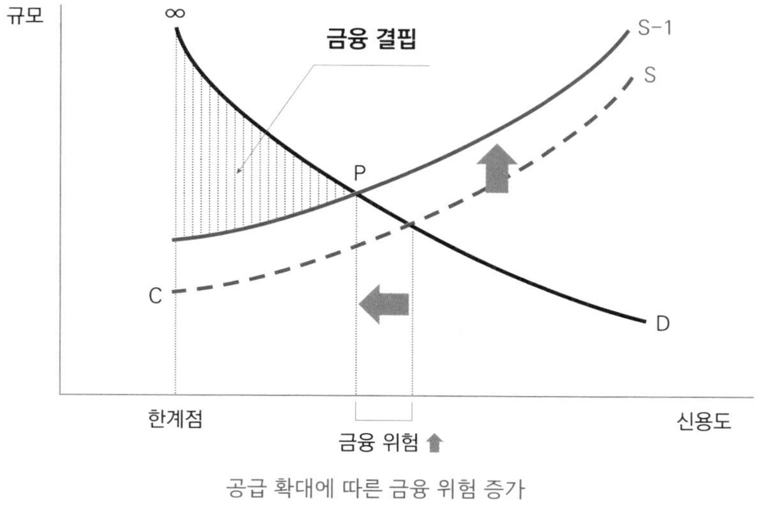

공급 확대에 따른 금융 위험 증가

9 재무, 신용등급 등 정량적 정보에만 의존하지 않고 현장 방문 등 기업에 대한 지속적 접촉을 통해 얻은 비재무적 정보를 바탕으로 금융을 지원하는 방식을 말한다.

움직임으로 인해 균형점(P)이 바뀌는 것이다. 결핍된 공간은 줄어들지만 앞의 그림에서 보는 것처럼 균형점의 신용도가 낮아진다. 이동한 거리만큼 신용 위험이 증가한다. 채무 불이행 혹은 투자 실패에 따른 손실 위험 가능성이 커지는 것이다.

이 문제를 어떻게 처리해야 할까?

금융시장에서는 누구도 이 위험을 인수하려 하지 않을 것이다. 위험을 감내할 동기나 이유가 없기 때문이다. 따라서 이 위험을 대신 처리해 줄 지원군이 필요하다. 대표적 지원군이 정부이다. 정부가 대신 위험을 떠안으면 된다. 시장에서는 위험을 처리할 방법이 없으니 시장에서 공공 영역으로 위험을 '이전'하는 것이다.

대표적인 방법이 '보증'이다. 정책 보증기관이 위험을 인수하게 한 다음, 금융에서 소외된 이들에게 자금을 제공하는 방식이다. 금융 소외자 전부를 구제할 수는 없지만, 신용 경색에 빠진 다수의 사람에게 금융 접근성을 높여 줄 수 있다. IMF 구제금융, 외환위기 등 큰 환란이 닥칠 때마다 정부가 단골 메뉴로 선택하는 방식이다.

손실 위험을 나누어서 분담하거나 손실 자체를 없애 버리는 방법도 있다.[10] 정부가 정책 자금을 제공하면서 민간 부담금matching-fund을 요청하는 것, 혁신기업들을 위한 손실기금을 설치하고 창출한 사회적 가치만큼 지원 금액을 탕감해 주는 방식이 대표적이다. 어느 경우든 핵심은 정부가 위험 처리반으로 나서는 것이다.

민간 영역에서 직접 문제 해결에 나서는 유형도 존재한다. 빈곤층

---

10 정부가 '위험'을 다루는 구체적인 방법은 이후 6장에서 설명할 예정이다.

과 금융 소외계층의 자립을 돕기 위한 무담보 소액대출 사업이 그것이다. 성공한 사업가나 자산가들이 사회공헌 차원에서 기금을 만든 후, 손실 위험을 떠안고 신용 점수가 낮은 계층에게 금융 지원을 하는 것이다. 2장에서 소개할 포용금융이 여기에 해당한다.

사회와 환경을 위해 가치 있는 사업을 하고 있지만 시장에서 자금을 공급받지 못하는 혁신기업들을 위해 위험을 감수하고 투자하는 방식도 있다. 4장에서 다룰 임팩트 금융 영역이 그것이다. 일반 투자회사와 달리, 사회적 가치를 추구하는 기업들 가운데 성공 가능성이 크다고 판단되는 곳에 투자가 이루어진다. 최근에는 시장금융이 자발적으로 투자 위험을 떠안고 가치투자를 추진하는 사례도 나타나고 있다.

지금까지 논의한 이야기를 정리하면 다음과 같다.

- 신용을 매개로 작동하는 금융 질서에서 공백은 필연적으로 생긴다.
- 공백을 메우는 첫 번째 방법은 자신들만의 금융 질서를 구축하는 것이다.
- 공백을 메우는 두 번째 방법은 누군가가 대신 위험을 떠안는 것이다.
- 위험을 인수하는 방식은 여러 유형이 존재한다.

2) 한국 사회적금융의 현주소

"시장실패로 인한 금융 결핍을 메우는 것." 이것이 사회적금융의 정의이며 역할이다. 사회적금융은 시장금융과는 다른 접근 방식으로 이 공백을 메울 수 있는 길을 찾는다. 사회적금융이 이 공백을 효과적으로 메운다면 금융 소외자가 줄어들고 많은 사회 구성원이 금융의 혜택을 누릴 수 있게 된다. 금융의 사회성이 회복되는 것이다. 금융의 관점에서 우선순위를 매긴다면, 1위 국가는 금융산업의 규모가 가장 큰 나라가 아니라 금융 공백이 가장 적은 나라이다. 공백이 적을수록 금융이 잘 발전한 선진국이라 할 수 있다.

그렇다면 한국은 금융 선진국일까? 유감스럽지만 그렇지 않은 것 같다. 우리나라에는 생각보다 금융 공백이 무척 많다. 시장금융이 금융 생태계 전반을 지배하고 있지만, 공백과 결핍을 메우려는 노력을 잘 하지 않기 때문이다. '약탈적' 방식의 금융 질서가 사회적 약자를 괴롭히고 있지만, 정부와 시장은 '금융이란 본래 그런 것'이라고 치부하는 것 같다.

소외계층을 위한 금융 질서를 만든 선진국들은 공백을 메우기 위한 다양한 장치와 도구들을 개발해 적용하고 있다. 미국, 영국, 독일이 그렇다. 이 나라들 역시 시장금융이 주류를 형성하고 있지만, 오랜 기간에 걸쳐 금융 사각지대를 해소하기 위한 정책을 통해 비교적 튼튼한 금융 안전망을 구축해 놓았다.

최근 우리나라도 사회적경제기업을 지원하는 금융이 활성화되고 있다. 사회적경제를 위한 금융 지원은 사회적 가치를 창출하는 혁신기업에 투자하는 영역으로 대표적인 사회적금융이다. 하지만 사회적경제 지원 금융은 사회적금융의 일부일 뿐, 전부는 아니다. 시장실패로 인한 금융 공백은 우리 사회에 훨씬 많이 존재한다. '사회적경제 지원 기금 = 사회적금융'이라는 도식은 사회적금융을 너무 좁게 해석한 것이다.

한국적 맥락에서 금융 공백, 즉 사회적금융이 요구되는 영역은 크게 네 가지로 구분할 수 있다.[11] ①금융 취약계층의 탈빈곤을 돕기 위한 포용금융 ②협동과 연대를 바탕으로 한 호혜금융 ③혁신기업을 지원하기 위한 임팩트 금융 ④낙후된 지역과 지방을 살리기 위한 지역금융이 그것이다. 현실에서 네 영역은 서로 겹치기도 하고 따로 움직이기도 한다.

사회적금융의 종류

①포용금융inclusive finance은 사회 취약계층을 돕기 위한 금융을 말한다. 무담보 소액대출을 포함한 마이크로 금융micro-finance이 대표적이다. 소상공인과 자영업자들을 위한 정부의 정책금융, 금리 갈아타기를 통해 이자 부담을 줄여 주는 사업, 회생이나 파산 절차 등 상환 여력이 없는 이들을 구제하기 위한 법적 장치 등이 이 범주에 포함된다.

한국에서는 '미소금융' 또는 '서민금융'이라는 이름으로 불린다. 1970년대 중반 살인적인 고금리로 고통받던 방글라데시 농민들을 돕기 위한 '그라민 프로젝트'가 성공하면서 국제적 명성을 얻었다. 우리나라에는 2000년대 초반에 민간 영역에서 먼저 사업이 시작되었고, 이후 정부가 관련 사업을 제도화하면서 공적 영역으로 편입되었다. 서민금융진흥원이 수행하는 일이 그것이다.

②호혜금융reciprocity financing은 일정한 공간 또는 같은 정체성을 공유

11 저자의 판단에 따른 구분 방식이며, 학계 또는 현장에서 명확히 합의된 개념은 아니다.

하는 집단에서, 구성원들의 삶의 질을 높이기 위한 금융 질서와 시스템을 구축하는 것을 말한다. 자활 공동체, 생활협동조합, 활동가, 비정규직 노동자 등이 공제조합을 만들어 운용하는 것이 대표적인 사례이다. 스스로 돕는다는 사실을 강조하기 위해 자조自助 금융이라고 부른다.

외부의 자금을 차입하기도 하지만, 자금의 수요와 공급이 동일 집단 안에서 이루어진다는 특징이 있다. '수요자 = 공급자'인 상호부조의 원리를 따르며 사망, 실직 등 다양한 사회 위험으로부터 집단을 보호하는 기능을 수행한다. 조합을 구성하고, 회원들이 낸 출자금을 재원으로 민주적 절차에 따라 사업을 진행한다. 시장금융으로부터 소외된 이들이 많을수록 활기를 띠는 경향이 있다.

③임팩트 금융impact finance은 사회적경제기업, 소셜벤처 등 비즈니스를 통해 사회 변화를 추구하는 기업 및 사회목적사업을 돕기 위한 금융을 말한다. 투자회사가 사회적 가치를 창출하는 기업과 펀드에 투자하는 행위, 시민들이 투자한 자금을 통해 이루어지는 온라인 플랫폼 사업, 정부가 공공기금을 통해 혁신기업에 좋은 조건의 자금을 공급하는 것 등이 이 영역에 속한다.

사회, 환경적으로 긍정적 영향impact을 창출하는 것을 목표로 한다는 점에서, 최근 국제적 화두로 떠오른 기업의 ESG 경영[12]과 맞닿아 있다. 단기적 성과를 얻기보다 긴 안목으로 혁신기업가들의 성장과 발전을 돕는다는 점에서 인내 자본patient capital의 성격을 갖는다. 재

12 환경(Environmental), 책임(Social), 투명 경영(Governance)의 약자이다.

무적 성과에 대한 기대치에 따라 자선 투자philanthropy와 임팩트 투자impact investing로 구별된다.

새천년이 열린 2000년을 전후해 미국과 영국을 중심으로 본격적인 흐름과 기류가 만들어지기 시작했다. 기업가 정신과 임팩트 금융을 결합해 사회문제를 적극적으로 해결해 간다는 것이 핵심이다. 미국이 민간 자본을 축으로 투자 생태계를 만들었다면, 영국은 국가가 시장 형성을 주도하는 방식으로 추진했다는 점에서 차이가 있다.

우리나라에서는 2010년을 전후해 민간 재단을 중심으로 실험적 성격의 투자가 이루어지기 시작했고, 최근 시장이 빠른 속도로 커지고 있다. 정부도 2018년부터 임팩트 금융의 중요성을 깨닫고 생태계 조성 작업을 위한 지원 정책을 펼치고 있다. 상업적 이익을 도모하는 창업투자회사와 사모펀드도 관심을 기울이는 등 매우 활발하게 움직이고 있는 영역이다.

④지역금융community finance[13]은 낙후된 지역, 지방 경제를 활성화하기 위한 금융을 말한다. 지역 기반 금융이 잘 발전한 대표적인 나라로 미국과 독일을 들 수 있다. 미국의 대형 은행들은 법률에 따라 매년 순이익의 일정 부분을 상대적으로 낙후된 지역에 투자해야 한다.[14] 투자 실적은 모두 공시된다. 이를 어길 경우 인수합병 등 정부의 인허가가 필요한 사업을 진행할 때 불이익을 감수해야 한다.

대형 은행들이 낙후 지역에 투자할 때 주로 쓰는 방법이 지역에서

13 여기서 지역이란 군(郡)이나 시(市) 등 물리적 공간이 넓은 영역(local)이 아니라 읍·면·동 등 상대적으로 좁은 공간을 의미한다.
14 1977년에 제정된 지역재투자법(Community Reinvestment Act)을 말한다.

활동하는 금융기관들CDFIs에[15] 자금을 제공하는 것이다. 지역 상황에 밝은 밀착 금융기관들이 지역 기업들에 필요한 자금을 제공하는 다리 역할을 함으로써 지역 경제가 살아날 수 있도록 돕는 방식이다. 공동체은행, 신용협동조합, 융자기금, 창업투자회사 등 금융기관의 형태도 다양하다.

독일도 연방제를 채택한 국가답게 지역 기반 금융이 잘 작동하고 있다. 독일은 16개 주 모두에 지방정부가 소유한 공공은행Landesbank이 존재한다. 각 주에서 제정한 특별법에 따라 만들어진 은행들로, 단일 주를 넘어 다른 지역에서 영업활동을 하는 곳도 존재한다. 독일 전체 은행 산업에서 주립은행이 차지하는 비중은 20%가 넘는다.

주립 공공은행은 기업 여신이나 해외 영업 등 일반 고객을 대상으로 하는 은행 고유의 사업을 모두 수행한다. 동시에 공공 부문에 대한 대출과 지역 개발, 각종 공익사업 수행 등 '주 정부의 은행 역할'도 병행하고 있다. 나아가 지역 단위에 있는 작은 공동체은행Sparkasse의 중앙은행 기능도 수행하는 등, 지역금융 생태계의 중심에 자리하고 있다.

이에 반해 우리나라 지역금융 생태계는 매우 척박한 수준이다. 지역에 밀착해 관계형 금융을 하는 은행은 거의 없다. 공동체은행 등 지역금융기관(미국)도 없고 지방정부가 운영하는 공공은행(독일)도 존재하지 않는다. 흔히 서민금융기관이라 불리는 신협과 새마을금고도 지역금융기관이라 부르기에는 한계가 크다.

---

15 'Community Development Financial Institutes'의 약자로, 지역 개발과 발전을 위해 일하는 금융기관을 말한다.

지방은행도 사정은 마찬가지이다. 1997년 외환위기로 3개 지방은행이 시중은행에 통폐합되었고, 7개 지방은행에 공적 자금이 투입되었으며 곧이어 지방은행 3개가 타 금융지주사에 편입되었다. 그 결과 현재 남은 것은 6개뿐이다. 그마저도 이름만 유지할 뿐, 시중은행에 편입된 곳이 절반이다. 사실상 지역금융은 심각한 작동 불능 상태에 놓여 있다.

낙후 지역을 발전시키기 위한 금융 지원 체계를 지역금융이라고 할 때, 우리나라는 지역의 범위를 시·군 단위의 큰 영역local으로 보거나 읍·면·동 단위의 작은 영역community으로 보거나 별반 차이가 없다. 어느 쪽으로 보더라도, 지역의 토종 기업들과 중소 상공인에게 자금을 지원해 지역 경제를 살리는 금융 지원 체계가 갖추어져 있지 않기는 마찬가지이다.

이 4개의 영역이 금융 공백 해소, 즉 사회적금융이 필요한 분야이다. 소외계층을 위한 포용적 금융을 실천하고, 민간의 자조 자립형 호혜금융을 촉진하며, 혁신적인 아이디어를 가진 창업가를 도와 임팩트를 창출하고, 한계 상황에 도달한 지역·지방 경제를 되살릴 수 있는 금융 지원이 이루어져야 한다.

다음 그림은 사회적금융 각 영역의 위치와 이동 경로를 나타낸 것이다. 가로축은 수익 추구 여부, 세로축은 부문sector을 나타낸다. 주목해서 살펴봐야 할 지점은 각 영역의 이동 경로이다. 자연 생태계와 마찬가지로 금융 생태계도 고정되어 있지 않고 계속 변화한다. 금융 사각지대의 범위와 크기에 따라, 작용하는 변수에 따라 지형도 달라진다.

시장금융은 민간 부문에서 수익 추구를 목적으로 작동하는 영역이

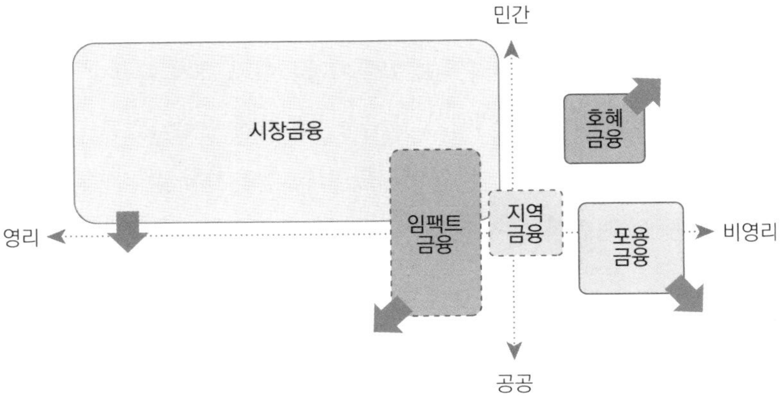

한국 사회적금융의 위치와 영역, 이동 경로

다. 두말할 나위 없이 전체 금융 생태계를 지배하고 있다. 시장금융의 흐름 중 최근 두드러지게 나타나고 있는 특징 중 하나가 공익적인 사업에 관심을 가지기 시작했다는 점이다. ESG 영향 때문이다. 사회·환경적으로 가치가 큰 사업을 하면서도 수익을 창출할 수 있다는 기대감이 형성되고 있다. 과거에 없던 큰 변화이다.

①포용금융은 비영리를 기반으로 하며 공익적 가치를 지향한다. 사업 영역은 공공과 민간에 걸쳐 있다. '미소금융'처럼 정부와 은행이 주도해서 끌고 가는 방식이 있고, 민간 비영리 기구가 자체적으로 기금을 조성해 금융 소외계층을 지원하는 방식도 존재한다. 우리나라 사회적금융 영역 중 가장 오랜 역사를 지니고 있고, 공급량도 상대적으로 제일 크다.

②호혜금융은 시장금융과 지향하는 가치와 운영 원리가 다르다. 수익 추구가 목적이 아니다. 금융은 수단일 뿐, 금융을 통해 공동체와 구

성원을 지키고 삶의 질을 높이는 것이 목표이다. 자조적이고 독립적으로 움직이며, 가능한 한 외부의 지원 없이 자신들의 힘으로 금융 질서를 만들고자 노력한다. 시장금융의 영향력에서 완전히 자유롭진 않지만 구속되지도 않는다.

③임팩트 금융은 가치와 수익을 함께 추구한다. 혁신기업을 지원하고 성장시키는 사업을 주로 하며, 기본적으로 시장금융의 원리와 방법론을 따른다. 포용금융과 마찬가지로 민간과 공공 영역에 걸쳐 있다. 우리나라는 영국처럼 공공 영역이 생태계 조성을 주도하고 있다. 정부가 토대를 마련하면서 민간의 경제 주체를 끌어들이는 방식이다.

④지역금융은 시장금융 관점에서 보더라도 한국에서 가장 미발달된 금융 영역에 속한다. 지역 주민과 토종 기업의 신용 공백을 메우고 낙후된 지역 경제를 살리는 금융 지원 체계가 제대로 작동하지 않는다. 지역에 전문화된 금융기구도 없거니와 지역의 금융기관이 지역경제를 살리기는커녕 지역 자원을 유출하는 경로로 기능한다.[16] 토대와 뿌리가 없으니 어느 쪽으로 움직일지 판단하기도 힘들다.

한국의 사회적금융 생태계는 이제 막 싹을 틔우고 있는 단계이다. 시장금융의 크기와 영향력에 비하면 양과 질 모두 부족하다. 사회적금융의 네 영역을 시장 규모와 발달 정도로 살펴보면, ①포용금융이 가장 앞서 있고 ③임팩트 금융은 조금씩 영역을 키워 가는 단계이며, ②호혜금융과 ④지역금융은 가장 미발달된 영역이다.

---

16 지역 주민의 예금이 지역에서 순환되는 것이 아니라 수도권 등 지역 밖으로 빠져나가는 것을 말한다.

하지만 이는 현재 나타나는 모습일 뿐, 향후 금융 생태계가 어떻게 변해 갈 것인지는 알 수 없다. 포용금융이 공공 영역에 편입되어 제도화된 것처럼 임팩트 금융이 시장금융에 흡수될 수도 있고 역으로 시장금융을 흔들어 지각 변동을 일으킬 가능성도 존재한다. 호혜금융이 활성화되면서 다양한 층위에서 자신들만의 독립적 영역을 구축할 수도 있다.

한 가지 분명한 것은, 사회적금융은 시장금융과 다른 방식과 흐름으로 움직일 것이라는 사실이다. 이 흐름과 질서를 이끌어 가는 주체가 바로 사회적금융 중개기관들이다. 사회적금융의 미래는 이들이 어떻게 하는가에 달려 있다고 해도 지나친 말이 아니다. 이들이 어떤 미래를 꿈꾸고 또 이루어 가는가에 따라 생태계의 미래는 바뀌게 될 것이다.

3) 생태계의 파수꾼, 중개기관

이미 존재하고 있었지만 인지하지 못했든, 과거에 없던 존재가 새로 탄생한 것이든, 검은 백조는 출현 자체로 변화를 상징한다. 인류사의 큰 변화는 늘 중심이 아니라 주변부에서 시작되었다. 금융 생태계의 변화, 그 변곡점에 우리가 알고 있던 금융의 방식이 아닌, 새로운 가치와 문법으로 움직이고 있는 이들이 있다. 바로 사회적금융 중개기관intermediary이다.

시장금융도 그렇지만 사회적금융 생태계에서도 중개기관은 꼭 필요한 존재들이다. 돈이 필요한 회사와 돈을 가진 이가 직접 거래하기란 여간 어려운 일이 아니다. 중간에서 두 주체를 연결하는 '중개자'가 있어야 거래가 활성화된다. 전자를 직접금융, 후자를 간접금융이라고 부른다. 사회적금융은 기본적으로 간접금융을 통해 작동하는 시장이다.

2000년 초반. 영국이 사회투자시장social investment market을 만들 때, 처음 10년 동안 추진한 작업이 투자 중개기관을 키우는 것이었다. 기존에 없던 시장이 작동하려면 전문적인 중개기관이 있어야 한다는 것을 알았고, 따라서 정부가 이 역할을 할 만한 후보를 선발해 지원금을 주고, 이들이 새로운 시장에서 자리를 잡을 수 있도록 도왔다.[17]

이 과정을 통해 40여 개의 중개기관SIFIs[18]이 만들어졌다. 중개기관들이 뿌리를 내린 다음 착수한 일이 이들이 필요로 하는 자금을 공급해 줄 도매기금fund of funds을 조성하는 것이었다. 그렇게 만들어진 것이 유명한 큰사회기금BSC[19]이다. 중앙에 큰 규모의 저수지를 만들어 필요한 곳에 물을 흘려보내는 기능을 수행토록 한 것이다.

우리 정부가 사회적금융 지원 정책을 설계할 때 모델로 삼았던 것이 영국의 사회투자시장 조성 전략이다. 차이가 있다면, 영국은 먼저 중개기관을 육성해 시장이 움직이도록 만든 후에 도매기금을 조성하

---

17 'Social Investment 10 years on'(social investment task force, 2010)

18 'Social Investment Financial Intermediary'의 약자이다.

19 Big Society Capital. 2012년에 설립된 사회투자 전문 은행이다. 휴면예금 4억 파운드와 대형 은행이 출자한 2억 파운드를 합해 총 6억 파운드를 재원으로 출범했다. 민간 자금과의 매칭을 전제로 중개기관들(SIFIs)에 자금을 제공하는 등 사회적금융 생태계를 구축하는 업무를 수행하고 있다.

는 전략을 취한 반면, 우리는 정부가 직접 생태계 조성 작업에 관여하지 않고 도매기금과 중개기관이 민간에서 자발적으로 만들어지도록 유도하고 있다는 점이다.

어떤 접근법이 옳았을까? 우리 정부가 사회적금융 활성화 정책(2018년)을 펼친 지 몇 년이 지나지 않은 시점이라 성과를 논하기에는 이른 감이 있다. 현재 관찰되는 모습만 놓고 보면, 중개기관의 숫자는 늘었으나 일부를 제외하면 자생력이 현저히 떨어지고 도매기금 역시 재원 부족으로 제 기능을 발휘하지 못하는 것으로 판단된다.[20]

그렇다면 현재 우리나라 사회적금융 생태계에서 활동하고 있는 중개기관들은 얼마나 될까? 전국적으로 70여 개의 기관이 존재하는 것으로 추산된다. 간접적인 형태로 사회적금융을 중개하는 곳까지 합하면 더 많을 것이다. 정부의 활성화 정책에 힘입어 지난 몇 년 사이 중개기관이 많이 늘어났다. 양적인 확대가 전부는 아니지만, 기관이 많이 생기고 있다는 것은 긍정적 신호임이 분명하다.

앞으로 살펴볼 42개 중개기관의 활동 내용을 통해 보면, '사업 영역' 측면에서는 임팩트 금융이 52.4%로 가장 높은 비율을 차지한다. 호혜금융과 지역금융이 같은 19.0%이고 포용금융이 9.5%를 차지하고 있다. 사회적경제기업, 소셜벤처 등 혁신기업을 지원하는 임팩트 금융 중개기관이 절반이 넘는다. 비영리 민간 재단, 시민 투자 플랫폼, 임팩트 투자회사, 사회주택, 금융 공공기관 대부분이 이 영역에 속한다.

'지원 대상' 측면에서 보면 직간접적으로 사회적경제 조직을 지원하

---

20 정부의 사회적금융 활성화 정책에 대한 평가는 6장에서 자세히 다룰 예정이다.

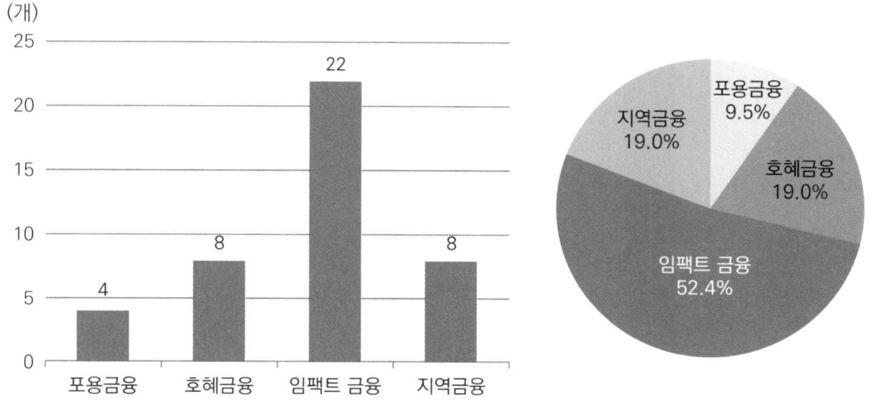

책에서 다룬 사회적금융 기관의 사업 영역 분포

는 중개기관이 34개나 된다. 전체의 77% 이상이 소셜벤처를 포함한 범사회적경제 영역을 지원하는 사업을 진행하는 것으로 나타났다. 현재 한국의 사회적금융 생태계는 사회적경제를 성장시키는 데 역량을 집중하고 있다고 봐도 무방하다. 이는 정부의 정책 방향이 큰 영향을 미쳤기 때문으로 풀이된다.

'설립 연도' 기준으로 살펴보면 5~10년이 40.5%로 가장 많고, 5년 미만(26.2%), 10~19년(19.0%), 20년 이상(14.3%) 순이었다. 설립된 지 10년이 되지 않은 기관이 전체의 약 67%로 다수를 점하고 있다. 20년이 지난 기관들 가운데 사회적금융을 실행한 시기가 10년이 넘지 않은 곳도 많다. 우리나라 사회적금융 지원 생태계가 태동기에 있음을 말해 준다.

중개기관이 위치하는 '장소' 측면에서 보면, 일부 지자체 기금을 제외하고 절대다수가 수도권, 특히 서울에 본점을 두고 있다. 비수도권 지역의 사회적금융 활성화를 위한 기반 마련이 시급하다는 것을 알려

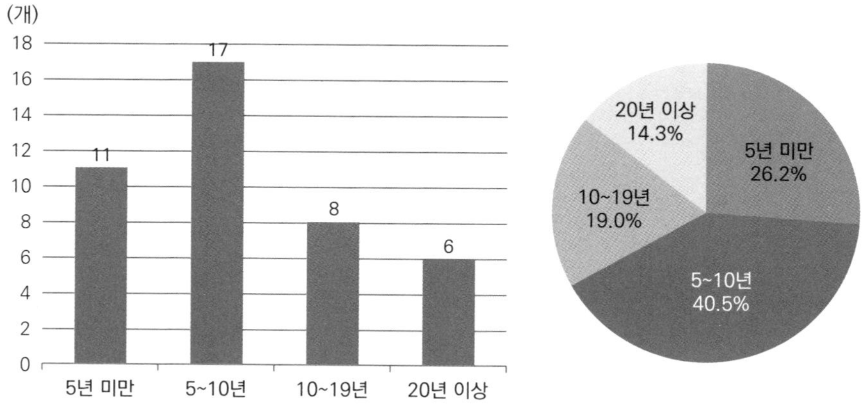

책에서 다룬 사회적금융 기관 설립 연도

준다. 일부 기관의 경우, 본점을 지방으로 옮기거나[21] 지사支社를 설립하는 등 비수도권 지역으로 활동 범위를 넓히는 모습도 발견된다. 무척 고무적인 현상이다.

전문 인력 보유 등 '인프라' 측면에서 살펴보면 사업 영역이나 기관 특성에 따라 차이가 크다. 제도권 금융기관과 임팩트 투자회사는 상대적으로 양호한 편인 반면, 공제조합과 시민 투자 플랫폼, 비영리기관은 전문 인력 등 기본 인프라가 부족한 것으로 나타났다. 특히 비수도권 지역에서 사회적금융을 중개하는 기관들의 여건이 가장 좋지 않은 것으로 관찰된다.

극히 일부를 제외하고, 대다수 식물은 스스로 씨앗을 잉태하지 못한다. 수분受粉이 이루어지려면 누군가의 도움을 받아야 한다. 종자식

21 대표적으로 임팩트 투자회사 '소풍벤처스'를 들 수 있다. 2020년에 서울에서 강원도 원주로 본사를 옮겼다.

물이 꽃을 피워 벌과 나비를 불러옴으로써 수술의 꽃가루를 암술머리에 옮겨 생명을 이어 가는 것처럼, 금융에서 수요자와 공급자 사이의 다리 역할을 하는 존재가 바로 중개기관이다. 그래서 소중하다.

생긴 모양이 다르다고 해서 나무와 꽃의 점수를 매기지 않는 것처럼, 사회적금융을 다루는 중개기관을 비교해서 따지는 것은 어리석은 짓이다. 각자의 역할이 다를 뿐, 이들 모두는 금융 생태계를 함께 일구어 가는 동료들이다. 꽃들에 희망을 전하는 나비와 벌이 늘어나고, 이들을 통해 대지 위의 많은 생명이 열매를 맺고 또 아름답게 피어나기를.

2장

불평등 해소를 위해
-포용금융

사회 빈곤층을 돕는 대표적인 방법은 자선慈善이다. 인간 세상이 아무리 살기 좋은 낙원으로 바뀐다 해도, 가난하고 소외된 이웃은 존재하기 마련이다. 그러므로 기부와 자선은 언제 어디서나 필요한 휴머니즘의 실천이다. 조건 없이 베푸는 행위, 보상을 바라지 않는 나눔, 불평등을 완화해 주는 정화 장치, 더불어 살아가는 공동체의 아름다운 미덕. 자선은 다양한 이름으로 불린다.

한국은 선진 국가들과 비교할 때 기부와 자선 문화가 뿌리를 내리지 못한 나라에 속한다. 미국과 서유럽 국가의 경우, 부자들이 행하는 노블레스 오블리주noblesse oblige[1]가 자연스러운 사회문화로 정착되어 있다. 예를 들면 미국은 부자들이 재산을 사회로 환원하는 일을 당연

---

1 프랑스어에서 유래한 용어로, 사회 지도층 인사에게 요구되는 도덕적 의무 혹은 사회에 대한 책임을 가리킨다.

시한다. 록펠러, 카네기, 포드, 게이츠 등 큰 부를 이룬 기업가 다수가 많은 돈을 사회에 쾌척했다.

이 돈은 대부분 그들의 이름을 딴 재단에 출연出捐되고, 이 비영리 재단법인이 사회적으로 가치 있는 사업에 돈을 흘려보내는 통로가 된다. 재단 설립과 이 통로를 통한 부의 사회 환원 방식이 하나의 전통으로 자리를 잡은 것이다. 이뿐만이 아니다. 지역에 뿌리를 둔 재단도 무수히 많다. 지역재단community foundation이라고 불리는 존재가 그들이다.

지역의 유지有志와 명망가들이 고향 발전을 위해 자발적으로 많은 돈을 기부한다.[2] 이 돈으로 도서관과 박물관을 세우고 한계 가정의 청소년들에게 장학금을 지급한다. 지역에서 활동하는 풀뿌리 단체들을 지원하고, 지역 문제를 해결하기 위한 사업에 돈을 투자한다. 지역재단이 공동체를 유지하고 지역사회를 바꾸는 엔진 역할을 하는 것이다.

이에 반해 우리나라의 기업들은 나눔에 인색하다. 대기업 총수가 설립한 재단이 여럿 있지만, 출연된 금액에서 실제 목적사업에 지출한 돈은 5%가 채 되지 않는다.[3] 사회공헌의 진정성이 의심되는 대목이다. 일부 기업재단의 경우, 출연된 돈이 우호 지분 보유 방식으로 유지되어 경영권 승계를 위한 편법적 수단으로 악용된다는 비판을 받고 있다.[4]

---

2 우리나라도 관련 법률이 제정되어 2023년부터 태어난 고향에 대한 기부가 가능하다.

3 2016년 국세청 공시 기준, 주요 대기업집단 및 총수 일가가 출연한 공익재단 상위 20곳의 총자산은 약 9조 3,500억 원이다. 반면 원금 대비 사업 지출은 3.2%에 불과하다.

4 특수관계인의 보유 지분을 공익재단으로 귀속시키는 방식으로 계속 지분을 유지하는 것을 말한다.

미국의 경우, 매년 민간 공익재단이 보유하고 있는 기금 자산의 일정 부분을 반드시 지출하도록 의무화하고 있다. 기업이 세금 회피 수단으로 공익재단을 이용하는 것을 막고 민간의 공익 활동을 활성화하려는 것이다. 우리나라는 부자들이 모범을 보이지 않으니 작은 부자들과 고소득 전문직, 나아가 중산층의 기부를 끌어낼 명분도, 동인動因도 없다. 노블레스 오블리주가 실종되어 있다.

국가도 기부를 권장하지 않는다. 모금 액수가 일정 선을 넘으면 신고해야 하고, 모금 과정에 필요한 경비도 제한하고 있다. 기부금에 대한 세제 혜택도 다른 나라들에 비해 훨씬 못 미친다. 무분별한 기부 행위를 막겠다는 것인데, 고래 싸움에 새우 등이 터지는 격이다. 한국은 기부나 나눔에 관한 한 후진 나라이다. 사회적 불평등을 완화할 자정 기능이 상실되어 있다.

오른쪽 그림은 영국자선재단CAF[5]이 집계한 2021년도 국제나눔지수World Giving Index 최하위 10개 국가를 나타낸 것이다. 팬데믹의 영향으로 전 세계가 어려움을 겪는 가운데 각 나라에서 자선과 기부, 나눔이 어떻게 이루어졌는가를 조사한 결과이다.[6] 각 나라에서 무작위로 추출한 약 160만 명의 인구를 대상으로 인터뷰를 진행해 결과를 냈다.

조사 대상 국가(114개) 가운데 점수가 가장 낮은 나라는 일본이고, 우리나라는 110위(22%)를 기록했다. 꼴찌에서 네 번째이다. 세부 내용을 살펴보면 자선helping a stranger이 29%, 기부donating money가 28%,

---

5 Charities Aid Foundation은 1974년에 설립된 국제 기부 단체이다. 매년 각 국가의 기부, 나눔 실태를 조사해 발표한다.

6 〈CAF World Giving Index 2021, a global pandemic special report〉, CAF, 2021.

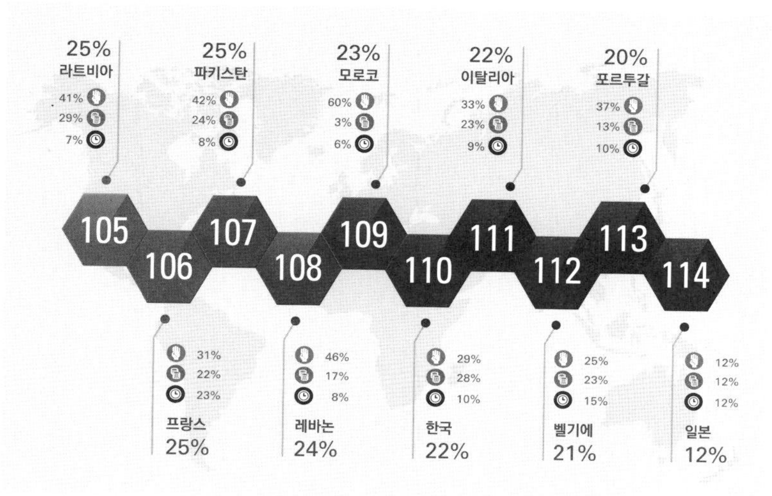

2021년 국제나눔지수 최하위 국가, CAF

나눔volunteering time이 10% 수준이었다. "낯선 사람을 도운 적이 있는가?"라는 질문에 100명 중 29명이, "기부나 후원을 한 적이 있는가?"라는 질문에 100명 중 28명이, "나눔이나 봉사활동을 한 적이 있는가?"라는 질문에 100명 중 10명만이 "그렇다."라고 답변한 것이다. 부끄러운 수치이다.

1위 국가는 인도네시아(69%)이다. 자선이 65%, 기부가 83%, 나눔이 60%로 나타났다. 케냐(2위), 나이지리아(3위), 미얀마(4위), 가나(6위), 우간다(8위), 코소보(9위), 태국(10위) 등 가난하고 못사는 이른바 제3세계 국가들이 10위권 안에 다수 포함되어 있다. 부유하고 잘사는 나라들 가운데 10위권에 이름을 올린 곳은 호주(5위)와 뉴질랜드(7위)뿐이다.

흥미로운 사실은 미국(19위), 영국(22위), 캐나다(35위) 등 부유한 서방 국가들 순위가 급속하게 추락했다는 점이다. 휴머니즘의 실천이 부의 크기와 비례하지 않는다는 것을 보여 준다. 힘든 고난이 닥쳤을 때, 자기보다 힘든 이웃을 돌보고 나눔을 베푸는 데 열심인 곳은 부자 나라가 아니라 오히려 가난한 나라의 시민들이다. 깊게 살펴봐야 할 대목이 아닐 수 없다.

기부와 자선, 나눔과 봉사는 인류의 오랜 전통이다. 생존을 위한 조건을 박탈당한 이들이 최소한의 삶을 이어 가도록 돕는 것은 영장류만이 할 수 있는 도덕이다. 그리고 이 목적을 위해 일하는 곳이 있다. 비영리 자선단체가 그들이다. 우리나라에도 이런 단체가 많이 있다. 국내에서 활동하는 곳들도 있고 국제 자선단체의 지부도 존재한다. 역할은 다르지만 박애博愛를 실천한다는 점에서 같은 목적을 공유한다.

'기부'는 눈앞에 닥친 사회적 고통을 제거하는 일에 초점을 맞춘다. 가뭄과 기아로 생사의 기로에 놓인 이들에게 당장 필요한 것은 물과 빵이다. 빠른 응급 처치가 필요하다. 하지만 기부는 문제의 원인 자체를 제거해 주지는 않는다. 빈곤 문제를 근본적으로 해결하려면 다른 접근이 요구된다. 그래서 등장한 것이 이른바 박애형 '자선투자'라 불리는 필란트로피philanthropy이다.

필란트로피는 문제를 해결하는 것에 초점을 둔다. 아프리카의 고질적인 식수 문제를 해결하기 위한 기반시설을 만드는 사업에 경비를 지원하는 것, 저개발 국가의 빈곤층이 자립할 수 있도록 무담보, 무이자의 자금을 빌려주는 사업이 대표적인 사례이다. 필란트로피는 조성된 재원을 활용해 사회문제의 근원을 해결하고 사회적 가치를 창출하려고 한다는 점에서 전통적인 기부나 후원과 구별된다.

필란트로피가 투자인 것은 맞지만, 원금의 손실을 감내한다는 점에서 일반적인 투자와는 성격이 다르다. 중요한 것은 투자된 돈이 회수되는가가 아니라 "사회문제를 해결하는 데 얼마나 기여했는가?"이기 때문이다. 따라서 공공선public good의 창출을 핵심 목표로 두며, 단기적 성과를 얻으려 하지 않고 장기적 관점에서 투자가 이루어지는 인내자본 성격을 가진다.[7]

한국적 맥락에서 대표적인 필란트로피 활동은 마이크로크레디트 micro-credit라고 부르는 무담보 소액대출 사업을 들 수 있다. 가난한 이웃들의 자립을 도우려면 물고기를 주는 것보다 물고기 잡는 법을 알려 주는 것이 나은 해법일 수 있다. 금융을 활용해 이들의 자립, 자활을 돕는 것, 탈빈곤의 해법을 자립형 노동으로 바라보고, 소액의 자금을 빌려준 후 경제적으로 독립할 수 있도록 돕는 방식이다.

담보로 맡길 재산이 없고 신용 상태도 나쁜 사람이 은행에서 돈을 빌리는 것은 사실상 불가능한 일이다. 은행에서 퇴짜를 맞은 이가 필요한 돈을 구할 방법은 대부업체를 찾아가는 길뿐이다. 비싼 이자를 감수하고 돈을 빌린다. 일이 잘 풀려서 빌린 돈을 제때 상환하면 다행이지만, 그렇지 못하면 원금과 이자가 눈덩이처럼 불어나는 악순환의 늪에 빠지게 된다.

세계은행World bank 자료에 따르면, 2021년 현재 하루 2달러 미만

---

7 사회적금융의 한 영역인 임팩트 투자는 필란트로피의 변천 과정에서 만들어진 흐름이라 할 수 있다.

의 돈으로 살아가는 절대빈곤 인구는 약 7억 명에 이른다. 팬데믹으로 인해 전년 대비 약 9,700만 명 늘어난 것으로 나타났다. 우리나라의 상대적 빈곤율, 즉 중위소득의 절반 아래로 버는 인구는 16.7%로, OECD 국가 중 4번째로 높다.[8] 6명 중 1명이 가난의 질곡에 빠져 있다는 뜻이다.

이들 중 다수는 누군가로부터 도움을 받지 못하면 생존이 위태로운 상황에 놓여 있다고 할 수 있다. 아주 적은 돈의 지원도 이들에겐 무척 큰 도움이 된다. 그 지원금이 경제적 자립을 위한 도구로 활용될 수 있다면 더 말할 나위가 없다. 금융에서 배제된 이들을 돕기 위한 포용금융이 가진 실제적 가치는 우리가 생각하는 것 이상으로 높고 크다.

현재 아주 소수의 비영리 민간기관이 이 포용금융을 실천하고 있다. 기부금을 재원으로 소액의 자금을 빌려주어 사회 취약계층들의 자립을 지원한다. 중요한 것은 필란트로피 사업이 진행되려면 사회문제 해결에 관심을 가진 기부자나 자선 투자자가 있어야 한다는 사실이다. 이익 추구가 아닌 사회적 가치 창출을 목적으로 한 투자 재원이 조성되어야만 한다.

한 가지 우려스러운 점은, 사회공헌 차원에서 조성된 자금 중 상당 부분이 기부와 후원에서 사회적 가치투자 쪽으로 빠르게 이동하고 있다는 것이다. 인류에게 닥친 어려움을 해결하기 위한 사회적 가치투자의 중요성은 무척 크지만 그것이 전부는 아니다. 아직 우리 사회에는 조건 없이 주는 기부나 나눔을 통해 돌봐야 할 이웃도 많이 존재한

---

8 주요 국가별 상대 빈곤율, OECD, 2018년 기준.

다. 비어 있는 곳이 어딘가를 살피는 애정과 관심이 필요하다.

한편 비영리 민간 기구 입장에서도 기부와 후원은 무척 소중한 자금의 원천이다. 영리를 좇지 않는 기구가 비용을 충당할 방법은 사업을 통해 돈을 벌거나 외부의 후원에 의존하는 길뿐이다. 비영리 기반의 사회적금융기관도 마찬가지이다. 금융을 다루는 일을 하므로 그렇지 않을 것이라 보기 쉽지만 실상은 다르다. 취약계층에게 좋은 조건의 금융을 제공한다는 것은 그만큼 기관의 수익을 포기해야 한다는 뜻과 같다. 사회적 가치를 추구하는 기업과 마찬가지로 가치와 수익 사이에서 힘겹게 줄타기를 한다.

대출이나 투자에 따른 손실 발생 가능성도 크다. 사회적금융은 주류 금융처럼 담보를 요구하거나 신용 점수만으로 투자 여부를 결정하지 않는다. 때로는 원금 회수가 늦어지기도 하고, 일부를 돌려받지 못하는 상황이 생길 수도 있다. 목적이 크고 담대할수록, 지원할 대상이 절박한 상황에 놓여 있을수록, 위험을 방지할 수 있는 완충 장치가 필요하다.

이 어려움을 기부금이 해결해 준다. 사회적금융 기관이 포용금융을 실현할 여유 공간을 만들어 주기 때문이다. 정부가 발주하는 공공사업에 참여하기도 하고 자체적인 수익 사업을 펼치기도 하지만 이것만으로는 충분치 않다. 착한 금융의 실천과 기관의 유지라는, 상충하는 두 가지 목적이 조화를 이루도록 도와주는 장치 중 하나가 바로 기부금이다.

우리나라에도 사회적으로 가치 있는 일에 돈을 투자하는 민간 공익재단이 많이 늘어야 한다. 공익을 추구하는 재단들에 시민들의 기부가 이어지고, 이 돈을 재원으로 사회를 새롭게 바꾸는 멋진 프로젝트에 자금을 지원하는 순환 구조가 만들어져야 한다. 특히 지역 기반의 공익재단 설립이 절실하다. 공익재단 대다수가 수도권에 몰려 있어서 지역과 지방은 공익사업에 필요한 자금을 구하기가 무척 어렵다.

공익재단들의 사회공헌을 활성화할 수 있는 제도 개혁이 시급하다. 기업재단의 경우, 출연 재산이 공익 목적에 맞게 집행되고 있는지를 모니터링하고, 사회적 가치를 창출하기 위해 힘쓰는 민간 재단은 주식 보유 제한의 예외를 인정해 줌으로써[9] 사회적경제 영역 등 우리 사회를 더 나은 방향으로 혁신하는 사업에 자금이 흘러갈 수 있도록 해야 한다.

팬데믹의 영향으로 소득과 부의 불평등은 한층 더 가속화될 전망이다. 부자들은 더 큰 부자가 되고 가난한 사람은 더 깊은 빈곤의 수렁으로 빠지고 있다. 이 순간에도 지구별에서 죽음으로 내몰리는 사람이 4초에 1명꼴로 발생하고 있다는 우울한 보고서가 발표되고 있다.[10] 금융은 탈빈곤을 위한 근본 해법이 아니지만 그 유력한 수단 중 하나일 수 있다. 포용적인 금융이 필요한 이유이다.

---

9 현행 상속세 및 증여세법(제16조)에서는 공익재단이 의결권 있는 발행주식 또는 출자총액의 5% 미만을 보유하도록 하고 있다.

10 〈죽음을 부르는 불평등 보고서〉, 옥스팜, 2022년 1월.

1) 한국 마이크로크레디트의 효시, 신나는조합

신나는조합

어려울 때 내밀어 준 손

공휴일마다 결식아동들을 위해 봉사활동을 하던 백반집 사장님이 있었다. 4평 반짜리 작은 공간에서 4,000원짜리 백반을 팔며 열심히 살던 이 가장은 경영이 어려워지자 가게 문을 닫아야 했다. 재기를 위해 새로운 창업 아이템을 정하고 은행 문을 두드렸지만 심사만 해 달라는 요청조차 거절당하기 일쑤였다.

그러다가 지인에게 '신나는조합'이라는 곳을 듣게 되었고 대출을 신청했다. 심사만 받을 수 있어도 행복하겠다고 생각했는데, 서류 심사에 합격했다는 결과를 통보받고는 눈물이 핑 돌았다. 그러고는 실패를 반복하지 않기 위해 계수기를 들고 음식점을 열 장소를 물색하러 한참을 돌아다녔다. 결국 맞춤인 장소를 찾아 문을 열었다. 성신여대입구역 부근에 있는 '정대포생선구이박사'의 정홍균 대표 이야기이다.

2009년 실시된 보건복지부 희망키움뱅크사업 지원 대상자로 선정되어 '신나는조합'의 도움을 받은 정 대표는 빌린 돈을 한 번도 밀리지 않고 다 갚았다. 은행에서 대출을 받았어도 그렇게 했을 것이다.

신용등급과 점수가 성실 상환을 보장하는 증거는 아니다. 어려울 때 손을 잡아 주고 재기할 수 있도록 도와주는 것이 마이크로크레디트 사업의 본령이다.

'신나는조합'의 약정서 보관함에는 이름과 금액, 상환 날짜가 적힌

서류만 들어 있는 것이 아니다. 힘겹게 하루하루를 버티며 살아가는 이웃들의 눈물겨운 사연들이 곳곳에 배어 있다. 창업과 폐업이 이어지는 절망적 상황에서 돈을 구하지 못해 좌절하고 있을 때 우연히 찾아간 동사무소에서 신나는조합을 알게 되고 창업 자금을 지원받아 재기에 성공한 이야기, 여러 번의 사업 실패로 신용불량자가 되어 아무도 자금을 빌려주지 않을 때 도움을 받은 고마움을 잊지 않고 비슷한 처지에 놓인 이들을 위해 무료로 레시피를 전수하고 있는 음식점 사장님의 고백 등 가슴 뭉클한 사연들이 담겨 있다. 신나는조합이 금융 사각지대에 놓인 이들에게 희망의 다리가 되어 주었다는 증거들이다.

신나는조합은 2000년에 만들어진 비영리 사단법인이다. '사회연대은행'과 함께 한국 마이크로크레디트 사업을 이끌어 온 대표적 기관이다. 올해로 설립된 지 만 22년을 맞는다. 외환위기의 후유증으로 실직자와 신용불량자가 대규모로 양산되던 시절, 무담보 소액대출 사업의 원조라 할 수 있는 방글라데시 그라민은행Grameen bank이 빌려준 돈 5만 달러를 종잣돈으로 강화도에서 빈곤 퇴치 사업을 한 것이 출발점이었다.

노숙인, 알코올 의존자, 직업 경력이 없는 장애인 등 취업이나 창업이 어려운 사람들에게 소액 자금을 대출하고 자립을 지원함으로써 100여 개의 공동체와 400명 가까운 일자리를 만들어 냈다. 대출금 상환율이 낮을 것이라는 통념을 깨고 상환율 96%라는 놀라운 성과를 창출하며 사회 취약계층을 위한 탈빈곤 사업의 새로운 지평을 열었다는 평가를 받는다.

신나는조합 정관 1조에는 "빈곤층과 사회 취약계층의 자립, 자활을

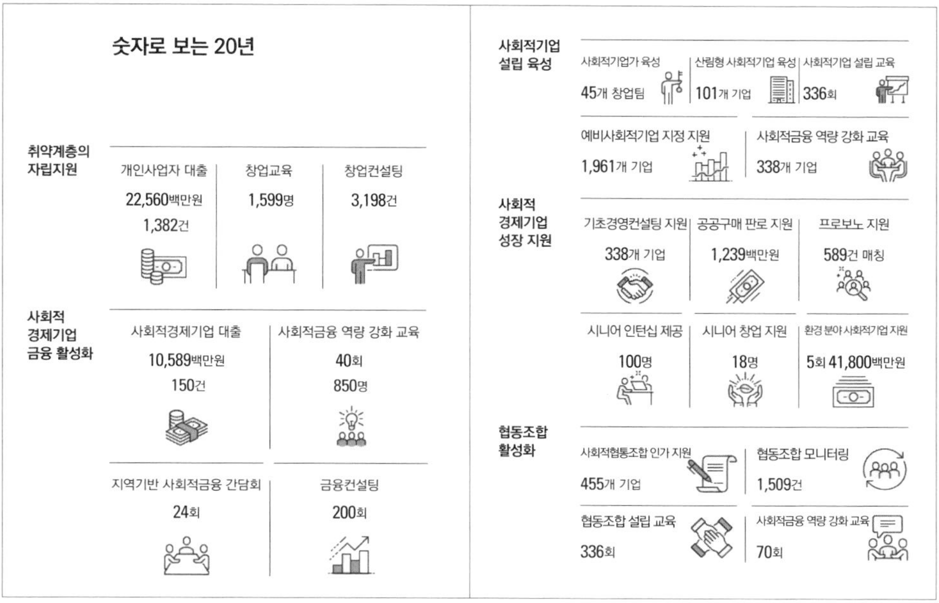

숫자로 보는 20년, 신나는조합, 《20주년 백서》

지원하는 것을 설립 목적으로 한다."라고 쓰여 있다. 무담보 소액대출을 포함해 빈곤 문제를 해결할 방법을 찾아내 취약계층의 경제적 자립을 돕겠다는 뜻이다. 오랜 기간 영세 소상공인, 자영업자, 플랫폼 노동자, 협동조합 등 제도권 금융을 이용하기 힘든 개인과 조직들에 도움의 손길을 내밀었다.

2000년부터 현재까지 마이크로크레디트 사업을 통해 모두 1,000명이 넘는 사람들에게 200억 원 이상의 자금을 공급했다. 민간과 공공기금을 합한 숫자이다. 창업 의지와 자활 능력이 있는 저소득·저신용 금융 소외계층이 주요 지원 대상이다. 무보증, 무담보로 저금리 사업 자금을 대출해 주어 자립을 돕고 긴급 생계 자금을 지원함으로써 생활고에서 벗어나게 해 주기 위함이다.

신나는조합의 변곡점은 2010년에 찾아왔다. 정부가 '미소금융중앙재단'을 설립하면서 그동안 주요 재원이었던 대기업과 은행의 후원금이 모두 말라 버린 것이다. 재원 확보가 안 되면 소액대출 사업은 지속할 수 없다. 정부가 전국적 범위로 대규모 마이크로크레디트 사업을 전개하는 상황에서, 작은 비영리단체가 무슨 수로 버티겠는가. 생존 여부를 가늠할 수 없는 어려운 상황을 맞이한 것이다.

오랜 숙고 끝에 신나는조합은 사회적경제 영역으로 사업을 확장하기로 방향을 정한다. 기관의 설립 목적인 취약계층 자립 지원을 넘어 사회적경제를 지원하기로 한 것이다. 은퇴한 시니어들의 사회적경제 취업 지원, 사회적경제기업 금융 지원, 사회혁신가 육성 등 정부와 민간의 자원을 연계해 사회적경제 조직들의 성장을 돕는 사업이 추가된 배경이다.

'취약계층 자립 지원'은 신나는조합의 고유목적사업이다. 영세 소상공인 창업 교육 및 컨설팅, 시니어 사회 참여 지원, 청소년 자립 지원, 의료비 지원 등을 한다. 영세 소상공인 지원은 저소득층과 금융 소외계층의 창업 성공률을 높이기 위한 사업이다. 창업 상담, 이론 교육, 현장 실습, 컨설팅, 자금 추천, 사후 관리까지 80시간의 프로그램으로 진행된다. 2008년부터 현재까지 약 1,200명의 교육생을 배출했다.

'시니어 사회 참여 지원'은 은퇴한 시니어들의 일자리 창출과 사회적경제 분야 창업을 유도하기 위한 사업이다. 경진대회를 통해 선정한 예비 창업자들에게 창업 자금을 지원하고 사후 관리도 해 준다. 사회적경제 영역의 시니어 일자리 수요와 취업 희망자들의 전공 및 희망 사항을 매칭하는 사업도 진행하고 있다. 일자리를 매개로 시니어와 사회적경제를 연결하는 모델이다.

'청소년 자립 지원'은 그룹홈[11]이나 양육시설의 보호가 종료된 청소년들이 자립할 수 있도록 돕는 사업이다. 불우한 환경에서 성장한 청소년들이 사회 구성원으로 당당히 살아갈 수 있도록 자립 역량을 키워 주고, 인턴십 프로그램을 통해 직업 훈련과 취업 활동을 지원한다. 천천히 가되, 체계적인 지원을 통해 자립 성공률을 높이는 데 초점을 맞추고 있다.

'의료비 지원 사업'은 의료비 때문에 경제적 어려움을 겪는 저소득층과 플랫폼 노동자들을 돕기 위한 사업이다. 사회보험의 사각지대에 놓여 있는 배달 대행 종사자rider 가운데 유상운송종합보험에 가입되어 있지 않은 노동자들이 주요 지원 대상이다. 배달 도중 교통사고로 상해를 입은 이들에게 1인당 1,500만 원까지 의료비와 긴급 생계비를 지원한다.

'사회적경제기업 금융 지원'은 공공기관, 지자체, 민간 주체들이 조성한 기금에 자체 기금을 더해 사업 자금을 지원해 주는 대출 사업이다. 2013년 서울시 사회투자기금[12] 사업을 시작한 이래 2020년 말까지 전국의 341개 사회적경제기업에 총 223억 원을 공급했다. 예비 단계를 포함한 사회적기업과 협동조합이 지원 대상이다.

---

11 노숙자, 장애인, 가출 청소년 등 어려운 환경에 처한 이들이 자립할 때까지 공동체 생활을 할 수 있게 만든 시설을 말한다.

12 '서울시 사회투자기금'에 대한 자세한 설명은 5장 참조.

2013년부터는 정부 사회적기업 통합지원기관으로 선정되어 사회적기업을 육성하는 사업에도 참여하고 있다. 사회문제를 혁신적인 방법으로 해결하며 사회적 가치를 실현하고자 하는 기업들이 사회적기업 인증을 받을 수 있도록 지원해 준다. 창업 아이디어 공모전을 통해 혁신기업을 발굴해 사업화를 돕는 등 체계적인 지원 활동을 펼치고 있다.

사회적기업이 생산하는 제품이나 서비스 구매 수요가 있는 공공기관과 공공시장 진입을 희망하는 사회적기업을 연결하는 '공공 구매 원스톱 지원 센터'도 운영한다. 사회적기업 제품을 알리기 위해 공공기관 구매 담당자들을 대상으로 한 홍보 활동도 진행하고 있다. 사회적기업의 애로 사항 중 하나인 판로 개척을 지원해 매출을 늘리는 데 도움을 주기 위해서이다.

금융 소외계층에 대한 마이크로크레디트 사업부터 사회적경제 지원 플랫폼 구성까지 신나는조합은 20년 넘게 열심히 달려왔다. 정부가 비즈니스 모델과 재원을 모두 가져가는 바람에 존폐 위기에 몰리기도 했고, 사회적경제 통합 지원기관으로 사업 영역을 확장하면서 어려움도 많았다. 안정적인 사업 구조를 가져가기 위한 재원 발굴 등 풀어야 할 숙제도 많다.

하지만 어려운 이들의 편에 서서 도움을 주고자 하는 사명을 잊지 않고 계속 걸어갈 것이다. 신나는조합이 걸어온 길에서 만난 사람들은 얼음처럼 차가운 세상에서 밀려난, 가난하고 힘없는 이웃들이다. 누군가는 그들의 손을 잡아 주어야 한다. 금융을 활용해 자립을 지원함으로써 사회안전망을 만드는 데 기여하는 것이 신나는조합의 소명임을 잊지 않고 있다.

신나는조합의 비전은 신나는 일터를 만드는 것이다. 모든 사람이 타고난 재능을 발휘하면서 신나게 일할 수 있는 일터가 늘어나면 세상은 지금보다 한결 좋아질 것이다. 세상에는 남이 알아주지 않아도 스스로 변방에 머물며 소외된 이들을 돕는 사람과 기관이 있다. 신나는조합이 그런 곳이다.

2) 취약계층의 든든한 금융 동반자, 사회연대은행

사회연대은행 사단법인 함께만드는세상

신용등급 최하위, 나 같은 사람에게도……

"서울에서 운영하던 주점이 IMF 영향으로 폐업하면서 신용불량자가 되었습니다. 백화점 청소부, 주차장 도우미, 공장 야간노동자 등 안 해 본 일이 없습니다. 어렵게 치킨 전문점을 인수했지만, 본사의 부도로 또 한 번 나락으로 떨어졌습니다. 모든 게 싫어서 죽음을 수없이 생각했습니다. 하지만 가족을 지켜야겠다는 생각에 중국집 배달원으로 일하기 시작했고, 사장님의 권유로 창업을 결심하고 계약금과 중도금까지 지불했습니다. 그런데 잔금을 빌려주기로 한 지인이 약속을 지키지 못할 형편이 되었습니다. 하늘이 무너지는 줄 알았습니다. 그러던 중 우연히 사회연대은행을 알게 되었습니다. 처음에는 믿지 않았습니다. 신용등급 최하위에 담보 능력도 없는 나 같은 사람도 가능할지 의문이 들었습니다. 심사에 통과했다는 이야기를 듣고 인도에 걸터앉아 얼마나 울었는지 모릅니다."

사회연대은행(이하 연대은행) 10주년 기념백서에 실린 고객 수기의 한 대목이다. 마음을 적시는 절절한 사연들은 밤하늘의 별처럼 많다. 삶을 포기하려고 건물 옥상으로 가다가 연대은행이 보낸 문자 메시지를 받고 다시 발길을 돌렸다는 이야기, 가장 힘들 때 도와준 고마움을 잊지 못해 지금도 후원금을 보내는 분들의 사연, 연대은행 덕분에 어려움을 극복한 부모님을 지켜보며 인생 진로를 사회복지사로 택한 청년의 고백 등 이루 다 헤아리기 어렵다.

선한 행동은 선한 행동을 낳는다고 했던가. 연대은행의 도움을 받아 어려움을 이겨 낸 사람들은 은혜를 갚기 위해 자신보다 힘든 이웃을 돕는다. 미용실을 하는 여성 가장은 노인과 장애인을 위해 미용 자원봉사를 하고, 음식점을 운영하는 사장님은 힘든 자영업자에게 긴급 생활비를 지원하는 '희망의 징검다리' 회원이 되어 매달 후원금을 보내온다. 누군가로부터 도움을 받은 사람은 누군가를 다시 돕는다는 진리가 입증되는 순간들이다.

사회연대은행의 정식 단체명은 사단법인 '함께만드는세상'이다. 2002년에 설립되었고, 신나는조합과 함께 우리나라 민간 마이크로크레디트 사업의 양대 축을 이룬다. 사회 취약계층을 지원하며 더불어 함께 사는 건강한 공동체 사회를 만든다는 사명으로, 돈이 아니라 연대連帶를 저축하고 이자가 아니라 연대 정신을 높이기 위한 활동을 펼치고 있다.

개인 창업 지원: 2,507건, 488억 원

저소득 고금리 부채 피해 대학생 지원: 4,000명, 185억 원

사회적경제 조직 자금 지원: 317건, 158억 원

영세 소상공인 경영 환경 개선: 4,622건

사회적기업가 발굴 및 육성: 661건

시니어 사회 참여 교육: 2,360명

취약계층 재무 교육 및 컨설팅: 1,149명

창립 이후 현재까지 연대은행이 이루어 낸 성과들이다. 15년이 넘는 긴 시간 동안, 전국의 영세 자영업 2,500여 곳이 뿌리를 내릴 수 있도록 기회를 제공했다. 저소득층 대학생 4,000명에게 내일을 꿈꿀 수 있는 희망을 안겨 주었으며, 사회적경제 조직 1,000곳에 사회혁신을 도모할 기반을 만들어 주기 위해 힘써 왔다.

이 성과들의 밑바탕에는 연대은행을 거쳐 간 많은 이의 땀과 열정이 깔려 있다. 낮은 곳으로 흘러 들어가 어려운 이웃을 보살피겠다는 가치를 실천한 사람들 덕분이다. 숫자는 겉으로 드러난 결과물일 뿐, 어쩌면 이들의 존재가 연대은행의 진짜 모습인지 모른다. 사회의 어두운 곳을 밝히는 일 뒤에는 큰 대가를 바라지 않고 묵묵히 그 일을 수행한 아름다운 이들이 있기 마련이다.

연대은행의 사업은 크게 세 가지 범주로 나눌 수 있다. 사회적 자본을 조성해 사회 취약계층의 자립을 돕고 혁신기업에 돈을 투자해 사회문제를 해결하는 금융 지원 사업, 영세 소상공인과 사회적경제 조직의 지속 가능성 및 자립 역량 강화를 위한 성장 지원 사업, 청년과

마이크로크레딧 창업지원사업

취약계층의 자립지원 강남구	강남구는 지역 주민을 대상으로 무담보, 무보증 창업 대출을 지원해 고용 창출과 빈곤 완화, 신용 회복의 기회를 제공하고 있습니다. **대상** 중위소득 85% 이내의 저소득층으로, 사업장 소재(예정)지가 강남구이거나 강남구 6개월 이상 거주자 **지원 건수** 7개소 **지원액** 165,000,000원
스포츠 은퇴선수, 종사자를 위한 창업지원사업 국민체육진흥공단	국민체육진흥공단은 스포츠 은퇴선수 및 관련 업종 종사자를 대상으로 선수생할 이후의 경제적 자립을 돕기 위해 창업 자금 및 경영 개선 교육 등을 지원하고 있습니다. **대상** 중위소득 80%, 기본재산액 100% 이내에 해당하며 스포츠 은퇴선수이거나 관련 종사자 중 (예비)창업자 **지원 건수** 3개소 **지원액** 60,000,000원
서울형 마이크로크레딧 창업지원사업 서울특별시	서울시는 저소득, 저신용 등의 이유로 제도권 금융을 이용하지 못하는 서울 시민을 대상으로 무담보, 저리 대출 및 경영 컨설팅 등을 제공하여 창업과 경영 안정을 지원 하고 있습니다. **대상** 연소득 3,500만 원 이하 등 저소득층, 기초생활수급자 차상위계층, 실직자, 독립유공자 유족, 다문화 가정, 새터민 또는 '서울 꿈나래 통장' 저축 완료자 **지원 건수** 66개소 **지원액** 1,229,500,000원
함께기금 창업지원사업 사단법인 함께 만드는 세상	사회연대은행의 기금화 사업으로 저소득 소상공인의 일시적 자금난 해소를 지원하는 사업입니다. **대상** 수도권 내 위치하며, 3개월 이상 영업 중으로 월평균 소득 250만 원 이하인 개인사업자 **지원 건수** 16개소 **지원액** 48,000,000원
코로나19 피해 소상공인 경영안정자금대출 인천국제공항공사	인천국제공항공사는 코로나19로 영업상 어려움을 겪는 소상공인들에게 긴급 무이자대출을 지원하여 자금 공백 대처와 경영 안정화에 기여하는 사업을 지원하고 있습니다. **대상** 코로나19 영향으로 전년 동기간 또는 직전 6개월 대비 매출랙이 감소한 개인사업자 **지원 건수** 200개소 **지원액** 1,000,000,000원
코로나19 피해 소상공인 긴급자금대출 HSBC	HSBC는 코로나19 발생에 따른 소비심리 위축으로 영업상 어려움을 겪는 소상공인에게 500만 원 무이자 대출을 지원하여 경영 안정화에 기여하는 사업을 지원하고 있습니다. **대상** 코로나19 영향으로 전년 동기간 또는 직전 분기 대비 매출액이 감소한 소상공인 **지원 건수** 45개소 **지원액** 225,000,000원
소상공인 지원사업 '우리동네 히든 히어로 프로젝트' J.P Morgan	JP모간은 저소득 청년 및 한부모여성소상공인에게 교육, 컨설팅, 700만 원 상당의 경영환경 개선자금을 지원하여 지속 가능성을 높이는 사업을 지원하고 있습니다. **대상** 자녀 부양을 책임지는 한부모여성 개인사업자 또는 연 소득 3,500만 원 이하(건강보험료 84,540원 이하)의 청년(만 20~49세 이하) 개인사업자 **지원 건수** 20개소 **지원액** 140,000,000원
한부모여성 소상공인 온라인 판로 지원사업 J.P Morgan	JP모간은 한부모여성 소상공인에게 교육, 컨설팅, 850만 원 상당의 현물을 지원하여 코로나19에 따른 경영 환경 변화 대응력 및 경쟁력을 제고하는 사업을 지원하고 있습니다. **대상** 자녀 부양을 책임지는 한부모여성, 연 소득 3,500만 원 이하, 판매 상품를 보유한 개인사업자 **지원 건수** 17개소 **지원액** 144,500,000원

2020년 창업 지원 사업, 〈2020 연차보고서〉, 사회연대은행

취약계층의 삶의 질 향상을 위한 교육 및 복지 사업이 그것이다.

'금융 지원'은 연대은행의 핵심 사업이다. 저신용, 담보 부족 등의 이유로 제도권 금융을 이용할 수 없는 이들에게 낮은 금리로 창업 자금과 긴급 자금을 제공해 준다. 주 대상은 소상공인, 청년, 사회적경제조직이다. 포용금융을 실천하는 기관으로서, 설립 이후 지금까지 한 번도 끈을 놓지 않고 계속하고 있는 사업이다.

연대은행은 특히 청년 문제에 각별한 애정을 지니고 있다. 2013년에는 생명보험 사회공헌위원회와 함께 '착한 대학생 대출 프로그램'을 운영한 바 있다. 연 20%가 넘는 고금리로 학자금 대출을 받은 대학생과 대학원생의 대출 이율을 3% 이하로 낮춰 이자 부담을 줄여 주기 위한 사업이다. 당시 출연받은 돈 200억 원을 재원으로 4,000명의 학생들을 도왔다.

현재도 독립생활을 하는 청년들의 주거 문제를 해결하기 위해 임차보증금을 지원해 주고 있다. 고금리로 어려움을 겪는 청년들의 부채를 저금리로 바꿔 주는 전환 대출 사업도 계속한다. 최근에는 청년들의 자립을 돕기 위해 사옥 내 공간을 제공하는 지원 사업도 하고 있다. 임대료를 받지 않기 때문에, 창업을 준비하는 청년들에게 인기가 높다고 한다.

청년 부채 문제 해결과 대안금융을 고민하는 단체도 지원하고 있다. 가칭 '청년신협추진위원회'가 그들이다.[13] 신뢰와 협동을 기반으로 청년들에게 도움을 줄 수 있는 신용협동조합을 만들겠다는 포부를

13 '청년신협'에 대한 자세한 내용은 3장 참조.

가진 그룹으로 청년 단체들과의 연대, 청년 생활 금융학교 운영, 청년 금융 안전망 설치 캠페인, 특수목적 신협 설립을 위한 입법 활동을 추진 중이다.

사회적경제 기금을 만들어 사회적경제 조직들에 창업 자금과 경영 개선 자금도 지원한다. 사회적경제 조직이 생산한 제품과 서비스를 시민들에게 알리고 자금 조달을 돕기 위해 온라인 크라우드펀딩crowd-funding과 오프라인 투자대회를 지원하는 사업도 병행하고 있다. 마케팅도 하고 투자자도 모집하는 일석이조의 접근법인 셈이다.

'성장 지원'은 사회적경제 조직의 성장을 촉진하는 사업이다. 사회문제를 해결할 아이디어를 가진 팀을 발굴해 창업 단계에 필요한 자원들을 연결해 주거나 직접 지원하기도 한다. 창업 후 규모화를 통한 도약이 요구되는 기업이나 성장 가능성이 큰 조직들의 경우, 심층 상담과 진단을 통해 조직 발전 단계에 조응한 맞춤형 지원도 해 주고 있다.

저소득, 저신용 취약계층의 재무 능력을 높이기 위한 교육 및 훈련 프로그램도 운영한다. 본인의 재무 상황을 정확히 알고 실현 가능한 재무 목표를 수립해 인생을 설계할 수 있도록 돕는 과정이다. 재무 컨설팅 전문가와의 개인 상담, 재무 및 신용 관리 방법, 현명한 지출 관리 요령, 돈에 대한 스트레스 관리가 주된 내용이다.

마이크로크레디트를 통해 서민금융을 실행하려는 지방정부와의 협력사업도 진행한다. 최근에는 코로나19로 피해가 큰 소상공인들에게 정책 자금을 제공하는 사업도 참여하고 있다. 사회연대은행은 지역사업에 참여할 경우, 사업 운영의 기본 틀을 마련한 후 퇴장한다는 원칙을 견지하고 있다. 지역 풀뿌리 금융기관이 사업을 이어받을 수 있도록 하기 위한 배려이다.

연대은행도 정부가 마이크로크레디트 사업을 독점함에 따라 신나는조합과 마찬가지로 큰 어려움을 겪었다. 은행과 대기업의 후원금이 모두 미소금융으로 빨려 들어갔기 때문이다. 이 과정에서 사회적 금융을 중개하는 민간 기구가 자율성과 독립성을 확보하려면 정치적 영향으로부터 자유로운 자금 원천이 확보되어야 한다는 교훈도 깨달았다.

공공 자금을 활용해 금융 사업을 진행하는 것은 의미 있는 일이지만, 동시에 한계도 많다. 정부나 공공기관의 자금은 출연이 아니면 무이자라 하더라도 결국 빌려주는 돈이다. 원금을 돌려주어야 한다. 일반적인 사업이라면 크게 문제가 되지 않는다. 하지만 사회적 가치를 추구하는 사업은 다르다. 가치 창출이 우선이므로 손실 위험이 상존한다.

정부 돈을 손실 없이 갚으려면 빌려준 돈을 갚을 수 있는 곳들에 한정해 지원할 수밖에 없다. 이는 포용금융의 가치와 배치된다. 회수 가능성이 높은 곳에만 돈을 빌려준다면 금융회사와 무슨 차이가 있단 말인가. 이런 경직된 구조에서 사회적금융을 실천하는 것은 어려운 일이다. 금융 공백을 메우고 낮은 곳으로 돈이 흐르도록 하는 것이 사회적금융의 핵심이라는 것. 이것이 연대은행의 생각이다.

금융은 두 개의 문門을 가진 발전소와 같다. 입구受信로 들어오는 수량水量이 많아야 발전 기능을 높일 수 있다. 출구與信로 나가는 수량이 부족하면 쓸모가 없어진다. 은행은 입구로 물이 유입되는 장치를 보유하고 있으므로 걱정할 필요가 없다.[14] 하지만 비영리 금융기관은 입구로 물을 유입할 방안을 찾아야만 한다. 사회적금융을 중개하는 비은행, 비영리 민간기관이 안고 있는 숙명이다.

연대은행은 올해 창립 20주년을 맞는다. 그간 최선을 다해 달려온 덕분에 사회적 신뢰를 많이 쌓았고, 공공과 민간 모두에서 인정받는 전문기관으로 설 수 있었다. 연대은행은 다음 20년을 향한 새로운 변화와 도약을 준비하고 있다. 더불어 함께 살아가는 건강한 공동체를 만들어가는 꿈은 현재진행형이다. 아직도 해야 할 일이 많다는 뜻이다.

3) 한부모가정의 자립을 돕는 희망가게, 아름다운재단

희망가게
Hope Store

세상을 바꾸는 기부

"혹시 대구·경북 지역의 자영업자를 위한 지원 활동 하지 않으시나요? 얼마 되지 않지만 그분들 힘내라고 기부를 좀 하고 싶은데, 모금 계획이 있으신지 여쭈어 보려고 연락했습니다."

2020년 3월, 아름다운재단 사무실로 전화 한 통이 걸려 왔다. 대구·경북 지역에 코로나19가 급속히 확산되면서 소상공인과 자영업자들이 전례 없는 위기 상황에 직면했을 때였다. 재단은 대구·경북 지역 '희망가게' 창업주들의 피해 상황을 파악하기 위한 전수조사에 들어갔다. 상황은 예상

14 상업은행의 '수익 모델'은 예금과 대출의 이자 차이이고, '지급 결제 시스템'을 갖추고 있다는 것이 제일 큰 경쟁력이다.

했던 것보다 훨씬 심각했다. 매출이 20~30%가 줄어든 것이 아니라 평소 매출의 20~30%도 되지 않는 곳이 대다수였다.

"TV 뉴스에 확진자가 출입했던 식당으로 보도가 잘못 나가는 바람에 손님이 아예 뚝 끊겼어요. 겨우겨우 유지해 왔는데, 이젠 같이 일하는 직원 한 명도 내보내야 할 형편입니다. 혹 자금을 추가로 더 빌릴 수 있을까요?"

가게마다 상황은 조금씩 달랐지만 창업주들의 불안감은 무척 높았다.

아름다운재단은 즉시 코로나19 긴급구호 모금에 착수했다. 모금된 돈을 재원으로 대구·경북 지역 희망가게에 긴급 생계비를 지원했다. 이후 전국의 희망가게로 지원 대상을 확대해 4월까지 지원금 전달을 모두 마쳤다. 불과 두 달 남짓의 짧은 기간 안에 비상 구호 조치를 완료한 것이다. 재단에 대한 감사, 창업주들 사이의 격려와 위로의 전언이 답지했다. 위기가 오히려 공동체를 더 강하게 묶어 주는 고리 역할을 한 것이다. 희망가게 공동체는 이렇게 작동한다.

아름다운재단은 2000년에 설립된 공익재단이다. '세상을 바꾸는 1% 나눔'이라는 기치 아래, 한국 기부 문화의 새로운 지평을 연 선구자로 평가받는다. 창립 이후 줄곧 사회적 보호가 절실한 약자들을 돕는 사업에 매진하고 있다. 소외계층의 삶의 질 향상을 위한 공익사업, 기업 사회공헌 프로그램 운영, 주제가 있는 목적형 기금 조성, 저소득층의 자립 자활을 위한 대출 사업 등이 대표적이다.

설립 이후부터 지금까지 모든 회계 자료를 외부에 투명하게 공개하고 있는 것으로도 유명하다. 재단을 믿고 기부를 실천한 이들에 대한 기본적 예의라고 생각하기 때문이다. 2020년의 경우, 개인 54,651명,

단체 566개를 대상으로 약 70억 원의 사업비를 지출했다. 사업 영역은 건강, 교육, 노동, 문화, 안전, 주거, 환경, 사회 참여 등 대부분 우리 사회에서 가장 취약한 분야들이다.

'희망가게'는 아름다운재단이 운영하는 '아름다운세상기금'이 후원하는 대출 지원 사업의 이름이다. 이 기금은 2003년 아모레퍼시픽 창업주인 고故 서성환 회장의 유족들이 유산 중 일부인 주식 50억 원어치를 기부해 만들어졌다. 아모레퍼시픽이 성장하기까지 화장품 방문 판매 사원으로 일했던 어머니들의 도움이 컸다는 고인의 뜻을 살리기 위함이다.[15]

그에 따라 아름다운세상기금은 창업을 통해 자립하고자 하는 한부모 여성들의 창업 지원금으로 쓰이고 있다. 재취업을 하는 것은 현실적으로 힘든 일이기 때문에 창업을 통해 경제적 어려움을 해결하는 것이 목표이다. 마이크로크레디트 방식을 적용, 무담보 무보증으로 소액의 자금을 대출해 준다. 금리는 1%이다. 대출 후 상환된 자금은 또 다른 여성들이 희망가게를 시작하는 데 사용된다. 기금의 선순환을 통해 더 많은 이에게 혜택을 제공하기 위해서이다.

2004년 모자 가정 3세대가 공동 창업해 만든 1호점(미재연)을 개소한 이래, 2021년까지 총 474호가 문을 열었다. 모두 한부모 여성이고 가족의 생계를 책임지는 가장이다. 희망가게 신청을 하려면 3가지 조건이 충족되어야 한다.[16] ①25세 이하 자녀의 부양을 책임지는 한부

15 매년 초, 두 기관의 경영진은 지난해의 성과를 공유하고 새해의 계획을 점검하는 자리를 가진다고 한다.

16 2021년을 기준으로 한 것이다.

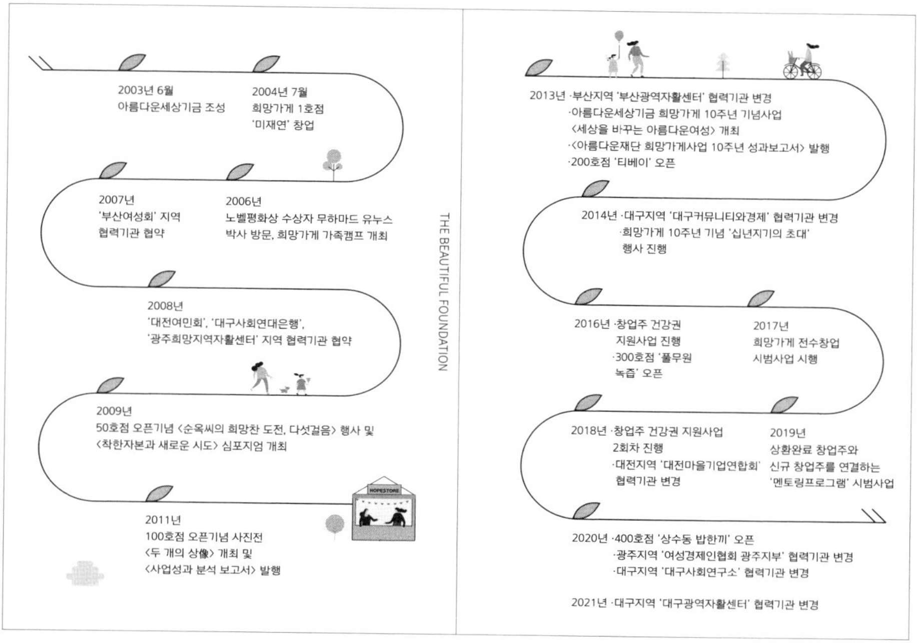

희망가게 연혁, 아름다운재단

모 여성일 것 ②구체적인 창업 계획을 가지고 있을 것 ③전체 가구소득이 중위소득 70% 이하일 것.

현재까지 창업한 업종별 분포를 살펴보면 미용업이 133개로 가장 많다. 다음이 서비스업(124), 음식업(105), 도소매 및 제조업(59), 교육업(53) 순이다. 지역별로는 경기(87), 광주(85), 부산(81), 대전(78), 서울(73), 대구(70) 순이다. 수도권 지역이 상대적으로 높은 비중을 차지하지만, 비교적 전국에 골고루 퍼져 있다.

대출 자금은 1인당 최대 4,000만 원이고, 8년 동안 나누어서 상환할 수 있다. 안정적인 창업을 위해 상권 입지 컨설팅과 사업 준비를 위한 교육비를 지원한다. 사업 운영 중에 발생하는 위기에 대응하기 위해 재무관리, 법률 자문, 심리 상담, 긴급 치료비 지원 등 비금융 지원도 해 주고 있다. 창업 후 생존율을 높이기 위한 통합적인 지원 체계가 가동되고 있는 셈이다.

마이크로크레디트 사업은 노동(L)과 자본(K) 그리고 기술(T)의 함수이다.[17] 자립 의지가 있는 사람(L)에게 자금(K)과 경영기술(T)을 제공함으로써 생산성을 높이는 방식이라 할 수 있다. 여기서 중요한 핵심은 자금을 지원받은 사람들이 자립할 수 있도록 경영기술을 전수한다는 것이다. 소액대출 사업의 성공률을 높이려면 자금과 경영 지원이 함께 이루어져야 한다는 뜻이다.

그런 측면에서 희망가게 사업은 마이크로크레디트 사업의 기본 원리를 충실히 실천하고 있는 사례이다. 자금 제공 후 수혜자가 어려움을 극복하고 자립할 수 있도록 전방위적 지원을 아끼지 않는다. 경영 컨설팅은 물론 심리 상담과 의료 비용까지 제공한다는 것은 재단이 이 사업에 얼마나 큰 정성을 기울이고 있는지 잘 말해 준다.

아름다운재단은 자금 지원 이후에 가까운 거리에서 창업주들의 애로 사항을 듣고 어려움을 해결해 주는 '담당자'의 역할이 중요하다고 보고, 업무협약을 맺은 각 지역의 협력 기관들과 긴밀히 소통하고 있다. 창업주와 지원 담당 실무자 간의 친밀한 관계 형성rapport이 이루어져야만 위기 상황에 신속히 대처하고 사업의 지속 가능성을 담보할

17 일반적으로 생산 함수란 투입된 생산 요소와 생산량의 기술적 결합 관계를 뜻한다. 생산 요소는 노동과 자본, 토지, 기술 등이 있다.

수 있다고 믿는다.[18]

희망가게 사업은 우리나라에 존재하는 마이크로크레디트 사업 중 금융과 비금융 지원을 통합적으로 운영하는, 가장 높은 수준의 모델이라는 평가를 받는다. 앞서 소액대출 사업을 펼쳤던 선배 기관들의 경험을 토양 삼아 한 단계 진화시킨 것이라 할까. 금융과 비금융이 물리적으로 결합한 것이 아니라 화학적으로 합쳐진 상태라고 할 수 있다.

희망가게 대출자들을 대상으로 한 실증 연구[19]에서는 평균 이상의 비금융 지원을 집약적으로 받은 대출자들이 그렇지 않은 대출자들에 비해 평균 가계소득이 높은 것으로 확인되었다. 입지선정 컨설팅 등 매출에 직접적인 영향을 미치는 것도 중요하지만, 사업 성과에 직접적인 영향을 주지 않더라도 비금융 지원이 대출자의 장기적 성공에 큰 영향을 미치고 있다는 뜻이다.

희망가게 창업주들 간의 교류도 의미가 크다. 같은 시기에 창업한 동기들 간 모임 외에도 희망 캠프, 송년회, 가족 치유 프로그램 등 자조 모임을 통해 위안과 심리적 안정을 얻는다고 한다. 재단에서는 희망가게 네트워크를 활용해 창업주들이 서로 마음을 나누고 협력하며 상부상조할 수 있도록 여러 지원 방안을 모색하고 있다.

희망가게에 대한 창업주들의 충성도는 매우 높은 편이다. "주변의 가까운 친구에게 희망가게를 소개하겠는가?"라는 질문에 97.6%가 추천하겠다고 답변하고 있다. 경이로운 숫자이다. 응답자 83명 중 단

18 2019년 기준, 창업점포의 3년 생존율은 약 70% 수준이다.

19 윤미경, 〈여성 대상 소액대출 사업에서 비금융 지원이 가계소득에 미치는 영향〉, 2021.

단위: 점

구분		비율(빈도)
희망가게 프로그램 추천의사	아니오, 절대 추천하지 않겠다	0(0)
	아니오, 추천하지 않겠다	2.4(2)
	네, 추천하겠다	42.2(35)
	네, 꼭 추천하겠다	55.4(46)
	전체	100.0(83)

희망가게 프로그램 추천 의사, 〈희망가게 사업 10주년 성과보고서〉

2명만이 부정적인 답을 했다는 사실은 현재까지 희망가게가 무척 성공적으로 운영되고 있다는 것을 보여 준다.

희망가게 창업주들에게 아름다운재단은 친정집과 같다고 한다. 힘들 때 언제든 기댈 수 있는 마음 편한 곳이라는 뜻일 것이다. 재단의 도움을 받아 가게를 연 창업주들의 인터뷰 내용을 살펴보면 가슴이 따뜻해진다.

"이혼 후 아이를 혼자 키우고 있었는데, 힘겹게 버티다 결국 개인회생을 신청했습니다. 금융 거래가 어려워 곤란한 상황이었는데, 재단의 도움으로 가게를 열 수 있었습니다."

"내 가게를 차리고 싶어 한 푼 두 푼 적금을 부었습니다. 싸게 나온 점포를 찾다가 희망가게 광고를 봤어요. 혹시나 하는 마음으로 지원했는데, 도움을 받을 수 있어서 얼마나 고마웠는지 모릅니다. 당시 큰애가 고등학생, 작은애가 중학생이었는데 대학 등록금 마련하기가 막막한 상황이었거든요. 그때의 저처럼 도움이 절실한 사람들이 많을 겁니다. 제가 받은 만큼 도움을 주는 사람이 되고 싶습니다."

재단은 대출 상환을 완료한 창업주들에게 작은 선물을 보내 주고 있다. 뜻밖의 선물을 받은 창업주 중에는 감사의 내용을 담은 편지와 더불어 자녀와 함께 찍은 사진을 동봉해 답장을 보내 주는 이들이 있다고 한다. 훈훈한 장면이다. 재단 직원들에겐 그 무엇보다 귀하고 값진 선물이 아닐까 싶다. 아름다운 이들이 만들어 내는 아름다운 희망들이 봄꽃처럼 피어나기를.

3장

우리끼리 스스로
-호혜금융

호혜互惠란 서로 돕는다는 뜻이다. 같이 도움을 주고받는 것, 더불어 함께 걸어가는 것, 상호 돌봄, 상부상조의 정신, 그것이 호혜이다. 인류가 걸어온 길은 호혜의 역사라 해도 과언이 아니다. 어려운 고난과 시련이 닥쳤을 때, 자조와 협동에 기반한 호혜의 질서는 가족과 마을을 지키는 원동력이 되었다.

우리가 살아가는 세상의 99%는 교환exchange을 기반으로 움직인다. 주어야만 받을 수 있다. 노동자는 품을 제공해야 임금을 받는다. 상인은 물건을 팔아야 돈을 번다. 공짜 점심은 없다. 한편, 아무런 보상을 바라지 않고 주는 방식도 존재한다. 기부와 후원이 그렇다. 밀림과도 같은 살벌한 세상이 무너지지 않고 있는 것은 아직 이 질서가 남아 있기 때문인지 모른다.

그런데 이와는 좀 다른 방식이 있다. A가 B에게 무언가를 준다. 받기를 희망하면 교환이고, 그냥 주면 기부이다. 그런데 A가 B에게, 나에게 받은 것을 C에게 주라고 말한다. 무척 낯선 방식이다. A는 왜 자신이 건넨 것을 C에게 주라고 했을까? 언젠가 자신이 힘들고 어려울 때 다른 이로부터 도움을 받을 수 있을 것이라는 기대감 때문이다. 이것이 호혜reciprocity이다.

시장을 중심으로 이루어지는 교환이 보편적인 거래 방식으로 자리를 잡으면서 우리는 호혜를 잊었다. 공동체가 파괴되면서 상호의존과 나눔을 통해 작동되는 경제 질서는 자취를 감췄다. 남은 것이라곤 생존하려면 타인을 제압하고 더 많은 것을 쟁취해야 한다는 정글의 법칙뿐이다. B는 C에게 주지 않을 것이고, 설사 준다 해도 그 보상이 나에게 돌아올 것이라는 기대는 헛된 꿈에 불과할지 모른다.

지금 이 낯선 방식을 복원하려는 사람이 조금씩 늘어나고 있다. 협동과 연대를 기반으로 무너진 공동체를 일으키려는 이들이 생겨나고 있다. 금융을 다루는 영역에서도 움직임이 포착된다. 뜻이 같은 사람들이 모여서 조합을 만들고 각자 가지고 있는 자원들을 모아 기금을 조성한 다음, 어려움에 봉착한 조합원들을 돕는 상호부조 방식의 공제mutual aid가 그것이다.

관계의 사슬과 돈의 흐름이 같이 버무려지면서 순환하는 호혜적인 금융 질서를 만들려는 사람들이 있다. 현대화된 금융제도와 시스템이 작동하고 있는 현실에서 호혜금융을 한다는 것은 무슨 뜻일까? 말 그대로이다. 시장금융이 도움이 되지 않으니 우리의 삶에 도움이 되는 독립적인 질서를 구축하겠다는 것이다. 자신들의 노력과 힘으로 자조自助 금융을 실천하겠다는 의미이다.

우리 역사 속에도 호혜금융의 흔적은 많이 남아 있다. 역사상 가장 융성했던 민간 조직 중 하나인 계契가 대표적인 사례이다. 계는 친목과 상호협력을 기반으로 만들어진 자주적인 협동체였다. 조선 시대 민중은 태어나서 죽을 때까지 혹은 죽은 후에도 계와 관계를 맺었다. 조선 후기 전국적으로 유행했던 주요 계를 살펴보면 다음과 같다.

- 동계洞契: 도로의 건설과 수리, 서당 건립, 농기구 공동구매 등 마을 단위의 공동 사업 추진 목적
- 호포계戶布契: 운영 수익금으로 세금을 내기 위한 목적으로 조직화
- 우계牛契: 곗돈을 모아 소를 구입하고 추첨을 통해 나누어 줌
- 상포계喪布契: 조합원 가족 중 상喪을 당하면 장례 비용 일체를 부담함
- 대동계大洞契: 마을 구성원 전체의 상호부조를 목적으로 조직화
- 종중계宗中契: 종친회의 재산을 관리하기 위한 목적으로 운영
- 동갑계同甲契: 나이가 같은 사람들의 친목을 위해 만들어진 조직
- 식리계殖利契: 이자를 이용해 자산을 늘리는 수단으로 활용

조선 시대의 계는 마을의 질서 유지와 친목 도모, 공동 사업 추진과 상호부조, 재산 증식 수단 등 다양한 목적으로 조직되었으며 숫자도 헤아릴 수 없을 만큼 많았다. 특히 동계와 상포계, 대동계는 공동체를 지키고 유지하기 위해 만들어진 조직으로, 환란이 닥치는 등 어려운 시기가 도래할 때마다 마을을 지키는 튼튼한 동아줄 역할을 해 주었다.

하지만 일제 강점기에 들어서면서 많은 계가 사라지기 시작한다. 조선총독부는 식민 통치에 유리하다고 판단되는 계를 보호하고 장려하는 한편, 위험하다고 판단되는 자치조직들은 붕괴시키거나 강제 해

산하는 정책을 취했다. 이 정책에 따라 조상 전래의 많은 계가 자취를 감추고, 전국의 마을과 고을에 새로 만들어진 것이 바로 식산계殖産契이다.[1]

식산계는 몰락해 가는 농촌을 진흥하기 위해 설립된 금융기구이다. 필수품의 공동 구입, 생산품의 공동 판매, 공제 사업 등을 통해 대지주의 횡포로부터 농민들을 보호하고 농촌 경제를 살린다는 것이 목적이었다. 하지만 이는 표면적인 이유일 뿐, 실제로는 식민 통치를 위한 수단으로 기능했다. 일제가 전시 체제로 돌입하면서 농업 생산성을 높이기 위한 활동을 벌이는 등 식민지 수탈의 하부 구조 역할을 담당한 것이다.

일제 후기에는 현대판 사채업이라 할 수 있는 '식리계'가 확산되기 시작했다. 식리殖利, 즉 이자놀이를 통해 재산을 증식하기 위한 계가 창궐하면서 목돈을 구하기 어려운 가난한 기층 민중이 높은 이자를 감내하면서 사채를 쓰게 되는 비극적 현상이 벌어진다. 상호부조와 공동체 보전이라는 공익적 목적은 사라지고 계가 돈벌이의 수단으로 변질한 것이다.

조상들의 지혜가 담긴 아름다운 자치조직들은 대부분 사라졌지만 자조의 정신까지 없어진 것은 아니다. 스스로 돕는 금융, 연결과 유대를 통해 사회안전망을 만들기 위한 금융이 움트고 있다. 여러 장소, 여러 단위에서 대동계, 마을공동체 기금, 풀뿌리 은행, 공제회 등 호혜적 금융 질서가 형성되고 있다. 민간 금융상품에 의지하지 않고 자신들

1 조선총독부가 식산계령(令)을 공포한 해는 1935년이다.

이 주체가 된 금융 구조를 만들어 보려는 것이다.

호혜금융의 대표적 기관이라 할 수 있는 신용협동조합 내에서도 변화의 기운이 감지되고 있다. 조합원이라기보다 금융 소비자에 가까운 고객들과의 유대 관계를 강화함으로써 금융 협동조합으로서의 정체성을 찾으려는 노력이 지역을 중심으로 활기를 띠고 있다. 청년층의 자립과 사회적경제를 돕기 위한 금융 안전망을 만들려는 시도도 이어지고 있다.

호혜금융과 관련한 최근의 가장 두드러진 현상은 '시민 공제'가 늘어나고 있다는 점이다. 자활기업, 생활협동조합, 사회적경제기업, 비정규직 노동자, 시민사회 활동가 등 시민들의 자발적 움직임에 기반한 사회연대 공제 사업이 활발하게 진행되고 있다. 특히 산업 구조의 재편으로 프리랜서, 플랫폼 노동자 등 사회보험의 혜택을 받지 못하는 인구가 빠르게 늘어나면서 노동 공제의 필요성이 강하게 대두되고 있다.

비정규직 신분으로 사회적 차별을 받을 뿐만 아니라 노동조합에도 가입하지 못하는 노동자들을 위한 사회안전망을 만들고자 하는 것이다. 사실상 노동조합의 울타리 바깥에 존재하는 100인 미만 사업장 노동자들까지 포함한다면 대상은 무척 광범위하다. 노동 공제 사업이 활성화된다면 우리나라 최초의 노동공제회가 만들어진 이후 100년 만에 새로운 전기가 만들어지는 셈이다.[2]

2 최초의 노동 공제는 1920년 4월에 창립한 '조선노동공제회'이다. 창립 후 전국에 46개 지회를 설립하고 6만 명이 넘는 노동자들을 회원으로 조직했다.

1. 공제조합

‘공제’의 역사는 장구하다. 영국에서는 17세기 후반부터 일하는 사람들을 위한 공제조합이 조직되어 질병, 실업, 사망 등 각종 사회 위험으로부터 자신들을 지키는 방파제 역할을 해 왔다. 하지만 국가 주도의 사회보장 체계가 형성되고 영리 보험회사들이 생기기 시작하면서 공제는 뒤로 밀려나게 된다. 국가와 시장이 각종 위험을 관리해 주는 방식이 주류가 되었고 민간의 공제는 보조적 수단으로만 남게 됐다. 지금 우리가 보고 있는 모습이다.

그 사이, 공제라는 단어는 사람들의 기억 속에서 사라졌다. 보험은 알아도 공제는 모르는 이가 훨씬 많다. 공제共濟란 함께 건넌다는 뜻이다. 같은 배를 타고 강을 건너는 것, 어려운 상황을 함께 극복하는 것, 그것이 공제의 철학이다. 민간 보험은 불특정 다수를 대상으로 하지만, 공제는 같은 공동체에 속한 이들을 대상으로 한다는 점에서 차이가 있다.

현재 교사, 군인, 공무원, 의사, 소상공인, 운수사업자 등 많은 직업군이 공제회를 설립해 운영하고 있다. 민간 보험회사를 활용해서 위험에 대비하면 될 것을, 왜 따로 공제회를 만드는 것일까? 민영 보험은 수익 추구가 목적이다.[3] 따라서 피보험자의 이익을 충실히 대변하

3 민간 보험이 ‘대수의 법칙(law of large numbers)’과 ‘수지상등의 원칙’을 따른다면, 공제는 ‘공동체의 법칙’을 따른다. 공동체의 법칙이란 함께 책임지고 같이 누리는 것을 말한다.

고 있다고 장담할 수 없다. 하지만 공제는 자신들의 이익을 지키기 위한 상품을 만들고 운영하므로 훨씬 많은 편익을 얻을 수 있다.

국민의 안전을 책임지고 있는 정부 입장에서도 공제는 돈은 제일 적게 쓰면서 높은 효율을 얻을 수 있는 사업이다. 외부의 도움 없이 자신들이 갹출한 돈으로 각종 위험을 해결하는 방식이므로 따로 재정을 투입할 필요가 없다. 법률과 제도적 장치를 만들어 주고 세제 혜택 등을 제공함으로써 공제 사업이 활성화되도록 지원해 주면 된다.

놀라운 것은 우리 정부가 시민 공제 사업에 대단히 소극적이라는 사실이다. 2010년 생협법이 개정되어 생활협동조합이 합법적으로 공제 사업을 할 수 있는 근거가 마련되었음에도, 주무 부처가 하위 법령을 정비하지 않아 12년째 멈춰 서 있는 '생협 공제'가 대표적인 사례이다.[4] 시민 편익 제고를 위해 적극 행정을 해야 함에도 소극적으로 임하는 태도를 이해하기 어렵다.

그 사이, 국가와 시장이 짜 놓은 헐거운 망網 사이로 사람들이 추락하고 있다. 정부도 시장도 주어진 질서를 그냥 따르라는 식이다. 사회보험과 영리보험 사이의 틈새를 메우려는 이들을 색안경을 끼고 바라본다. 산업 구조가 송두리째 흔들리고, 노동의 형태가 바뀌고, 공동체의 가치가 어느 때보다 중요하게 대두되고 있는 시대임에도 사각지대에서 고통받는 이들을 돌보려 하지 않는다.

'그렇다면 우리가 직접 금융 질서를 만들어 보자.' '자조와 자립을 통

---

4 주무 부처인 공정거래위원회는 소비자 피해가 우려되므로 신중한 검토가 필요하다는 원론적인 이야기를 반복하고 있다.

한 호혜금융을 실천해 보자.' '조상들의 소중한 전통을 기반으로 현대판 두레와 계를 새롭게 복원해 보자.' '이익만 탐하는 민간 보험에 끌려다니지 말고, 우리를 위한 공제 상품과 기금을 만들어 조합원들의 삶의 질 향상을 도모하자.' 이것이 호혜금융을 실천하는 이들의 생각이다.

공동체의 힘으로 만든 자조·호혜 기금은 단순한 돈뭉치가 아니다. 어려운 가운데 각자 어렵게 번 돈을 한 푼 두 푼 모아 기금을 만들면, 동료들 사이에 애정과 책임감이 생긴다. 힘들게 만든 돈이니만큼 함부로 쓰면 안 된다는 생각, 나 때문에 다른 식구들한테 피해가 가면 안 된다는 의식이 싹튼다. 원수 같은 돈이 서로를 살피는 동기가 되고 공동체를 살찌우는 자양분이 된다. 집단지성이 싹튼다.

호혜에 바탕을 둔 금융 질서는 무너진 사회적 관계를 복원하는 좋은 도구가 될 수 있다. 파편화된 존재로 살아가는 개인이 아닌 공동체에 속한 구성원으로서의 정체성을 부여해 주기 때문이다. 생존의 공포에서 벗어나 기댈 수 있는 언덕을 만들어 준다. 국가와 시장으로 양분된 삭막한 경제 질서 속에서 편히 쉴 수 있는 쉼터를 제공해 준다. 그래서 특별하다.

주류의 변방에서 느리지만 새로운 길을 개척해 가는 사람들. 이들은 돈의 주인으로 살기를 희망한다. 사람들이 힘들게 번 돈이 금융회사의 금고에 담겨 그들의 배만 불려 주는 것에 반대한다. 돈이 좀 더 유용하게 쓰이기를 바란다. 금융시장의 거대한 흐름에 비하면 작고 미미한 움직임에 불과하지만, 개의치 않는다. 독립적 질서를 만들어 가는 자유와 당당함이 있다.

시민 공제는 국가와 시장이 막지 못하는 사회적 위험을 해소할 수 있는 훌륭한 장치이다. 정부가 위험의 공백을 모두 메울 수 있다고 생각하는 것은 낡은 사고일 뿐만 아니라 가능하지도 않다. 아래에서 위로, 옆에서 옆으로 움직이는 힘들이 더해져야 그물이 완성된다. 정부와 시민이 함께 촘촘하고 튼튼한 그물net을 만들고 제대로 작동work할 수 있도록 하는 것이 중요하다.

1) 자조에서 연대로, 전국주민협동연합회 우리함께

사회적협동조합 우리함께

작지만 큰 돈 천 원

'천 원의 행복'이라는 상호부조 사업이 있다. 의료비 부담으로 제때 치료를 받지 못하는 이들의 치료와 예방을 목적으로 만든 프로그램이다. 매달 1,000원을 내면, 아파서 병원에 가거나 상喪을 당했을 때 최대 30만 원까지 지원해 준다. 너무 적은 금액이라고 생각할지 모르지만, 가구소득 월 50만 원으로 살아가는 1인 가구가 많은 기초생활수급자에게는 무척 크고 소중한 돈이다.

사회 빈곤층의 상당수가 불법 사금융에 노출되어 있다는 것은 이미 잘 알려진 사실이다. 경제적으로 무척 곤란한 상황에 직면했을 때, 제도권 금융을 통해서 긴급 자금을 대출받을 수 있는 빈곤 가정이 얼마나 될까? 어려운 이들을 보호할 수 있는 사회안전망은 여전히 헐겁다. 힘든 시기에, 누군가에게 도움을 청하지 않고 편히 기댈 수 있는 보호막이 있다는 것은 너무나 감사한 일이다.

천 원의 행복은 전국주민협동연합회가 5년 전에 시작한 사업이다. 지금까지 1,785명의 조합원이 가입했고 342명에게 9,000만 원이 넘는 돈을 지급했다. 외부의 도움 없이 조합원들이 직접 조성한 돈으로 어려운 조합원을 돕는, 말 그대로 상호부조 사업이다. 정부의 지원금만으로는 감당하기 어려운 경제적 곤란을 해결하기 위한 생활 안전망을 직접 만든 것이라 할 수 있다.

'우리함께'는 상호부조 영역을 확대해 사망 위로금이나 결혼 축의금, 대학 학자금도 지급해 줄 계획이다. 사업 영역이 넓어지면 그만큼 복지 사각지대가 줄어들 것이다. 무엇보다 회원들의 반응이 무척 좋다. 이 사업의 취지에 공감하는 시민 자본이 추가로 유입된다면, 날개를 더 넓게 펼쳐 공익적 가치를 높이는 사업을 확대할 수 있을 것으로 보인다.

주민들의 생활 안전망을 구축하는 것은 저소득층의 자립과 안정을 돕는 지역 자활센터의 핵심 사업이었다. 이 사업을 추진하는 과정에서 자연스럽게 주민 자치조직들이 만들어졌다. 참여하는 주민이 늘어나자 공제를 포함, 상호부조 사업에 대한 관심도도 높아졌다. 이런 배경에 의거, 한국지역자활센터협회 이사회는 '자활공제협동조합연합회' 설립을 위한 추진단을 구성하기로 의결(2009년)하게 된다.

공제라는 실로 상호부조의 전국적 망을 짜는 큰 도전이 시작된 것이다. 전국 지부를 순회하며 간담회와 교육을 병행하는 강행군이 이어졌다. 오랜 기간의 논의와 연구를 거쳐 2017년에 마침내 법인화에 성공한다. 창립총회(2010년)가 열린 지 7년 만에 얻은 성과이다. 이것이 지역 자활센터를 중심으로 모인 주민들의 자발적 연대체인 '우리함께'가 만들어진 배경이다.

빈곤층은 고립된 삶을 살기 쉽다. 취약계층이라는 꼬리표를 붙이고 남들 앞에 나서는 일이 쉽겠는가. 그런 측면에서, 가난하고 힘없는 취약계층들의 전국적 연대를 구축했다는 것은 무척 놀라운 일이다. 비결이 무엇일까? 오랜 기간 공동체를 가꾸어 온 경험, 개별 공동체 단위에서 공제 사업을 해 온 역사가 거름이 되었는지 모른다. 하지만 그것만으로는 설명이 부족하다.

우리함께를 이끌고 있는 유유미 회장은 이에 대해 "돈보다 더 중요한 것은 관계입니다. 고독사는 관계의 단절 때문에 일어나는 현상입니다. 이 문제를 해결하려면 끊어진 관계망을 회복할 수 있는 방법을 찾아야 합니다. 공제가 그 고리 역할을 할 수 있습니다. 지역 단위에서, 주민이 직접 만들어 가는 자조와 협동이 꼭 필요한 이유입니다."라고 말한다.

깊이 있는 통찰이다. 신자유주의가 만들어 놓은 파편화된 구조, 고립된 삶을 극복하려면 서로를 이을 수 있는 끈이 필요하다. 연대의 출발은 나와 너 사이에 징검다리를 놓는 것이고 공제가 그 수단일 수 있다. 돈의 크기가 중요한 것이 아니다. 누가 어떤 목적으로 어떻게 쓰느냐가 중요하다. 그 작은 힘들이 모이고 공명共鳴하면 큰 변화가 일어난다.

2021년 현재, 연합회에 가입한 회원 단체는 준비 중인 곳을 포함해 전국적으로 총 40곳에 달한다. 조합원은 7,000명이 넘는다. 자신들의 힘으로 돈을 모으고, 상부상조하고, 어려운 이웃을 돕고, 지역사회에 선한 영향력을 미쳐 함께 잘사는 세상을 만들기 위해 손을 맞잡은 것이다. 실 하나하나를 엮듯이, 서둘지 않고 오랜 시간에 걸쳐 차근차근 그물을 직조해 가고 있다.

현재 우리함께가 진행하는 금융 사업은 상호부조와 신용사업 두 종류이다. 상호부조 사업은 언급한 천 원의 행복 프로그램이다. 회원들에게 매월 부조금을 받아 공제 방식으로 운영한다. 신용사업은 회원들이 낸 출자금을 활용해 회원 조합과 조합원, 자활기업과 사회적경제기업을 대상으로 금융 지원을 해 주는 사업이다. 협동기금을 만들어 조합원 모두가 공적으로 소유하고 민주적으로 운용한다.

금융 지원은 일반 대출, 공동체 대출, 안전 대출, 사업 대출, 연대 금융의 5개 프로그램으로 운영된다. 일반 대출은 회원 조합의 설립과 운영, 조합원들의 주거 지원을 돕는 사업이다. 조합 운영은 무이자로 2,000만 원까지 지원한다. 주거 대출은 1,000만 원까지 지원하고, 이자율은 연 2%이다. 공동체 대출은 자활기업과 사회적경제기업을 대상으로 최대 5,000만 원까지 지원하며, 이자율은 연 3%이다.

안전 대출은 조합원이 불의의 사고로 급전이 필요할 때, 1,000만 원까지 지원하며 이율은 2.5%이다. 사업 대출은 사회적으로 가치 있는 사업을 지원하기 위한 프로그램으로, 대출 한도는 1억 원이다. 이율은

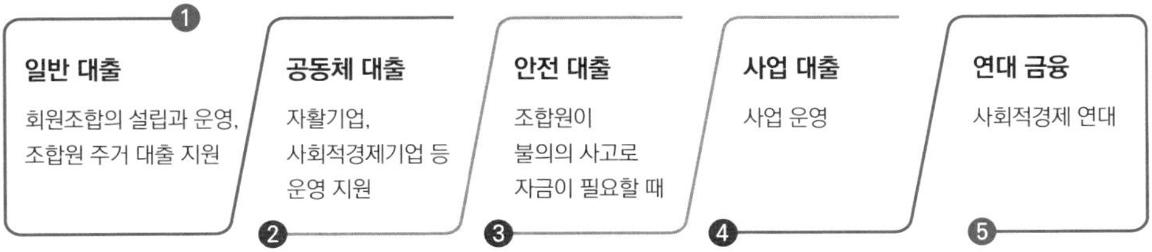

전국주민협동연합회 신용사업 종류

없으나 연내 상환을 원칙으로 하고 있다. 연대 금융은 사회적경제 영역을 돕기 위한 기금으로, 대출 한도는 최대 2억 5,000만 원이고 이사회 의결을 거쳐 집행을 결정한다.[5]

다양한 금융상품을 운용하고 있음에도, 대출금의 만기 회수율은 평균 95%가 넘는다. 손실이 5% 발생한다는 것이 아니라 만기 시점에 회수되는 비율을 말한다. 어려울 때 도움을 받았으니 꼭 갚아야 한다는 생각이 깔려 있어서, 제때 상환하지 못한 채무자도 독촉하지 않고 기다리면 대부분 갚는다고 한다. 돈보다 신뢰가 먼저인 공동체 금융이 작동하고 있다는 뜻이다.

출자금 납부부터 대출 신청 및 승인, 사후 관리까지 프로세스가 잘 정립되어 있고 사업 경험이 축적되면서 관리 시스템도 안정화 단계에 들어간 것으로 보인다. 조합원들이 낸 출자금만으로 자조기금을 만들고 내부 구성원들에 대한 지원을 넘어 사회적경제 진영에서 활동하는 동료들을 위해 연대금융을 실천하고 있다는 사실이 놀라울 따름이다.

우리함께는 사회적경제 주체들과의 연대, 협력 활동에도 활발하게 참여하고 있다. 자활기업과 사회적경제기업 간의 상호거래를 통한 공동구매 사업도 진행하고 있다, 공제 사업을 고민하는 이들에게 경험도 나누어 주고 있다. 전주시 사회적경제 기금을 설립하는 과정에 참여하는 등 지방에서 사회적경제 지원기금을 만들고자 하는 주체들도 돕고 있다. 조금 앞서 걸어온 사업 경험을 전수해 줌으로써 시행착오

5 최근 '사회연대신협'에도 큰 규모의 자금을 출자한 바 있다. 3번의 집행위원회 회의와 이사회 회의를 거쳤다고 한다.

를 줄여 주려는 것이다.

연합회 내 적립금을 활용해서, 사회적 가치를 추구하는 사업에 대한 투자와 사회적경제기업을 지원하는 중개기관들에 대한 자금 대출을 병행하고 있다. 돈은 가만히 두면 쓸모없는 자원이지만, 돌리면 훌륭한 거름이 된다는 교훈을 실천하고 있다. 사회적금융을 실천하는 기관으로서 동료들에게 도움이 되는 존재로 함께 길을 걸어가고 있다.

"스스로를 돕는 공동체를 넘어 다른 이들과 나누는 공동체." 우리함께가 지향하는 핵심 가치이다. 전국주민협동연합회는 이 선언을 박제화된 구호가 아닌, 현실에서 살아 움직이는 지침으로 해석하고 있는 것 같다. 사회적경제의 기본원리가 연대와 협동이지만, 현실에서 이 원칙을 실행하는 것은 생각처럼 쉽지 않은 일이다.

일반적으로 사람들은 '자활 참여 주민'이라는 말을 들으면, 정부의 지원금에 의지해 살아가는 빈곤층을 떠올릴 것이다. 그런데 이들이 자조기금을 만들어 자신들은 물론 다른 이들을 돕고 있다는 것을 알면 놀랄 것이다. 우리함께가 지금 이 일을 하고 있다. 우리 사회에서 가장 어려운 여건에 있는 사람들이 우리 사회를 더 좋게 만들려고 애쓰는 이들을 지원해 주고 있다.

금융을 단지 돈 다루는 기술로 바라보면 인간이 개입할 여지가 사라진다. 금융은 사업의 목적을 달성하는 데 필요한 자원으로 쓰이지만, 그것이 전부는 아니다. 사람과 사람을 잇는 매개체가 될 수 있고 공동체를 단단하게 묶어 주는 동아줄이 될 수 있다. 인간을 위해 봉사하는 따뜻한 금융은 불가능한 꿈이 아니다. 다만 우리가 실천하지 않고 있을 뿐.

2) 공익활동가들을 위한 안전망, 동행

공익조합 동행
공익활동가사회적협동조합

코드 번호 2476

2010년, 환경운동 단체에서 일하는 활동가가 야근 도중에 갑자기 사망하는 일이 일어났다. 돌연사였다. 40대 가장이었고 두 아이의 아빠였다. 확인해 보니 4대 보험도 제대로 가입되어 있지 않은 상태. 보다 못한 동료들이 여기저기 모금 활동에 나섰고 십시일반 모은 돈을 유족에게 전달했다. 700만 원. 장례 비용을 충당하기에도 모자란 돈이었다.
코드 번호 2476. 한국표준직업분류표에 표시된 시민사회 활동가의 분류번호다. 활동가activist라는 직업이 분류표에 등재된 것도 최근의 일이다. 지금도 직업을 묻는 설문지에는 활동가라는 표현이 빠져 있다. 그래서 활동가들은 기타란에 동그라미를 하고 공익활동가라고 적는다. 우리 사회의 서글픈 현주소이다.
저임금과 장시간 노동, 열악한 환경 속에서도 개인적 영달을 포기하고 공공의 이익을 위해 헌신했던 한 활동가의 죽음은 시민사회에 한 가지 숙제를 던져 주었다. '누구라도 이런 상황을 맞이할 수 있겠구나.' 사회가 우리를 지켜 주지 못하는 상황이라면, 활동가들을 지킬 수 있는 안전망을 스스로 만들자. 공익활동가들을 위한 공제회, 동행同行은 그렇게 시작되었다.

동행의 살림살이를 총괄하고 있는 여진 사무처장은 "어느 날, 10년 이상 활동가로 일해 온 한 선배가 푸념 비슷하게 '남은 거라곤 빚밖에 없는 것 같네.'라는 이야기를 했을 때 무척 마음이 아팠어요."라고 말한다. 대한민국의 공익활동가들이 겪는 현실을 말해 주는 아픈 단면이다.

공적인 일을 직업으로 삼고자 하는 이는 많지만, 공익활동가의 길을 걷겠다는 사람은 많지 않다. 곤궁하고 고단한 삶이기 때문이다. 하지만 우리 사회에는 남들이 알아주건 말건, 보이지 않는 곳에서 더 좋은 세상을 만들기 위해 살아가는 이들이 있다. 대부분 비영리 기구와 단체에 속해 있다. 돈 버는 일과는 거리가 먼, 자발적 빈곤을 택한 사람들이다.

동행은 활동가들이 서로의 버팀목이 되어 공익활동을 이어 갈 수 있도록 하자는 취지에서 만들어진 사회적협동조합이다. 2014년에 설립되어 만 7년이 넘었다. 2021년 기준으로, 542개 단체에서 일하는 2,000명 넘는 활동가들이 조합원으로 가입되어 있다. 자조와 자립, 연대를 원칙으로 삼고 소액대출, 상호부조, 의료비 및 학자금 지원 등 활동가들의 생활 안정을 위한 다양한 지원 사업을 한다.

동행의 가입신청서에는 필수 입력 사항이 3개 있다. 출자금, 상조회비, 조합비이다. 출자금은 소액대출 사업에, 상조회비는 상호부조 사업에 사용된다. 조합비는 운영비를 충당하기 위한 재원이다. 물론 이 재원만으로 사업비를 감당하기는 힘들다. 그래서 부족한 돈은 외부의 출연과 기부를 통해 충당한다.

"활동가들에게 월 조합비를 받을 것인가?"라는 문제를 놓고도 많은 고민이 있었다. 하지만 동행이 안정적으로 운영되어야 활동가들을 장기적으로 도울 수 있다는 판단으로 소액의 회비를 받고 있다. 여전히 빡빡한 살림이지만, 동행의 취지에 공감하는 분들이 직간접적으로 도와주고 있어 현재까지 비교적 잘 순항하고 있다.

소액대출은 가입 후 24개월이 지난 조합원을 대상으로 한다. 최대 1,000만 원이고, 3년 동안 원리금을 상환하는 조건이다. 통상 대출은 일정한 경과 기간을 두기 마련인데, 동행은 대출이 실행된 다음 달부터 상환하도록 설계되어 있다. 회수 기간을 당겨 더 많은 이에게 혜택을 주기 위해서이다. 대출 사업에 쓰이는 자금 규모가 크지 않은 것도 이유일 것이다.

청년 활동가를 대상으로 한 대출 사업도 진행한다. 공공상생연대기금[6]에서 총 15억 원을 출연받아 만 20세 이상 40세 미만의 조합원에게 연 1% 금리로 대출해 주는 사업이다. 최대 2,000만 원까지 지원되며 60개월 동안 나누어 갚는 방식이다. 대출 갈아타기를 통해, 고금리의 학자금 대출을 상환하고 있던 청년 활동가들의 이자 부담을 덜어 주는 데 큰 도움이 되고 있다고 한다.

오른쪽 그림은 공공상생연대기금에서 출연한 돈을 활용해 청년 활동가를 지원해 주는 대출 사업의 현금 흐름을 나타낸 것이다. 출연금은 첫해 5억 원으로 출발해, 매년 1억 원씩 줄어 5년간 총 15억 원이 유입된다. 대출 다음 달부터 상환이 이루어지는 방식이기 때문에 1년 경과 시점에 1억 원이 회수된다. 따라서 다음 해에도 5억 원의 대출을 실행할 수 있다.

이런 방식으로 유입과 상환이 진행되면 매년 5억 원을 회원들에게

---

6 공공기관 노동조합이 중심이 되어 2017년에 설립된 재단법인이다. 노동 약자를 지원하고 사회적 가치를 확산하는 것을 목표로 삼고 있다.

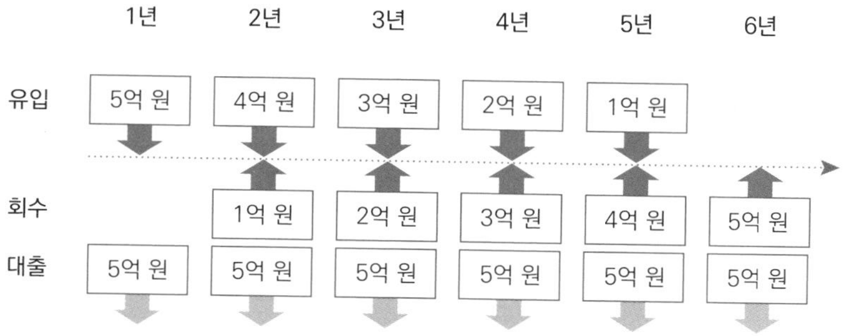

청년 활동가 안전망 대출 사업 현금 흐름

대출해 줄 수 있다. 한정된 재원으로 많은 이에게 혜택을 제공하도록 프로그램을 설계한 것이다. 60개월이 지나면 최초 대출한 원금 5억 원이 모두 회수되기 때문에, 추가 유입이 없어도 같은 금액을 대출해 줄 수 있다. 자원 효용을 최대화하기 위한 현명한 접근법이다.

대출 신청을 하면 심사를 거쳐 수혜자가 정해지고, 승인을 얻은 신청자는 약정約定이라는 절차를 거치게 된다. 대출 조건에 대한 설명을 듣고 서명을 하는 자리이다. 동행의 실무자들은 이 자리에서 이 돈에 담긴 의미를 환기해 준다. 어렵게 만든 돈이니만큼 잘 상환해 달라는 부탁, 다른 활동가에게도 혜택이 갈 수 있도록 책임감을 가져 달라는 당부를 하는 자리이다.

회수율은 경이롭다. 상환 불능에 빠지는 경우는 거의 없고 연체율도 1% 미만이다. 심성이 착하고 책임감이 강한 사람들이어서 그럴까? 공동체 기금이 지닌 동료에 대한 책임과 연대 의식이 고스란히 드러나는 대목이다. 이 돈을 상환하지 못하면 다른 이에게 피해를 줄 수 있다는 생각, 공익활동가로서 신의와 명예를 잃지 말아야 한다는 의지가 투영되어 있을 것이라 짐작된다.

상호부조 사업은 회원들이 매달 낸 회비를 재원으로 이루어진다. 결혼, 이혼, 출산, 입양, 사망, 암 진단, 후유장애, 중증 상해 시에 일정 금액을 부조금으로 지급한다. 간병 비용과 재활 기간 중 생활비를 지원한다. 한겨레두레협동조합과 협약을 맺고 장례 지원도 해 주고 있다. 민간 보험회사 비용이 부담스러운 활동가 조합원들을 위한 따뜻한 배려가 담겨 있다.

한 달 치료비가 활동비의 3분의 1을 넘는 조합원들에게 의료비도 지원해 준다. 저비용으로 개인 심리 상담을 제공하는 프로그램도 진행하고 있다. 대학이나 대학원에 재학 중인 조합원들을 위한 학비도 제공해 준다. 조합원 본인뿐 아니라 자녀들이 대학에 다니는 경우도 포함된다. 공익활동가들의 어려운 경제 사정을 고려한 맞춤형 지원 방식이다.

재충전 지원 사업도 흥미롭다. 본인이 스스로 기획한 국내외 여행 프로그램이 지원 대상이다. 연수나 교육이 아니라 온전하게 쉬는 여행만 지원해 준다는 뜻이다. 음악, 운동 등 예체능을 포함한 여가 활동비도 지원한다. 이 역시 직무와 관련된 활동은 제외하고 있다. 방전된 상태로는 오래가지 못하고, 재충전하려면 잘 쉬어야만 한다는 것을 알고 있기 때문이다.

활동가들의 자산 형성을 위한 저축 프로그램도 고민하고 있다. 목표 금액을 정하고 매월 적금 형태로 돈을 불입하면, 만기 시점에 적립한 금액만큼을 지원해 주는 방식이다. 예를 들어 3년간 500만 원을 저축하면 500만 원을 지원받아 1,000만 원의 목돈을 마련할 수 있다. 이 프로그램은 회수를 전제한 대출이 아니어서 별도의 자금을 조성하고 있다.

모든 비영리단체가 그러하듯, 가장 힘든 것은 재원 마련이다. 회원들의 출자금만으로는 대출 수요를 충족하기에 역부족이고, 회원 숫자가 늘면서 관리 시스템 보강 등 운영비도 부족한 상황이다. 동행의 설립 목적과 취지에 공감하는 공익재단과 단체, 선배 활동가들로부터 도움을 받고 있지만, 재정을 튼튼히 하려면 더 많은 재원을 발굴해야 한다.

법적 근거를 가진 공제회를 만드는 것도 중요한 과제이다. 동행은 사회적협동조합이다. 설립 당시 공제회를 만들고자 했으나 관련 법률이 만들어지지 않아 협동조합 형태로 출발했다. 그렇다 보니 이런 저런 제약이 많다. 상호부조와 소액대출은 출자금 내에서만 운용해야 하고 공제 상품을 개발하기도 어렵다. 안정적인 기금 운용 및 지원 확대가 이루어지려면 '공익활동가 공제회법'이 제정되어야 한다.

'공제회법'이 제정되면 활동가들을 위한 다양한 공제 상품을 만들어 운영할 수 있다. 정부와 지방자치단체의 출연을 받을 수 있고, 지자체가 후속 입법한 조례를 통해 지역의 시민사회 활동을 활성화하는 길이 열린다. 하지만 국회는 관련 법률 제정에 소극적이고, 정부는 협동조합이 공제 사업을 추진하는 것에 부정적인 태도를 보인다.[7]

우리 사회는 다른 나라와 달리 공익활동가의 역할과 가치를 제대로

---

7 대표적으로 생활협동조합의 공제 사업을 들 수 있다. 2010년 3월, 관련 법 개정으로 소비자생활협동조합연합회가 공제 사업을 할 수 있는 법적 토대를 갖추었음에도, 공정거래위원회에서 세부 규정을 만들어 주지 않아 현재까지 시행되지 않고 있다.

평가해 주지 않는다. 공익활동 경력을 인정하지 않으려 하고 은행에서 대출을 실행할 때도 불이익을 준다. 사회가 건강해지려면 시민사회의 역할이 중요하고, 시민사회가 제 역할을 하려면 활동가들이 열심히 일할 수 있는 환경이 마련되어야 한다. 하지만 현실은 다르다. 공익활동가를 위한 안전망이 없다.

현재 활동하고 있는 비영리단체 중 절반은 상근 인원이 5명 이하인 소규모 단체이다. 지역이나 인권, 풀뿌리단체는 3인 미만이 대부분이다. 기관 자체적으로 활동가들의 생활 안정을 지원할 토대를 마련할 수 있는 곳은 사실상 거의 없다고 보면 된다. 이것이 동행이 만들어진 배경이며 우리 사회를 위해 힘쓰는 공익활동가들에게 관심을 가져야 하는 이유이다.

공익활동가에 대한 사회적 관심이 높아져야 한다. 안정적인 직장에서 높은 연봉을 받고 싶지 않은 사람이 누가 있겠는가. 그러나 돈과 편안함을 추구하는 사람들로만 세상이 채워진다면, 사회는 지금보다 훨씬 살벌한 곳으로 바뀔 것이다. 공익활동가가 소중한 이유이다. 동행이 필요하지 않은 때가 도래한다면, 우리 사회는 훨씬 더 성숙해져 있을 것이다.

3) 사회적경제와 노동의 만남, 노동공제연합 풀빵

노동공제연합 풀빵
Poolbbang Workers Mutual

일찍이 공제가 있었다. 유럽의 상호부조 역사를 따라 올라가면 공제조합friendly society이 노동조합과 사회보험의 출발점이었음을 알게 된다. 산업혁명 시기, 열악한 환경에 놓여 있던 노동자들이 위험으로부터 자신들을 보호하기 위해 스스로 조합을 만들어 운영했다. 현대화된 보험제도의 뿌리가 바로 공제이다.

공장에서 일하다가 다쳤을 때, 실직하거나 중병에 걸렸을 때, 경제적 어려움에 직면했을 때, 유럽의 노동자들은 우애조합, 상호부조협회와 같은 공제조합의 도움으로 힘든 시기를 버틸 수 있었다. 공제회는 위기에 처한 회원을 구제했을 뿐 아니라 일하는 사람들의 권리 보장과 노동조건 개선, 참정권 획득을 위한 학습과 자치활동의 산실이 되었다.[8]

'풀빵'은 공제 사업을 통해 노동자의 삶을 개선하기 위한 목적으로 설립된 사단법인이다. 차비를 털어, 배고픈 여공들에게 풀빵을 사 주던 전태일 열사의 정신을 이어받아 지은 이름이다. 2020년 6월에 추진단을 구성, 약 6개월의 준비 기간을 거쳐 2021년 1월에 출범했다. 상호부조의 원리와 공제라는 도구를 활용해 자조적인 안전망을 구축하고자 하는 것이다.

왜 공제 사업을 하려는 것일까?

일상에서 혜택을 누릴 수 있는 방식을 통해 새로운 노동운동의 지평을 열기 위해서이다. 지금의 노동운동은 사업장의 틀에 갇혀 있다. 사업장 안에서는 노동조합을 통해 권리를 찾을 수 있지만, 사업장 밖에서는 자본주의 소비 방식에 노출된 개인으로 존재할 뿐이다. 이런

8 김형미, 〈한국 협동조합 현황과 공제 사업의 전망〉, 2020에서 발췌.

조건에서는 좋은 삶을 누릴 수 없다.

'좋은 삶'이란 소득뿐만 아니라 좋은 소비, 좋은 여가, 좋은 문화, 좋은 관계 등 일상의 모든 영역이 연결되어야 가능하다. 어떻게 하면 될까? 상조, 소비, 교육, 보육, 여행, 문화 등 일상에서 필요한 공제 품목을 설계해 제공할 필요가 있다. 노동과 공제를 하나의 끈으로 묶는 것이다. 이 방식은 노동조합에 가입되어 있지 않은 노동자들을 조직화하는 데도 효과적이다.[9]

우리나라의 산업 구조가 재편되어 가면서 플랫폼 노동자 등 기본적인 사회보험의 혜택조차 받지 못하는 노동자가 빠른 속도로 증가하고 있다. 대기업의 노동자들은 기득권을 누리며 잘살지만, 비정규직과 특수고용직 노동자들은 사회안전망 바깥에서 힘든 생활을 이어 가고 있다. 노동자의 신분화身分化로 인한 계급 내 불평등은 이미 한계 수위를 넘었다.

이들을 도울 방법이 무엇일까? 공제 품목을 만들어 보급하자. 최소한의 인간적 삶을 누릴 수 있는 품목들을 제공해 준다면 생활이 지금보다 훨씬 나아질 것이다. 어떤 것들이 필요할까? 이 지점에서 '사회적경제'가 결합한다. 공제 목록에 올릴 수 있는 품목을 제공하는 사회적경제기업과 조직이 이미 세상에 많이 존재하고 있지 않은가.

이들이 누구인가? 이익보다 가치를 훨씬 중요하게 생각하는 곳들이다. 돈만 벌려고 하는 영리 기업들보다 훨씬 신뢰할 수 있는 공급 협

---

9 고용노동부의 〈2020년 전국 노동조합 조직현황〉에 따르면, 한국의 노동조합원은 280만 명이고 가입률은 평균 14.2% 수준이다. 그런데 100인 미만 사업장에서 일하는 노동자는 전체의 75%인 1,580만 명이지만, 노조 가입률은 겨우 0.8%에 불과하다.

력자들이다. 상조는 상조협동조합에, 소비는 생활협동조합에, 주거는 사회주택 사업자들에, 집수리는 수리협동조합에, 여행은 공정여행 사회적기업에 맡기면 된다. 수요와 공급을 잘 조직해 연결하면 되는 일이다.

공제 사업이 활발해지면 품목이 많아지고 관련 사업에 종사하는 사회적경제기업 수도 늘어날 것이다. 사회적경제 영역은 새로운 시장 판로가 열리게 되므로 누이 좋고 매부 좋은 일이다. 망설일 이유가 없다. 노동자 다수가 사회적경제가 생산하는 품목의 소비자가 되어 준다면 엄청난 도움이 될 것이다. 정부의 지원 체계에 목을 매는 현실에서 벗어날 계기를 만들 수 있을 것이다. 이것이 풀빵이 노동과 사회적경제를 한 바구니에 담으려는 이유이다.

출범 초기부터 이런 구상으로 의기투합한 사람들이 있었다. 2017년 초, '사회가치연대기금'의 송경용 신부는 노동운동가 한석호에게 사회적경제와 노동의 결합 필요성을 역설했고 함께 학습 모임을 시작했다. 상지대학교의 김형미 교수가 공제 사업에 대한 역사적 뿌리와 논리적 근거를 제공했다. 이 문제의식이 봉제인 공제회로 이어졌고 풀빵 결성으로 연결되었다.

노동운동 진영 안에서도 공제에 대한 인식이 확대되고 있다. 한국노총은 플랫폼 프리랜서 노동공제회를 발족했고, 민주노총 서울본부는 공제 방식의 퇴직자 노동조합을 준비하고 있다. 언론노조도 언론사 비정규직을 위한 미디어공제회를 추진하고 있고 전국화학섬유식품산업노동조합 서울봉제인회, 라이더유니온, 경기북부공제회[10] 등 지역과 업종을 불문하고 다양한 영역에서 공제회가 속속 만들어지고 있다.

풀빵은 공제 사업이 갖는 의의를 전파하기 위해 노동공제학습원을 통해 공제 교실을 운영하고 있다. 공제 사업에 관심이 큰 사업장에 대한 자문과 컨설팅도 진행하고 있다. 공제 품목도 계속 늘려 갈 예정이다. 현재까지 출시한 세 개 품목[11] 외에 현장의 수요에 맞추어 다양한 품목을 개발, 출시할 계획이다.

2019년에 창립한 화섬식품노조 산하 '봉제인공제회'에서는 이미 긴급 생활안정 소액대출 지원 사업, 결혼 축하금 및 장례조의금 지원, 의료비 지원 및 주치의 제도, 제주 평화쉼터 이용 할인 등의 품목을 운영하고 있다. 회원들에게 "다음 품목으로 어떤 것이 좋겠는가?"라고 물어보니 여행에 대한 수요가 높다고 한다. 마음이 통하는 이들과 함께하는 여행만큼 멋진 경험이 어디 있겠는가.

출발은 했지만 갈 길이 멀다. 공제 사업에 탄력이 붙으려면 많은 이의 참여가 필요하다. 규모화가 이루어져야 지속 가능성을 담보할 수 있다. 노동운동 안에서도 노동과 사회적경제의 결합을 바라보는 시선이 고운 것만은 아니다. 공제 사업을 비판적으로 보는 이들도 있다. 대기업과 공공기관 노조들은 사업장 안에서 이미 상당한 수준의 복지 혜택을 누리고 있어서 필요성을 느끼지 못할 수도 있다.

하지만 변화가 생기고 있는 것은 분명해 보인다. 임금과 복지, 투쟁과 교육만으로 노동자의 삶을 바꿀 수 없다는 인식이 조금씩 확대되

10 양주, 동두천, 의정부 지역을 기반으로 하는 지역 공제 조직이다.

11 1호는 적립형 공제, 2호는 소액대출 융자 사업, 3호는 풀빵 기본공제이다.

고 있다. 일상의 삶을 재편하는 노력이 필요하다는 생각, 자본주의 소비 시스템에 매몰되지 않는 대안적 소비, 상호부조와 돌봄, 호혜적 관계의 회복을 통해서 분명 지금보다 나은 삶을 살아갈 수 있을 것이라는 기대가 형성되고 있다.

풀빵 사업으로 분주한 날을 보내고 있는 전태일재단의 한석호 사무총장에게 "풀빵이 꿈꾸는 미래는 무엇인가?"라는 질문을 던졌다. "노동자 금고를 만드는 것!"이라는 답변이 돌아왔다. 일본의 노동금고와 캐나다 퀘벡의 노동연대기금처럼, 노동자들의 예금과 노동조합 적립금을 맡아 운용하면서 수익금을 돌려주고 사회적경제 영역에도 투자하는 은행을 만들겠다는 포부이다.

담대한 계획이다. 이 꿈이 실현된다면 평화은행 이후 두 번째로 노동자를 위한 큰 금고가 만들어지는 셈이다. 1992년에 한국노총 주도로 만들어진 평화은행은 채 10년을 버티지 못하고 문을 닫았다.[12] 이제 막 출범한 노동공제연합 풀빵이 명실상부한 금융기관으로 자리매김할 것인지는 아직 미지수이다. 누가 알겠는가. 이 작은 씨앗 안에 거목으로 성장할 유전자가 담겨 있을지.

12 노태우 정부의 공약에 따라 1992년에 문을 연 노동자 전담 은행이다. 주로 중소기업에 근무하는 노동자들을 대상으로 주택 자금 및 전세 자금을 저금리로 대출해 주었다. 1997년 외환위기 이후 영업이익 감소로 공적 자금을 지원받았으나 경영 개선에 실패, 한빛은행(현 우리은행)에 합병되었다.

2. 신용협동조합

1950년대 후반, 한국은 세계 최빈국 중 하나였다. 한국전쟁이 할퀴고 간 상처는 크고 깊었다. 당시 남북한 인구의 20%에 해당하는 600만 명이 죽거나 다쳤고 도로, 교통, 항만 등 사회간접자본 시설 대부분이 파괴되었다. 1957년 미국이 원조 방식을 무상無償에서 유상有償으로 바꾸면서 한국 경제는 불황으로 빠져들었다. 총 실업률은 34%에 달했다. 실업자가 200만 명을 넘겼고 일자리 찾기는 하늘의 별 따기보다 어려웠다.

농촌 지역은 도시보다 훨씬 심각했다. 밀을 포함한 미국의 잉여농산물 수입은 한국의 농업 기반을 빠르게 무너뜨려, 농촌 인구 다수가 봄철 식량난(보릿고개)에 허덕이는 상황이 이어졌다. 이 때문에 많은 농민이 고리대에 시달렸다. 봄에 쌀을 빌려 가을에 갚는 장리長利 이자율은 연평균 50%가 넘었고 가구당 농가 부채는 평균 4만 환圜[13]을 웃돌았다.

국민의 절대다수가 빈곤 상태에 놓여 있던 시절, 가난에서 벗어나려면 자조와 협동을 바탕으로 한 신용조합(이하 신협)이 필요하다고 생각한 이들이 있었다. 한국 신협 운동의 어머니라 불리는 가브리엘라Gabriella 수녀[14]와 장대익 신부[15]가 그 주인공이다. 한 사람은 부산에서, 한 사람은 서울에서 신협 운동의 씨앗을 뿌리고 있었다.

13 1959년 기준, 쌀 한 가마니(80kg) 가격은 1만 환 수준이었다.

우리나라 최초의 신협은 1960년에 설립된 성가신협(부산)이다. 창립회원 27명, 출자금 합계 3,400환으로 출발한 성가신협은 창립 1년 후 조합원 129명, 총 출자금 179만 환으로 성장했고 1년간 88명에게 대부를 실행했다. 대부금 용도는 고리채 정리, 가옥 수리, 자녀 학자금, 전세금 마련 순이었다. 서민들의 금융 편의 제공이라는 설립 취지와 목적에 맞게 사용되었음을 알 수 있다.

비슷한 시기에 서울에서 두 번째 신협이 세워졌다. 가톨릭중앙신협이 그것이다. 창립 당시 140명으로 출발한 조합원은 창립 1년 후 446명으로 늘었고 출자금도 총액 800만 환으로 증가했다. 1년간 270세대가 대부 혜택을 받았는데, 주된 용도는 학자금이었다. 조합원이 계속 늘어서 가톨릭중앙신협은 규모 면에서 성가신협보다 월등히 높은 성장세를 보였다.

성가신협과 가톨릭중앙신협은 우리나라 신협 운동 발상의 양대 산맥으로 불린다. 두 조합 모두 천주교계의 참여와 지원이 절대적이었다. 사회 전반의 극심한 생활고와 만연한 불신 풍조의 난관을 극복하면서 신협이 우리나라에 뿌리를 내리는 데 천주교가 큰 역할을 한 것

14 본명은 Mary Gabriella Mulherin(1900~1993)이다. 미국 태생의 천주교 수도자이며 신협 운동가이다. 1926년 한국에 부임해 오랫동안 평양교구에서 선교 활동을 수행했다. 한국을 떠났다가 한국전쟁이 진행되던 1952년에 돌아와 피난민 구호사업과 신협 운동에 뛰어들었다. 1964년 '한국신협연합회'가 출범하면서 전무로 활동하다가 1966년 미국으로 돌아갔고 1993년 94세 나이로 선종했다.

15 장대익(1923~2008). 평양 출신의 천주교 성직자이며 신협 운동가이다. 1960년 '가톨릭중앙신용조합'을 설립하면서 본격적으로 신용협동조합 운동에 투신했다. 신협 운동의 가치를 인간 존엄성 회복을 위한 사회봉사와 경제 질서 확립에 두고 이를 구현할 방법론으로 교육사업을 중시했다. 2008년 84세의 일기로 선종했다.

이다. 이후 신협은 민들레 씨앗처럼 빠른 속도로 전국에 퍼지기 시작한다.

신협의 조직 이념과 운영 기법을 복제한 '새마을금고'가 등장한 것은 1963년 무렵이다. 1961년 5·16 군사 정변으로 정권을 잡은 박정희 정부는 민심 수습의 방편으로 재건 국민운동본부를 발족한다. 막강한 행정력을 동원해 출범 18일 만에 전국적으로 무려 2만 8,000개의 위원회가 조직되는데, 위원회의 조직화 사업 중 하나로 만들어진 것이 오늘날의 새마을금고이다.[16]

1960년대 한국 신협 운동은 외부의 개입 없이 오직 조합원의 자율 의지와 상호신뢰가 바탕이 된 순수 민간 운동으로 뿌리를 내렸다. 하지만 자신들의 권익을 지켜 줄 제도적 보호 장치가 없었다. 법 제정을 둘러싼 정부와의 이견 조율, 새마을금고의 반발 등 긴 우여곡절 끝에 1972년에 신협법이 제정된다. 최초의 신협이 만들어진 지 12년 3개월 만에 법률이 제정된 것이다.

신협법이 제정되면서 신협은 큰 변화를 겪게 된다. 연합회가 법인격을 갖추고 지구별 평의회가 만들어지는 등 전국 조직 체계가 정비되는 한편, 신협 운영의 핵심인 수신受信 업무도 다양해져서 예탁금과 적금의 종류도 늘어났다. 신용사업 외 지역사회 개발사업도 활발해졌다. 무료 예식장 운영, 장학사업 등 신협 운동의 철학을 실천하기 위한 사회공헌 활동이 지역 단위에서 발아하기 시작했다.

16 설립 당시 이름은 '신용조합'이었다. 이후 마을금고로 바뀌었다가, 1982년에 관련 법률이 제정되면서 새마을금고라는 법적 명칭을 얻게 되었다.

신협의 첫 위기는 1980년대 초반에 찾아온다. 1982년부터 5년 동안 신협에서 일어난 회계 사고는 모두 47건으로, 금액으로는 79억 원에 달했다. 이사장의 전횡과 임직원의 방조가 함께 작용한 결과였다. 잇따라 발생한 내부 금융 사고는 신협에 큰 위기감과 함께 경각심을 일깨웠다. 신협 이념의 상실, 교육 경시, 조합원 의식 결여, 집행권 남용에 대한 견제 소홀, 조합의 사私기업화 문제가 도마 위에 올랐다.

그로 인해 신협에 대한 정부의 감독 및 규제 강도가 높아졌다. 정책 당국이 신협 업무에 깊숙이 개입하는 명분을 제공해 준 것이다. 감독권이 강화된 새로운 제도가 속속 도입되기 시작했다. 이는 신협 운동의 기본 정신인 '자율'과 배치되는 일이었다. 신협 진영은 사고 예방을 위한 방안을 마련하는 등 상처 입은 자율을 회복하기 위한 자구책 강구에 나서게 된다.

1997년 정부가 국제통화기금IMF에 구제금융을 신청했다. 종합주가지수 400선이 무너지고, 금리는 25%로 폭등했다. 환율도 계속 상승해서 달러 대 원화 환율이 한때 1,800원까지 치솟았다. 해방 이후 최대의 경제 환란이 닥친 것이다. 국제통화기금은 구제금융 지원을 결정하면서 금융산업의 강도 높은 구조조정과 금융제도 개혁을 요구했다.

신협도 예외가 아니었다. 정부의 '신협 경영 정상화 조치'에 따라 부실 조합 퇴출과 인력 감축 등 구조조정이 시작되었다. 결국 115개 조합에 영업 정지 조치가 이루어지고 많은 직원이 회사를 떠나게 된다. 1998년부터 2003년까지 이어진 정부의 구조조정으로 파산 330개 조합, 피합병 107개 조합, 자체 해산 150개 조합, 인가 취소 2개 조합 등 총 580개 조합이 퇴출되는 시련을 겪게 되었다.

내외부의 많은 시련과 도전에도 불구하고 신협은 창립 50주년이 되던 2010년에 962개 조합, 조합원 558만 명, 총자산 47조 7,000억 원으로 자산 규모 세계 4위 수준으로 성장한다. 순수 민간 차원의 자생적 금융협동조합으로 출발, 금융을 통한 사회안전망을 구축하고 소상공인과 서민의 경제적 자립을 돕는 금융기관으로 확고히 자리를 잡은 것이다.

그러나 신협 본연의 신용사업보다 투자를 통한 고수익 사업에 더 치중하고 신용보다 담보를 우선시하는 영업 관행을 유지하는 점 등은 여전히 개선해야 할 과제로 남아 있다. 또한 조합원이 고객화되는 등 서민과 점점 멀어지고 있다는 비판에도 자유롭지 못하다.[17] 신협 본래의 정체성을 회복해야 하는 과제 앞에 서 있는 것이다.

신협은 예금, 대출, 보험 등 금융상품을 취급한다는 점에서는 일반 금융회사와 다르지 않지만, 설립 목적과 운영 원리 면에서는 많은 차이가 있다. 신협의 주인은 지역에 거주하는 주민들이며, 주민들이 낸 예금은 조합원들의 지위 향상과 지역사회 발전을 위해 사용된다. 어려운 이웃들에게 돈을 빌려주어 자립을 돕고 주민과 지역이 더불어 잘사는 공동체를 만드는 것이 존재 목적이다.

의사결정 방식도 '1인 1표' 원칙이다. 돈을 많이 낸 사람이든 적게 낸 사람이든 공평하게 1표의 권리를 갖는다. 오직 수익만을 좇고 지배주주가 결정권을 갖는 상업은행과는 질적으로 다른 금융기관이다. '1명의 부자보다 100명이 잘사는 공동체 금융'을 추구한다. 자본이익

---

17 예금은 신협에 하고 대출은 은행에서 받는 이른바 '철새 조합원'의 증가를 말한다.

에 충실한 민간 금융회사가 주류를 이루는 현실 금융의 질서와는 근본적으로 다른 철학과 원리를 따른다.

신협의 개별조합은 '공동유대'[18] 조건에 따라 지역신협, 직장신협, 단체신협으로 구분된다. 2020년 현재 지역신협이 668개(75%)로 가장 많고 직장신협이 132개(15%), 단체신협이 83개(10%) 순이다. 지역신협은 특정 지역(공동유대) 내에서 서민의 재산 형성을 돕고, 농어민과 소상공인 등 사회적 약자에게 금융 혜택을 제공하는 것을 핵심 임무로 삼고 있다.

하지만 협동조합 진영의 일원으로서, 호혜적 질서를 기반으로 지역사회 발전을 위해 일하는 신협은 많지 않다. 신협 본래의 가치를 지키면서 지역사회 안에서 시중은행에 밀리지 않고 안정적인 사업을 유지해 간다는 것은 생각만큼 쉽지 않은 일이다. 지금부터 소개할 대안 신협들이 신협 본연의 정신과 가치를 지키기 위해 치열하게 노력하고 있다는 뜻이기도 하다.

1) 성남 시민의 따뜻한 금융 사랑방, 주민신협

주민신협

'주민신협'은 1979년, 경기도 성남에 설립된 지역 신협이다. 본래 이

18 신협의 설립 및 구성원의 자격을 결정하는 단위이다. 행정구역, 경제권, 생활권 또는 직장, 단체 등을 중심으로 정관에서 정하게 되어 있다.

름은 주민교회 신용협동조합이다. 지역에서 빈민운동을 하던 주민교회 이해학 목사가 열악한 환경에 놓여 있던 지역 주민들의 삶을 개선하기 위해 신협을 만들었다.[19] 설립 목적은 한 가지, 서민들의 주거 안정과 악덕 고리대금업자로부터의 구제였다.

"사글세를 전세로, 고리 사채를 신용 대출로!" 설립 당시의 이 표어가 주민신협이 왜 만들어졌는지를 잘 설명해 준다. 절대적 빈곤에 놓여 있던 사회·경제적 약자를 보호하기 위한 수단으로 신용조합을 선택한 것이다. 그렇게 주민교회 소속 교인 47명이 각각 1,000원씩 출자금을 모아 총자산 4만 7,800원으로 '주민교회신협'이 탄생하게 된다.

주민교회신협이 정식 인가를 받은 것은 설립한 지 7년이 지난 1986년이다. 재정적 어려움으로 해산될 위기를 몇 차례 극복하고 자산 1억 원을 돌파한 해이기도 하다. 큰 언덕 하나를 넘어선 것이다. 1992년에 주민교회신협은 교회의 울타리를 벗어나 본격적으로 지역으로 나아갔다. 지역사회 공동체 형성이라는 신협의 의무와 역할을 다하기 위해서이다. 이때부터 주민 조합원을 확보하기 위한 치열한 노력이 발휘되었다.[20]

그로부터 3년 후, 주민교회신협은 자산 100억 원을 달성하고 '주민신협'으로 명칭을 변경했다. 작은 단체신협에서 지역사회에 뿌리를 내린 지역신협으로 옷을 갈아입은 것이다. 설립 후 15년 만에 이루어

---

19 눈이 오는 추운 겨울날, 월세를 내지 못해 쫓겨난 여인과 다섯 아이를 목격한 일이 주민들의 탈빈곤을 위한 실질적 방안을 찾는 계기가 되었다고 한다.

20 대표적으로 '동전 카'를 끌고 다니며 상인들이 필요한 동전을 교환해 주는 일, 인근 초등학교 학생들이 우유팩을 모아 오면 재활용 노트와 화장지를 주는 운동을 전개해 큰 성과를 거두었다.

낸 값진 성과였다. 힘든 시기를 통과하는 동안에도 주민신협은 청소년 장학사업, 주민 생활상담실 운영, 주민두레소비자생활협동조합 설립 등 지역사회를 위한 다양한 사업을 꾸준히 경주해 왔다.

이후 주민신협은 눈부시게 성장한다. 자산 500억 원을 돌파한 것이 2005년이고, 10년 후인 2015년에는 자산이 1,780억 원으로 증가했다. 창립 40주년이 되는 2020년에는 총자산 3,770억 원을 달성했다.[21] 그 사이 지역에 지점 3개를 추가로 신설했고 조합원은 2만 3,000명으로 늘어났다. 협동조합 정신에 충실한 경영을 하면서도 높은 사업 성과를 달성함으로써 지역금융기관으로 확고히 자리를 잡은 것이다.

40년 조합원의 소감

"1,000원씩 출자금을 내어 신협을 시작할 때, 현재의 모습을 상상했던 사람은 아무도 없었을 겁니다. 1,000원의 기적이라고 생각합니다. 뒤늦게 대학을 가게 되었는데, 신협에서 등록금을 대출받아 학비를 해결할 수 있었습니다. 주민신협이 없었다면 불가능한 일이었습니다."

"출판사에 취직해 일하던 중, 협동조합 운동에 관심이 많았던 사장님이 1,000원만 달라고 해서 며칠을 모아서 드렸는데 알고 보니 그 돈이 출자금이었습니다. 당시에는 1,000원도 큰돈이어서 일주일 동안 걸어서 다녔습니다. 창립하고 10년 동안 신협에 조그마한 행사라도 있으면 언제나 도왔습니다."

주민신협 40주년 기념 간담회에서 26번 조합원과 5번 조합원이 각각 남

21 2021년 말 기준, 총자산은 4,256억 원이다.

긴 말이다. 주민신협이 걸어온 길을 처음부터 지켜본 이들이기에 40년이라는 시간이 흐르는 동안 큰 나무로 성장한 신협을 바라보며 감회가 남달랐다. 이들에게 '주민신협'은 단순한 금융기관이 아니라 가난하고 어려운 주민들을 위해 버팀목이 되어 준 소중한 존재일 것이다.

주민신협은 신용조합 진영은 물론 사회적경제 영역 안에서도 전국에서 가장 모범적인 협동조합 중 하나로 평가받는다. 성남 지역에 사회적경제 조직이 만들어지기 시작할 무렵부터 주민신협은 지역의 다양한 사회적경제기업들을 지원해 왔다. 사회적경제의 일원으로서, 금융이라는 수단을 활용해 지역의 사회적경제 생태계가 풍성해지도록 거름 역할을 해 온 것이다.

조합원들에게 안전한 먹을거리를 제공하기 위해 생활협동조합을 설립(1993년)한 것이 대표적 사례이다. 신협 공간 일부를 생협 사무실로 내주었고 금융 창구에 유기농 농산물을 전시해 판매했다. 신협 직원들이 직접 오토바이로 배달까지 하는 등 생협이 자리 잡을 수 있도록 열정적으로 도왔다. 2021년 현재, 주민두레생협은 점포 8곳, 조합원 1만 4,500세대, 연 매출 72억 원의 조직으로 성장했다.

이뿐만이 아니다. 시민주주기업 ㈜성남시민버스에 마을버스 10대의 구매 자금을 대출했고(2011년), 2012년부터는 조합원 배당금의 1%를 협동기금으로 적립하고 있다. 소비자협동조합 사무실과 신협 지점을 공유 공간으로 설계해 함께 사용(2017년)하고 있으며, 성남의료소비자생활협동조합과 함께 방문 진료를 진행했고 노인 돌봄을 위한 주간보호센터를 개소한 바 있다.

본점 건물을 지역의 비영리단체와 사회적경제기업이 사용토록 개방한 것도 자랑할 만한 사례이다. 현재 주민신협 사옥에는 청년 사회적기업, 지역아동센터, 청소년 지원기관, 성남 다문화 중고등학교인 디자인스쿨 등 다양한 단체와 기관이 입주해 협력하고 있다. 지하 120평 공간을 공유정원으로 설계해 북카페와 쉼터, 공유 사무실과 회의실로 사용토록 제공하고 있다.

지금 주민신협은 '행복한 지역 경제 공동체를 이루는 사회적금융 플랫폼 구축'을 목표로 설정하고 향후 10년의 미래 청사진을 그리고 있다. 개인 조합원 10만 명, 법인 조합원 5,000개 기업, 자산 1조 원 규모의 지역금융회사로 성장해 간다는 포부이다. 더불어 협동조합 간 협동을 확대하고 지역 밀착 마케팅을 통해 지역 경제 활성화에 기여한다는 계획도 가지고 있다.

전통시장과 골목상권을 활성화해 수익원을 유지해 나감과 동시에 사회적경제 기금을 조성하고 사회적경제기업을 위한 저금리 대출을 확대하는 등 지역 사회적금융의 허브 역할을 하겠다는 뜻이다. 현존하는 지역신협 가운데 이런 담대한 목표를 가진 곳은 주민신협이 거의 유일해 보인다.

높은 가치가 성공을 보장하는 것은 아니다. 지역에는 다양한 금융회사들이 존재하고 이들과의 경쟁에서 우위를 점하지 못하면 언제든 어려움에 봉착할 수 있다. 주민들이 매력을 느낄 수 있는 금융상품과 서비스의 개발이 필요하다. 디지털 기술의 발달로 금융 거래 방식이 지점 중심에서 스마트폰 중심으로 빠르게 바뀌고 있다. 이는 신협의

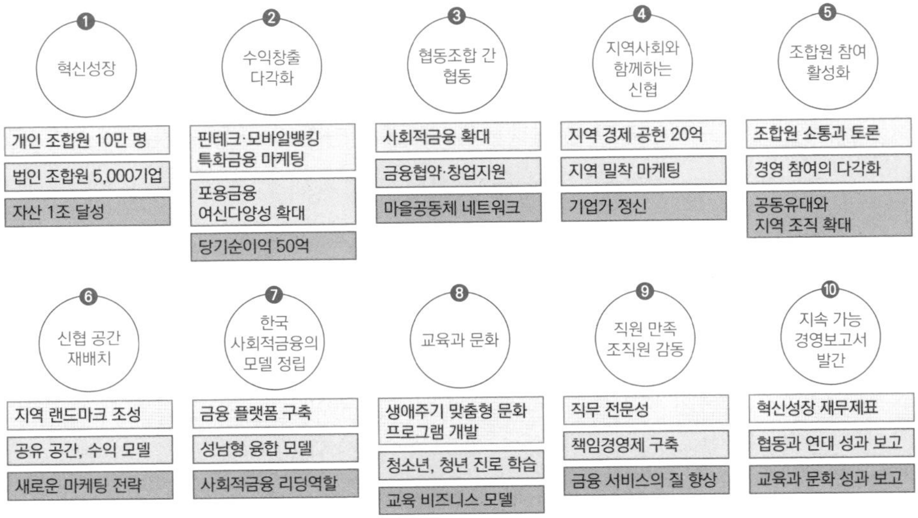

주민신협 비전 2020~2030 10대 전략(www.jumincu.com)

전통적인 영업 기반을 약화할 가능성이 크다.

주민신협 역시 이 큰 변화의 파도에 맞서야 하는 상황이다. 새로운 비전과 목표를 수립한 것도 이런 위기의식의 발로라 할 수 있다. 외부의 환경 변화에 능동적으로 대응하면서도 주민 참여율을 높이고, 사회적경제를 묶어 내고, 좋은 일자리를 창출하고, 금융의 혜택이 절실하게 필요한 어려운 이웃을 돕는 일을 함께 실천해 가야 한다. 버거운 과제임이 분명하다.

이현배 이사장은 3평 남짓한 공간에 책상 하나 놓았던 창립 시절부터 주민신협과 함께해 온 사람이다. 주민신협과 신협 운동에 삶을 온전히 쏟아부은, 살아 있는 증인이다. 2020년에 14대 이사장으로 취임해 주민신협을 이끌고 있다.

“신협 본래의 가치를 잃지 않고 가장 모범적인 신협으로 자리 잡게 된 원동력이 무엇이라 생각하는가?”라고 물었다. “사람을 최고의 가치로 삼아야 한다는 설립자의 정신, 그리고 절박한 상황에서 필요를 함께 해결하고자 했던 지역 주민들의 연대와 협력의 결과라고 생각한다.”라는 답이 돌아왔다. 40년의 세월을 농축한 표현이라고 보기에는 겸손하고 소박한 답변이었다. 오늘의 주민신협이 만들어지기까지 많은 이의 땀과 노력이 흘러 들어갔다는 것을 너무도 잘 알고 있기 때문일 것이다.

주민신협을 살펴보면서 스페인 몬드라곤 공동체의 유명한 협동조합은행 노동금고Caja Laboral[22]가 떠올랐다. 1960년 노동금고가 문을 열었을 당시 직원은 단 두 사람이었다. 이후 4반세기 동안 노동금고는 스페인에서 가장 수익성 높은 저축기관 중 하나로 성장했고 세계적 명성의 몬드라곤 공동체를 만드는 데 결정적 역할을 담당했다. 주민신협도 설립 후 10년간 유급 직원은 두 사람뿐이었다고 한다.

지금 주민신협은 지역신협의 역할 모델로 평가받으며 자산 1조 원의 원대한 비전을 꿈꾸는 금융협동조합으로 성장해 가고 있다. 주민신협의 미래 전략이 성공할 수 있을지 아직은 미지수이다. 하지만 성패 여부와 상관없이, 사회적경제와 지역공동체 발전을 위해 걸어온 길의 역사는 계속 이어질 것이라 믿는다. 민들레 씨앗처럼 주민신협의 모델이 전국에 퍼져 나가기를.

---

22 1959년에 설립된 최초의 협동조합은행이다. 몬드라곤 공동체 발전을 이룩한 1등 공신이며 스페인에서 가장 성공한 금융기관 중 하나로 평가받는다.

2) 도심 속의 이웃사촌, 동작신협

동작신협

'동작신협'은 1981년 서울 동작구에 설립된 지역신협이다. 최초 이름은 노량진수산시장 신용협동조합이었다. 조합원 15명이 갹출한 돈 13,476원이 출자금 전부였다. 출발은 순탄치 않았다. 1984년 결산 결과, 자산 1억 3,000만 원에 손실금이 1억 2,000만 원이었다. 초대 이사장 시절의 문제들이 누적된 결과였다. 여기저기서 피해 조합원들의 원성이 들려오기 시작했다.

자력으로 재기할 방법이 없다고 판단한 경영진은 상급 단체(서울연합회)에 긴급 자금을 요청하기로 했다. 자금이 수혈되고 인력이 파견되고 동작신협을 정상화하기 위한 노력이 이어졌다. 가장 중요한 과제는 조합원을 모집하는 일이었다. 노량진은 전통적으로 수협水協이 강한 지역이다. 직원들이 조합원 모집을 위해 불철주야 뛰어다녔지만, 수산시장 상인들의 반응은 냉담했다.

동작신협이 다시 일어서기까지는 그로부터 10년 가까운 세월이 걸렸다. 물이 질퍽거리는 시장에서 구두가 소금에 절어 하얗게 변하도록 열심히 뛰어다닌 노력의 성과가 아주 조금씩 나타나기 시작했다. 1995년에 조합원이 1,743명으로 늘었고 자산 규모도 61억 원으로 증가했다. 이듬해에는 조합원 1,906명, 자산 100억 원을 돌파했다.

두 번째 위기는 1997년에 닥쳤다. 외환위기가 터진 것이다. 대우그룹 도산의 파편을 맞아 1억 6,000만 원의 손실이 발생하고 1996년에 매입한 건물의 임대 수입은 바닥으로 곤두박질쳤다. 직원들의 급여를 동결하고 이면지 한 장도 아끼면서 생존하기 위해 발버둥을 쳤다. 고난의 행군이 길고 험난했지만 새천년이 도래하면서 희망의 불씨가 다시 살아나기 시작했다.

비 온 뒤에 땅이 굳어지는 것처럼, 이후 동작신협은 지역에 뿌리를 내리고 꾸준히 성장했다. 2010년에는 자산이 1,000억 원을 돌파했고 2015년에 이르면 자산 규모 1,600억 원, 조합원 1만 명을 넘어섰다. 많은 우여곡절과 어려움을 겪으면서도 희망의 끈을 놓지 않고 달려온 덕분일 것이다. 조합을 설립한 지 35년 만에 이룩한 값진 성과이다.

동작신협의 핵심 이념은 '이웃사촌'이다. 어려울 때에는 먼 친척보다 이웃사촌이 낫다는 말처럼, 조합원 중심의 경영을 실천하고 가까운 이웃처럼 보살피고 다가서는 지역사회의 일원이 되겠다는 뜻이다. 이 표어처럼 동작신협은 조합원 한 명 한 명과의 관계를 소중히 바라보고, 지역의 어려운 이웃들을 보살피는 일을 꾸준히 실천하고 있다.[23]

값어치 있는 대출

2018년 초. 구청 임대주택팀에서 일하는 공무원이 신협 사무실을 방문했다. 홀몸 어르신을 위한 임대주택이 공급되어 대상자를 선정했는데, 어르신 두 분이 보증금 마련이 어려워 입주를 포기할 상황이라며 도움을 요청했다. 기초수급자라 은행 대출은 불가하고, 임대주택 대상자를 위한 정책

23 매년 약 1억 원을 지역사회에 환원하고 있고, 자원봉사회를 설립한(2005년) 이래 독거노인을 포함해 돌봄이 필요한 이웃들을 위해 다양한 행사를 펼치고 있다.

기금은 5년 이내 원금을 상환하는 조건이라 신청이 어려웠다.

동작신협은 긴급 이사회를 열어 임대보증금 대출을 지원하기로 의결했다. 단칸방에서 공공임대주택으로 옮기면 주거비가 절약될 것이고 대출 상환의 여력이 생긴다. 주거 환경이 바뀌면 삶의 질이 향상될 것이다. 안전하면서도 값어치 있는 대출이 될 것으로 판단한 것이다. 임대주택에 무사히 입주한 어르신들은 2년마다 두 손 가득 선물을 들고 대출 연장을 위해 신협을 방문한다고 한다.

동작신협은 조합원들을 위해 매해 봄이면 고추 모종을 선물하고 김장철이 되면 천일염을 공동 구매해 나누어 준다. 김장에 쓰이는 좋은 재료를 구하기 위한 것이기도 하지만, 지역사회의 소금 같은 존재가 되겠다는 의미가 내포되어 있다. 2008년 시작한 천일염 공동구매 사업은 조합원들의 큰 인기 속에 연례행사로 자리를 잡았다.

동작신협이 사회적경제에 관심을 가지기 시작한 것은 2013년이다. 서울시가 협동조합 활성화 정책을 펼치면서 사회적경제기업을 위한 금융 지원 사업에 나서기로 한 것이다. 2014년부터 현재까지 서울시 사회투자기금, 서민금융진흥원 등 외부 차입금과 자체 자금을 합해 사회적경제기업 239곳에 230억 원이 넘는 자금을 지원했다.

동작신협이 사회적경제 금융 지원 사업을 활발하게 추진한 것이 계기가 되어 신협중앙회 차원에서 사회적경제 전용 상품인 '상생협력 대출'을 출시하게 된다. 사회적기업, 마을기업, 협동조합 등 사회적경제 조직에 시설 및 운전 자금을 3~3.5% 내외의 낮은 금리로 대출해 주는 상품이다. 동작신협이 신협의 사회적경제 금융 지원의 물꼬를 튼

것이다.[24]

사회주택 사업자를 위한 자금 지원도 활발하게 하고 있다. 청년들의 주거 문제를 해결하려는 사회주택 공급자들의 필요에 맞춰 상품을 개발하고 적기에 자금을 공급해 주는 사업이다. 지난 6년간 사회주택 입주자 257명에게 총 29억 원을 보증금 용도로 지원했다. 자금 여력이 없는 대학생과 사회 초년생들이 사회주택에 입주할 수 있도록 도와준 것이다.

동작신협은 녹색금융 실천에도 앞장서고 있다. 2017년에 에너지 자립 시범 마을로 선정된 동작구 내 성대골 마을을 위한 '우리집솔라론' 상품이 그것이다, 에너지 협동조합과 협업해 조합원을 모집한 다음, 동작신협이 태양광 발전기 설치 비용을 미리 지불하고, 발전기 설치 가정이 부담금을 무이자로 나누어 갚는 방식이다. 이 사업을 통해 100여 가정에 미니 태양광 발전기를 보급했다.[25]

동작신협은 공동유대 지역 안에 본점 외 3개 지점을 두고 있다. 2021년 현재 조합원은 2만 800명이고 총자산은 5,600억 원이다. 향후 조합원 10만 명, 자산 1조 원의 지역금융기관으로 성장하는 것이 목표이다. 동작구 내에 넓고 쾌적한 공간을 만들어 조합원과 지역 주민이 편하게 이용할 수 있도록 하겠다는 계획도 갖고 있다.

이 공간이 만들어지면 취약계층과 장애인에게 일자리를 제공할 수

---

24 사회적경제기업을 지원하기 위한 정기예금인 '사회적 예탁금' 사업도 있다. 가입자가 정기예금보다 0.5%p 낮은 금리로 예금에 가입하면, 신협이 같은 금액만큼 지원해 총 1%의 재원을 조성해 사회적경제 활성화 지원 자금으로 사용하도록 설계된 상품이다.

25 현재는 정부의 보조금 지원이 중단되어 상품 판매가 중단된 상태이다.

동작신협 임팩트 금융 이야기(www.dongjakcu.co.kr)

있다. 지역 주민이 편하게 담소를 나눌 만남의 장소가 되고, 자녀를 마음 놓고 맡길 어린이집과, 부모님을 편하게 모실 쾌적한 요양 시설이 입주할 수 있게 된다. 의료생활협동조합과 소비자생활협동조합을 통해 양질의 의료와 좋은 먹을거리를 제공하는 것도 가능해진다.

동작신협은 캐나다의 데자르뎅Dejardin 신협[26]과 밴시티Vancity 신협[27]을 역할 모델로 삼고 있다. 세계적인 사회적금융 기관들이 걸어가는 길

---

26 1900년, 캐나다 퀘벡 지역에 설립된 신협이다. 캐나다에서 가장 큰 금융협동조합이며 퀘벡에서 가장 큰 금융 그룹이기도 하다. "돈은 인류의 발전을 위해 사용되어야 하며, 우리가 가진 자본과 조합원들의 협력을 통해 지역과 사회, 세계의 지속 가능한 번영에 기여해야 한다."는 철학을 가지고 있다.

27 1946년, 캐나다 브리티시콜롬비아주에 설립된 신협이다. 데자르뎅 신협과 함께 캐나다의 대표적인 사회적금융 기관이다. 영업활동에서 얻은 이익을 공동체와 함께 나누는 '성과공유제'로 유명하다. 매해 당기순이익의 30%를 지역사회에 환원한다.

을 따라가며 그들의 경험을 우리 현실에 맞게 재해석해 도입하고자 노력한다. 신협은 조합원과 임직원만의 것이 아니라 지역 주민의 공동 소유물이라는 믿음을 가지고 큰 도약을 준비하고 있다.

"동작신협의 미래상을 말해 달라."라는 주문에, 1993년에 입사해 29년째 동작신협과 함께하고 있는 김현숙 전무는 "지역사회에서 주춧돌 역할을 하는 신뢰할 수 있는 기관이 되는 것이다. 우리 신협에 오면 무엇이든 해결할 수 있다는 믿음을 주민들에게 주고 싶다."라고 말했다. 동작신협의 구호는 '내일의 행복을 끌어당기는 힘'이다. 말 그대로 주민들에게 행복을 선물하는 멋진 신협이다.

3) 가치 지향 금융을 실천하는 협동조합, 북서울신협

북서울신협

'북서울신협'은 1973년 서울 도봉구에 설립된 신용협동조합이다. 출범 당시 조합원 35명인 도봉동성당 단체신협이었다가, 2008년 지역신협으로 바뀌었다. 창립한 지 50년 가까운 세월이 지난, 전통 있는 기관이다. 새마을운동이 시작된 해가 1970년이고 신협법이 제정된 해가 1972년이다. 반세기 가까운 세월을 지역에 뿌리내리고 활동하고 있다.

북서울신협이 지역사회와 사회적경제에 관심을 가지고 사업에 참여하기 시작한 것은 2012년 무렵이다. 오랜 기간 젖어 있던 타성에서 벗어나 주민들 속으로 들어가 관계에 뿌리를 둔 금융을 실천함으로써

“금융협동조합의 정체성을 확립해 가자.”라는 새로운 목표를 세우고 변화를 도모하기 시작했다. 지역 기반의 사회적금융 실천을 전면에 내건 것이다.

대표적인 사례가 서울시 사회투자기금 사업에 중간 지원기관으로 참여한 것(2013년)이다. 서울시 자금 20억 원을 지원받아, 사회적경제 기업과 조직들에 사업 운영 자금과 공간 마련 자금을 저금리로 대출해 주었다. 최근에는 코로나19로 인해 생계의 어려움에 내몰린 불안정 고용노동자들을 위한 긴급 자금 대출도 실행하고 있다.

지역사회와 사회적경제를 위한 자체 금융 지원 사업도 적극적으로 펼치고 있다. 사회적경제 전용 대출상품인 상생협력 대출을 포함해 현재 운용하고 있는 대출상품은 주택협동조합 금융 지원, 공동육아 어린이집 금융 지원, 경유 차량의 전기차 전환을 위한 ‘친환경 그린론green loan,’ 청년들의 주거공간 마련을 위한 ‘터무늬있는 소셜예금,’ 공익재단을 위한 무이자 대출 등 모두 10여 개에 이른다.

지역의 다양한 주체들이 조성한 자조기금을 운용할 수 있도록 도와주는 ‘상생 협력기금 모델’도 개발(2017년)했다. 북서울신협이 개설한 계좌에 기금을 적립하면, 별도의 관리 시스템을 만들지 않아도 기금을 관리할 수 있다. 신협의 금융 인프라를 사용할 수 있도록 개방한 것이다. 현재 서울 지역 협동조합 협의회가 이 방식을 활용해 자체 협동기금을 운용하고 있다.

짜장데이 프로젝트

북서울신협이 '오마이컴퍼니'[28]와 함께 추진하는 크라우드펀딩 사업 가운데 짜장데이라고 불리는 프로젝트가 있다. 돌봄이 필요한 지역의 아이들에게 짜장면을 사 주는 후원을 하면, 그 보상으로 적금 가입 시 우대금리를 적용해 준다. 1만 원을 후원하면 연 2.7%, 2만 원은 연 3.0%, 3만 원은 연 3.3%이다. 후원금액이 많으면 적용 금리가 올라가는 방식으로 설계되어 있다. 계약 기간은 1년이고 연 2,000만 원까지 가입할 수 있다.[29]

짜장데이는 지역사회 봉사활동에서 시작된(2015년) 사업이다. 지역아동센터 아이들이 무료 급식으로 나온 짜장면을 맛있게 먹는 것을 보고, 더 큰 규모로 지원하기 위해 별도 사업으로 만들었다. 투자되는 금액만큼 북서울신협에서 후원금을 보태어 아동 500명에게 짜장면을 무료로 제공하는 것이 목표이다. 현재까지 모두 3차례 진행했다.

북서울신협 짜장데이 크라우드펀딩, 오마이컴퍼니

28 오마이컴퍼니에 대한 자세한 설명은 4장 참조.

29 이 펀딩에 참여한 사람들 중 실제 적금에 가입한 비율은 80%를 상회한다고 한다.

크라우드펀딩 플랫폼을 활용해서 사회적으로 의미가 큰 사업과 적금상품을 결합한 방식의 프로젝트(소셜적금)는 '짜장데이'(1호) 외에도 여럿 존재한다. 2021년 현재, 소소한 적금(2016년)부터 안다미 적금(2021년)까지 모두 7개의 적금 시리즈를 출시했다. 대부분 후원금이 커지면 적금의 우대금리를 높여서 보상하는 방식이다.

흥미로운 사실은 이 소셜적금 시리즈의 아이디어를 지역 특성화고교 학생들이 제공했다는 점이다. '소소한 적금'(2호)은 위안부 할머니 문제를 알리는 캠페인에 펀딩하는 형식으로 진행되었고, '세그루 적금'(3호)은 형편이 어려운 여학생들의 생리대를 지원하는 목적으로 기획되었다. 지역에 거주하는 학생들과 지역신협이 협력해서 이루어 낸 합작품인 셈이다.

이 방식은 크라우드펀딩 전문회사의 플랫폼을 활용하지만, '지역 참여형' 크라우드펀딩으로 볼 수 있다. 후원에 참여하는 사람 대다수가 지역 주민일 가능성이 크기 때문이다. 지역 참여형 크라우드펀딩이란 지역의 주요 의제 해결을 위해 주민 투자를 끌어내는 것을 말한다.[30] 금융을 매개로 우리 사회의 아픈 부분을 어루만지면서 주민들과의 연결 고리를 만들어 가는 접근법이다.

캠페인에 참여한 특성화고교 학생 중에는 진로를 바꿔 신협을 직장으로 삼겠다고 결심한 친구도 있다고 한다. 지역신협이 단지 돈을 다루는 금융기관이 아니라 지역의 청소년들에게 선한 영향을 끼쳐 삶터

30 지역 참여형 크라우드펀딩이 가장 활성화된 국가 중 하나는 영국이다. 영국은 중앙정부의 정책금융기관과 사회투자 중개조직들이 이 펀딩에 직접 참여한다.

와 이웃을 생각하는 성숙한 시민으로 성장하도록 돕는 교육기관일 수 있음을 보여 준다. 일반 금융기관들에서 발견하기 힘든 대목이다.

북서울신협은 지역공동체 안에서 사회적 가치를 창출하기 위한 다양한 활동을 펼치고 있다. 월 2회 정기적으로 봉사활동을 하는 민들레 봉사단, 소외계층 아동들을 위한 꿈나무영어교실, 지역 중학교 학생들이 참여하는 사회적경제동아리, 북서울신협의 직원들이 지역의 초·중·고교를 방문해 진행하는 협동조합상상교육수업 등이 대표적인 프로그램이다.[31] 거창한 일회성 행사보다 작지만 의미 있는 사업을 통해 주민들에게 진정성 있게 다가서는 것이 중요하다고 보고 접촉면을 넓혀 가고 있다. 구청과도 긴밀히 협력한다. 도봉구청과 지역사회 발전을 위한 포괄적 업무협약을 체결(2015년)한 이래, 도봉구 사회적경제 클러스터 운영(2019년), 사회적경제기업 제품 할인특판점 운영(2021년) 등 여러 협력 사업을 진행하고 있다.

2021년 말 현재 북서울신협의 총자산은 1,370억 원이고 조합원은 약 1만 3,500명이다. 이 숫자가 북서울신협의 현재를 전부 설명하지는 못할 것이다. 자산과 조합원 수가 늘어나는 것도 중요하지만, 신협의 가치와 소중함을 아는 '진짜' 조합원이 많아지는 것이 더 의미 있는 발전일지 모른다. 그런 측면에서 북서울신협은 신협의 가치를 모범적으로 실천하고 있는 것 같다.

"지역사회에서 북서울이 어떤 존재로 인식되기를 바라는가?"라는

31 이런 노력 덕분에 교육부로부터 '교육기부 진로체험 교육기관'으로 인증받아 현재 지역 내에서 다양한 활동을 추진하고 있다.

질문에, 북서울신협의 전재홍 전무는 "지역 주민과 지역 발전을 위해 꼭 필요한, 착한 금융을 실천하는 금융협동조합으로 남고 싶다."라고 말했다. 북서울신협은 이미 지역에서 착한 금융을 실천하는 기관으로 평가받고 있다. 언제든 편히 기댈 수 있는 큰 아름드리나무로, 주민들에게 사랑받는 기관으로 오랫동안 남아 있기를.

4) 나의 예금이 청년들을 위한 튼튼한 자본으로, 청년신협

청년신협

'청년신협'은 아직 정식으로 신협 자격을 취득하지 못한 미인가 신협이다. 청년들의 지속 가능한 삶과 활동을 위해서는 금융자본을 갖는 것이 중요하다는 문제의식이 출발점이었다. 가칭 청년신협추진위원회(이하 추진위)를 결성한(2019년) 이래 신협법 개정을 위한 각종 토론회를 개최하는 등 제도권 안에서 청년을 대표하는 신협으로 인정받기 위해 많은 노력을 하고 있지만 금융 당국은 아직 이들의 실체를 인정하지 않는다.

청년신협을 만들려는 이유는 무엇일까? 한마디로 청년들을 위한 금융안전망이 부재하기 때문이다. 자산이 없고 신용이 낮은 청년들이 시중은행에서 돈을 빌리기란 사실상 불가능에 가깝다. 결국 금리 높은 저축은행이나 대부업체에 손을 내밀 수밖에 없다. 일자리를 구하지 못한 청년 대다수가 빚의 수렁으로 빨려 들어가는 이유이다.

한국은행 자료[32]에 따르면 우리나라 청년층(20~30대)의 가계부채

비중은 전체의 27%를 차지한다. 전체 가계부채의 약 4분의 1이 청년들이 진 것이다. 증가율도 가파르다. 청년들의 가계부채 증가 기여율, 즉 부채 증가에 얼마나 기여했는가를 나타내는 비율은 30.4%(2018~19년)에서 41.5%(2020년 이후)로 높아졌다. 가계부채 증가의 1등 공신이 청년이라는 뜻이다.

신용대출도 빠르게 증가하고 있다. 2021년 2분기 기준, 청년층 신용대출 증가율은 전년 같은 기간 대비 20%나 늘어났다. 이른바 '빚투' 파문으로 주식 투자에 자금이 쓰였을 가능성이 있지만, 이는 부분적인 현상에 불과하다. 통계청 자료[33]에 따르면, 30~39세 신용대출의 36%가 부채 상환과 생활비, 사업 자금 마련 등을 위해 사용되었다.[34] 기본적인 생활을 유지하기 위해 돈을 빌렸다는 뜻이다.

각종 통계 자료가 말해 주듯, 청년들이 겪고 있는 현실은 차갑기만 하다. 일자리 한파로 소득 창출 능력은 현저히 낮아지고 있다. 취업에 성공해도 대학 졸업자 절반 이상이 학자금 대출 상환에 어려움을 겪고 있다. 금리 인상이 단행될 경우, 이 경향은 더 가속화될 전망이다. 빚은 늘어나는데 빚 갚을 능력은 줄어드는 악순환이 이어지고 있다.

정부에서 구직활동 지원수당 제공, 학자금 상환 유예 등 청년층을 위한 정책을 펼치고 있지만, 구조적인 문제가 해결되기 전에는 언 발에 오줌 누기일 가능성이 크다. 우선 금전적 어려움에 빠진 청년들이

32 한국은행, 〈금융 안정상황 보고서〉, 2021.9.

33 통계청, 〈2020년 가계금융복지조사〉, 2020.12.

34 목적별로 살펴보면 주택 구입(29.3%), 기타(20.7%), 생활비(18.9%), 부채 상환 & 사업 자금(17.1%), 전월세 보증금 마련(14.1%) 순으로 나타난다.

채무노예 상태에서 벗어나도록 해야 한다. 이들이 자립할 수 있도록 돕는 지원 정책이 필요하다. 자조, 자립, 협동의 가치에 따라 움직이는 '청년신협'이 그 대안 중 하나이다.

청년들을 위한 대안적 금융 질서가 필요하다는 문제 제기는 시민사회 안에서 오래전부터 있었다. 2013년에 창립한 '청년연대은행'이 그 주인공이다. 청년들이 십시일반 돈을 모아 필요할 때 이용하게 하자는 취지 아래, 관계형 금융을 표방하며 활동을 시작했다. 현재는 '청년연대은행 토닥'으로 이름을 바꾸어 조합원들을 대상으로 다양한 금융 실험을 진행하고 있다.[35]

이런 문제의식에 공감하는 이들이 늘면서 전국 여러 단위에서 청년 주도의 금융 활동이 이어졌다. 대학생들의 자조 금융 키다리은행(한양대, 시립대, 건국대, 단국대 등), 청년부채 탕감 운동을 펼친 희년은행, 장신고(장신대), 겨자씨은행(총신대), 데나리온은행(한국기독청년협의회), 대구 청년연대은행 디딤, 수원 청년협동조합 수원행 등이 대표적인 모임이다.

청년연대은행 토닥 등 여러 청년 자조금융 활동은 한국 사회에 청년부채 문제를 알리고 확산하는 데 크게 공헌했다. 하지만 민간 단위에서 이루어지는 작은 실험만으로는 청년부채 문제를 근본적으로 해결하기 어렵다. 좀 더 근본적인 변화를 만들 수 있는 새로운 접근법이 요구된다. 청년을 위한 새로운 금융 질서를 꿈꾸는 이들이 청년신협

35 대표적으로 '자율이자' 대출 제도가 있다. 이용자(조합원)가 스스로 이자율을 책정해 상환하도록 함으로써 책임감과 호혜성을 부여하는 대출 방식이다.

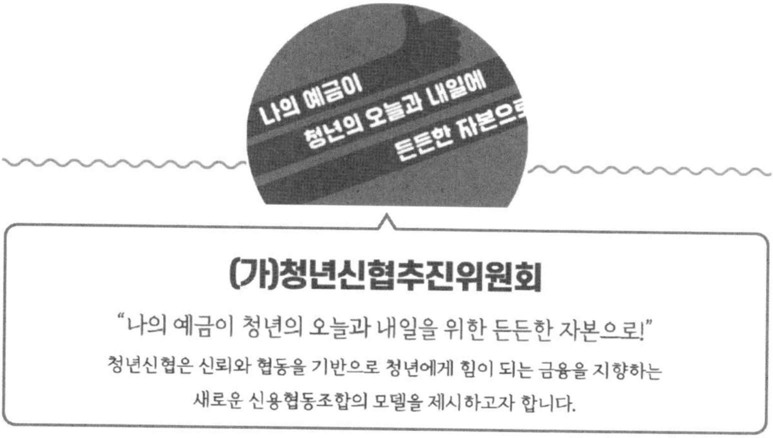

청년신협 설립을 위한 캠페인 홍보물, 가칭 청년신협추진위원회

을 만들려는 이유이다.

문제는 현행 신협법상 특정 지역이나 직장, 단체 외에는 신협 활동을 할 수 없다는 데 있다. 따라서 청년신협처럼 특수목적을 가진 조합이 신협 인가를 받을 수 있도록 법을 바꿔야 한다. 추진위가 신협법 개정을 위한 입법 활동에 매달리는 이유이다. 제도권 안의 금융기관으로 자리매김해 다른 신협들처럼 당당하게 세상 앞에 서려는 것이다.

추진위는 국회의원실을 방문해 청년신협의 설립 필요성을 알리고 신협법 개정에 동참해 달라고 호소하는 캠페인을 벌이고 있다. 청년연대은행 토닥, 청년지갑 트레이닝센터, 빚쟁이유니온 등 청년단체들과 연대해 시민들에게 청년부채의 심각성을 알리고 입법 당위성을 공론화하는 토론회도 계속 추진할 예정이다. 국회와 정부를 상대로 전방위적인 압박을 하겠다는 뜻이다.

청년들을 대상으로 '생활금융학교'를 열어, 많은 청년이 신협의 필요성을 인식하고 조합원으로 가입할 수 있도록 공감대를 확산해 가는 방안도 계획하고 있다. 돈도 인력도 부족한 작은 시민단체가 감당하기에는 벅찬 싸움이지만, 씩씩하게 앞으로 나아가고 있다. 어떤 측면에서는 정부가 할 일을 대신하고 있다는 생각마저 드는 대목이다.

청년연대은행 시절부터 지금까지 청년 대안금융 활동을 펼치고 있는 조금득 청년신협 설립 공동추진위원장은 “국회와 정부 그리고 관계기관이 청년들의 금융안전망이 필요하다는 이야기에 조금 더 귀 기울여 주면 좋겠다.”라고 말한다. 오랜 기간 아무 보상 없이 청년들의 권익 증진을 위해 매달려 온 활동가의 호소이기에 더 절박한 느낌으로 다가선다.

선거철만 되면 청년 공약이 봇물 터지듯 쏟아진다. 하지만 청년들의 삶이 나아지고 있다는 증거는 잘 보이지 않는다. ‘빚투’와 ‘영끌’이 유행처럼 번지고, 사회에 진출하자마자 대출금 상환에 허덕이는 청년이 넘쳐나고, 악덕 대부업자의 불법 대출에 포획된 청춘들이 스스로 생을 마감하고 있다. 청년들이 부채 감옥에서 벗어나려면 새로운 금융 질서가 존재해야 한다. 청년신협이 목소리를 높이는 이유이다.

5) 한국형 사회적 은행을 꿈꾼다, 사회연대신협

한국사회적경제연대회의

사회적경제를 특징짓는 요소 중 ‘자치역량empowerment’이라는 것이 있다. 자치역량이란 통제와 규율에 복속되어 끌려가는 것이 아니라 스스로 문제를 해결해 나가는 능력을 말한다. 시민들이 정책 결정 과정에 참여해 목소리를 내는 것이 대표적 사례이다. 시장이 풀지 못하는 다양한 사회문제를 창의적으로 풀어 나가는 집단지성의 힘이 자치역량이다.

사회적경제 영역의 활성화는 이 자치역량이 얼마나 협력적이고 체계적으로 발현되는가에 달려 있다. 그 살아 있는 증거가 사회적경제를 지원하는 금융 체계이다. 사회적경제 영역의 3대 성지로 불리는 스페인의 몬드라곤, 이탈리아의 에밀리아로마냐, 캐나다의 퀘벡은 자신들의 역사적, 환경적 맥락에 맞추어 고유한 금융 지원 체계를 발전시켜 왔다.

몬드라곤 공동체는 은행Caja Laboral 방식을, 에밀리아로마냐는 기금Legacoop 방식을, 퀘벡 지역은 신협Credit union 방식을 각각 자신들의 공동체를 발전시키기 위한 핵심 금융 모델로 선택했다. 기존의 낡은 금융 제도에 기대지 않고 연대와 협력에 기반한 새로운 금융 체계를 설계하고 실천에 옮겼다. 이 금융 지원 체계가 없었다면, 이 지역들이 오늘날의 모습으로 성장하기 힘들었을 것이다.

한국의 사회적경제는 어떤 금융 지원 체계를 고민하고 있을까? 여러 가지 문제점을 안고 있긴 하지만, 정부의 사회적경제 금융 지원 정책에 따라 자금의 공급량은 과거 어느 때보다 증가했고 사회적금융 중개기관도 많이 늘어났다. 이 말은 현재의 금융 공급 활성화가 정부 정책의 영향으로 이루어졌다는 뜻이다. 그렇다면 만일 정부 정책이 바뀌어 공급량이 줄거나 사라지면 어떻게 할 것인가?

정부 재원에 대한 지나친 의존은 자치역량을 위축시키고 자생력을 훼손할 수 있다. 사회적경제의 역사가 보여 주는 것은, 사회적경제 조직 간의 연대와 협력이 언제나 사업의 출발점이어야 한다는 사실이다. 그 연장선에서 정부와 긴밀히 협력하면서도 이 무게중심을 놓치면 안 된다는 생각, 사회적경제를 위한 독립적 금융 지원 체계를 구축할 필요가 있다는 문제의식이 사회적경제 영역 안에 형성되기 시작했다.

한국적 맥락에서 사회적경제를 지원하는 데 적합한 금융기구는 무엇인가? 외국의 선진 사례 중 우리 현실에 맞추어 적용할 수 있는 모델은 존재하는가? 제도권 내의 정식 금융기관이 되려면 어떤 준비가 필요한가? 이런 고민과 학습의 결과로 태동한 것이 사회연대신협이다. 협동조합 금융기관인 신협을 모델로 사회적경제를 위한 금융 지원 체계를 구축하겠다는 의지를 표명한 것이다.

'사회연대신협'(이하 연대신협)은 한국 사회적경제 조직들이 함께 연대해 만들어 가고 있는 금융협동조합이다. 한국을 대표하는 사회적경제 연합체인 '한국사회적경제연대회의'에 소속된 법인과 개인 회원들을 조합원으로 둔 단체신협이라 할 수 있다. 2020년에 본격적인 준비를 시작해 개인 24명, 법인 19곳이 설립 발기인으로 참여했고 2021년 7월에 창립총회를 열었다.

정부가 사회적금융 활성화 정책을 펼치고 있지만 여전히 많은 사회적경제 조직이 금융시장에서 소외되고 있다. 절대적인 공급량은 늘었지만 사회적경제 조직 각각의 특성에 기초한 금융 지원은 이루어지지 않고 있다. '수요-공급 불일치'로 인해 일부 사회적경제 조직으로 자금이 쏠리는 등 금융 불균형이 심하다는 것이 이들의 생각이다.

사회적기업은 주식회사 법인격을 가졌음에도 '배당 제한'[36]을 문제

삼아 투자를 기피하고, 협동조합의 조합원 출자비는 부채로 평가되어 융자 부적격 판정을 받고 있다. 사회적경제 조직에 대한 투자가 가능하도록 법 개정이 이루어졌으나,[37] 현재까지 협동조합기업에 투자가 이루어진 사례는 전무全無하다. 비영리 목적의 사회적경제 조직은 금융 지원 대상에서 원천 배제되는 실정이다.

이미 시장에서 역량이 검증된 사회적경제기업조차 시장에서 자금을 조달하기 어려운 환경에 처해 있는 것이다. 시장금융의 작동 방식으로는 이 문제를 해결하기 어렵다. 따라서 사회적경제 영역에 '특화된' 금융 지원 체계와 '맞춤형' 금융을 실천할 수 있는 기구가 필요하다. 이 기구를 통해 사업 목적에 동의하는 이들로부터 자금을 조달해 순환시켜야 한다. 이것이 연대신협을 만들려는 이유이다.

왜 신협일까? 신협은 참여한 개별 조합원들이 주인인 상호금융 회사이다. 신뢰와 협동을 기반으로 움직이는 조직이다. 사회적경제의 핵심 구성원인 협동조합이기도 하다. 지역신협을 통해 자금을 공급받을 수도 있지만 너무 제한적이다. 그렇다면? 사회적경제 조직들이 참여하는 단체신협을 만들자. 캐나다를 보라. 사회적경제를 지원하는 대표적인 금융회사 대다수는 신협이 아닌가.

연대신협은 설립 준비 단계부터 세계적으로 유명한 사회적금융기관들을 두루 살펴보았다. 그리고 한국적 맥락에서 사회적경제를 지원할 수 있는 기관은 신협이라는 결론을 내렸다. 연대와 협력의 유전자

---

36 인증 사회적기업의 수익은 배분 가능한 이익의 3분의 2가 사회적 목적을 위해 환원되거나 투자된다.

37 2018년 '자본시장법' 시행령 개정으로 금융투자업자의 사회적기업 투자가 허용되었다.

를 가장 많이 가지고 있는 금융기관, 60년의 역사와 전통을 가진 서민들의 안전망, 금융을 다루는 사회적경제 기관인 신협을 활용해 '연대의 그릇'을 만들기로 한 것이다.

이제 막 걸음마를 뗀 연대신협 앞에는 많은 과제가 놓여 있다. 무엇보다 정부 관계기관이 우려하는 부실 가능성을 떨쳐 내고 지속 가능하게 성장할 토대와 시스템을 구축해야 한다. 수익보다 가치를 중시하는 사회적경제 조직들을 상대로 금융 서비스를 한다는 것은 예금자들에 대한 책임을 포함해 운영기관의 재무적 안정성을 해치는 결과를 초래할 수도 있기 때문이다.

이와 관련해서 연대신협 실무를 총괄하고 있는 이상진 한국사회혁신금융 대표는 "현재까지 사회적금융 중개기관을 통해 실험된 사회적경제기업의 대출금 연체율은 평균 1～3% 수준이었다. 사회적경제 융자 사업 경험도 상당 부분 축적된 상태이다. 전문성을 기르는 데 다소 시간이 걸릴 수 있지만, 충분히 지속 가능한 금융회사를 만들어 갈 수 있다고 자신한다."라고 말했다.

최근 통계에 따르면 우리나라 사회적경제기업은 3만여 개로 추정된다. 새로 설립되는 사회적경제기업도 매년 3～17% 늘어나고 매출도 매년 17～30% 증가하고 있다. 현재 국회에 계류 중인 '사회적경제기본법'이 제정된다면 영농조합법인, 농업회사법인, 어업회사법인, 신협, 생협, 농협, 수협 등이 모두 사회적경제 영역에 포함되어 위상은 더욱 높아질 것이다.[38]

---

38 〈(가칭)사회연대신협 창립총회 자료집〉, 2021.7, p. 47.

정부가 사회적경제를 위한 정책 자금을 제공하고 있으나 예산은 언제든 달라질 수 있어서 안정적으로 자금을 공급하는 데는 한계가 있다. 늘어나는 사회적경제 영역의 자금 수요를 충족하려면 민간 차원의 자금 유입이 확대되어야 한다. 하지만 은행 등 민간 금융회사들은 사회적경제에 자금을 공급하는 데 매우 소극적이다. 결국 당사자들이 직접 문제를 해결하는 것이 최선이다.

"연대와 협동에 기반한 사회적금융을 통해 사회적경제 발전을 이끌어간다."라는 사명이 잘 말해 주듯, 연대신협은 사회적경제에 의한, 사회적경제를 위한 은행이 되기를 희망한다. 사회적경제기업과 종사자의 믿음직한 금융 동반자가 되고, 조합원들의 능동적 참여를 보장하며, 사회적금융 중개기관과 더불어 성장하고, 지역 경제 활성화에 기여하며, 협동과 연대를 통해 사회정의를 실현코자 한다.

기존 신협들은 개인 대출 비중이 높지만, 연대신협은 주로 기업금융을 통해 사회적경제기업의 성장을 지원한다는 점에서 차이가 있다. 돈만 주는 것이 아니라 교육, 컨설팅, 인재 육성 서비스를 함께 제공한다는 뜻이다. 이를 위해 '기업육성센터'를 별도로 운영할 예정이다. 사회적경제기업 고객들을 유지하고 대출 상환율을 높이기 위한 접근법이다.

소비자생활협동조합, 의료복지사회적협동조합 등 규모가 큰 협동조합 조직에 속한 조합원들의 예금과 적금을 유치한다면 빠른 속도로 자산을 늘릴 수 있을 것이다. 전국의 사회적금융 중개기관들이 제안한 프로젝트에 출자자로 참여해 신뢰를 쌓아 가고, 연대신협이 주거래은행이 되어 중개기관이 운용하는 자산을 예치한다면 현금 흐름에

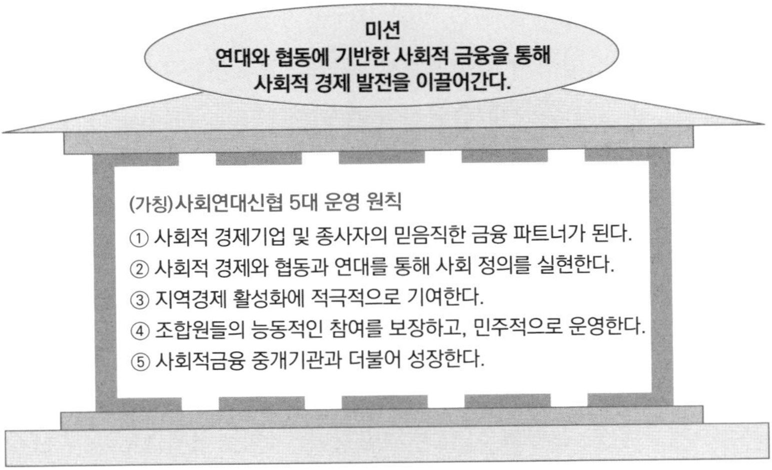

(가칭)사회연대신협 5대 운영 원칙

크게 도움이 될 것이다.

연대신협이 정식 인가를 받는다면, 제도권에 진출한 최초의 사회적 경제 특화 금융조합이 된다. 지구적 단위에서 사회적금융의 역할 모델로 인정받고 있는 캐나다 데자르뎅 신협과 밴시티 신협이 걸었던 길을 따라가게 되는 것이다. 연대와 협동의 가치를 추구하는 조직답게, 구성원들의 지혜를 모아 하루빨리 배가 바다로 출항할 수 있기를 바란다.

4장

가치에 투자한다
-임팩트 금융

임팩트 금융이란 사회와 환경 측면에서 가치 있는 일에 돈을 투자하는 것을 말한다. 사회와 환경에 긍정적인 영향impact을 창출할 수 있는 기업과 사업을 지원함으로써 사회 구성원의 삶의 질을 높이고 지구가 지금보다 나은 환경이 될 수 있도록 돕는 일, 임팩트 비즈니스를 돕는 금융, 이것이 임팩트 금융의 정의이다.

임팩트 금융은 2000년대 초반 무렵, 영미권에서 흐름이 형성되기 시작했다.[1] 미국에서는 임팩트 투자impact investing, 영국에서는 사회목적투자social investment로 불린다. 필란트로피가 원금 회수와 이익 창출을 전제로 하지 않는 투자 방식이라면, 임팩트 투자는 가치와 수익 창출을 동시에 추구한다는 점에서 차이가 있다. 필란트로피가 시장 친

1 임팩트 투자라는 용어를 최초로 명명한 기관은 미국의 록펠러 재단(2007년)이다. 영국이 정부가 주축이 되어 시장을 만들어 가는 형태로 추진되었다면, 미국은 비영리재단과 민간 금융회사 중심으로 흐름이 조성되었다는 점에서 차이가 있다.

화적인 형태로 바뀐 것이라고 할 수 있다.

우리나라에는 2010년을 전후해 몇몇 비영리 민간 재단을 중심으로 혁신 창업기업에 소규모 투자가 이루어지면서 흐름이 만들어졌고 최근 빠르게 확장되는 추세이다. 한국적 맥락에서 볼 때, 임팩트 금융의 활동 영역은 사회적경제기업, 소셜벤처를 포함한 혁신기업들에 대한 금융 지원과 사회·환경적 가치를 창출하는 사업에 대한 투자를 모두 포괄한다고 할 수 있다.

사회적기업에 인내 자본을 공급하고 소셜벤처의 성장을 돕기 위한 자금을 투자하는 것, 온라인 플랫폼을 통해 시민들의 자금을 투자받아 혁신기업을 지원하는 활동, 사회주택 사업을 하는 사회적경제 조직을 위한 융자 등이 모두 여기에 포함된다. 기업들의 ESG 경영이 활성화되면 민간 자본의 유입도 큰 폭으로 증가하는 등 시장 규모는 폭발적으로 커질 것으로 예상된다.

임팩트의 의미

임팩트는 영향력이라는 뜻이다. 임팩트의 정확한 의미를 파악하려면 자원의 투입이나 특정한 행위가 어떤 과정을 거쳐 결과물로 만들어지는가를 살펴보면 된다. 정책 수행 평가 방법론으로 많이 활용되고 있는 프로그램 논리 모형program logic model에서는 작업 수행 과정에서 얻어지는 결과물을 ①투입 ②활동 ③산출 ④성과 ⑤영향이라는 5가지 기준으로 나누어 평가한다.

①투입input이란 목적한 일을 달성하기 위해 요구되는 자원을 넣는

것을 말한다. ②활동activity은 투입된 자원을 바탕으로 사업을 수행해 나가는 과정이다. ③산출output이란 활동을 통해 드러난 결과물이고, 산출물을 평가하는 척도는 효율efficiency이다. ④성과outcome란 특정 사업을 추구하는 구체적인 목표를 말하며, 성과의 평가 척도는 효과effectiveness이다.

만일 어떤 사업이 산출물만 있고 성과물이 없다면, 목표를 달성했다고 할 수 없다. 정부가 청년실업 해소를 위한 방안으로, 취업에 유리한 자격증을 취득하면 보조금을 주는 정책을 실행한다고 해 보자. 이 정책의 산출물output은 자격증을 취득한 청년의 숫자이다. 이 정책이 제대로 된 성과물outcome을 만들어 내려면 실제로 취업에 성공한 청년의 수가 늘어야 한다.

따라서 이 정책이 청년 취업률을 올리는 데 기여하지 못했다면 정책 목표를 잘못 설정한 것이라 할 수 있다. 자격증을 취득한 사람 수가 아무리 많아도(효율) 취업에 성공하지 못한다면(효과) 아무 의미가 없기 때문이다. 효율이 '일을 제대로 수행하는 것'이라면, 효과란 '제대로 된 일을 수행하는 것'이다. 비슷해 보이지만 큰 차이가 있다.

끝으로 ⑤영향impact이란 사업을 실행하는 궁극적인 목표를 뜻하며, 투입 시점부터 작업 수행 과정에서 얻어지는 유·무형의 가치를 모두 포괄한다. 영향의 범위는 정의하기에 따라 달라질 수 있지만 크게 사회적, 경제적, 환경적 가치로 구분된다. 그런 맥락에서 임팩트란 행위의 목표이며, 행위를 통해 만들어진 최종 결과물이라고 할 수 있다.

임팩트를 특정한 행위를 통해 만들어진 최종 결과물이라고 정의한다면, 임팩트 금융이란 금융을 통해 임팩트를 창출하는 것이라고 볼

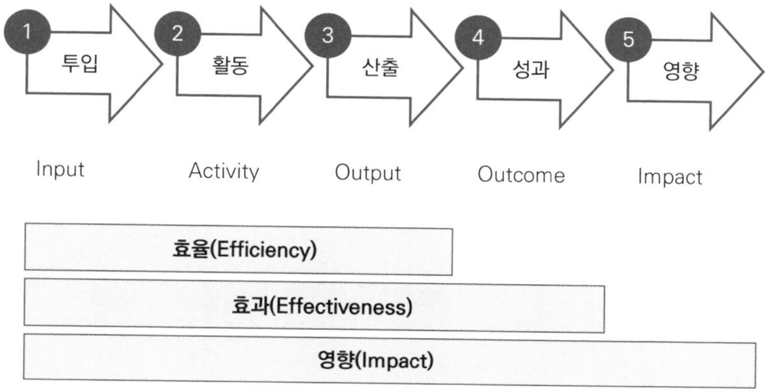

프로그램 논리 모형 흐름도

수 있다. 혁신기업이 사회·환경적으로 유의미한 임팩트를 만들어 낼 수 있도록 돕는 것, 사회문제를 해결하기 위한 프로젝트가 성공할 수 있도록 장기적 관점에서 투자하는 것, 투자의 최종 결과물이 사회 구성원 다수의 삶에 긍정적 영향을 미치도록 하는 것이 임팩트 금융이 추구하는 목표이다.

임팩트 금융의 대표적인 방식이 임팩트 투자이다. 임팩트 금융은 투자 행위를 포괄하는 훨씬 넓은 개념이다. 최종 목표를 임팩트 창출에 두고 금융이라는 수단을 활용하는 것이 임팩트 금융이다. 1장에서 살펴본 '윤리은행'이 임팩트 금융을 실천하는 대표적인 기관이다. 하지만 윤리은행은 극히 소수에 불과하며 임팩트 금융은 이제 막 '투자'의 단계에 접어들었을 뿐이다.

투자의 종류

임팩트 투자라는 새로운 흐름이 형성되기 이전, 박애형 자선투자philanthropy라는 투자 방식이 존재했다. 자선투자란 가치 있는 일에 돈을 투자하되, 수익을 기대하지 않는 방식이다. 기부charity가 즉각적인 도움이 필요한 일에 돈을 쾌척하는 것이라면, 자선투자는 장기적 관점에서 사람들을 돕고 문제를 해결하고자 한다는 점에서 차이가 있다.

임팩트 투자는 기부나 자선투자와 접근 방식이 다르다. 가치투자를 하지만, 회수를 전제로 한다. 수익을 추구하지만, 오직 이익만 추구하는 기존 투자 방식과는 지향하는 방향과 목적이 다르다. 달리 표현하면 '가치는 높으나 수익성이 낮은 사업' 혹은 '수익성은 좋으나 가치가 부족한 사업'은 투자 대상에서 제외된다는 뜻이다.

아래 그림은 투자와 가치의 상관관계를 나타낸 것이다. 가로축은

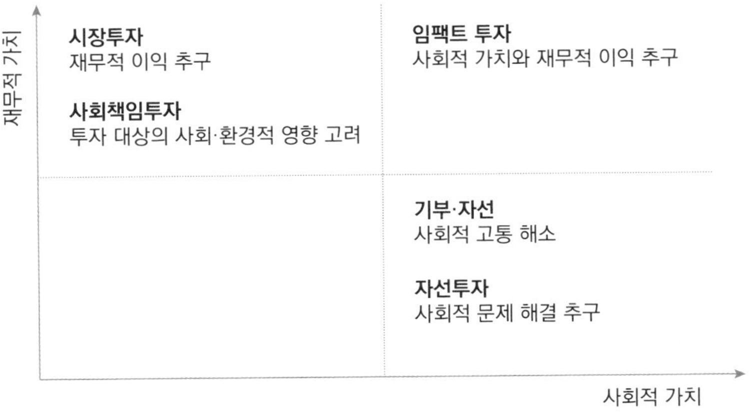

투자 형태와 가치 창출

사회적 가치, 세로축은 재무적 가치이다. 시장투자는 재무적 가치만을 추구한다. 한때 투자 대상의 사회·환경적 요소를 고려하는 사회책임투자SRI가 유행한 적이 있지만 매우 미온적인 방식으로 진행되었을 따름이고, 사실상 시장의 투자 방식을 그대로 따르는 식이었다.

하지만 임팩트 투자는 사회적 가치와 재무적 이익을 동시에 추구한다는 점에서 전통적인 투자 방식과는 접근 방법이 다르다. 해解가 두 개인 이차방정식이다. 정답이 한 개만 도출되면 틀린 것으로 간주한다. 가치 있는 일에 돈을 투자하면서도 수익을 창출할 수 있어야 한다. 사회목적투자를 혼합가치blended value를 추구하는 영역이라고 부르는 것은 바로 그 때문이다.

미국, 영국 등 선진 국가들에서는 기부, 자선투자, 임팩트 투자라는 흐름이 하나의 '띠'를 이루고 있다. 굶주린 이에게는 빵을 주고(기부), 가난한 이웃에게는 자립할 수 있도록 돕고(자선투자), 낙후된 지역에 대규모 자금을 투입하여 재생시킨 후에 수익을 남기고 자본을 회수(임팩트 투자)한다. 돈을 투입하는 목적에 따라 쓰임새와 방식이 다르다. 금융의 영역도 있고 아닌 것도 있다.

하지만 기부와 자선투자의 전통이 약한 우리의 경우, 임팩트 투자는 무척 생소한 흐름으로 다가올 수 있다. 사회적 가치를 창출한다는 측면에서는 의미 있는 투자로 보이지만, 투자 수익을 기대한다는 점에서 '가치로 포장된 머니 게임money game'으로 비칠 수 있기 때문이다. "결국 돈 벌려고 하는 일 아닌가?"라는 비아냥 섞인 소리를 들을 수도 있다.

하지만 이것은 무척 편협한 사고이다. 과일의 종류가 여러 가지인 것처럼, 투자도 다양한 형태가 있다. 앞서 길게 설명한 것처럼, 조건 없이 주는 투자(기부)가 있고, 조건을 달고 하는 방식(자선투자)도 있으며, 수익성이 없으면 아예 돈을 태우지 않는 방식(시장투자)도 있다. 옳고 그름의 문제가 아니다. 사과와 배가 맛이 다른 과일인 것처럼, '틀린' 것이 아니라 '다른' 것이다.

강조하고 싶은 것은, 향후 돈의 흐름은 사회와 환경 문제를 실제로 해결할 능력을 갖춘 기업과 조직에 몰릴 것이라는 점이다. 그곳이 어떤 성격의 조직인가는 중요치 않다. 돈의 출처는 공공일 수도 있고 부유한 자산가의 투자 자금일 수도 있고 변화를 희망하는 시민들의 돈이 모인 기금일 수도 있다. 중요한 것은, 우리 앞에 닥친 문제를 해결하는 것이기 때문이다.

임팩트 투자시장

그렇다면 현재 임팩트 투자의 시장 규모는 얼마나 될까? 국제임팩트투자네트워크GIIN에 따르면, 2020년 현재 세계 임팩트 투자시장은 운용자산 기준 850조 원을 상회하는 것으로 추산된다.[2] 우리나라 정부 1년 예산의 1.5배가 넘는 수치이다. ESG 경영이 세계적인 화두로 떠오르면서 투자 규모도 매년 증가하는 추세이다.

임팩트 투자시장이 커지는 이유는 무엇일까? 단순화해서 설명하자면 사회·환경적 위기가 증대되고 있기 때문이다. 극심한 경제적 불평

2 GIIN, 〈2020 Annual Impact Investor Survey〉.

등과 환경 재앙이 한계 수위를 넘어서고 있기 때문이다. 사회 갈등이 고조될수록, 지구가 병들수록 해결해야 할 숙제도 많아진다. 과거에는 크게 문제가 되지 않았던 것들이 더 방치할 수 없는 절박한 과제로 다가서면서, 좋든 싫든 문제를 해결하기 위한 투자가 필요한 상황이 연출되는 것이다.

이는 동시에 문제 해결을 위한 사업을 촉진하는 계기를 제공한다. 위기 그 자체가 방아쇠가 된다. 문제의 해결, 즉 임팩트가 클수록 보상도 커지는High impact-high return 흐름이 만들어지는 것이다. 위기는 곧 기회이다. 혁신적인 기술과 방법으로 위기를 해결하는 이에게 큰 보상이 주어질 것이다. 예전에는 주목받지 못했던 거대한 시장이 열리고 있다.

팬데믹은 이런 변화를 촉진하는 불쏘시개 역할을 하고 있다. 지구별에 거주하고 있는 인간은, 어느 나라 어느 지역에 살건 상관없이, 환경 오염과 그로 인한 각종 전염병의 창궐이 자신의 삶을 위협하는 중대한 원인이 되고 있다는 사실을 매일매일 느끼고 있다. 시민들은 코로나19가 종식될 수 있다면 어떤 일이든 협조할 마음가짐이 되어 있다.

그런 맥락에서 볼 때 임팩트 시장이 커지고 있는 것은 무척 자연스러운 현상이라 할 수 있다. 가치 창출이 수익과 직접 연결되는 구조에서 시장과 자본이 이 시장에 관심을 가지는 것은 당연하다. ESG의 돌풍은 그렇게 설명된다. 임팩트의 기업 버전이 곧 ESG이다. 바야흐로 전 지구적 차원의 ESG 시대, 임팩트의 시대가 된 것이다.

'ESG'가 친환경(E), 사회책임 경영(S), 지배구조 개선(G)을 기업 활동의 핵심 지표로 삼아야 한다는 것을 강조하는 개념이라면 '임팩트 투자'는 사회와 환경을 고려한 투자 활동이라는 점에서 둘은 같은 뜻이다. 하나는 기업 관점에서, 다른 하나는 투자회사 관점에서 해석한 것일 뿐이다. 그 배경에는 우리 시대가 직면한 절박한 사회·환경적 위기가 자리하고 있다.

ESG의 다른 표현이 지속 가능성이다. 사회와 환경을 고려하지 않는 투자와 경영활동은 지속 가능할 수 없다는 뜻이다. 이제 기업은 재무적 이익만 좇아서는 안 되고, 사회와 환경에 도움을 줄 수 있는 비재무적 요소를 경영에 포함해야 한다. 이를 실천하지 않을 경우, 자본시장에서 자금을 조달하지 못할 것이고 정부 사업을 수주할 기회를 박탈당할 것이다.

유럽연합EU은 2018년부터 500인 이상 기업에 대해 ESG 정보 공개를 의무화했다. 우리나라도 2025년부터 2030년까지 상장기업들의 ESG 공시公示를 단계적으로 의무화한다는 정부의 공식 발표가 있었다.[3] 해마다 사회와 환경을 위해 무엇을 했는지를 보고서로 작성해 공개하라는 뜻이다. 이제 투자자들은 이 보고서를 확인하고 투자 여부를 결정하게 될 것이다.

사람들은 ESG라는 화두가 어느 날 갑자기 등장한 것처럼 생각하기 쉽지만, 기업이 사회와 환경적 가치를 위해 복무해야 한다는 생각은 오래전부터 존재하고 있었다. '기업의 존재 이유는 수익 추구'라는 낡

3 관계부처 합동, 〈친환경, 포용, 공정경제로의 대전환을 위한 ESG 인프라 확충 방안〉, 2021.8.26.

은 문법에 가려져 빛을 발하지 못하고 있었을 따름이다. 하지만 이제 '기업의 존재 이유는 가치 추구'라는 새로운 문법이 만들어지고 있다.

'산업혁명 이전 대비 지구 평균기온 상승 1.5도 유지'라는 파리기후협약의 목표를 달성하려면 개인도, 기업도, 정부도 다음 세대를 위해 무언가 의미 있는 행동을 해야만 한다. 환경을 보전하기 위한 인류의 행동은 선택이 아닌 필수 사항이 된 것이다. 이것이 ESG와 임팩트 투자가 새롭게 조명받는 배경이며, 자본시장이 흔들리는 이유이다.

그렇다면 임팩트 투자는 정확히 어떤 투자 방식을 말하는 것일까? 임팩트 투자는 수익과 가치를 동시에 추구한다. 불과 얼마 전까지 투자를 통해 가치와 수익을 함께 도모한다는 것은 불가능한 일로 여겨졌다. 가치와 수익은 서로 충돌하는trade-off 관계라고 보았기 때문이다. 가치를 추구하면 수익을 포기해야 하고, 수익을 좇으면 가치를 창출할 수 없다는 것이 정설로 여겨졌다.

그런데 이 공식이 깨지고 있다. 가치 있는 '임팩트'를 창출하면서도 일정 '수익'을 거두는 모델과 사례가 생겨나고 있다. 지속 가능한 농업, 재생에너지, 환경 보존, 마이크로 금융, 사회주택, 건강 유지와 회복health care 등 사회·환경적으로 가치가 높은 사업에 투자해도 기대하는 수익률 이상을 거둘 수 있다는 증거들이 속속 등장하고 있다.

가히 돌풍에 가까운 ESG 흐름과 맞물리면서 임팩트 투자를 중심으로 한 금융시장에 지각 변동이 일어나고 있다. 투자의 패러다임이 바뀌고 있다고 해도 지나친 표현이 아니다. 세계 금융시장을 쥐락펴락하는 큰손들이 앞으로는 환경을 파괴할 우려가 큰 기업들에 자금을 지원하지 않을 계획이며, 포용적 성장을 위한 사업에 대한 투자를 늘리겠다는 선언을 잇달아 발표하고 있다.

돈을 쥐고 있는 투자자 그룹이 방향을 틀면 시장은 연쇄적인 반응을 일으킨다. 투자자에게 돈을 받아 운용하는 회사들이 키를 같은 방향으로 돌릴 것이고, 금융자본의 영향력 아래에 있는 기업들은 탄소중립이라는 새로운 경영 목표를 사업계획서에 추가하게 될 것이다. 미국과 유럽 등 주요 선진국들에서 자본시장이 요동치고 있다는 징후는 여러 측면에서 감지된다.

향후 이 흐름은 더욱 가속화될 것이다. 지금 우리가 겪고 있는 위기는 오랜 기간 누적된 문제의 발현이고, 짧은 시간 안에 해결될 가능성이 크지 않기 때문이다. 이런 변화는 비즈니스 세계에도 반영되고 있다. 이미 많은 기업이 저탄소 기술을 확보하기 위해 막대한 자금을 투자하고 있다. 위기를 기회의 발판으로 삼아 성공 신화를 그리고자 하는 이도 늘어날 것이다.

그런 측면에서 임팩트의 시대는 혁신기업가의 시대이기도 하다. 낡은 공식으로는 현실에 닥친 문제를 해결할 수 없다는 것이 증명되고 있다. 낡은 것을 새로운 것으로 대체하려면 혁신이 필요하고, 이는 뛰어난 안목과 통찰력, 실행 의지를 가진 혁신가들의 몫이다. 그렇다면 남은 과제는 문제를 해결하려는 젊은 기업가들이 날개를 펼 수 있도록 돕는 것이다.

임팩트 금융이 지닌 역사적 가치와 의의가 바로 이 지점에 존재한다. 뛰어난 혁신기업가를 발굴해 이들이 더 큰 사회·환경적 가치를 창출할 수 있도록 지원하는 것, 자본시장과 혁신기업을 잇는 다리를 놓는 것, 금융을 통해 가치의 가치the value for value[4]를 만들어 내는 21세기

연금출사가 되는 것이 임팩트 금융이 담당해야 할 역할이다.

그렇다면 임팩트 투자는 어떤 방식으로 이루어질까? 이 내용을 이해하기 위해서는 현실 투자시장이 작동하는 구조를 알아야 한다. 임팩트 투자는 투자 대상 측면에서 일반 투자시장과 확연히 다르지만, 투자 방식과 회수 방법에는 큰 차이가 없다. 현재 우리나라 벤처 투자 업계는 용어부터 구조까지 미국 벤처캐피털의 문법을 그대로 따르고 있다.

기업의 성장 주기와 투자 방식

다음 그림은 기업의 성장 주기에 따른 투자 단계를 나타낸 것이다. 일반적으로 기업은 씨앗기seed, 발아기startup, 도약기series, 성숙기IPO

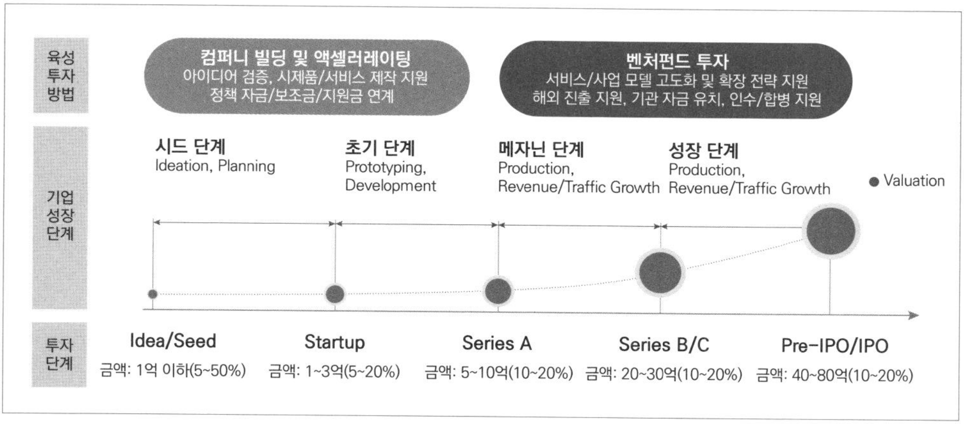

기업 성장 주기와 투자 단계, 재단법인 밴드

4 사회·환경적 가치를 창출하는 혁신기업가를 도움으로써 만들어 내는 가치라는 뜻이다.

의 단계를 거치며 성장해 간다. 기업의 성장 단계에 따라 투자의 방식과 내용도 달라진다. 당연한 말이지만 투자회사들은 투자 대상 기업의 단계와 현재 상태를 면밀하게 살펴본 다음 투자 금액과 회수 방법을 결정한다.

'씨앗기'는 창업을 본격적으로 준비하는 단계를 말한다. 아이디어를 구체화해서 사업 모델을 만드는 시기이다. 추진하려는 사업의 실현 가능성을 타진하는 단계라고 볼 수 있다. 아이디어가 빼어나거나 사업 계획이 구체적이면 엔젤 투자자[5]로부터 투자를 받기도 하지만, 보통은 본인 자금이나 가까운 지인들에게 돈을 빌려 창업 자금을 마련하는 경우가 대부분이다.

'발아기'는 시제품을 만들어 초기 투자를 받는 단계이다. 완성된 제품 이전 단계의 프로토타입prototype을 가지고 시장에서 검증받는 시기라고 할 수 있다. 명확한 기준은 없지만, 보통 창업 후 1~3년까지를 이 단계로 분류한다. 씨앗기부터 발아기까지 창업기업의 90% 이상이 생존하지 못한다고 해서 흔히 '죽음의 계곡'이라고 불린다.

엔젤클럽, 액셀러레이터accelerator,[6] 창업투자회사venture capital[7] 등 대다수 투자회사는 이 단계에서 성장 가능성이 큰 창업기업을 만나 투

5 외부의 자금 동원 없이 자신들의 책임하에 직접 투자를 결정하는 개인 투자자를 말한다.
6 창업회사에 대한 투자, 교육, 컨설팅을 통해 기업이 성장할 수 있도록 촉진자 역할을 하는 전문회사를 말한다. 2016년에 도입된 제도로, 중소벤처기업부에 액셀러레이터로 등록되면 창업투자회사에 준하는 세제 혜택을 받을 수 있다.
7 잠재력 있는 벤처기업을 발굴해 자본을 투자하고 경영 지원을 통해 자본이득을 추구한다. 납입 자본금 20억 원 이상의 상법상 주식회사로, 전문 인력과 시설을 갖추고 중소벤처기업부에 등록해야 한다.

자하는 것을 선호한다. 회사가 성장하기 전에 지분을 확보하는 것이 투자 가치가 높기 때문이다. 반대로 사업의 성공 여부를 확신할 수 없으므로 투자 위험도 크다. 그런 이유로 벤처기업에 대한 투자를 '고수익과 높은 위험이 병존하는 게임high-risk, high-return'이라고 부른다.

'도약기'는 시리즈series 단계라고 부르며, 시리즈는 A, B, C로 분류된다. 시리즈 A는 검증을 마친 제품과 서비스를 가지고 본격적으로 시장에 진출하는 시기이다. 이 단계에서 투자를 받았다는 것은 사업 모델의 적합성을 투자자들이 인정했다는 뜻이다. 투자 대상 회사에 따라 차이가 있지만 평균 투자 금액은 5~50억 원이다.

시리즈 B는 시리즈 A를 거치며 시장에서 인정받은 사업 성과를 바탕으로, 한 단계 높은 수준으로 도약하는 시기이다. 시장 진입에 성공해 안정적인 매출이 발생하고 있으므로 추가 투자를 통해 사업 규모를 확장하는 단계라고 할 수 있다. 평균 투자 금액은 50~200억 원이다. 일반 창업투자회사의 자금이 가장 많이 몰리는 단계이기도 하다.

시리즈 C는 시리즈 B를 거치며 확장된 사업에 속도를 배가하는 단계라고 할 수 있다. 사실상 투자 위험이 사라진 수준에 올라섰다고 판단되기 때문에 대규모 투자를 유치할 수 있는 단계라고 보면 된다. 투자 금액은 따로 제한이 없으며 적으면 수백억 원, 많으면 그 이상도 가능하다. 창업투자회사를 포함해 많은 투자회사로부터 '투자의향서LOI'[8]를 받을 수 있다.

시리즈 C 단계를 넘어서면 기업공개IPO[9]를 통해 주식시장에 진출할

8 'Letter of Intend'의 약자로, 투자 대상 기업에 투자 의향을 밝히는 문서이다.

수 있는 길이 열리게 된다. 이를 기업공개 전 단계Pre-IPO라고 부른다. 기업공개에 들어가기 전에 추가 투자가 이어지면 D, E, F 단계까지 연장되기도 한다. 인수합병을 통해 회사를 비싼 가격에 매각M&A하기도 한다. 모든 창업회사가 꿈꾸는 행복한 미래상이라고 할 수 있다.

투자회사들의 투자 방식은 어떻게 이루어질까? 결론부터 말하면, 투자 대상 기업의 수준과 단계에 따라 달라진다.

일반적으로 '씨앗기' 단계에서는 보통주나 '조건부 지분인수계약SAFE'[10]을 선호한다. 조건부 지분인수계약이란 기업 가치를 산정하지 않고 투자를 진행한 후에 후속 투자자가 정하는 기준에 따라 지분율을 결정하는 방식을 말한다. 기업 가치를 따지기 힘든 초기 기업에 투자할 때 주로 사용된다. 선先 투자자는 후속 투자 시 할인율을 적용받기 때문에 싼 가격에 지분을 확보하고, 기업 가치 산정에 투입되는 비용을 절약할 수 있다는 장점이 있다. 피투자 기업도 지분을 양도하지 않아도 되기 때문에 경영권을 보호할 수 있다. 투자자와 투자 기업을 모두 만족시킬 수 있는 계약 형태 중 하나이다.

시리즈 단계에서는 주로 상환전환우선주RCPS[11] 방식을 적용한다. 상환전환우선주란 투자자가 '상환'이나 '전환'을 요구할 수 있는 꼬리표가 붙은 주식을 말한다. 이 주식을 가지고 있으면 채권처럼 투자한 돈을 돌려받거나(상환) 우선주를 보통주로 바꿀 수 있는(전환) 권리가 보장

---

9 'Initial Public Offering'의 약자이다. 특정 기업의 주식이 증권시장에서 공식적으로 거래되기 위해서는 '상장'이라는 과정을 거치게 되어 있다.

10 'Simple Agreement for Future Equity'의 약자이다.

11 'Redeemable Convertible Preference Shares'의 약자이다.

된다. 이런 증권이나 투자 방식을 메자닌Mezzanine[12]이라고 부른다.

투자자 관점에서는 보통주보다 상환전환우선주를 보유하는 것이 더 유리하다. 투자한 회사의 주식 가격이 기대보다 낮으면 이자를 붙여 현금으로 돌려받을 수 있고, 기대 이상이면 보통주로 바꿔 투자 이익을 얻을 수 있기 때문이다. 반대로 투자회사 관점에서는 상환전환우선주를 발행하는 것이 불리하지만, 큰 규모의 자금을 확보하기 위해 이 방식을 수용하는 경우가 많다.

투자회사가 자금을 회수하는 방법은 크게 두 가지가 있다. 하나는 앞서 설명한 지분인수계약이나 상환전환우선주 방식을 써서 투자 기간 종료 후 권리를 행사하는 것이고, 다른 하나는 피투자 기업이 주식시장에 상장하거나 다른 회사에 매각될 때 보유한 지분을 팔고 빠져나오는 것EXIT이다. 두말할 나위 없이 전자보다 후자의 투자 가치가 훨씬 높다.

씨앗 단계에서 거목으로 성장할 잠재력을 간파해 피투자회사가 주식시장에 이름을 올리게 되면, 투자회사는 투자한 금액의 수십 배가 넘는 수익을 창출할 수 있다. 하지만 투자한 기업이 모두 성공하리라는 보장은 없다. 피투자회사가 중간에 스러지면 투자한 자금은 대부분 날리게 된다. 망한 회사의 주식을 누가 사겠는가.

임팩트 투자회사는 투자 방식 측면에서 일반 투자회사와 어떤 차이가 있을까? 큰 틀에서는 차이가 없어 보인다. 성장 단계별 투자 방식

12 메자닌은 건물 1층과 2층 사이의 라운지 공간을 뜻하는 이탈리아어이다. 전환사채(CB)나 신주인수권부사채(BW)에 투자하는 것이 대표적인 방법이다.

과 회수 방법도 대동소이하다. 하지만 몇 가지 측면에서 다른 점이 있다. 첫째는 투자 대상 기업을 평가하는 기준이다. 일반 투자회사는 투자 수익을 최대한 올릴 수 있는 기업에 투자를 결정한다. 임팩트 투자회사는 다르다. 이들은 피투자회사의 미래 가치도 중요하지만 사회적 가치 창출이 먼저라고 생각한다. 사업성이 아무리 뛰어나도 사회적 가치를 창출할 수 없는 곳에는 투자하지 않는다. 이 차이가 임팩트 투자회사와 일반 투자회사를 구별하는 기준선이라고 할 수 있다. '탁월한' 기업을 찾는 것이 아니라 '탁월하고 훌륭한' 기업을 찾는다.

둘째는 피투자회사를 발굴하는 단계이다. 일반 투자회사는 시리즈 단계의 벤처기업을 가장 선호한다. 투자 위험이 적고 회수 가능성이 크기 때문이다. 하지만 임팩트 투자회사는 시리즈 이전 단계의 기업들에 더 관심을 기울인다. 곧 살펴보겠지만, 아예 시리즈를 배제하고 씨앗 단계에 있는 혁신기업들에 투자를 집중하는 임팩트 투자회사도 있다.

최근에는 혁신기업 1세대에 해당하는 기업들 가운데 이미 시리즈 단계에 올라선 곳들이 등장해서, 높은 단계에 오른 기업들을 투자 대상으로 삼는 임팩트 투자회사들도 생기고 있다. 하지만 이 기업들의 뿌리를 살펴보면 씨앗 단계에서 임팩트 투자회사로부터 선행 투자를 받은 곳이 대다수임을 알 수 있다. 최초의 출발점은 '씨앗기'였던 셈이다.

한국의 임팩트 금융

한국적 맥락에서 임팩트 금융의 기준과 범위를 정하는 것은 간단치 않다. 이는 일차적으로 가치 또는 임팩트가 가진 높은 추상성과 측정 방법의 부재에서 비롯한다. 사회·환경적 가치를 '특정 재화와 서비스의 사회 및 환경에 대한 상대적 가치'라고 할 때, '상대적으로 높고 낮음을 어떤 기준으로 평가할 것인가?'에 대한 명확한 기준이 아직 존재하지 않는다.

따라서 누구라도 임팩트를 창출했다고 주장할 수 있고, 당신이 창출한 것은 임팩트가 아니라고 증명할 수 없다. 다만 일반적인 통념에 따라 높고 낮음, 많고 적음을 짐작할 뿐이다. 실제로는 긍정적인 영향을 미치지 못했으면서 마치 그런 것처럼 포장하는 이른바 임팩트 워싱impact washing 또는 그린 워싱green washing을 우려하는 것도 그 때문이다.

정책 보증기관이 자영업자와 소상공인을 위해 보증서를 발급하는 것은 임팩트 금융인가 아닌가, 창업투자회사가 벤처기업에 투자해 100명의 고용을 창출했다면 이 효과를 어떻게 평가할 것인가, 임팩트 투자회사가 소셜벤처에 투자했으나 투자금을 회수하지 못했다면 이 투자는 아무 임팩트를 창출하지 못한 것인가 등 다양한 의문이 제기될 수 있다.

한편 '어떤 기관이 임팩트 금융을 중개하는 곳인가?'에 대해서는 비교적 쉬운 판단 기준이 존재한다. 정관에 임팩트 창출을 목표로 한다는 내용이 포함되어 있거나 사회적 가치와 재무적 가치를 함께 추구한다는 표현이 명기되어 있으면 '진짜'이고, 그렇지 않다면 진짜가 아닐 가능성이 크다. 후자를 '가짜'라고 말하지 않는 이유는 영리 추구형 투자회사 중에도 임팩트 투자를 하는 곳이 있기 때문이다.

현재 우리나라 임팩트 금융시장은 크게 세 개의 줄기로 형성되어 있다. 하나는 정부가 정책금융기관을 통해 혁신기업들에 자금을 투·융자하는 방식이고, 둘째는 비영리 민간기관들이 내외부 자금을 활용해 혁신기업들의 성장을 돕는 방식, 셋째는 임팩트 투자 전문회사들이 펀드를 조성해 투자자를 모은 다음 혁신기업에 투자하는 방식이다.

지원 대상 측면에서 보면 소셜벤처와 사회적기업 비중이 높다. 이는 투자 자금의 회수 여부와 깊은 관련이 있다. 지원 방법은 융자만 취급하는 곳, 투자만 전문으로 하는 곳, 두 가지 방법을 모두 적용하는 곳이 있다. 조직 형태로 보면 비영리기관은 재단법인이 가장 많고, 투자회사는 금융 거래 자격증을 보유한 주식회사가 주류를 이루고 있다.

최근 일어나고 있는 특징적인 변화 중 하나는 임팩트 투자에 관심을 가지는 '일반' 투자자가 늘고 있다는 점이다. 정부 산하 공공기관, 연기금, 금융회사, 대기업, 공익재단, 종교단체, 시민 투자자들이 그들이다. 우리나라에도 자본시장에 변화의 조짐이 나타나기 시작한 것이다. 사회와 환경을 고려한 투자 영역에서도 수익을 창출할 수 있다는 기대감이 형성되고 있다고 보면 된다.

하지만 이들은 투자자의 위치에 있을 뿐, 임팩트 투자를 전문으로 하지는 않는다. 임팩트 투자를 목적으로 설립된 회사를 '임팩트 투자회사'라고 부른다. 법률적으로 명확히 정의된 표현이나 용어가 아니다. 엔젤클럽이나 창업투자회사, 창업투자전문 운용사PEF, 신기술사업금융회사[13] 가운데 소수의 회사가 이 영역에서 활동하고 있다.

비영리 민간기관이든 임팩트 투자회사든 임무는 동일하다. 혁신적인 아이디어로 세상을 바꾸고자 하는 기업가entrepreneur를 발굴해 날개를 달아 주는 것이 이들의 역할이다. 혁신기업에 자금을 투자한 후 성장할 수 있도록 돕는다. 정상을 향해 산을 오르는 이들을 도와주는 셰르파sherpa, 주전 선수가 마라톤을 완주할 수 있도록 독려하는 페이스메이커pacemaker라고 보면 된다.

임팩트 금융기관은 혁신기업과 가까운 거리에 머물며 이들이 전진할 수 있도록 돕는다. 수익에 취하면 초심을 잃지 말라고 조언하고 재무 상황이 나빠지면 문제의 원인을 함께 찾는다. 혁신기업과 임팩트 투자회사는 하는 일만 다를 뿐, 가치와 수익이라는 두 마리 토끼를 잡고자 한다는 점에서 같은 운명을 지니고 있다. 함께 공명할 수 있는 사이이다.

한국의 임팩트 금융 생태계가 앞으로 어떻게 전개될지 예측하기는 쉽지 않다. 지금처럼 정부가 마중물을 부으며 시장을 촉진하는 역할을 이어 갈 수도 있고, 민간 투자자가 늘어나면서 시장이 임팩트 금융을 이끌어 가는 중심축이 될 수도 있다. 이는 우리 사회가 직면한 위기를 어떻게 극복해 가는가에 따라, 국경을 넘어 지구적 차원의 대응이 필요한 환경 문제에 어떻게 대응하는가에 따라 달라질 것이다.

분명한 사실은 공공이든 민간이든 이 영역에 대한 투자가 계속 확대되어 갈 것이라는 점이다. 그에 따라 사회·환경 문제를 다루는 혁신기업 숫자도 증가할 것이고 임팩트 금융도 지금보다 훨씬 활성화될 것으로 예상된다. 임팩트 금융은 미래의 창을 향해 활짝 열려 있다.

---

13 창업투자회사와 함께 국내 벤처캐피털의 양대 축으로 불리는 금융회사이다. 7년 이내 벤처·중소기업에만 투자할 수 있는 창업투자회사와 달리 대상이 넓고 투자 외 융자까지 가능하다. 2016년에 설립 자본금이 200억 원에서 100억 원으로 대폭 완화되는 등 설립 요건이 자유로워졌다.

1. 비영리 민간기관

비영리조직이 사회적금융 사업을 하려면 일정한 법인격이 필요하다. 대표적인 방법이 사단법인이나 재단법인을 설립한 후 사회적금융을 고유목적사업에 포함하는 것이다.[14] 기부금이나 출연금을 재원으로 혁신기업에 투·융자를 하거나 외부에서 자금을 받아 재융자하는 방식으로 법인 설립 취지에 부합하는 곳에 금융 공급을 해 주는 것이다.

일정한 자격 요건[15]을 갖추면 액셀러레이터, 즉 창업기획자로 등록해 창업기업을 육성하는 사업을 하거나, 설립한 지 3년이 안 된 초기기업에 투자하는 투자조합을 만들어 운용할 수도 있다. 지방자치단체에서 조성한 기금을 위탁받아 운영하는 것도 가능하다.

설립 배경도 다양하다. 대기업 총수 일가가 설립한 재단도 있고, 개인이 사재를 털어 만든 법인도 있으며, 자조기금을 운용한 경험을 토대로 성장한 곳도 있고, 정부의 사회적금융 활성화 정책에 따라 만들어진 도매기금도 존재한다. 설립 목적과 사업 추진 방향도 차이가 있다. 금융 지원을 주로 하는 기관도 있고 육성과 성장을 핵심 업무로 가져가는 기관도 있다.

활동 반경에서 보면, 서울에 사무실을 둔 곳은 대부분 전국적으로

14 현재 사회적금융을 중개하는 비영리 민간기관 다수의 법적 형태는 재단법인이다.

15 '중소기업창업지원법'상의 창업기획자 자격 요건은 납입자본금 5,000만 원 이상, 상근 전문인력 2인 이상, 창업 보육공간 확보이다. 2020년부터 액셀러레이터의 벤처투자조합 결성이 가능해졌다.

사업을 한다. 최근에는 지역 기반의 기관들도 만들어지고 있다. 현재 지방자치단체 기금을 위탁받아 운영하는 기관 대다수가 사회적금융 중개를 위해 설립된 비영리 법인이다. 국내 기업의 해외 진출을 돕거나 해외에 있는 혁신기업에 투자하는 기관도 존재한다.

사회적금융을 규율하는 법률이 부재한 탓에 활동상의 제약도 따른다. 정관의 목적사업 범위 안에서 융자나 투자사업을 할 수 있지만, 의결권 있는 주식 취득이 제한되어 있어 투자 후 자금 회수가 쉽지 않다. 재원 마련의 여건이 충분치 않으면 사업 유지가 어렵다. 정식 금융기관이 아니므로 사람들에게 신뢰를 주기 힘들다는 단점도 있다.

많은 제약과 어려움에도 불구하고 비영리의 철학을 견지하며 혁신기업을 위해 헌신하는 기관들이 존재한다. 정부는 이들이 현장에 튼튼히 뿌리를 내릴 수 있도록 지원을 아끼지 말아야 한다. 높은 소명 의식과 책임감으로 혁신기업을 키우고 있는, 임팩트 금융 생태계에 꼭 필요한 존재들이기 때문이다.

1) 혁신기업가를 키우는 사회공헌재단, 행복나눔재단

행복나눔재단

누구에게나 평등한 기회

"청각장애가 있어서 선생님과 친구들의 이야기를 듣는 데 어려움이 있습니다. 그동안 교실 맨 앞자리에 앉아 선생님의 입 모양이나 판서 내용을 보며 공부했습니다.
요즘은 문자통역서비스를 통해 수업을 듣습니다. 잘 들리지 않았던 내용을 명확하게 인지하게 되어 자신감을 얻었습니다. 수업 내용이 태블릿 PC에 바로 저장되니 언제든 놓친 부분을 다시 복습할 수도 있습니다. 너무 감사한 마음입니다."
'행복나눔재단'이 추진하는 청각장애 아동 학습환경 개선 사업을 통해 '문자통역서비스'를 사용하고 있는 학생이 쓴 수기 내용이다. 이 서비스는 학습 의지는 높으나 장애로 인해 제대로 공부하지 못하는 학생들에게 자기주도 학습을 할 수 있는 훌륭한 도구로 활용되고 있다. 이 사업은 장애 여부와 상관없이 동등한 기회 속에서 사회의 구성원으로 자립하도록 돕는 것을 목적으로 기획되었다.

'행복나눔재단'(이하 행복나눔)은 SK그룹이 2006년에 설립한 사회공헌재단이다. 창의적이고 지속 가능한 사업 모델을 개발해 확산하는 것을 목표로 삼고 있다. SK는 대기업집단 중 드물게 사회공헌 사업에 무척 적극적인 회사이다. 통상 기업들의 사회공헌 프로그램은 어려운 이웃들을 위해 봉사활동을 하거나 수익금 일부를 착한 비영리단체에 쾌척하는 수준에 머무는 경우가 많다.

하지만 SK는 '사회적기업'이라는 단어가 생소하게 느껴지던 시점부터 사회적기업과 사회적 가치 창출에 관심을 가지고 다양한 지원 활동을 해 오고 있다. 그 창구 중 하나가 행복나눔이다. '대기업이 출연한 재단이 얼마나 진정성이 있겠는가?'라는 색안경을 끼고 볼 수도 있다. 하지만 그간 추진해 온 사업의 내용을 들여다보면 생각이 바뀔지도 모른다.

결식이웃 지원과 취약계층 일자리 창출을 목적으로 설립한 행복도시락 사업, 교육 격차 해소와 사교육비 부담 완화를 위한 방과 후 학교 사업, 창업 역량과 경영 전문성을 겸비한 인재 양성을 목표로 설립한 KAIST 사회적기업 MBA 과정, 그룹 임직원이 보유한 전문 역량을 공익사업에 무상으로 제공하는 프로보노 활동 등 굵직굵직한 사업들이 행복나눔을 통해 이루어졌다.

먼저 사람을 키우고, 그렇게 성장한 사람들이 새로운 아이디어로 실험할 수 있도록 지원하고, 그 과정에서 좋은 모델이 만들어지면 이를 확장해 나가는 접근 방법을 쓴다. 이런 방식으로 정부나 비영리 영역에서 손대기 어려운 실험적 성격의 사업들을 추진하고 있다. 일회성의 단발적 지원보다 지속 가능한 생태계를 만드는 것이 중요함을 알고 있는 듯하다.

재단 사업은 크게 청년 인재 양성과 사회변화, 두 개의 틀로 이루어져 있다. '청년 인재 양성 프로젝트'는 말 그대로 청년 인재를 키우는 사업이다. 2003년에 출범한 대학생 자원봉사단 써니SUNNY, 차세대 사회적기업가를 양성하는 협업 동아리 루키LOOKIE, 청년들이 전문 직업인으로 성장할 수 있도록 지원하는 자립 프로그램 뉴스쿨New School이 대표적인 사업이다.

'써니'는 국내외에서 활동하는 대학생 자원봉사단의 이름이다. 한국 10개 지역, 중국 6개 지역, 베트남 1개 지역에서 활동하며 누적 봉사 시간은 200만 시간에 달한다. '루키'는 청년들이 직접 혁신 비즈니스 모델을 개발하고 실험하는 클럽이다. 현재까지 1,200명 이상의 대학생이 참가, 188개 모델을 개발했다. '뉴스쿨'은 직업을 배우는 진짜 학교라는 모토로, 전문성을 갖춘 인재를 키우는 프로그램이다.

'사회변화 프로젝트'는 창의적인 아이디어와 혁신적인 모델로 사회에 긍정적 변화를 추동하기 위한 사업이다. 사회문제를 해결하는 대안을 만들고 확산하기 위한 공론장 '세상파일,' 취약계층을 위한 제품과 서비스를 생산하는 기업가를 지원하는 프로그램 'CSAP,'[16] 기부금 100%가 전달되는 플랫폼 '곧장기부' 등 현재 총 7개 사업이 진행되고 있다.

'세상파일'은 문제 해결 방식의 사회 변화 촉진 플랫폼이다. 명확한 목표를 설정하고 대안을 발굴해 모델을 만든 다음, 시범 사업을 진행하고 프로젝트 결과를 공유하는 방식으로 진행된다. 휠체어 사용자 이동성 향상 프로젝트, 시각장애 아동 점자 문해력 향상 프로젝트, 청각장애 아동 학습환경 개선 프로젝트, 다문화가정 자녀 교육정보 향상 프로젝트 등 주로 사회 취약계층을 위한 사업들이다.

'CSAP'는 문제 해결 대안을 가진 팀을 육성하고, 기부를 통해 재원을 조달하는 방식으로 운영된다. 발달장애 아동의 치료 효율을 높이는 조끼를 개발한 '돌봄드림,' 시니어들의 인지장애를 줄이기 위한 디지털 재활 훈련 프로그램을 개발한 '이드웨어,' 일회용품 사용을 줄이기 위해 다회용기를 개발해 배달 음식에 적용한 '잇그린' 등이 대표적인 팀이다.

'곧장기부'는 1원의 기부금도 빠뜨리지 않고 곧장 기부처에 전달하

---

16 'Charity Start-ups Acceleration Program'의 약자이다.

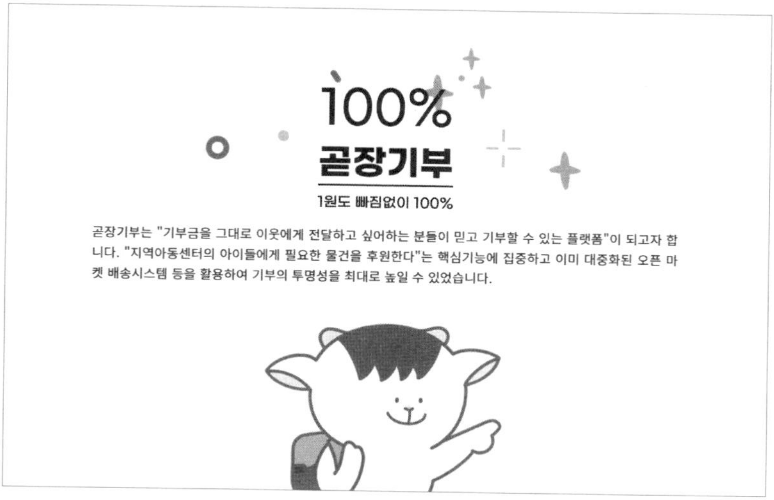

곧장기부 소개 누리집(www.thedirectdonation.org)

는 기부 플랫폼이다. 지역아동센터의 아이들에게 필요한 물건을 후원한다. 돈이 아닌 물건을 전달하기 때문에 기부금이 어떻게 사용되었는지를 확실히 알 수 있다. 결제수수료, 물품 배송비, 사업운영비 등 물품 구입에 쓰이는 돈 이외의 모든 비용은 행복나눔재단이 부담한다. 2021년 말까지 총 1만 5,569명의 아동에게 기부 물품을 전달했다.

혁신기업가를 위한 디딤돌 투자도 하고 있다. 2011년부터 19개 기업과 10개 펀드에 약 100억 원을 투자했다. 일론 머스크Elon Musk가 극찬한 아동 교육 스타트업 '에누마,' 외식업을 통해 이주여성과 취약계층의 고용을 창출하고 있는 '오요리아시아,' 영화관이 없는 지방 군소도시의 문화 격차를 해소하는 '작은영화관,' 탈부착이 가능한 전동모터 휠체어로 장애인 이동권을 개선한 '토도웍스' 등이 대표적인 기업들이다.

임팩트 투자시장이 형성되기 전에는 혁신기업을 대상으로 투자를 활발히 진행했다. 하지만 지금은 성장 가능성은 크지만 이런저런 이유로 자금 조달이 여의치 않은 기업들 중심으로 투자를 진행하고 있다. 정부를 포함해 자금 공급자들이 과거보다 많이 늘었고, 공익재단인 만큼 투자 활동보다는 좋은 기업들을 발굴하고 육성하는 일에 집중하겠다는 뜻으로 읽힌다.

행복나눔은 외부의 도움이 절실하지만 지원이 잘 이루어지지 않는 사업 영역에 관심을 두는 편이다. 그간 꾸준히 진행해 온 다문화, 장애인, 청년 지원 사업 안에서도 가능한 한 볕이 도달하지 않는 영역에 초점을 맞추고 있다. 사각지대를 메우는 일이 재단의 역할이라고 보기 때문이다. 최근 관심을 가지는 사업 영역은 친환경과 실버케어silver care이다.

사회혁신을 고민하는 이들이 한데 모여 혁신 사례를 공유하는 콘퍼런스SIT도 매년 개최한다. 기업 사회공헌 실무자와 혁신기업가들이 참여해 경험을 나누고 서로 영감을 얻는 자리이다. 이제까지 총 13번 열렸고, 500명 가까운 인원이 행사에 참여했다. 단발성 행사가 아니라 혁신기업가들의 정례화된 모임으로 자리를 잡은 것으로 보인다.

SK그룹 내에는 행복나눔 외에도 이른바 사회적 비즈니스social business를 수행하는 조직이 여럿 있다. 사회적 가치 측정과 사회문제 해결 방안을 전문적으로 연구하는 '사회적가치연구원,'[17] 사회적기업이 생산하는 물품과 서비스의 공급망 관리Supply Chain Management를 전문으로 취급하는 '행복나래'[18] 등이 대표적인 기관이다.

그간 통합적으로 추진되던 사업들이 연구개발, 혁신기업가 발굴 및 육성, 자금 및 판로 지원 등으로 독립, 분화되어 가는 추세이다. 다른 대기업집단이 출연해서 만든 비영리재단의 움직임과는 상당히 다른 모양새이다. 우리 사회에서 '재벌'이라 불리는 대기업들 가운데 공익 목적의 사업을 전문화해서 운영하는 경우는 거의 찾아보기 어렵다.

SK그룹은 왜 다른 대기업과 달리 사회적기업 생태계를 조성하는 일에 돈과 인력을 투자하고 있는 것일까? 최태원 회장은 한 언론과의 인터뷰에서 "사회적기업은 평생 과업이며, 사회적 가치 창출은 기업의 존재 이유이다."라고 말한 바 있다. 실제로 SK그룹의 모든 계열회사에는 '사회적가치위원회'가 구성되어 있고, 사업 성과에 대한 평가를 받는 것으로 알려져 있다.

재벌 총수가 던진 이 화두를 바라보는 시선은 다를 수 있다. 하지만 다른 대기업집단 누구도 걷지 않는 길을 가고 있다는 점에서, SK가 특별하게 보이는 것은 사실이다. 환경과 사회를 해치는 의사결정을 해서는 안 된다는 ESG 경영이 기업의 행동강령이 되고 있다. 다른 대기업들도 사회적 가치 창출을 시대의 소명으로 받아들이고 행동에 나서기를.

---

17 SK그룹이 150억 원을 출연해 2018년에 설립한 비영리 연구재단이다.

18 2000년에 설립된 구매 서비스 전문회사이다. SK하이닉스가 지분 100%를 소유한 주식회사로, '사회적기업을 위한 사회적기업'으로 불린다. 2013년에 사회적기업 인증을 받았다.

2) 사회혁신을 위한 임팩트 비즈니스 파트너, 한국사회투자

※한국사회투자
KOREA SOCIAL INVESTMENT FOUNDATION

단비가 아닌 꿀비였습니다

"가장 힘들었을 때, 저희를 지원해 주신 한국사회투자는 큰 은인입니다. 그때의 투자는 단비가 아니라 꿀비였습니다. 그 자금이 마중물이 되어 제품을 생산했고 지금은 여기저기서 우리 제품을 사겠다는 주문이 들어오고 있습니다. 국내는 10명뿐이지만, 해외에서는 40여 명 이상이 저희 제품을 생산하느라 고생하고 있습니다. 앞으로 누구도 극복하지 못한 대소변 처리 기기를 반드시 성공시켜 사회에 봉사하고 고용 창출도 많이 하는 좋은 회사를 만들어 가겠습니다."

보건·복지 분야 사회혁신 조직을 발굴해 지원하는 '건이강이 프로그램'에서 선발된 간병용품 생산업체 메디앤비테크 대표의 수상 소감이다. '메디앤비테크'는 환자의 배설물 처리, 신체 세정 및 건조 기능이 탑재된 스마트 자동 대소변 처리기기를 생산하는 회사이다. 기저귀 대신 컵 유닛과 전용 커버를 환자에게 착용시키고 오물수거통과 물통이 장착된 본체를 작동하면, 내장된 지능 센서가 배설물을 감지해 고압으로 흡입하고 물통에서 물줄기를 분출해 항문을 세정, 건조하는 방식이다.

탈취 기능이 뛰어난 미생물 필터를 적용해 용변 냄새가 나지 않는다고 한다. 무엇보다 환자가 직접 기기를 작동할 수 있어 용변 처리로 인한 수치심과 불안감을 최소화한다. 장기간의 임상시험을 통해 기능성을 인정받은 이 제품은 현재 정부 의료기관과 요양 기관에서 사용 중이며 환자와 간병인의 만족도가 무척 높다고 한다. 메디앤비테크는 한국사회투자가 투자한 혁신기업 가운데 하나이다.

'한국사회투자'(이하 한사투)는 우리나라 최초의 사회적금융 민간재단이다. 임팩트 비즈니스를 통해 한국 사회의 혁신을 이끌어 간다는 사명으로 2012년에 설립되었다. 다양한 투자 재원을 확보해 자활기업, 사회적기업, 협동조합, 소셜벤처 등 사회적경제 조직을 지원하는 업무를 수행한다. 혁신기업을 통해 우리 사회의 지속 가능한 발전을 추구한다는 것이 목표이다.

한사투는 2013년부터 약 4년간 '서울시 사회투자기금'을 위탁받아 운용한 이력을 가지고 있다. 서울시 사회투자기금은 사회혁신기업 지원을 목적으로 설치된 최초의 지방기금이다. 사회적경제기업, 장애인기업, 여성기업, 비영리단체 등 사회적 가치 실현을 목적으로 경제적 활동을 영위하는 기업들에 금융을 지원한다. 지방자치단체가 조성한 기금 중 가장 큰 규모의 사회투자 목적기금이기도 하다.

한사투가 서울시 사회투자기금 사업을 종료한 것은 '지방기금법'이 개정되어 기금의 민간 위탁이 중단되었기 때문이다.[19] 그로 인해 많은 직원이 회사를 떠나는 등 큰 아픔을 겪었다. 정부의 갑작스러운 정책 변화로 곤경에 빠진 것이다. 무담보 소액대출 사업을 정부가 직접 수행하면서 민간 마이크로크레디트 기관이 존폐 위기에 몰린 것과 흡사하다.

당시 지방기금법 개정의 취지가 '기금의 예산 투명성을 강화하고 관리 책임을 높이기 위한 것'이라고 풀이되지만, 결과적으로 지방기금

19 정식 이름은 '지방자치단체 기금관리 기본법'이다. 2015년 7월에 민간 위탁이 금지되고 공무원이 직접 운영하도록 개정되었다. 2021년에 재개정되어 현재는 민간 위탁이 가능하다.

의 자율성과 전문성이 훼손되었다는 것이 일반적인 평가이다. 공무원이 사회투자기금처럼 금융 전문성이 요구되는 기구를 직접 운용하는 것은 한계가 분명하기 때문이다. 그 결과, 현재 대다수 지방자치단체는 위탁이 아닌 융자 방식으로 중개기관에 자금을 빌려주고 있다.

한사투의 경영이 정상화되기까지는 꽤 긴 시간이 걸렸다. 사업의 구조와 내용을 바꾸고 민간 영역에서 투자 재원을 확보하기 위한 노력이 이어졌다. 사람도 조직도 시련을 통해 더 강해지는 법. 지난 시간의 많은 어려움을 극복하고 현재 한사투는 사회적경제기업을 지원하는 사회적금융 중개기관의 대표 주자로 자리매김하며 꾸준히 성장해가고 있다.

한사투의 사업 영역은 크게 두 가지로 구분된다. ①혁신기업들을 지원하기 위한 임팩트 금융, ②지속 가능성을 높이기 위한 비즈니스 컨설팅과 액셀러레이팅이 그것이다. 대부분의 임팩트 투자회사들은 소셜벤처에 투자하는 것을 선호하지만, 한사투는 자활기업, 협동조합, 비영리 스타트업 등 사회적경제 영역에서 활동하는 조직들을 투자 대상에 포함하고 있다. 사회적경제 조직을 모두 아우르고 있다는 뜻이다.

①임팩트 금융은 기금 운용 및 투자, 공유가치 창출CSV[20]로 구성되어 있다.

'기금 사업'은 임팩트 기업, 소셜 프로젝트, 사회적 부동산, 중간지

---

20 'Creating Shared Value'의 약자로, 기업의 이익을 사회에 환원하는 소극적 활동(CSR)을 넘어 기업과 사회가 공유할 수 있는 가치를 창출하는 것을 말한다.

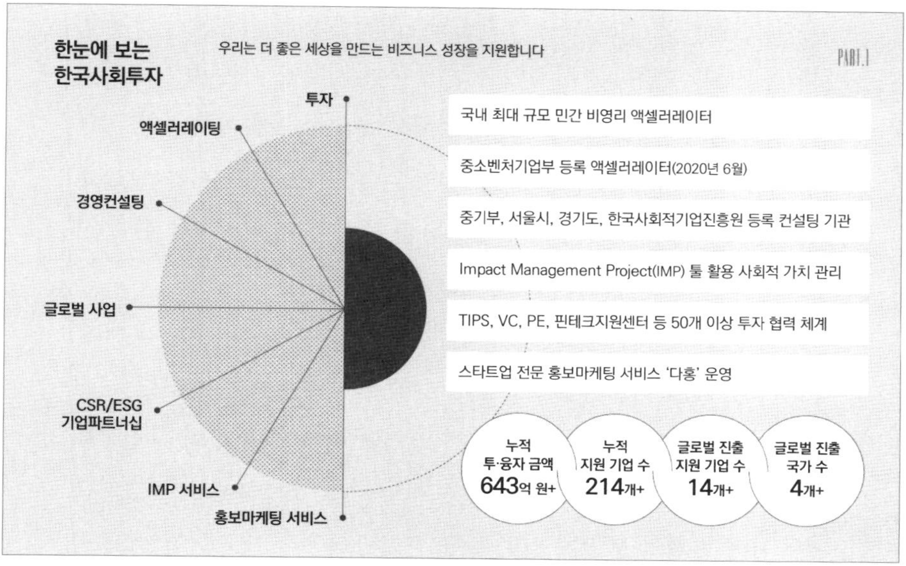

한국사회투자 주요 성과, 한국사회투자

원조직 지원 등 목적과 구조에 따라 다양하게 운용하고 있다. 투자 방식도 특별하다. 투자 대상 기업의 성장 단계와 사업 모델에 따라 기부, 융자, 투자를 적절하게 섞어 '맞춤형'으로 지원한다. 공급자 중심이 아닌 수요자 중심이다.

2021년 말 기준, 누적 투·융자 금액은 640억 원을 상회한다. 지금까지 총 214개 기업을 지원했고 해외 진출을 도운 기업도 14개나 된다. 현재 4개 국가에서 활동하고 있다. 해외의 혁신기업을 발굴해 투자하고 해외 기금에 투자자로 참여하는 사업도 병행하고 있다. 사회주택 사업을 통해 주거 취약계층의 주택 문제를 해결하는 사업에도 참여하는 등 다양한 영역에서 투자 활동을 펼치고 있다.

'공유가치 창출'은 기업의 사회공헌사업이 사회적 가치를 창출할 수 있도록 지원, 협력하는 사업이다. 희망하는 기업에 기본 방향을 제안하고 사업을 실행한 후 성과를 측정해서 보고하는 순서로 진행된다. 에너지 관련 혁신기업에 프로젝트 자금과 컨설팅을 지원하는 사업(한국전력공사), 제주도 지역 경제 활성화와 사회적 가치 창출을 위한 사업(제주국제자유도시 개발센터)을 진행한 바 있다.

②컨설팅 영역은 비즈니스 컨설팅, 액셀러레이팅, 국제 사업 개발, CSR/ESG 기업 파트너십으로 구성되어 있다. '비즈니스 컨설팅'은 혁신기업의 발굴과 성장, 지속 가능한 경영을 위해 사업 전략 수립부터 실행까지 전 과정을 밀착 지원하는 사업이다. 정형화된 프로그램을 통해 사업 단계와 분야에 맞춰 경영 컨설팅과 투자자문을 결합, 운영한다.

'액셀러레이팅 과정'은 혁신기업의 성장을 촉진하기 위한 사업이다. 국제적으로 공인된 방법론인 IMP[21]를 활용해 기업의 현재 상태에 따라 맞춤형 지원을 해 주고 있다. 창업기와 성장기에 따라 별개의 궤도와 단계를 거치도록 설계되어 있다. 단계마다 경영 컨설턴트가 결합해 밀착 지원하는 방식으로 운영되며, 실전 중심으로 작동되는 프로그램이다.

'국제 사업 개발'은 혁신기업의 해외 진출을 지원하는 사업이다. 환경, 기후변화, 아동, 여성, 빈민 등 세계적인 사회문제에 대해 해결 방

21 'Impact Management Project'의 약자이다. 글로벌 임팩트 투자회사가 활용하는 소셜임팩트 측정 도구로, 임팩트를 측정하거나 보고할 때 서술해야 할 요소들을 제시하고 있다.

안을 모색하는 혁신기업들을 지원한다. 사업의 영향력을 확대할 수 있도록 현지 상황에 맞추어 전문적인 컨설팅과 투자, 액셀러레이팅을 제공한다. 시장 조사, 사업 모델 수립, 경제성 및 타당성 분석, 자금 조달, 판로 개척 등이 주요한 내용이다.

2021년부터는 한국국제협력단KOICA과 개발도상국의 사회문제를 해결하기 위한 프로젝트를 공동 수행하고 있다. 베트남, 인도네시아, 케냐 등 제3세계 국가들이 안고 있는 사회문제를 해결하고자 하는 혁신기업을 발굴해 현지에서 활동할 수 있도록 지원한다. 현재 국내에서 활동하는 임팩트 투자회사 중 기업의 해외 진출을 체계적으로 돕는 곳은 한사투가 거의 유일하다.

'CSR/ESG 파트너십'은 대기업이나 공공기관이 자사自社의 사회공헌 비전에 맞는 소셜임팩트를 창출할 수 있도록 지원하는 사업이다. 기업들이 과거의 관행에서 벗어나 ESG를 활용한 새로운 방식의 사회공헌사업을 수행하도록 돕는다. 사업 초기 전략 수립부터 실행 결과에 대한 평가까지 함께 작업을 수행해 가는 방식으로 진행된다.

한사투는 스스로를 혁신 공장impact factory이라고 부른다. 완성도 높은 지원으로 뛰어난 역량을 가진 혁신기업을 많이 배출하겠다는 뜻이다. 금융 소외자를 위한 비정형 신용평가 체계를 개발한 '크레파스,' 장학금 플랫폼 '드림스폰,' 소상공인 매출채권 유통화 플랫폼 '276홀딩스,' AI 기반 부동산 정보 플랫폼 '탱커펀드' 등이 그간 한사투가 지원한 대표적인 기업들이다.

2021년 3월에는 '한국핀테크산업협회'와 핀테크fintech 분야 창업기업 육성과 투자 연계 확산을 위한 업무협약을 체결한 바 있다. 지역 기반의 혁신기업들을 지원하는 사업도 적극적이다. 2018년부터 제주를 포함해 전국 3곳에 지부를 세워 운영하고 있다. 국내외를 막론하고 다양한 사업 주체들과 협업하며 왕성한 활동을 전개하고 있다.

한사투의 이종익 대표는 국제적 명성을 가진 유명 컨설팅회사의 임원 출신이다. 비영리단체에서 사회적경제 조직들을 위한 재능기부 활동을 한 것이 인연이 되어 사회적금융 업계로 넘어왔다. 높은 연봉과 사회적 지위를 포기하고 인생의 방향을 바꾼 이유가 궁금했다. '가치 있고 보람 있는 일을 하고 싶어서'라는 답변이 돌아왔다.

"어느 날, 앞만 보고 달리고 있는 나 자신을 발견하고 가치 있는 삶이란 무엇인가에 대해 깊게 성찰하는 시간을 가졌다. 그동안 많은 혜택을 받았다는 것을 깨닫고 내 지식과 경험을 사회를 위해 써야겠다는 결정을 했다." 그는 이 결정의 무게가 어느 만큼인지 충분히 알 만한 연배이다. 이 선택이 현명한 결단이었기를, 그의 인생 후반부가 가치와 보람으로 충만하기를.

3) 더 좋은 세상을 꿈꾸는 인큐베이터, 피피엘

더좋은세상
사단법인 피피엘

전주의료복지사회적협동조합을 다시 세운 힘

"꼭 도와주셨으면 합니다. 성실하게 상환하겠습니다."
2019년 중순, 사회적경제기업을 지원하는 공모 사업에 절절한 사연이 담긴 지원서 한 통이 도착했다. 전주에서 의료복지사업을 하는 사회적협동조합이 보낸 것이었다. 그간 공공, 민간, 사회적경제 지원조직 등 여러 곳에 금융 지원을 요청했지만 매번 퇴짜를 맞았고, 그로 인해 상실감과 절박함이 짙게 배어 있었다.

'피피엘'이 확인한 재무제표상의 숫자는 심각했다. 설립(2001년) 이래 한의원(2003년), 가정의학과(2004년), 치과병원(2017년)을 잇달아 열어 낙후된 지역의료 사각지대 해소를 위해 다방면으로 노력했지만, 영업이익을 낸 적이 한 번도 없었다. 워낙 낙후된 지역에 병원을 열었고 장애인과 노인 환자가 많아 비장애인 환자가 계속 줄고 있었다. 출자금은 이미 바닥을 드러낸 상태였다.

피피엘은 어려운 상황 속에서도 전주시의 낙후 지역에 머물며 의료사업을 계속하고 있는 진정성과, 없는 형편에도 병원을 살리기 위해 애쓰는 조합원들의 신뢰 자본을 믿고, 1억 원을 지원해 주기로 했다. 단돈 1,000만 원도 빌릴 수 없는 절박한 상황에서 제공된 이 돈은 전주의료복지사회적협동조합이 다시 일어서는 데 결정적인 힘을 제공했다.[22]

이 자금으로 현금 흐름이 좋아지면서 병원 상황이 조금씩 개선되기 시작했고 행정안전부의 자산화 사업에 참여할 기회가 주어졌다. 조합원들도 추가 출자로 건물을 매입하는 데 발 벗고 나섰다. 현재 전주의료복지사회적협동조합은 직원 190명, 조합원 1,700세대 규모로 성장했다. 매입한 건물에 자활센터, 노인복지센터 등이 입주하면서 임대료 수입도 발생하는 등 안정을 찾아가고 있다.

당시 피피엘이 다른 금융기관처럼 재무제표의 숫자만 보고 투자 결정을

22 전주의료복지사회적협동조합의 고선미 전무는 "피피엘의 도움이 없었다면 지금의 의료사협은 존재하기 힘들었을 것이다."라고 말한다.

보류했다면, 이 협동조합은 지금 어떤 상황에 있을까? 십중팔구 재정적 어려움이 계속되었을 것이다. 이 작은 기적은 사회적금융기관이 어떻게 움직여야 하는가를 상징적으로 보여 준다. 숫자가 전부가 아니라는 것, 협동조합에 대한 구성원들의 애정과 헌신이 고난을 극복하는 힘의 원천이라는 것을 알려 준다.

'피피엘'은 혁신기업가를 발굴, 육성하는 것을 목표로 2014년에 설립된 비영리 사단법인이다. 피피엘이라는 이름은 "사람(People)과 평화(Peace)를 잇다(Link)."라는 표현의 영문 머리글자를 딴 것이다. "누구나 손이 수고한 대로 누리는 세상을 만든다."는 뜻이다. 어린 양과 같이 힘없고 약한 사람들도 손이 수고하면 먹을 수 있는 정의롭고 공평한 세상을 만들고 싶다는 소망이 담겨 있다.

피피엘의 역사는 평생 목회자의 길을 걸어온 김동호 목사가 개인 재산을 출연하면서 시작되었다. 은퇴를 기점으로 부모님께 받은 유산을 세상에 흘려보내기로 한 것이다. 예수께서 보리떡 다섯 개와 물고기 두 마리로 5,000명 이상을 먹여 살린 오병이어五餠二魚의 기적을 이루고자 함이었을까? 그가 출연한 돈이 거름이 되어 피피엘이라는 나무가 대지에 튼튼히 뿌리를 내리게 된 것이다.

피피엘의 사업 영역은 크게 4가지로 나누어진다. ①사회혁신 분야의 창업가를 발굴, 육성하는 사업 ②사회적경제기업에 대한 금융 지원 사업 ③소셜벤처기업에 대한 공간 지원 사업 ④북한 이탈주민 등 취약계층에 대한 자립 지원 사업이 그것이다. 그 외 국제개발 협력사

더좋은세상 추진 사업 현황, 사단법인 피피엘

업도 진행하고 있다. 출범한 지 얼마 되지 않은 작은 비영리단체가 수행하는 사업 목록이라고는 믿기 힘들 만큼 다양하다.

①혁신기업가 양성은 혁신적인 아이디어와 사업 모델을 보유한 기업가를 발굴해 성장시키는 사업이다. 2015년부터 현재까지 183개 기업을 발굴해 209명의 일자리를 창출했다. 시간 돌봄 양육 서비스 업체 '째깍악어,' 청각장애인이 운전하는 '고요한 택시,' 산지 직송 푸드 마켓 '엘그라운드,' 반려동물 생활연구소 '벨리스' 등이 대표적인 기업들이다.

성과도 크다. 이들이 둥지incubator를 떠나기 전까지 약 67억 원의 매출을 올렸다고 한다. 실질적인 창업 인큐베이터 역할을 하고 있다는 의미이다. 졸업생들 가운데 외부 투자를 유치한 기업이 13개로, 금액은 250억 원이 넘는다. 피피엘의 도움을 받아 사회적기업 인증을 받은 기업도 예비 단계를 포함해 총 72개에 달한다. 그간 지원한 전체 기업의 40%에 해당하는 수치이다.

②사회적경제기업 금융 지원은 사업의 전환기나 확장기에 있는 사회적경제기업을 대상으로 시설 자금이나 임차 자금, 운영 자금을 대출해 주는 사업이다. 2018년부터 현재까지 총 53개 기업에 48억 원을 지원했다. 정부 기금이나 민간 임팩트 투자회사 등 외부 자금을 연계해 저금리로 융자해 주는 방식이다. 기업의 조건과 상황을 고려해 맞춤형으로 지원한다.

사회성과연계채권SIB[23] 사업도 참여하고 있다. 서울시의 '경계선 지능 아동 교육사업'에 민간 투자자로 참여해 총 10억 원을 투자했다. 지능지수IQ 71~84 사이의 느린 학습 아동들이 정상적인 학습을 통해 자립할 수 있도록 돕는 사업이다. 사업 기간 종료 후 달성도를 평가해 차등 보상해 주는 방식으로, 60억 원 이상의 사회적 가치를 창출한 것으로 나타났다.

③공간 지원 사업은 사회문제 해결 및 청년 일자리 창출을 위해 혁신기업들에 거점 공간을 제공하는 사업이다. 서울시로부터 사업을 수탁받아 '소셜벤처 허브센터'를 운영하고 있다. 입주한 기업들에는 판로 지원부터 투자 유치까지 종합적인 지원을 해 준다. 2019년 이후 63개 기업을 대상으로 고용 창출 161명, 누적 매출 143억 원, 투자 유치 90억 원의 성과를 창출했다.

2020년부터는 친환경 분야 소셜벤처를 지원하는 'LG 소셜캠퍼스'를 운영하고 있다. 환경 분야에 특화된 소셜벤처기업을 선발해 공간 제공과 전문가 멘토링, 금융 지원을 해 주는 사업이다. 친환경 포장박

---

23 '사회성과연계채권'에 대한 자세한 설명은 4장의 임팩트 투자회사 참조.

스 제조업체 '에코라이프패키징,' 일회용 플라스틱 대체품인 다회용기 유통회사 '트래쉬버스터즈,' 맥주 제조 시 발생하는 부산물인 맥주박을 활용한 푸드 업사이클링회사 '리하베스트,' 태양광과 풍력 발전량을 예측해 가상발전소를 운영하는 '식스티헤르츠'를 포함, 지난 2년간 53개 기업의 성장을 도왔다.

④북한 이탈주민을 포함해 취약계층을 지원하는 사업은 '소셜 프랜차이즈social franchise' 방식을 활용해 자립을 돕는다. 소셜 프랜차이즈란 창업부터 마케팅, 점포 운영까지 가맹점에 대한 밀도 높은 지원을 통해 창업 성공률을 높이고 가맹점주와 가맹본부가 사업 성과를 공정하게 배분함으로써 함께 성장하는 방식을 말한다.

일본 라멘 전문 음식점 '이야기를 담은 라멘'이 대표적인 사례이다. 100명의 사장을 만든다는 의미로 '백사장 프로젝트'로 불린다. 2015년에 사업을 시작해 2019년까지 총 11개 매장을 열었다. 현대자동차가 6년간 30억 원을 후원했고, '남북하나재단'에서 탈북민 정착을 돕기 위해 지원했으며, '미래나눔재단'에서 기금을 전달하는 등 다자간 협력을 통한 지원 모범사례로 평가받는다.

현재 우리나라에 거주하는 북한 이탈주민은 3만 명이 넘는다. 이 중 약 70%가 여성이다. 정부가 북한 이탈주민을 돕긴 하지만, 우리 사회에 성공적으로 정착하는 경우는 흔치 않다. 이들 다수가 차별적 시선과 사회적 냉대 속에서 경제적 어려움을 겪고 있다. 피피엘이 이들의 자립을 돕는 것은 무척 의미 있는 행보이다. 이들이 대표적인 사회 취약계층이기 때문이다.

피피엘 사업을 총괄하고 있는 서경준 사무총장에게 최근 상황을 물었다. "자영업자들이 모두 마찬가지겠지만, 팬데믹 영향으로 이야기를 담은 라멘 매장 중에서도 어려운 곳이 많습니다. 하지만 우리가 이 사업을 총괄하는 본부 역할을 하는 만큼, 끝까지 책임지는 자세로 임하고 있습니다. 그들을 돕는 것은 우리의 사명이니까요."라고 힘주어 말했다.

교육사업도 꾸준히 진행하고 있다. 2017년부터 '사회혁신기업가 아카데미'를 통해 예비 창업가들이 실질적인 창업 준비를 할 수 있도록 맞춤형 커리큘럼을 제공하고 있다. 혁신기업의 판매를 돕기 위해 온라인 유통 플랫폼 입점도 지원한다. 도울 일이 있으면 방법을 고민하고, 길을 찾으면 용기 있게 달려들어 개척해 가는 것이 피피엘의 사업 운영 방식이다.

지원 사업 공모에서 탈락한 팀들에도 길을 찾아 주려 노력하고 있다. 아깝게 기회를 놓친 이들을 돕는 것이 자신들의 임무이고 심사의 목적은 배제가 아니라고 생각한다. 외부 요청이 있으면 그동안 현장에서 터득한 경험과 지혜도 아낌없이 나눠 주고 있다. 피피엘이 가진 높은 진정성이 드러나는 대목이다. 아낌없이 주는 나무가 되려는 모습이 역력하다.

피피엘은 어려운 이웃의 자립을 지원하는 '자선투자'와 혁신기업의 성장을 돕는 '임팩트 투자기관' 역할을 함께 수행한다. 비영리기관에서는 보기 힘든 모습이다. 높은 이상을 추구해도, 적은 인원으로 많은 일을 감당하는 것은 쉽지 않은 도전이다. 신앙을 기반으로 한 박애의 정신이 구성원들의 마음 안에 자리하고 있어서일까? 이들에게서는 뭔가 다른 향기가 느껴진다.

4) 사회적경제 성장의 촉진자, 재단법인 밴드

"밴드의 도움이 없었다면 여기까지 오지 못했을 겁니다."

대구동구사회적경제협의회 김지영 회장이 인터뷰에서 한 말이다. '대구동구사회적경제협의회'는 대구 지역 최초의 공제기금인 '동구우애기금'을 설립한 대구시 동구에서 활동하는 사회적경제 조직들의 협의체이다. 2017년부터 기금 설립을 준비해 2019년 12월에 자조, 자립형 공제기금을 출범했다.

'재단법인 밴드'는 기금 준비 단계 초기부터 협의회의 활동을 도와 우애기금이 자리를 잡을 수 있도록 지원해 왔다. 오랜 기간 공제 사업을 해 온 경험과 인프라를 전수했고, 설립 자금이 부족하다는 점을 알고 2억 원의 매칭 자금을 제공했다. 대구 지역에 코로나가 창궐해 우애기금이 회원들에게 긴급대출을 진행할 때에는 신속하게 대출이 이루어질 수 있도록 도왔다.

기금 사업은 단지 해 봐야겠다는 의지만으로는 운영하기 어려운 일이다. 금융의 기본 원리를 알아야 하고, 돈의 입출금 내역을 관리하는 시스템이 필요하며, 무엇보다 사업을 해 본 경험이 바탕이 되어야 안정적으로 운영할 수 있다. 공제도 마찬가지이다. 인프라와 경험이 부족한 풀뿌리 기금이 시행착오를 줄이려면 전문가의 도움이 필요하다.

그런 면에서 재단법인 밴드가 준 도움은 이 협의회의 기금 사업이 자리를 잡는 데 크게 기여했을 것이다. 같은 사회적경제 영역에 머물고 있다 하더라도 서울에 거점을 두고 있는 금융 중개기관이 지역의 기금 설립을 위해 시간과 정성을 기울인다는 것은 쉬운 일이 아니다. 연대와 협력이라는 사회적경제의 기본 가치를 실천하겠다는 철학과 의지가 뒷받침되어 있어야 한다.

재단법인 밴드(이하 밴드)는 2019년에 설립된 사회적경제 성장 지원기관이다. 밴드(BAND)는 사회적경제와의 동반 성장(Benefit), 목표를 향한 전진(Advance), 더 나은 내일을 위한 준비(Next), 공감과 소통으로 신뢰받는 조직(Dependable)의 영문 머리글자를 따서 지은 이름이다. 사회적경제의 동반자로 함께 성장, 발전하겠다는 뜻이 담겨 있다. 법인 이름이 곧 재단의 핵심 가치인 셈이다.

밴드의 출발점은 사회적기업들이 연대해서 만든 '공제기금'이었다. 사회적기업과 종사자들이 스스로 납부한 부금을 재원 삼아, 사회적기업의 안정적인 경영활동을 돕고자 만든 기금이 바로 공제기금이다. 2014년 35개 기업이 가입한 것을 시작으로 매년 회원이 증가, 2021년 현재 전국적으로 총 279개 사회적경제기업과 단체가 기금에 가입해 있다.

2021년 현재까지 조성된 기금 액수는 약 208억 원. 회원들이 낸 부금과 기부금, 정책 자금을 합한 수치이다.[24] 기금을 통해 융자된 금액은 325억 원을 상회한다. 300개가 넘는 기업과 약 400명의 개인에게 대출을 실행했다. 기금에 가입할 수 있는 곳은 사회적기업, 사회적협동조합 등 사회적경제 조직, 중간 지원기관과 지역·부문·업종별 협의

24 회원 부금 53.2억, 기부금 8.6억, 정책 자금 146.3억이다. 정책 자금이란 기금을 재원으로 정부나 민간에서 매칭 방식으로 운영하는 자금을 말한다.

체들이다. 부금은 10만 원에서 100만 원까지 10만 원 단위로 납부할 수 있다.

대출 상품은 부금 내 대출, 신용 대출, 담보 대출의 3종류가 있다. '부금 내 대출'은 납입한 부금액 내에서 대출받는 것을 말한다. '신용 대출'은 납입 부금의 최대 3배까지 가능하며 회원사 추천서 2부가 필요하다. '담보 대출'은 최대 5배까지 받을 수 있고 임대보증금, 매출채권, 보증서 등 부동산 이외의 담보도 가능하다. 이자율은 2.0~3.75%이며 상환 기간은 최대 6년이다.

큰 자금이 필요한 회원들을 대상으로 운영되는 상품도 있다. 우수사회적경제기업은 최대 5억 원까지, 2개 이상의 사회적경제 조직이 협력해 사회문제를 해결하는 프로젝트를 추진하는 경우 최대 10억 원까지 대출이 가능하다. 시설 자금은 필요금액의 80% 이내, 운전 자금은 매출액의 50% 이내에서 대출할 수 있다. 부금 납입 규모, 제공하는 담보가치에 따라 금액은 조정될 수 있다.

회원사뿐 아니라 사회적경제기업에서 일하는 직원들도 지원해 준다. 회원사에 1년 이상 근무한 직원들에게 생계비는 500만 원, 고금리 전환[25]은 1,000만 원까지 소액대출을 해 준다. 서울시에 소재한 기업 중 최저생계비 200% 이하의 급여를 받는 사회적경제기업이나 중간지원기관의 종사자도 대상에 포함된다. 경제적으로 취약한 사회적경제 식구들의 생활 안정을 돕기 위한 배려이다.

밴드의 사업은 크게 세 개의 축으로 움직인다.

25 대환(貸還)대출이라고 부른다.

①공제기금을 포함한 사회적금융 프로그램(BSFP) ②사회적경제 기업을 육성하는 액셀러레이팅 프로그램(BAP) ③업무공간을 제공해주는 공간기반 성장 프로그램(BSGP)이 그것이다. 사회적경제 조직 성장에 필요한 세 가지 요소, 즉 자금과 경영 지원, 공간을 모두 제공하는 셈이다.[26]

①'사회적금융 프로그램BSFP'은 공제기금 외에도 지역과 업종, 부문의 다양한 자조기금을 조성해 운영하고 있고, 근로빈곤층 대상의 소액대출 사업도 함께 진행한다. 사회적금융 특화 전문 기관으로 국내의 자조기금을 다양화, 규모화하는 일에 기여하고 있다.

②'액셀러레이팅 프로그램BAP'은 발굴 및 진단, 계획, 실행, 평가의 총 4단계로 진행된다. 심사를 통해 대상 기업을 선정하고 성과 목표와 실행 계획을 확정한 후, 교육과 멘토링을 거쳐 시범 사업을 평가하는 방식이다. '실행' 단계에 들어가면 전담 멘토들이 분야별로 코칭하며 시장 테스트, 입점, 시제품 제작, 시범 사업을 순차적으로 진행한다.

'평가' 단계에서는 시범 사업 평가와 함께 투자 유치를 위한 기업 소개 및 시현 활동[27]이 이루어진다. 실행 단계를 마친 혁신기업들이 그간의 사업적 성과를 투자자들에게 소개하고 평가를 받는 과정이라고 보면 된다. 본 사업에 착수하는 팀들을 위해 성장 계획을 함께 수립하는 등 후속 프로그램도 운영하고 있다. 둥지를 떠난 후에도 친밀한 관계를 유지하면서 도움을 주기 위해서이다.

---

26 밴드는 중소벤처기업부 소관 액셀러레이터 자격을 갖추고 있다.

27 IR(investor relations) 피칭(pitching)이라고 부른다. 투자자들을 대상으로 기업 설명이나 홍보 활동을 하는 것을 말한다.

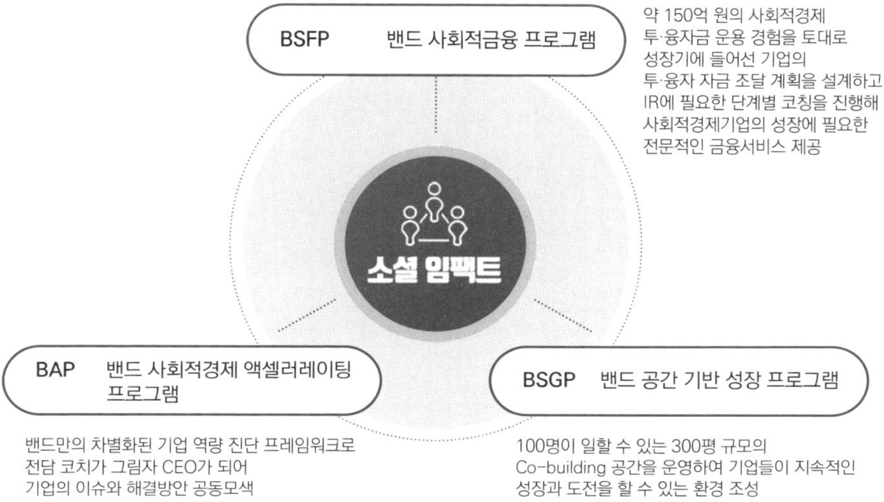

밴드 운영사업 프로그램, 재단법인 밴드

③'공간 기반 성장 프로그램BSGP'은 혁신기업들에 업무 공간을 무상 또는 시세보다 낮은 가격으로 제공하는 사업이다. 현재 4곳에 총 300평 규모의 공간을 운영하고 있다. 서대문구 사회적경제 마을센터, 명동 Y소셜 빌딩, 당산 소셜캠퍼스 온, 소셜라운지 가좌 등 100명이 일할 수 있는 환경이다. 별도의 심사를 거치거나 건물 운영 주체와 협약을 맺어 밴드가 추천하는 방식으로 입주할 수 있다.

그동안 밴드를 거쳐 간 사회적기업과 소셜벤처 창업 팀은 150개가 넘는다. '혁신기업 성장 전문 지원기관'이라는 구호가 과장된 표현이 아님을 보여 준다. 공제기금을 운영했던 경험과 전문성을 바탕으로 지역의 사회적금융 생태계 조성도 돕고 있다. 밴드와 대구동구사회적경제협의회가 함께 출범시킨 '동구우애기금'이 대표적인 사례이다.

현재 밴드를 이끌고 있는 하정은 이사장은 시민사회 활동가 출신이다. 사회적기업을 육성하는 비영리 법인의 상근 활동가로 일하다가 공제기금 설립에 참여하면서 금융 지원 사업에 본격적으로 뛰어들었고, 법인 설립부터 현재까지 대표직을 맡고 있다. 사회적경제 조직의 전국 연합체인 '한국사회적경제연대회의'의 사회적금융 위원장이기도 하다.

"사업 추진에 어려운 점은 무엇인가?"라는 질문에 "운영 비용을 마련하는 게 가장 어려운 과제"라고 답했다. 고개가 끄덕여지는 대목이다. 사회적금융은 일반금융과 달리 사업 구조 안에서 수익 원천을 마련하기가 쉽지 않다. 고객에게 좋은 조건의 금융을 제공한다는 것은 그만큼 살림살이가 곤궁해진다는 뜻과 같다. 대부분의 사회적금융 중개기관이 안고 있는 과제이기도 하다.

밴드는 설립된 지 불과 3년밖에 되지 않은 신생 법인이다. 하지만 짧은 기간 동안 상당한 성과를 창출하며 괄목할 만한 성장을 이루어냈다. 앞으로의 행보가 더 기대되는 이유이다. 밴드는 융자 사업 외 투자 영역으로의 진출을 꾸준히 모색하고 있다. 혁신기업들을 제대로 성장시키려면 자신들이 조성한 투자 자금을 운용할 수 있는 그릇을 만들 필요가 있다는 판단에서이다.

융자와 투자가 같이 이루어지는 구조를 만들어야 기업의 성장 주기에 맞추어 효과적인 지원을 할 수 있다. 맞는 말이지만 무척 큰 도전이기도 하다. 전문 인력이 필요하고 투자금을 모집할 수 있는 역량도 따라 주어야 한다. 사회적경제 조직에 대한 투자는 여전히 아주 낮은 수준에 머물러 있다. 밴드에 거는 기대가 높은 이유이다.

5) 국내 최초의 사회적금융 도매기금, 한국사회가치연대기금

SVS
한국사회가치연대기금
Korea Social Value and Solidarity Foundation

'건맥1897'이라는 협동조합이 있다. 건맥은 건어물과 맥주의 줄임말이고, 1897은 목포가 개항한 해이다. '건맥1897협동조합'은 매년 지역특산물인 건어물과 맥주를 결합해 축제를 열고 있는 목포시 만호동 해산물 상가 지역 상인과 주민 100여 명이 출자해 설립한 협동조합이다. 많은 지방 도시가 비슷한 문제를 안고 있지만, 목포 역시 원도심의 지가 상승으로 인한 이른바 둥지 내몰림gentrification 현상으로 주민들이 고통받고 있었다.

이 문제의 해결 방안으로 떠오른 것이 지역의 건물을 매입해 공용으로 사용하는, 이른바 자산화community assets 전략이다. 건맥1897은 시장의 방치된 유휴 공간을 매입해 매일 축제를 즐길 수 있는 맥줏집Pub과 마을호텔Stay을 만들어 운영하기로 한다. 문제는 자금이었다. 지역 주민들의 압도적 지지가 따랐지만 자체적으로 모은 돈만으로는 건물 매입과 리모델링에 필요한 예산을 맞추기 어려웠다.

건맥1897은 한국사회가치연대기금(이하 연대기금)에 도움을 요청했다. 연대기금은 P2P 플랫폼회사 비플러스와 제휴해 시민 펀딩 금액의 2배를 매칭해서 대출해 주기로 했다. 여기에 신용협동조합의 상생협력대출과 신용보증기금의 특례보증을 통한 대출금, 지역 주민 출자금을 더했다. 5개의 퍼즐 조각으로 이루어진, 지역 자산화 사업을 추진할 수 있는 자금 조달 계획이 완성된 것이다.

코로나19로 인한 어려움 속에서도 건맥1897은 지역 주민들의 전폭적인 응원에 힘입어 힘든 시기를 잘 이겨 내고 있다. 최초 약정한 일정보다 빠른 2021년 9월에 연대기금의 대출금을 모두 상환했다.

제 날짜에 갚아도 되지만 회수된 재원을 돈이 절실한 다른 곳에 쓰시라는 따뜻한 마음이 담겨 있다. 자금의 조달부터 회수까지 연대를 통해 성과를 만든 사회적금융의 멋진 협력 사례이다.

"건맥1897 지역 자산화 사업 자금 구성 내역," 한국사회가치연대기금

'한국사회가치연대기금'(이하 연대기금)은 국내 최초의 사회적금융 도매기금이다. 도매기금이란 소비자를 직접 상대하지 않고 소매상인에게 물품을 공급하는 도매상인처럼, 사회적금융 중개기관을 통해 자금을 공급하는 기구를 말한다. 도매기금을 기금의 기금fund of funds이라고 부르는 것은 그 때문이다. 6장에서 소개할 '한국벤처투자'와 '한국성장금융' 등 정책금융기관도 이 범주에 해당한다. '모태기금'이라고 불리기도 한다.

연대기금은 문재인 정부의 사회적금융 활성화 정책에 부응해 만들어졌다. 2018년에 발표된 정부의 '사회적금융 활성화 방안'에는 도매기금 역할을 담당할 사회가치기금 설립 추진을 지원한다는 내용이 명기되어 있다. 민간의 자발적인 출연과 출자, 기부를 재원으로 사회적금융을 실행하는 민간기금을 설립하고, 사회적경제 기본법 제정을 통해 법적 근거를 마련한다는 것이 골자이다.

그에 따라 사회적경제 발전과 사회적가치 확산을 위한 금융 생태계를 조성한다는 것을 목표로 삼고 연대기금이 2019년 1월에 출범했다. 많은 이의 기대를 안고 한국 최초의 사회적금융 도매기금이 항해를 시작한 것이다. 연대기금에 맡겨진 책무는 크게 두 가지로 요약할 수 있다. ①사회적금융을 중개하는 기관들을 발굴, 육성하는 일과 ②이들을 통해 사회적경제 조직에 인내 자본을 공급하는 것이다.

3년여가 흐른 지금, 이 과제는 어떻게 추진되고 있을까? 평가하기에는 다소 이른 시점이지만 만족할 만한 수준은 아닌 것 같다. 사회적금융 중개기관이 많이 늘어나기는 했으나 연대기금이 이들의 성장에 충분한 도움을 주었다고 하기는 어렵고, 현재까지 공급된 자금 규모도 출범 당시 목표로 삼았던 금액[28]과는 차이가 크기 때문이다. 어느 지점부터 계획이 틀어졌을까?

그 뿌리는 현재 국회에 계류 중인 사회적경제 기본법(이하 기본법)에 있다. 현재 국회에는 5개의 관련 법률이 발의되어 있다. 2014년 4월에 첫 발의가 이루어진 후 8년 차이다. 해가 바뀌면 같은 제목의 법안이 늘 올라오지만, 연중 표류하다가 좌초되는 일이 반복되고 있다. 법안이 언제 국회 문밖을 나설 수 있을지 불투명한 상황이다.

기본법이 중요한 이유는 법안 내용에서 사회적금융 생태계 조성을 위한 주체로서 도매기금의 역할을 다루고 있기 때문이다. 이 법안이

---

28 출범 당시 목표는 5년간 총 3,000억 원의 자금을 조성한다는 것이었다.

통과된다면 연대기금은 법적 지위를 부여받게 되고 그에 따라 공공과 민간에서 필요한 자금을 조성할 수 있는 환경이 만들어지게 된다. 이 법안이 제정되지 못해 자금줄이 막혀 있는 환경을 개선할 수 있는 것이다.

특히 사회적금융의 주요 공급원인 공공 부문에서 자금이 유입되지 못해서 어려움을 겪고 있다. 이는 지방자치단체도 마찬가지이다. 지자체 다수가 사회적경제를 지원하기 위한 기금을 조성하고 있으나 법률적 근거가 없어 체계적인 금융 지원을 하지 못하고 있다. 사회적금융 생태계 조성의 '핵심 고리'라고 할 수 있는 기본법의 부재 때문이다.

연대기금의 모델이라 할 수 있는 영국의 사회투자기금BSC은 휴면예금이 자금의 원천이었다. 도매기금을 설계할 때 '어떻게 필요한 자금을 조성할 것인가?'에 대한 계획이 세워져 있었다. 하지만 한국의 도매기금은 재원 확보를 위한 뚜렷한 방안 없이 출범했다. 정부가 기금 설립과 운용을 지원한다는 내용만 있을 뿐, 구체적인 자금 조달 방법과 구상이 빠져 있었다고 보면 된다. 무척 아쉬운 대목이다.

도매기금이 나누어 줄 자금이 부족하다는 것은 치명적인 결함을 안고 있다는 뜻이다. 연대기금은 이 어려움을 어떻게 극복하고 있을까? 금고에 비축한 물량이 충분치 않으니 자금을 조달할 길은 열심히 발품을 파는 것뿐이다. 연대기금은 국회의원, 시중은행 은행장, 정부 관계자, 정책금융기관 대표, 자치단체장 등 많은 이를 만나 기본법 제정의 필요성과 기금 출연을 호소하고 있다.

더불어 외부 기금과의 결합matching을 통해 투자 총액을 끌어올리는 지렛대 전략을 활용하고 있다. 지금까지 연대기금이 지원한 자금 액수는 약 190억 원이지만, 민간 투자금과 정책 자금을 더하면 1,000억 원 규모이다. 연대기금이 참여한 임팩트 펀드의 민간 투자 총액은 240억 원으로, 직접 투자한 금액(100억 원) 대비 2.4배의 승수 효과가 만들어진 셈이다.

그동안 지원된 내용을 살펴보면 사회적경제기업에 72%를 지원했고, 사회목적 프로젝트에 28%를 지원한 것으로 나타났다. 대출이 45%, 투자가 55% 비중으로 융자보다 투자가 조금 더 많은 편이다. 약정금액 190억 원 중 80%는 사회적금융 중개기관을 통해서, 20%는 직접 공급[29]했다. 도매기금의 역할을 충실히 이행하기 위해 노력하고 있다는 의미이다.

연대기금은 사회적경제 현장에 밝은 15개 중개기관을 통해 자금을 공급하고 있다. 융자형 기관이 5개, 투자형 기관이 10개이다. 융자형의 경우, 사회적경제기업과 사회주택에 대한 대출 사업이 주를 이룬다. 투자형의 경우, 액셀러레이터, 임팩트 투자회사, 경영 참여형 사모펀드, 전문 사모펀드 운용사 등과 사회적경제기업에 대한 투자 활동을 하고 있다.

연대기금의 자금을 통해 지원을 받은 곳들을 기업 유형별로 살펴보면, 사회적기업이 35%로 가장 많고 소셜벤처가 32%, 협동조합이 15% 순이다. 시장금융으로부터 자금을 조달하기가 사실상 불가능하다고 평가되는 자활기업도 14% 가까이 된다. 금융 중개기관들 채널을

29 의료복지사회적협동조합 출자, 불안정 고용노동자 긴급 소액대출, 중소기업 공장 지붕 활용 태양광 발전사업 등이 주요 사업들이다.

통해 사회적경제 영역 안의 금융 사각지대를 해소하기 위해 힘쓰고 있다는 뜻이다.

사회목적사업의 경우, 사회주택, 지역 자산화, 아동 돌봄, 도시재생, 문화예술, 건강 및 실버케어, 장애인 복지, 태양광 발전, 혁신 기술, 일자리 창출, 취약계층 금융 접근성 강화 등 다양한 영역에 걸쳐 지원이 이루어지고 있다. 특정한 주제나 영역에 관심을 두기보다는 사회문제 해결에 '모델'이 될 만한 사업에 초점을 맞추고 있는 것으로 관찰된다.

그간 연대기금이 지원한 주요 사업들을 소개하면 다음과 같다.

①경남 지역 사회적경제기업 대출: 지역 기반의 사회적금융 중개기관을 육성하기 위해 '경남사회가치금융대부'[30]와 투자 계약을 체결하고 경남 지역의 사회적경제기업과 조직에 자금을 공급하는 사업이다. 무이자로 자금을 제공하되, 운용기관의 대출 수익 일부를 대손 충당계좌로 적립하는 방식을 통해 손실 부담을 완화하도록 설계되어 있다.

②서울시 청년실업 해소 사회성과보상사업: 서울시 사회성과보상사업 운영조례에 근거하여 만 19~34세 청년 500명에게 3년간 취업이나 창업 서비스를 지원하고 성과 목표 달성 정도에 따라 투자수익이 변동하는 사업이다. 사회복지공동모금회, 비플러스, KB손해보험 등이 투자자로 참여했고 팬임팩트코리아가 프로그램 수행 기관으로 선정되었다.

③불안정고용 노동자 공제 단체 대출: 코로나19 등으로 경제적 어려움이 가중된 불안정고용 노동자를 위해 3% 이내의 낮은 금리로 긴

30 '경남사회가치금융대부'에 대한 자세한 설명은 5장 참조.

급 생활 안정 자금을 공급하는 사업이다. 서울시 사회투자기금 융자금과 결합해 추진하는 사업으로, 자체 공제 사업을 진행할 계획이 있는 노동자단체 6개를 공모 방식으로 선발하고 선정된 단체에 무이자로 자금을 지원한다.

④지역 자산화 크라우드펀딩 매칭 대출: 지역 주민들이 토지와 건물 등 지역사회에 필요한 자산을 공동으로 소유하고 사용하는 지역 자산화에 필요한 자금을 대출해 주는 사업이다. 전라남도 목포 건해산물 거리 활성화를 위해 주민 등 100여 명이 조합원으로 출자한 '건맥1897 협동조합'에 매칭 방식으로 자금을 지원했다. 목포 시민, 수협, 신협, 신용보증기금, 비플러스 등 다양한 주체가 자금 조성에 참여했다.

⑤D3 임팩트벤처 투자조합: 사회적경제기업과 소셜벤처의 성장을 위해 인내 자본을 조성, 지원하는 사업이다. 한국벤처투자가 운용하는 소셜임팩트 투자조합 중, 가치투자에 특화된 자산운용사(디쓰리쥬빌리파트너스)[31]가 책임GP을 맡았고, 한국수자원공사, 행복나눔재단, 신한금융그룹이 투자자LP[32]로 참여해 사회적 가치 창출을 위해 뛰는 기업 24곳을 대상으로 약정금액의 70%를 집행했다.

⑥강원 피크닉 투자조합: 비수도권 지역의 금융 접근성을 높여 창업 생태계를 활성화하기 위한 사업이다. '피크닉 투자조합'은 강원 지역 내 사회문제를 해결하려는 소셜벤처와 디지털 헬스케어, 액화수소

---

31 '디쓰리쥬빌리파트너스'에 대한 자세한 설명은 214쪽 참조.

32 벤처캐피털의 사업은 GP(General Partner)와 LP(Limited Partner)로 구성된다. GP는 업무집행조합원 혹은 무한책임조합원이라고 부르며, 업무 집행 책임을 맡는 투자회사를 뜻한다. LP는 펀드 투자자 혹은 유한책임조합원이라고 부른다.

등 규제 자유 특구 산업에 집중적으로 투자하는 펀드이다. 강원도, 한국모태펀드 등이 투자자로 참여했으며 소풍벤처스와 강원창조경제혁신센터가 공동으로 운용한다.

어려운 여건에서도 좋은 선례와 모델을 만들기 위해 애쓴 흔적이 많이 보인다.

연대기금은 지방의 사회적금융 생태계 조성을 위한 지원 사업에도 공을 많이 들이고 있다. 수도권과 달리 돈과 사람 측면에서 자원이 부족해 지원이 필요한 상황이라고 보고 있다. 조만간 사회적금융 학교를 열어 전문 인력을 양성하는 사업도 추진할 계획이다.

연대기금은 출범한 지 3년밖에 되지 않았지만 부여받은 임무는 막중하다. 큰 규모의 자금을 모으고 전문 중개기관들을 육성해 사회적금융 생태계를 조성하는 과업의 중심에 서야 하기 때문이다. 사회적경제와 혁신기업에 필요한 자금이 흐르려면 전달 체계가 잘 작동해야 한다. 그 시스템의 중앙에 도매기금이 자리하고 있다.

연대기금을 이끌고 있는 송경용 이사장은 성공회 소속의 신부이다. 대학 시절 야학 활동을 한 것이 계기가 되어 사제의 길로 들어섰고, 상계동 '나눔의 집'에서 사역을 시작한 이래 지난 30년 가까운 세월을 가난하고 소외된 이웃들을 위해 나눔을 실천하며 살아온 인물이다. 우리 사회의 미래 대안으로 사회적경제에 대한 특별한 관심과 애정을 가지고 현장에서 뛰고 있다.

"지난 시간을 돌아볼 때 제일 힘든 점은 무엇이었는가?"라는 질문에 대해 송경용 이사장은 "사람들의 인식을 바꾸는 게 가장 힘들었다."라고 답했다. 사회적금융을 이해하는 사람은 극소수이고, 연대기금의

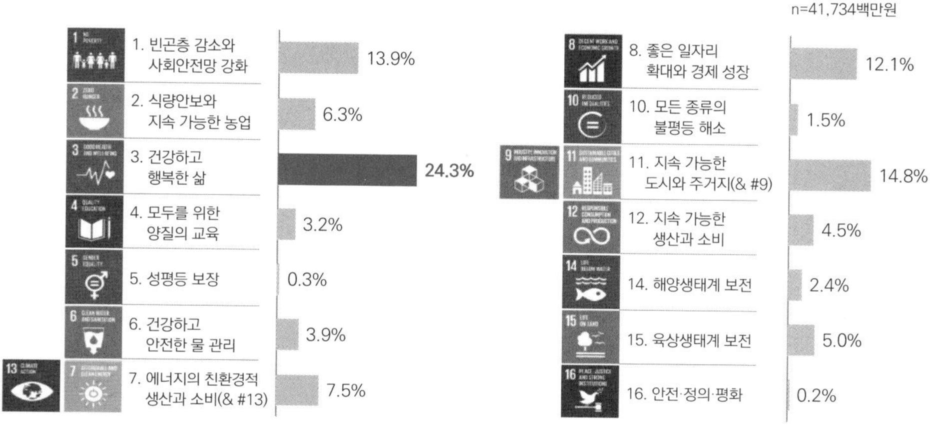

2020년 사회적금융 프로그램, UN 지속가능개발목표 임팩트 분포 현황, 연대기금

기능과 역할을 불신하는 사람이 대다수였다는 뜻이리라. 새로운 영역을 개척해 간다는 것이 쉬운 일이겠는가. 사회적 신뢰를 쌓으려면 시간이 더 필요할 것이다.

기금의 기금, 수로水路의 맨 위에서 물을 아래로 흘려보내는 저수지, 민간의 공익법인들이 기댈 수 있는 언덕, 현장과 밀착된 중개기관들이 본연의 기능을 발휘할 수 있도록 뒤에서 돕는 특별한 존재. 연대기금이 보통의 사회적금융 중개기관과 다른 정체성이다. 항로를 밟고 가는 뱃고동 소리가 만선의 나부낌으로 회항回航하기를 기대한다.

2. 임팩트 투자회사

현재 우리나라에서 활동 중인 창업투자회사는 총 197개이다.[33] 유한책임회사LLC까지 포함할 경우 약 240개에 달한다. 정부의 창업 생태계 조성 전략에 따라 창투사 설립 자본금 요건이 완화되었고 혁신성장펀드 등 대규모 정책기금이 잇달아 조성되면서 창업기업에 전문적으로 투자하는 회사가 증가하는 추세이다.

투자 실적도 대폭 상승하고 있다. 2020년에 4조 3,000억 원이었던 투자 금액은 2021년에 7조 7,000억 원으로 증가해 역대 최고치를 경신했다. 투자가 이루어진 대상 기업도 2,100개에서 2,400개로 늘었다. 창투사를 통해 신규 결성된 투자조합도 400개가 넘는다. 2021년 한 해 동안 새로 결성한 투자조합을 통해 조성된 투자 금액은 9조 2,000억 원 수준이다.

흔히 '사모펀드'라 불리는 경영참여형 집합투자기구PEF[34]도 890개이다.[35] 약정액 기준으로 100조 원이 넘는다. 2021년 한 해 동안 신규 설립된 57개 운용사가 모은 자금만 3조 9,000억 원이다. 창업 벤처기업에 대한 투자를 전문으로 하는 운용사도 97개에 이른다.[36]

새로운 기술을 개발하거나 이를 응용해 사업화하는 기업에 자금

---

33 중소벤처기업부, 한국벤처투자협회, 2022년 1월 기준.

34 'Private Equity Fund'의 약자이다.

35 금융감독원, 2021년 3월 기준.

36 2017년에 자본시장법 개정을 통해 신규 도입된 제도로, 경영참여형 PEF 중 창업벤처 육성을 전문으로 하는 운용사를 말한다.

을 지원하는 신기술사업금융회사도 79개가 활동 중인 것으로 확인된다.[37] 신기술사업금융회사가 2021년에 신규 투자한 금액만 10조 원이 넘는다. 정부가 사모펀드에 대한 규제를 강화하자 상대적으로 규제가 덜한 신기술사업금융회사로 자금이 몰리는 일도 나타나고 있다.[38]

이들 가운데 임팩트 투자회사는 얼마나 될까? 통계 자료가 없어서 정확히 확인할 수는 없다. 아주 적은 수의 회사가 창업투자회사, 사모펀드 운용사, 신기술사업금융회사로 등록해 활동하고 있다. 액셀러레이터 신분으로 있다가 창업투자회사나 창업벤처전문 PEF 운용사 자격을 취득했거나 변신을 준비하고 있는 곳도 있다.

투자업을 하려면 제도화된 금융기구들 중 하나를 골라 요건을 갖추고 자격을 얻어야 한다. 임팩트 투자회사도 마찬가지이다. 투자하는 대상만 다를 뿐, 보통의 투자회사와 기능 면에서 차이가 없다. 모래 속에 숨은 진주를 발굴할 수 있는 눈과 경험이 필요하고, 자본력을 갖추고 있어야 하며, 투자 수익을 창출할 능력을 겸비해야 한다.

임팩트 투자회사는 한 가지 과제를 더 부여받는다. 혁신기업이 사회·환경적으로 긍정적인 임팩트를 창출할 수 있도록 돕는 일이 그것이다. 단순히 돈만 투자하고 마는 것이 아니라 이들이 올바른 방향으로 나아갈 수 있도록 지원하는 역할이 요구된다. 실제로 여기 소개하는 임팩트 투자회사 모두가 그 역할을 충실히 이행하고 있다.

투자의 세계는 냉정하다. 성공과 실패가 극명하게 갈린다. 성공의

---

37 여신금융협회, 2020년 12월 기준.

38 〈한겨레신문〉, 2021.7.9.

열매는 달콤하지만, 실패하면 투자한 자금 전부를 잃는다. 숫자에 밝아야 하지만 사람을 볼 수 있는 눈도 있어야 한다. 피투자회사가 속한 산업과 시장 흐름도 읽을 줄 알아야 한다. 투자 자금이 묶이는 기간도 길기 때문에 인내심도 필요하다.[39] 임팩트 투자도 이 게임의 법칙에서 자유롭지 않다.

지금부터 투자 세계의 검은 백조들을 찾아가 보자.

1) 혁신 스타트업의 오랜 친구, 소풍벤처스

수제비누 회사 '동구밭'의 뒷심

"피봇하시겠습니까?"

소풍벤처스 대표가 발달장애인의 자립을 지원하는 사회적기업 대표에게 투자의 조건으로 제시한 기준은 분명했다. 피봇pibot은 회전한다는 뜻으로, 현재 생산하고 있는 제품에서 새로운 제품으로 방향 전환을 하는 것을 뜻한다. 발달장애인의 자립을 돕는 일은 사회적 가치가 매우 크지만, 텃밭 가꾸기 사업을 통해 지속 가능한 성장을 하기는 어려울 것이라는 판단에서 던진 말이었다.

결국 발달장애인의 노동 문제를 비즈니스 방식으로 바꾸겠다는 약속을 받고 투자가 이루어졌다. 한 달 남짓한 시장 조사가 진행된 후 두 가지 대

39 펀드에 따라 다르지만 기본이 8년이고 그 이상인 경우도 많다.

안이 도출되었다. 하나는 스마트 농업(수경재배)이고 다른 하나는 천연 수제비누 사업이었다. 논의 끝에 비누를 제조하기로 결론 내렸다. 초기 투자 비용이 덜 들고, 짧은 기간 안에 성과를 확인할 수 있는 사업이었다.
이 회사가 국내에서 손꼽히는 발달장애인 고용기업인 '동구밭'이다. 장애인을 고용해 수제비누를 제조하는 곳들은 대부분 자체 브랜드를 만들어 판매하는 방식을 취했지만, 동구밭은 처음부터 다른 브랜드의 수제비누를 위탁받아 제조하는 방식을 채택했다. 고용 안정성을 유지할 수 있고 생산 비용을 줄임으로써 꾸준히 성장하기 위해서였다.
2016년 소풍벤처스의 첫 투자가 이루어진 이후, 동구밭은 매년 2배씩 성장했다. 현재 연 매출 100억 원을 넘어섰고, 매달 수만 개의 고품질 천연 비누를 생산해 국내 판매는 물론 해외 수출도 한다. 포장지도 재생 가능한 종이만 쓰는 친환경zero-waste 기업이다. 발달장애인 고용 인원도 꾸준히 증가해 현재 40명 가까이 된다. 대학생 동아리로 출발한 사업이 혁신 벤처의 대표적인 성공 기업으로 우뚝 선 것이다.

'소풍벤처스'(이하 소풍)는 2008년에 설립된 국내 최초의 소셜벤처 임팩트 투자회사이다.[40] sopoong은 'Social Power of Networked Group'의 영문 앞 글자를 딴 이름이다. 사회혁신 조직들이 서로 연결되어 발휘하는 사회적 파급력이라는 뜻을 담고 있다. 소풍을 'So(cial)風'이라고 읽으면 사회적 바람breeze이라는 의미도 내포되어 있다.

---

40 창업 당시 이름은 유한회사 '소풍'이었다. 2017년에 '소풍벤처스'로 이름을 바꾸면서 주식회사로 전환했다.

소풍의 핵심 가치는 소셜벤처를 성장시키는 것이다. 소셜벤처란 사회문제를 해결한다는 목적성과 기술혁신, 빠른 속도, 효율성, 규모화를 추구하는 기업적인 접근 방식을 가진 조직을 말한다. 기업가 정신enterpreneurship을 가지고 있고, 벤처 방식을 활용해 우리 사회가 안고 있는 문제를 해결하는 사회적기업가를 키워 가는 것이 목표이다.

소풍은 소셜벤처나 임팩트 투자라는 개념이 생소하던 시절부터 이 영역에 투자를 해 왔다. 쏘카, 텀블벅, 스페이스클라우드, 자란다 등 성공한 소셜벤처들이 소풍의 손을 거쳐 갔다. 2021년까지 투자한 94개 회사의 총 기업 가치는 약 2조 8,000억 원이다. 2020년(약 1조 1,000억 원)에 비해 150% 이상 증가한 수치이다. 현재 투자가 확정된 팀을 기준으로 하면 100개가 넘는다.

피투자회사의 생존율은 약 83%이다. 후속 투자 유치율, 즉 다른 투자자를 통해 추가 투자를 받은 기업도 40% 이상이다. 초기 투자가 성공해 기업 가치를 높였다는 뜻이다. 지역 관점의 투자LLI[41] 비율도 전년 대비 200% 이상 늘었다. 지방에 뿌리를 둔 혁신기업들에 많은 투자를 한다는 이야기이다. 소풍은 본사를 서울에서 강원도로 옮길 만큼 지역에 큰 공을 기울이고 있다.[42]

여성 창업가 비율도 인상적이다. 피투자회사 중 여성 기업가 비율이 33%에 이른다. 투자한 기업 3곳 중 1곳 이상이 여성 기업가가 경영하는 회사이다. 다른 영역과 마찬가지로 창업 생태계도 여성 기업가

41 'Local Lense Investing'의 약자로, 지역 기반 기업에 대한 투자 비율을 말한다.

42 '강원도 창조경제혁신센터'의 지원과 협력이 본사 이전의 큰 계기로 작용했다고 한다.

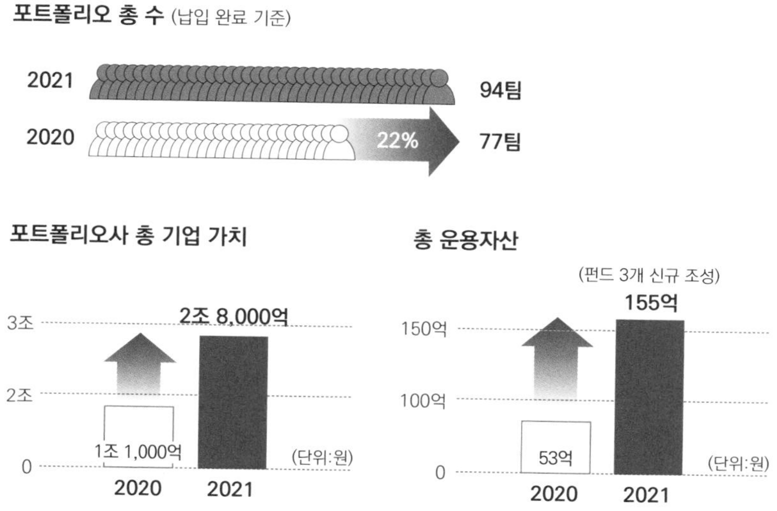

2021년 투자 현황, 소풍벤처스

가 매우 적다. 남성이 다수를 차지한다. 소풍은 이 기울어진 운동장을 젠더 관점에서 바로잡으려고 노력한다. 평등한 투자 생태계를 만든다는 철학GLI[43]을 가지고 있다.

소풍이 투자하는 소셜벤처 영역은 사회문제를 해결하면서 수익을 창출하는 초기 창업기업start-up이다. 두 가지 조건이 모두 충족되어야 한다. 비영리 방식으로 사회혁신을 추구하는 조직은 제외된다는 뜻이다. 비영리로 운영되는 소셜벤처의 존재나 필요성을 부정하는 것이 아니라, 자신들이 집중하고자 하는 투자 대상을 명확히 규정한 것이다.

대부분의 임팩트 투자회사들이 가치와 수익 창출이라는 두 가지 요

43 'Gender Lense Investing'의 약자로, 여성의 자본 접근성을 높이는 것을 말한다.

소를 모두 갖춘 창업기업을 찾는다. 그렇지만 모두가 '씨앗 단계'의 기업에 집중하는 것은 아니다. 그보다 높은 수준에 있는 기업에 투자하는 것이 위험도 적고 자금 회수도 쉽다. 하지만 소풍은 설립 이후 현재까지 이 원칙을 계속 견지하고 있다.[44] 기업의 유전자는 시작 단계에 생성되므로 처음부터 함께 걷는 것이 옳다고 보고 있다.

소풍은 자신들을 액셀러레이터로 규정한다. 자동차 가속 장치처럼 기업의 성장을 가속하는 역할을 한다는 뜻이다. 창업은 성공보다 실패할 가능성이 훨씬 크다. 따라서 초기 단계의 창업 팀이 일정한 궤도에 오르려면 이들의 성장을 촉진하는 프로그램이 필요하다. 씨앗이 발아해 땅에 뿌리를 잘 내리도록 돕는 과정이다.

액셀러레이팅은 ① 발굴 ② 검증 ③ 확장의 세 단계로 이루어진다. 잠재력 있는 혁신기업을 찾아 어떤 사회적 가치를 창출할 것인지를 합의하고 사업 모델을 검증한 후 투자로 이어지는 과정이다. 각각의 단계마다 구체적인 절차와 방법론이 잘 정립되어 있다. 오랜 기간 소셜벤처를 육성해 온 경험에서 얻은, 그들만의 특별한 접근법이 담겨 있다고 할까.

① 발굴Find은 말 그대로 가능성 있는 창업 팀을 찾는 과정이다. 별도의 모집 과정을 통해 선발한다. 이 단계에서 기업가와 사회적 가치를 '합의'하는 절차를 거친다. 소풍이 가장 중요하게 생각하는 과정이다. 합의 도출을 위한 토론은 개방적이지만 격렬하게 진행된다. 기업가와

---

44 씨앗 단계의 창업기업을 대상으로 한 투자 방식은 보통주를 취득하거나 '조건부 지분인수계약(SAFE)'을 체결하는 방법이 있다. 소풍은 보통주를 취득하는 방식만 적용하고 있다.

공통의 합의가 도출되지 않으면 다음 단계로 진행되지 않는다.

②검증Validate은 담당 심사역[45] 주도로 창업 팀이 진출하려는 산업의 특성과 사업 방향, 성장 가설을 검증하고 최소기능제품MVP[46]을 도출하는 과정이다. 창업 팀이 처한 사업 환경에 따라 무엇을 고려하고 준비해야 하는지를 검토하는 작업이 이루어진다. 총 12주 동안 진행되며, 이 절차를 모두 마치면 데모데이demo-day[47]를 통해 단계가 마무리된다.

③확장Expand이란 공식적인 액셀러레이팅 프로그램이 완료된 후 투자 계획 확정, 재무 전략 수립 등 포괄적인 자금 컨설팅을 제공해 주는 단계를 말한다. 매월 1회 창업 팀과 정례 미팅을 진행한다. 총 6개월에 걸쳐 전반적인 사업 현황을 점검하고 성장 방향을 함께 모색한다. 장기적 관점에서 파트너십을 유지해 가기 위한 과정이다.

액셀러레이팅은 짧은 기간 동안 사업 전반의 내용을 밀도 깊게 짚어 보는 과정이다. 창업가는 직관은 뛰어나지만 시장에 대한 냉철한 분석이 부족할 수 있다. 액셀러레이터는 그 반대인 경우가 많다. 따라서 두 관점이 서로 침투하는 과정을 통해 가설을 검증하는 절차가 필요하다. 소풍은 액셀러레이팅 과정을 매뉴얼IAM[48]로 만들어 예비 창업가들에게 공개하고 있다.

현재 소풍이 주요하게 바라보는 산업 영역은 환경, 식품, 건강 관리

---

45 투자회사의 핵심 인력으로, 기업 투자에 대한 심사를 담당하는 사람을 말한다.

46 'Minimum Viable Product'의 약자로, 사업을 실행할 수 있는 핵심 기능이 담긴 시제품을 말한다.

47 투자자들에게 서비스나 제품, 아이디어 등을 소개하는 행사를 말한다.

48 'Impact Accelerating Manual'의 약자이다.

health care 그리고 지역이다. 환경과 식품, 건강 관리는 밀접한 연관성을 가진다. 지구 환경을 위협하는 큰 원인 중 하나가 농수축산 폐기물이고, 먹을거리는 건강에 직접적인 영향을 미치기 때문이다. 지역 기반의 소셜벤처를 키우는 작업도 적극적이다. 임팩트 투자 전문회사 중 지방에 본사를 둔 곳은 소풍이 유일하다.

임팩트 투자회사가 창업기업을 육성하려면 산업에 대한 이해와 통찰력이 있어야 한다. 소풍은 전 직원을 대상으로, 대학원에 진학할 경우 장학금을 지급하는 제도를 시행하고 있다. 산업별 전문가를 키우기 위한 작업의 일환이다. 산업 생태계를 제대로 알아야 창업기업의 사업 모델을 검증하고 올바른 방향으로 이끌 수 있다고 보는 것이다.

지금 소풍을 이끌고 있는 한상엽 대표는 사회적기업가 출신이다. 대학 시절부터 학생 사회적기업 동아리를 만들어 창업한 경력이 있을 만큼, 사회적기업과 벤처 창업 생태계에 친숙하다. “최근 가장 관심을 두고 있는 주제가 무엇인가?”라고 물었더니, “간명하고 이해하기 쉬운 임팩트 평가 기준을 정립하는 것”이라는 답변이 돌아왔다.

투자자들에게 혁신기업의 가치를 설명하려면 이들이 창출하는 사회적 가치를 명증하게 알려 주어야 한다. 창업기업과 가치를 합의하는 과정도 마찬가지이다. 사람들이 쉽게 이해할 수 있는 공통의 ‘틀’이 필요하다. 무척 중요한 과제이지만, 다른 한편 풀기 힘든 난제이기도 하다. 전문가들과 함께 심도 있는 연구를 진행하고 있고 결과물이 나오면 공개할 예정이라고 한다.

다른 임팩트 투자회사도 마찬가지겠지만, 소풍도 투자자LP를 찾는 일이 중요한 업무 중 하나이다. 좋은 씨앗을 발굴해도 투자자가 없으면 싹을 틔울 수 없다. 임팩트 투자 생태계가 풍성해지려면 사회적 투자자가 많이 늘어나야 한다. 다행스러운 것은, 성공한 자산가들 가운데 사회적으로 의미 있는 일에 투자를 희망하는 이가 조금씩 증가하고 있다는 점이다.

가치와 수익을 함께 창출하는 투자 실험의 성공 사례가 많이 생긴다면 투자자가 더 늘어날 것이다. 사회목적투자를 업으로 삼는 임팩트 투자사들이 해야 할 몫이다. 특히 지방의 열악한 환경을 고려할 때 비수도권 지역에서 혁신기업을 키우는 투자 생태계를 조성하는 작업의 중요성은 아무리 강조해도 지나침이 없다. 소풍이 특별하게 느껴지는 이유이다.

2) 임팩트 비즈니스 전문회사, 임팩트스퀘어

IMPACT SQUARE.

삶의 목적과 이유를 발견하도록

"브라더스키퍼는 고아를 돕지 않습니다. 우리가 궁극적으로 하고자 하는 일은 목적이 없는 사람들, 목적을 잃어버린 사람들에게 삶의 목적과 이유를 발견하게 하는 것입니다. 그 목적으로 서로 하나가 되게 하는 것입니다. 모든 사람에게는 목적을 발견하는 것이 중요합니다. 지금 우리에게 필요한 것은 삶의 목적과 이유를 깨닫는 것입니다. 우리의 목적과 이유는 잘사는 것이 아니라 삶의 목적에 맞게 살아가고 가치를 발견하게 하는 것입니다."[49]

자립준비청년(보호종료아동)의 자립을 돕는 사회적기업 브라더스키퍼 brother's keeper 누리집에 실린 회사 소개 글이다. 보육원 등 아동복지시설에 거주하는 청소년은 만 18세가 되면 보호 기간이 종료되어 시설에서 나가야 하는데, 퇴소 후 5년이 지나지 않은 이들을 '자립준비청년'이라고 부른다. 브라더스키퍼는 보육원 출신의 김성민 대표가 같은 인생 경로를 겪고 있는 후배들의 자립을 돕기 위해 만든 회사이다.

자립준비청년들이 시설에서 나올 때 받는 자립정착금은 1인당 300~500만 원. 이 돈으로 험한 세상을 살아간다는 것은 사실상 불가능하다. 브라더스키퍼는 이들이 사회에 잘 정착할 수 있도록 일상생활에 필요한 기술을 지원해 주고 주거 안정을 위한 서비스를 제공하고 있다. 공기정화 식물을 활용한 자체 사업도 진행하고 있다. 모두 이들의 자립을 돕기 위한 프로그램들이다.

임팩트스퀘어가 2019년에 투자한 씨앗 단계 중 최고의 사례라고 뽑은 회사가 브라더스키퍼이다. 투자 당시 사업 모델이 분명하지 않아 고민이 많았지만, 높은 사회적 가치와 리더의 진정성이 돋보여 투자를 결정했다고 한다.

브라더스키퍼는 현재 안정적으로 유지하고 있으며 자립준비청년에 대한 사회적 관심을 높이는 데 촉진제 역할을 한 기업으로 평가받는다.

'임팩트스퀘어'(이하 ISQ)는 2010년에 설립된 임팩트 비즈니스 전문 회사이다. 사회적 가치가 사업과 결합할 때 위대한 비즈니스가 실현

49 브라더스키퍼 누리집(brotherkeeper.co.kr)에서 인용.

된다는 믿음을 가지고 있다. 사회적 가치와 경제적 가치는 서로 충돌하는 관계가 아니라, 두 가치가 결합함으로써 오히려 성장과 혁신의 원천이 될 수 있다고 생각한다. ISQ의 주요 관심사는 "비즈니스가 어떻게 사회혁신을 촉발하고 사회적 가치가 어떻게 사업적 경쟁력을 확보하는가?"이다.

가치와 수익은 상충한다는 것이 일반적인 상식이다. 가치를 추구하면 수익은 포기해야 하고, 수익을 좇으면 가치를 달성할 수 없다는 것이 세상의 이치라고 사람들은 생각한다. 지금은 이 공식이 깨지고 있지만 10년 전에는 그렇지 않았다. 두 가지를 모두 달성할 수 있다는 생각은 맹랑하고 허황한 것이었다. 현실에 맞지 않는 무모한 주장처럼 들렸다.

하지만 ISQ의 믿음이 잘못된 것이 아니라는 사실이 증명되고 있다. 사회적으로 가치 있는 사업을 하면서도 수익을 창출하는 기업이 속속 등장하고 있기 때문이다. 비즈니스의 패러다임이 바뀌고 있다. 세계 최대의 자산운용사 대표가 '탄소중립net zero을 실천하지 않는 기업에는 투자하지 않을 것'이라는 내용이 담긴 편지를 고객들에게 보내는 시대가 도래한 것이다.[50]

ISQ는 2010년부터 임팩트 비즈니스의 다양한 사업 영역에 걸쳐 많은 현장 경험과 전문성을 축적해 왔다. ISQ가 자신들의 정체성을 임팩트 비즈니스 건설자builder, 임팩트 촉진자accelerator, 임팩트 비즈니스

50 약 1경 원의 투자자산을 운용하는 세계 최대의 자산운용사 블랙록(BlackRock)의 최고경영자인 래리 핑크(Larry Pink)가 2018년 벽두, 고객에게 보내는 신년 서한에서 밝힌 내용이다.

컨설팅 및 연구 집단이라고 명명하는 이유이다. 탄탄한 이론과 현장의 실무 경험을 겸비한 임팩트 비즈니스 종합회사 같은 느낌이다.

ISQ의 사업 영역은 크게 네 가지로 나눌 수 있다. ①가능성 있는 혁신기업을 발굴해 성장을 지원하는 액셀러레이션 사업 ②임팩트 비즈니스에 대한 자문 및 컨설팅 사업 ③임팩트와 비즈니스의 작동 원리를 연구, 활용하는 사업 ④소셜벤처 클러스터 조성 등 인프라 구축 사업 등이 그것이다. 업무 영역이 임팩트와 관련된 사업 전반에 걸쳐 있다고 할 만큼 방대하다.

①혁신기업을 발굴해 성장을 촉진하는 작업은 ISQ가 가장 자신 있다고 자부하는 사업 영역 중 하나이다. 혁신기업의 성장을 견인하는 최적화된 프로그램ISQ ACCEL과 수년간 구축해 온 지식과 역량, 인프라와 네트워크 등 풍부한 자원을 보유하고 있다. 이 프로그램 안에는 사업 협력, 연계, 공동 창업, 투자, 운영, 자문 등 다양한 요소가 포함되어 있다.

소셜벤처와 사회적기업에 투자한 것은 2015년부터이다. 창업 초기의 혁신기업들을 대상으로 한 소규모의 투자를 진행해 오다 2020년부터 본격적으로 기금 조성 및 운용사업에 나서고 있다.[51] 그간 기금 사업을 공격적으로 추진하지 않은 이유는, 혁신기업의 성공을 견인할 수 있는 '열쇠'는 돈이 아니라 성장 촉진 프로그램이라고 보았기 때문이다.

51 2020년 11월에 58억 원 규모의 사회적기업 디딤돌 펀드(1호)를 결성했고, 2021년 7월에는 10억 원 규모의 굿이스트 개인투자조합(1호)을 결성한 바 있다.

②컨설팅 영역은 정부와 기업, 비영리 민간재단을 상대로 임팩트 비즈니스에 대한 자문과 컨설팅을 진행하는 사업이다. 특히 사회공헌 활동, 공유가치 창출CSV, ESG 이행 전략을 실행하고자 하는 대기업 및 공공기관과 협력해 혁신기업을 육성하는 사업에 특화된 경험과 전문성을 가지고 있다. 혁신기업과 일반 기업을 연결함으로써 사회적 자원을 선순환시키는 '가교' 역할을 하고 있다.

국내 최대 페트PET 소재 생산기업의 재생 플라스틱을 원료로 한 신사업 프로젝트에 참여해, 순수 국산 재생 페트 소재를 활용한 신발과 가방 생산 사업을 설계, 운영한 사례가 대표적이다. 페트의 수거와 선별, 재생과 상품화 공정에 소셜벤처와 중소기업이 협업하는 구조를 짰고, 소비자들에게 좋은 반응을 얻어 기대 이상의 성과를 얻었다고 한다.

③연구 및 활용사업은 ISQ의 차별성이 두드러지게 드러나는 사업 영역이다. 임팩트 투자회사 중 전문 연구기관을 두고 있는 곳은 ISQ뿐이다. 임팩트 비즈니스 전문 연구기관인 임팩톨로지[52]는 2020년에 설립된 ISQ 산하 연구소이다. 임팩트 측정과 평가를 바탕으로, 임팩트 창출의 작동 원리를 과학적으로 분석해 해답을 찾으려는 목적으로 설립되었다.

ISQ는 2010년에 국내 최초로 사회적 가치 측정 서비스를 상용화한 바 있다. 혁신기업들이 창출하는 사회적 가치를 스스로 측정해 공시할 수 있는 서비스를 무료로 제공한다. 임팩트 보고서를 외부 홍보나

---

52 www.impactology.org

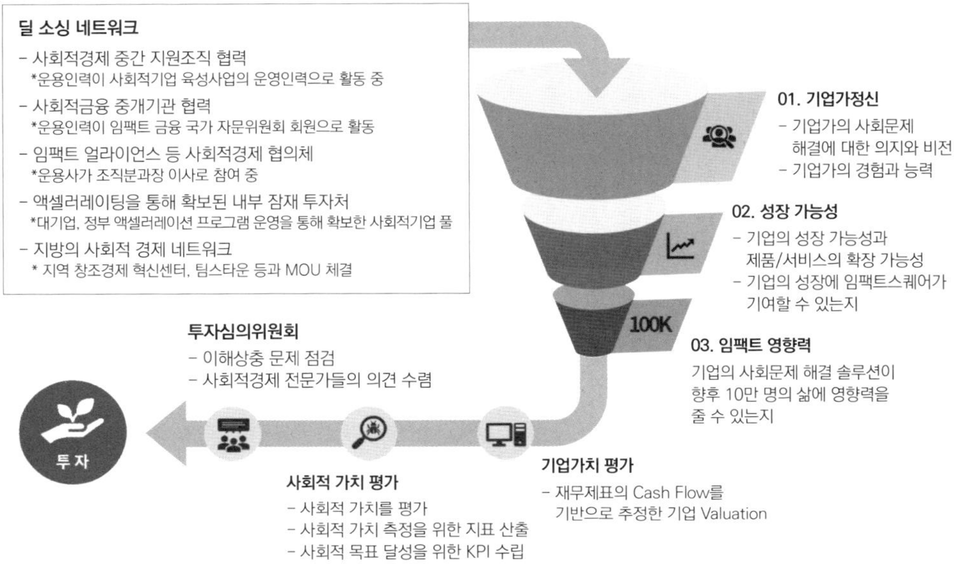

혁신기업 선발 기준 및 투자 프로세스, 임팩트스퀘어

투자 유치를 위한 자료로 활용하도록 돕고자 함이다. 희망하는 기업에는 자료의 신뢰성이나 적합성을 검증해 주는 작업도 하고 있다.

ISQ는 국내에서 가치 측정 사례를 가장 많이 축적해 둔 회사이다. IMP[53] 등 국제적인 임팩트 평가 기구들과도 긴밀히 협의하고 있다. 한국적 상황에 부합하는 임팩트 평가 체계를 만드는 것이 가장 큰 목표이다. 사회투자 영역의 핵심 과제 중 하나인 사회적 가치 측정 방법론을 표준화함으로써 임팩트 생태계 성장의 발판을 마련하고자 하는 것

---

53 'Impact Management Project'의 약자로, 임팩트 측정과 관리 분야를 탐구하는 최대 규모의 글로벌 협의체이다. 전 세계 2,000여 개의 기관과 단체가 참여하고 있다. 임팩트 측정 및 보고 시 포함해야 할 요소에 대한 표준화된 평가 틀(framework)을 제시한다.

이다.

④인프라 구축 영역은 창업기업들이 일할 수 있는 커뮤니티 공간을 조성하는 사업이다. 2015년부터 서울과 지방에 '심SEAM[54] 센터'라는 이름의 공유형 사무실을 마련하고 청년 혁신기업가들을 위한 업무 및 휴식 공간으로 활용하고 있다. ISQ는 현재 250개가 넘는 혁신기업과 임팩트 투자회사가 밀집한 서울숲 소셜벤처 클러스터의 초기 기획에 참여하기도 했다.

ISQ를 창업한 도현명 대표는 국내 유명 검색 포털의 기획자 출신이다. 우연히 책을 통해 사회적기업이라는 개념을 접한 후 인생행로를 전환했다. 안정적인 직장을 그만두고 새로운 세계에 몸을 던질 만큼 절실한 무엇인가가 마음 안에 자리하고 있었던 것일까? 특별한 소명의식으로 '임팩트'라는 화두를 붙잡고 달려온 지 10년이 훨씬 넘었다.

"ISQ가 추구하는 핵심 가치는 무엇인가?"라고 물었다. "더 많은 사람이 임팩트 비즈니스를 소비할 수 있도록 돕는 것이다. 시민들의 의사결정 방식이 곧 소비이고, 소비가 바뀌면 세상이 바뀔 수 있다고 생각한다."라는 답변이 돌아왔다. 옳은 말이다. 임팩트를 창출하는 혁신기업이 늘어나고 이들이 생산하는 상품과 서비스가 증가하면 세상은 한층 더 좋아질 것이다. ISQ가 꿈꾸는 미래이다.

---

54 'Social Entrepreneurship And Mission'의 약자이다.

3) 자본을 통해 세상을 바꾸는 디딤돌 투자회사, 디쓰리쥬빌리파트너스

누구든 차별 없이 재능과 잠재력을 발휘하도록

“대표님, 투자하기로 했습니다. 저희한테 투자할 기회를 주셔서 큰 영광이고 함께 걸어갈 수 있어서 기쁩니다.”

2018년 여름이었다. 첫 대면 이후 여러 번의 회의와 실사 과정을 거쳐 4개월 만에 드디어 투자회사 디쓰리쥬빌리와 사회적기업 테스트웍스Testworks 간의 투자 계약이 성사되었다. 테스트웍스는 경력 단절 여성과 자폐성 장애인을 고용해 인공지능 학습용 데이터 가공 사업을 하는 회사이다. 누구든, 아무런 차별 없이, 개인의 다양한 재능과 잠재력을 발휘할 수 있도록 돕는다는 창업 이념을 가지고 있다.

이 회사의 주 고객은 삼성전자, 마이크로소프트 등 초일류 기업들이다. 장애를 지닌 이들이 만든 제품을 첨단 기술을 다루는 회사에 납품하는 것이 가능할까? 테스트웍스는 비장애인들이 가진 편견을 보기 좋게 부순다. 직원 개개인의 자질과 특성에 맞추어 직무를 개발해 배치하는, 사람 중심의 업무 프로세스를 구축함으로써 얻어 낸 결과물이다.

이 수준에 오르기까지 수많은 난관이 있었다고 한다. 발달장애인과 함께 일하고 있는 사회적기업으로부터 조언도 많이 들었지만, 갑작스러운 돌출 행동 등 인내심을 필요로 하는 과정의 연속이었다. 하지만 발달장애인에게는 비장애인들이 잘 인지하지 못하는 미세한 부분을 짚어 내는 능력이 있었고, 실수를 깨닫게 해 주면 빠르게 업무 능력이 향상된다는 것도 알게 되었다고 한다.

테스트웍스는 인공지능 데이터, 자동화 및 소프트웨어 테스팅을 전문적으로 다루는 국내 유일의 사회적기업이다. 취약계층의 강점을 살려 포용적 고용의 기회를 제공하며 매년 꾸준히 성장하고 있다. 디쓰리쥬빌리는 첫 투자 후 2년이 흐른 시점에 다른 투자자들에게 테스트웍스를 소개하고 추가 투자를 이끌어 냈다. 창업자가 가진 믿음과 열정, 비즈니스를 풀어 가는 능력이 바탕이 되었을 것이고 그 가치를 높게 평가한 임팩트 투자회사가 함께 일군 성과이다.

'디쓰리쥬빌리파트너스'(이하 디쓰리)는 2011년에 설립된 창업투자회사이다. 디쓰리(D3)는 디딤돌의 'ㄷ' 소리 3개를 따서 지은 이름이다. 쥬빌리Jubilee란 모든 사람이 경제적 자유와 공의를 회복하는 때를 뜻한다. '디쓰리쥬빌리'란 인간이 경제적인 자유를 회복하는 세상을 건설하는 데 디딤돌이 되겠다는 의미를 담고 있다.

디쓰리는 이 건설의 도구가 임팩트 투자라고 생각한다. 가치와 수익을 창출하는 이 도구를 활용해 새로운 성공 모델을 창출하고, 이를 통해 지속 가능한 사회를 만드는 데 기여하는 것. 이것이 디쓰리가 추구하는 가치이다. 창업투자회사는 혁신기업에 모험자본을 공급하지만, 혁신의 방향은 늘 인간과 자연을 이롭게 하는 쪽을 향하고 있어야 한다고 믿고 있다.

디쓰리는 엔젤클럽angel club을 만들면서 시작되었다. 임팩트 투자에 대한 이해도가 매우 낮던 시절이었다. 디쓰리의 정관에는 설립 당시부터 "재무적 가치와 사회적 가치를 함께 고려하는 임팩트 투자"라는 내용이 명기되어 있다. 혁신성을 갖춘 창업기업에 임팩트 투자를 실행하는 민간 엔젤 투자시장을 개척해 온 것이라 할 수 있다.

디쓰리는 국내는 물론 해외에도 임팩트 투자를 한다. 서울과 실리콘밸리에 사무실을 두고 있다. 2012년에 미국 법인을 설립하면서 아시아, 아프리카 등지에서 활동하는 소셜벤처에 투자해 왔다. 그간 투자한 회사 중에는 문맹 퇴치 애플리케이션으로 유명한 에누마Enuma도 포함되어 있다. 아이티에서는 지하수를 정수해 식수를 제공하는 기업dloHaiti에 공동 투자자로 참여했다.

2014년에는 미국 샌프란시스코에서 액셀러레이팅 프로그램D3 Impact Engine을 직접 운영한 바 있다. 현지 투자자들을 초청해 한국 소셜벤처들의 해외 진출을 지원하는 자리를 마련한 것이다. 2016년부터는 글로벌 임팩트 투자자 네트워크인 'Toniic'[55]와 함께 '아시아 임팩트 투자포럼'도 매년 개최하고 있다. 전 세계 20개 국가의 임팩트 투자자가 100명 이상 모여 지식과 정보를 공유하는 자리이다.

디쓰리가 창업투자회사로 변신한 것은 2018년이다. 엔젤 투자를 지나 투자 전문회사로 옷을 갈아입은 것이다. 장애인들의 이동 편의성을 높이기 위해 휠체어 부착 보조동력장치를 공급하는 '토도웍스'에 투자한 것을 시작으로 현재 건강 관리, 기후환경 기술 분야 등 다양한 영역과 분야에 걸쳐 투자를 진행하며 국내 임팩트 투자시장을 이끌고 있다.

디쓰리의 명성이 알려지면서 투자조합에 참여하는 투자자도 늘어

55 임팩트 투자자들의 국제 협의체(the global action community for impact investing)로, 임팩트 투자를 본업으로 하는 25개 국가, 500명의 개인 및 기관 투자자들로 구성되었다.

나고 있다. 정책금융기관과 지자체는 물론 대기업, 금융회사, 민간재단도 디쓰리가 운용하는 펀드에 참여하고 있다. 반복적으로 투자하는 기관과 기업도 생기고 있다. 투자의 가치와 성과에 만족했다는 뜻이다. 향후 임팩트 투자에 관심을 가지는 법인 투자자는 계속 늘어날 것으로 보인다.

디쓰리는 2021년 6월까지 총 69개 기업에 약 400억 원의 투자를 집행했다. 국내 투자가 48개, 해외 투자가 21개이다. 건당 평균 투자 금액은 약 10억 원이다. 투자 영역은 무척 다양하지만 '건강과 복지,' '양질의 일자리와 경제 성장,' '지속 가능한 도시 및 거주지' 등이 관심을 두고 있는 분야이다. 특히 '깨끗한 물과 위생,' '지속 가능한 에너지,' '기후 문제 해결을 위한 행동' 등 환경 분야에서 활동하는 혁신기업에 대한 투자를 늘려 가고 있다.[56]

초기에 투자한 회사 가운데는 이미 유니콘unicorn[57]에 접어들었거나 예비 유니콘으로 선정된 회사들이 나타나고 있다. 행동 변화 기반의 건강 관리 회사 '눔Noom,' 인공지능 기반의 교육기술 기업 '뤼이드Riiid,' 법률 서비스의 대중화를 선도하는 '로앤컴퍼니Law&Company,' 재활 전문기업 '네오펙트neofect' 등이 그동안 투자한 대표적인 혁신기업들이다.

디쓰리는 기술벤처, 소셜벤처, 사회적기업 등 모든 유형의 창업기업에 걸쳐 투자를 진행한다. 기업 형태가 중요한 것이 아니라, 세상의 불편함과 부조리를 마땅하게 받아들이지 않고 변화를 시도하고 있는

56 UN SDGs의 분류 방식에 따른 것이다.

57 벤처 투자 업계에서 쓰는 용어로, 통상 10억 달러 이상의 기업 가치를 가진 비상장 회사를 뜻한다.

D3가 주목하는 5개의 투자 영역, 디쓰리쥬빌리파트너스

가에 주목한다. 다양성, 정의, 포용을 의미하는 'DEI 지표'[58]와 기후변화 대응이라는 두 개의 눈으로 창업기업을 살펴보고 투자 여부를 결정한다.

최근 기후 위기가 절박한 과제로 다가오면서 기후 문제를 해결하려는 혁신기업들을 발굴하는 일에 많은 노력을 기울이고 있다. 우리 세대가 "기후 위기를 인식하는 첫 세대이자, 무언가를 해 볼 수 있는 마지막 세대"라는 경고를 심각하게 받아들이고 있다는 뜻이다. 자본의 흐름이 바뀌고 있는 지금, 임팩트 투자회사들이 깊이 숙고해야 할 주제이다.

디쓰리는 일반적인 벤처펀드의 수명(8~10년)을 훨씬 뛰어넘어 긴 호흡으로 투자를 바라본다. 코로나와 같은 대유행 전염병, 기후변화로 인한 재난은 짧은 시간에 극복하기 힘든 과제를 던져 주기 때문이다. 자금 회수 기간이 길어질수록 투자 위험도 늘어난다. 하지만 꼭 필

58 'Diversity(다양성), Equity(정의), Inclusion(포용)'을 말한다.

요한 투자라고 판단될 경우, 위험을 감수하더라도 인내 자본을 투자하는 데 주저하지 않는다.

재무 수익의 극대화가 최우선인 현실 투자의 세계에서 이런 투자 철학을 견지하는 것은 말처럼 쉬운 일이 아니다. 가치투자를 중심에 두면서도, 투자자들의 이익을 보호하려면 높은 수준의 판단과 전문성이 요구된다. 디쓰리가 임팩트 투자를 단지 착한good 투자가 아니라 현명한smart 투자 전략이 필요한 사업 영역이라고 생각하는 이유이다.

지난 10년간의 성과를 놓고 볼 때 디쓰리는 무척 성공적인 투자를 해 온 것으로 관찰된다. 전체 자산 구성portfolio의 내부 수익률IRR이 20%를 상회하고 있다. 수익만 추구하는 일반 창투사나 사모펀드의 평균 수익률을 넘어서는 수치이다. 가치투자를 하면서도 높은 수익을 창출할 수 있다는 것을 증명한다.

디쓰리는 자신들의 정체성을 마라톤의 페이스메이커로 정의한다. 페이스메이커가 팀의 주력 선수보다 한발 앞서 달림으로써 바람의 저항을 줄이고 주력 선수가 체력을 안배하도록 도와주는 것처럼, 혁신기업의 성공을 위해 조력자로서 함께 달려 주는 것이 자신들이 해야 할 일이라 믿는다. 긴 경주에서 믿고 의지할 수 있는 동반자가 되기를 희망한다.

빠른 성장 곡선을 그리는 팀을 원하지만, 지속 가능한 회사를 만들어 가는 창업가의 철학과 소명, 사람을 존중하는 가치가 담겨 있어야 한다고 생각한다. 그런 이유로 자신들이 가진 능력 이상으로 달리는 창업 팀을 좋아하지 않는다. 위험하다고 보기 때문이다. 이런 투자 철학은 장기적 관점에서 혁신기업들과 좋은 관계를 유지하는 데 자양분이 된다.

디쓰리의 이덕준 대표는 대기업과 투자은행에서 경력을 쌓은 금융 전문가이다. 주류에서 성공적인 삶을 걸어온 사람이다. 자신의 재능과 경험을 살려 세상의 성숙을 돕는 체인지메이커change-maker가 되고 싶어 인생행로를 바꾸었다고 한다. 그는 투자야말로 세상을 바꿀 수 있는 가장 현실적인 수단이라고 믿으며, 임팩트 투자로 자본시장의 물길을 바꾸는 일에 매진하고 있다.

창업한 지 10년이 흐른 지금, 디쓰리의 다음 10년을 어떻게 전망하고 있는지 궁금했다. "거인의 어깨에 올라탄 난쟁이가 거인보다 더 멀리 본다는 말이 있다. 자본시장이 거인이라면 임팩트 투자는 난쟁이일 것이다. 난쟁이가 거인에게 잡혀 힘을 쓰지 못할 것인지, 거인의 어깨에 올라탈 것인지 아직은 알 수 없다. 하지만 10년 후에도 디쓰리는 여전히 거인을 열심히 흔들고 있을 것 같다."

4) 혁신을 돕는 혁신기업, 엠와이소셜컴퍼니

mysc
merry year social company

청각장애인 운전기사 택시

'고요한M'이라는 택시가 있다. 청각장애가 있는 기사가 운전하는 택시로, 문자 그대로 고요한 이동 수단이다. 카카오택시 등 다른 모빌리티와 마찬가지로, 스마트폰에 앱을 깔고 호출하거나 예약하면 이용할 수 있다.[59] 기사가 지정되면 알림 문자가 오고, 탑승한 후에는 좌석 앞에 있는 태블릿을 통해 기사와 소통할 수 있다.
이 택시 사업을 하는 기업이 모빌리티 플랫폼 회사 코액터스CO:ACTUS이다. 코액터스는 청각장애인의 일자리를 창출하고 포용적인 모빌리티 서비스를 구축하는 것을 목표로 설립된 회사이다. 성장세도 가파르다. 운행 차량 수도 늘려 2022년 말까지 총 300대를 운영할 예정이다. 런던 택시로 유명한 블랙캡blackcap을 도입해 휠체어 장애인도 큰 불편 없이 이용할 수 있도록 함으로써 장애인 이동권을 개선할 계획도 가지고 있다.

2020년에 '엠와이소셜컴퍼니'(이하 mysc)는 코액터스에 씨앗seed 투자를 했다. 취약계층의 일자리를 만들고 모빌리티 시장에 부족한 포용성을 강화할 수 있다는 점이 mysc가 추구하는 투자 철학과 원칙에 부합했다. 청각장애인이 받는 임금의 평균 수준보다 높은 수준의 소득 창출을 기대할 수 있다는 점도 투자에 긍정적인 요소로 작용했다.

SK텔레콤도 고요한M의 기술력을 향상하는 일을 돕겠다고 나섰다. 정보통신기술 규제 유예sandbox가 통과되면서 투자시장의 반응도 좋다. 최근에는 일반 창투사들이 참여하는 총 20억 원 규모의 '시리즈 A' 투자가 성사되었다. 이 중 25%를 mysc가 투자했다. '씨앗 단계'의 혁신기업에 대한 투자를 통해 더 큰 투자를 이끄는 촉진자 역할을 한 것이다.

59 수도권 외곽까지 운행할 수 있으나, 출발지는 서울이어야 한다.

엠와이소셜컴퍼니는 2011년에 설립된 임팩트 투자회사이다. mysc는 'Merry Year Social Company'의 머리글자이다. 'Merry Year'란 사회 양극화, 경제 불평등, 환경위기가 해소되고 모든 사람이 인격적인 삶을 함께 누리게 되는 시대, 즉 '희년禧年'을 말한다. 글자 그대로 해석하면 아름다운 세상을 만드는 사회적기업이라는 뜻이다.

혁신적인 방법으로 사회문제를 해결하려는 이들과 함께 비즈니스를 통해 사회혁신을 만들어 가는 것, 문제란 곧 혁신의 원천이므로 기업이 사회문제를 기반으로 비즈니스 혁신을 이루도록 지원하는 것, 혁신기업의 대표 주자인 소셜벤처에 대한 투자와 육성을 통해 이들이 주류 시장에서 날개를 펼 수 있도록 돕는 것, 이것이 mysc가 추구하는 핵심 가치이다.

mysc는 크게 4개의 사업 영역을 가지고 있다. ①혁신기업을 발굴, 육성하는 액셀러레이팅 사업 ②임팩트 기업에 대한 투자 사업 ③공공 및 민간 기업을 대상으로 한 컨설팅 사업 ④사용자 중심의 서비스 디자인 사업이 그 영역이다. 서비스 디자인 사업을 컨설팅 영역으로 묶으면 액셀러레이터, 투자회사, 컨설팅회사라는 3개의 정체성을 가진 곳이라고 할 수 있다.

①액셀러레이팅은 사회적기업과 소셜벤처의 성장을 지원하는 사업 영역이다. 2016년부터 2019년까지 총 37개의 육성 프로그램을 운영할 만큼 왕성한 활동을 펼치고 있다. 연평균 90개 이상의 혁신기업을 지원하는 셈이다. 디자인 씽킹,[60] 린 스타트업,[61] 오픈 이노베이션[62] 등 다양한 접근법을 활용해 혁신 창업가들의 성장을 돕고 있다.

인간 중심 관점으로 사회문제 해결을 도모하는 소셜벤처를 지원하는 서울시 액셀러레이션 프로그램 'EMA,' 제주형 소셜벤처 생태계 활성화를 위한 '낭그늘,' 금융과 비금융 방식을 결합해 지원하는 신용보증기금의 '스타트업Nest,' 해양수산 분야의 혁신기업을 육성하기 위한 해양수산과학기술진흥원의 'EMA마린' 등이 그간 mysc가 추진한 대표적인 사업들이다.

②임팩트 투자 사업은 자체 기금extra-mile impact fund을 조성해 추진하는 방식GP과, 높은 성과가 기대되는 기금에 참여하는 방식LP을 병행하고 있다. 개인투자조합 1호를 결성(2019년)한 이래 현재까지 GP 자격으로 결성한 기금의 운용자산은 10개 펀드에 450억 원 수준이다.[63] 코리아임팩트 펀드(2019년), 도시재생 펀드(2020년), 임팩트컬렉티브코리아펀드(2021년) 등 LP로 참여한 펀드도 5개에 달한다.

2021년 말까지 총 71개 기업에 투자를 실행했다. 투자한 곳들의 기업 가치는 5,000억 원을 상회한다.[64] 재생에너지 플랫폼기업 '루트에너지,' 친환경 대나무 칫솔로 유명한 '프로젝트노아,' 드론 측량 서비스 지원회사 '엔젤스윙,' 현실과 가상세계를 연결하는 메타버스 플랫폼 '유니크굿컴퍼니,' 청각장애인이 운행하는 '고요한M,' 해녀 문화와 음

---

60 'Design thinking,' 사용자 관점에서 문제를 이해하고 해결 방법을 찾아가는 프로세스를 말한다.

61 'Lean Startup,' 아이디어를 바탕으로 빠르게 제품을 만들어 출시한 후 고객 반응을 분석해 제품을 개선하는 방식을 말한다.

62 'Open Innovation,' 기업의 내부 자원을 외부와 공유하면서 새로운 제품이나 서비스를 만들어 가는 방식을 말한다.

63 2022년 상반기에 결성한 3개 펀드를 포함한 수치이다.

64 mysc는 투자 지분 인수 시 상환전환우선주(RCPS) 비율이 20%를 넘지 않는다. 보통주를 80% 이상 가져가는 이유는 창업기업들과 동고동락한다는 의미가 담겨 있다.

식, 연극을 결합한 지역 명소 '해녀의부엌' 등이 대표적이다.

③컨설팅 사업은 공공기관, 민간회사, 비영리기구 등 다양한 주체들과 협력해 혁신적인 실험을 설계하고 실행하는 사업이다. 현재까지 42개 공공기관, 25개 민간기업과 함께 작업을 수행했다. 한국청년기업가정신재단과 공동 추진한 '소셜임팩트 챕터,' 한국에너지기술평가원&한국에너지정보문화재단이 후원한 '시민참여형 재생에너지 공유 플랫폼 사업'이 대표적인 사례이다.

이 밖에도 현대자동차그룹의 대학생 사회혁신가 양성 프로그램 'HSC,' 발달장애인 일자리 문제 해결을 위한 하나금융그룹의 '하나파워온임팩트' 등 대기업들과도 다양한 사업을 추진하고 있다. 사회문제의 발굴부터 해결 방안 도출까지, 개별 기관의 울타리를 넘어 집합적인 임팩트를 창출할 협력 구조를 설계하고 실행하는 것이 mysc 컨설팅 사업의 핵심이다.

④서비스 디자인service design이란 서비스를 이용한 고객들의 경험을 분석, 문제를 새롭게 정의하고 해결 방안을 서비스에 적용해 시스템을 개선하는 것을 말한다. mysc는 이 기법을 활용해 맞춤형 컨설팅을 진행하고 새로운 모듈을 제시하는 등 사회혁신 기업들이 당면한 문제점을 진단하고 사업 성과를 높일 수 있도록 돕고 있다.

사회적경제 조직들의 임팩트 확산을 높이기 위한 '한국디자인진흥원'과의 협력 사업, 청년들의 주얼리 산업 관심 제고를 위한 '종로구 서순라길 체험 프로그램,' 도시재생 주민 참여 사업 방식으로 진행된 '시흥시 신천동 지역 활성화 축제 및 캠페인' 기획, 고양시 '삼송마을'의 정체성을 담아 내기 위한 브랜드이미지BI 공동 제작 등이 대표적인 사

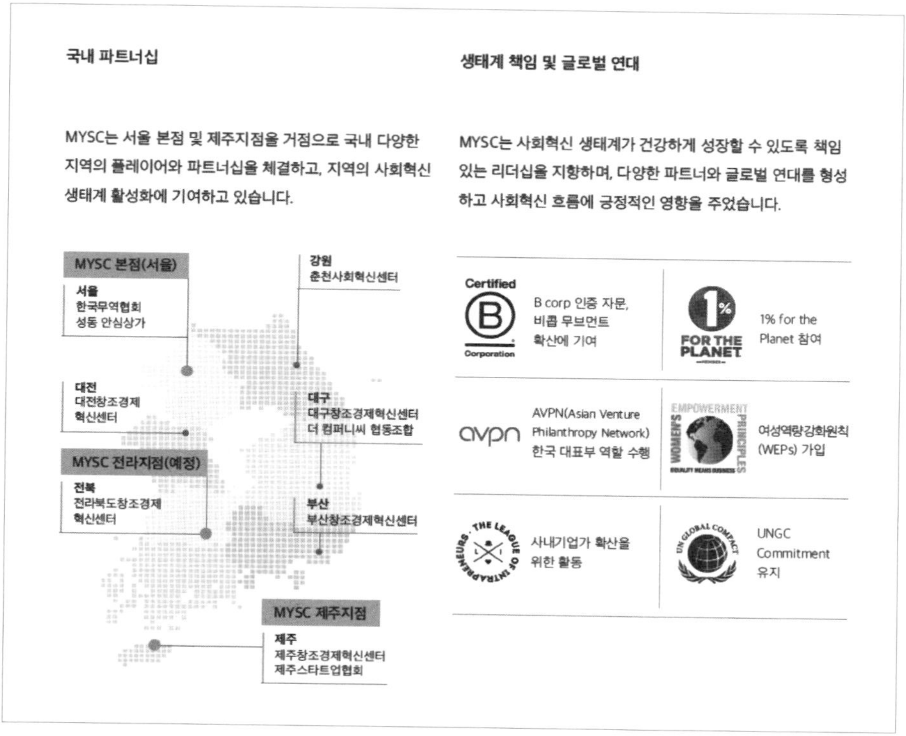

국내외 협력 파트너 기관 현황, mysc

업이다.

mysc는 국내외의 다양한 기관들과 교류, 협력 관계를 맺고 있다. 국내에서는 강원, 대전, 대구, 전북, 부산, 제주의 창조경제혁신센터와 소셜벤처 육성 사업을 추진하고 있다. 제주시(제주지점), 전주시(호남지점), 대구광역시(대구경북지점)에 지점을 두고 있으며 경남 지역에도 곧 개점을 앞두고 있다. 지방과 지역에 기반을 둔 기업들을 발굴해 지역 혁신 생태계를 조성하는 데 일조하고자 함이다.

해외의 경우, 기업의 지속 가능 경영 및 사회적 책임을 평가해 인증하는 비영리단체인 '비콥B Corp,' 아시아 임팩트투자·사회적금융 네트워크인 'AVPN,'[65] 매출의 1%를 환경 분야 풀뿌리 민간단체에 후원하는 '1% for the Planet,' 기업의 성평등 증진과 지역사회의 여성 역량 강화를 위한 국제기구인 '여성역량강화원칙WEPs' 등과 교류하며 국제 사업에 협력하고 있다.

mysc의 김정태 대표는 유엔UN 사무국 산하 국제기구에서 5년간 일한 경력을 가지고 있다. 재직 중 mysc의 자문위원으로 참여한 것이 인연이 되어, 2014년부터 대표직을 맡아 회사를 이끌고 있다. 해외에서 소셜 비즈니스에 눈을 뜨고 국내에서 혁신기업을 키우는 사업을 하고 있으니 10년 넘는 세월을 임팩트의 바다에 배를 띄우고 살아온 셈이다.

"mysc의 미래 계획을 말해 달라."라는 요청에 "임팩트 투자시장을 키우는 게 제일 중요한 과제"라는 답변이 돌아왔다. 임팩트 투자시장을 키우려면 투자자가 늘어나야 한다. ESG의 흐름에 눈뜬 기업도 있지만 무관심한 기업도 많다. 이 시장을 개척해서 많은 기업이 임팩트 시장으로 들어올 수 있도록 안내자 역할을 하겠다는 뜻이다.[66]

mysc는 컨설팅에서 출발해 액셀러레이팅을 거쳐 임팩트 투자로 사업 영역을 꾸준히 확장해 왔다.[67] 이런 성장 경로는 임팩트 투자에 오

---

65 'Asian Venture Philanthropy Network'의 약자이다.

66 2020년 8월부터 창업기획자도 '벤처투자조합'을 결성할 수 있도록 관련 법률(벤처투자법)이 개정되었다. 벤처투자조합을 결성하면 법인 출자 제한이 없어 법인 투자자 모집이 쉬워진다.

67 현재 mysc의 법적 신분은 창업기획자(액셀러레이터)이다.

히려 플러스(+) 요인으로 작용하고 있다. 임팩트 투자는 일반 벤처시장과 달리 투자만으로는 기업들을 성공시키기 어려운 성격을 갖기 때문이다. 투자와 경영 지원이 통합적인 방식으로 진행되어야만 의미 있는 성과를 거둘 수 있다.

김정태 대표는 "혁신기업들도 망하는 사례가 얼마든지 생길 수 있습니다. 오히려 일반 벤처들보다 확률이 더 높다고 봐야 합니다. 따라서 일반 벤처들과 다른 접근법이 필요합니다. 긴 안목으로 기업들과 관계를 쌓아 가는 것이 중요합니다. 혁신기업들의 보폭에 맞춰 걸어갈 수 있는 파트너가 되어야 합니다."라고 강조한다. 타당한 지적이다.

mysc는 투자 여부와 상관없이 인연을 맺은 기업들을 최선을 다해서 돕는다. 기부금이 필요한 기업은 기부처를, 융자가 필요한 곳엔 대출기관을, 공공 시장 진출을 희망하는 곳은 관련 지원 기관을 연결해준다. 스스로를 투자회사로만 바라보고 있지 않으므로 가능한 일이다. 투자는 수단일 뿐, 중요한 것은 이들이 성장할 수 있도록 길을 찾아 주는 것이라 믿는다.

투자회사가 이런 관점을 견지하는 것은 쉽지 않은 일이다. 보통의 투자회사는 좋은 떡잎을 골라 물만 잘 주면 역할이 끝난다고 생각한다. mysc는 밭을 돌아다니며 말라 죽는 작물이 없는지 들여다보고 보살피는 수고를 아끼지 않는다. 벼는 농부의 발소리를 듣고 자란다고 하지 않던가. 여름내 흘린 이들의 땀과 정성이 풍성한 가을의 결실로 돌아오기를……

5) 가치 기반의 삶을 확산시키기 위한 임팩트 비즈니스, HG 이니셔티브

HGI

'에이치지 이니셔티브'(이하 HGI)는 2014년에 설립된 임팩트 투자 회사이다. 'Holistic Growth Initiative'의 영문 머리글자를 따서 회사 이름으로 쓰고 있다. 'Holistic Growth'란 전체론적인 성장, 즉 사회를 구성하는 제반 구성 요소들이 함께 성장해 가는 것을 말하고 '이니셔티브'는 견인한다는 뜻이다. 따라서 'HGI'를 풀어서 표현하면 "모든 사회 구성원이 함께 가치 있는 삶을 살 수 있는 세상을 만들어 가는 임팩트 투자회사"라 할 수 있다.

HGI의 비전은 "모든 사람들의 지속 가능한 삶을 위한 동반자가 되는 것"이다. 이의 실현을 위해 "삶의 필수적인 요소들을 구성하는 비즈니스들을 보다 지속 가능하게 전환하고, 그들의 사회·환경적 임팩트를 극대화한다."라는 미션하에 투자를 집행하고 있다. 설립 초기에는 '다양성, 포용성, 웰빙'이라는 핵심 가치를 기반으로 소외계층을 위한 일자리 창출, 교육 접근성 개선, 소형 농가의 소득 개선 영역 등에 투자해 왔다.

2021년에 기후 위기, 감염병 등 인류의 삶을 위협하는 범지구적 사회문제들에 효율적으로 대응하기 위해 '최적화, 미래 대비, 포용성'이라는 명제로 핵심 가치를 새롭게 했다. '최적화'란 급변하는 상황 속에서 문제 해결에 투입할 자원의 우선순위를 선정한다는 뜻이다. '미래 대비'란 변동성을 고려한 거시적 미래 예측을 위해 노력한다는 것이고, '포용성'이란 소외될 수 있는 사람들을 고려해 투자를 실행한다는

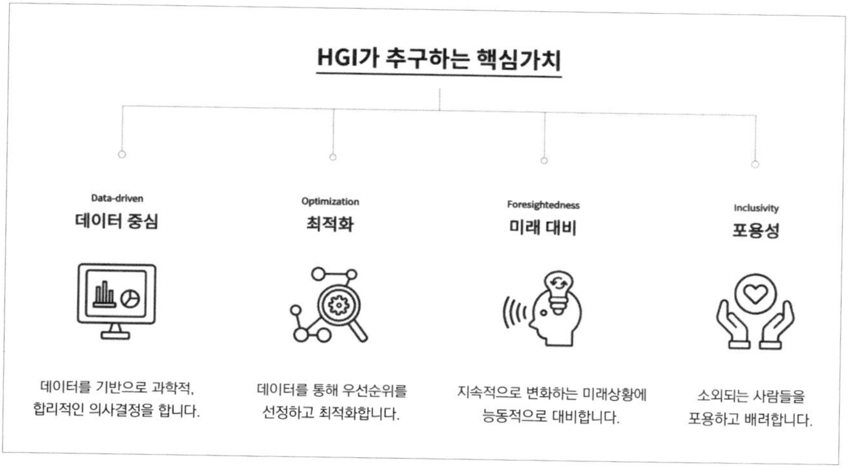

HGI 핵심가치(www.hginitiative.com)

의미를 내포한다.

HGI의 투자 이력에 이 가치가 그대로 담겨 있다. 초기 포트폴리오 중 하나인 '두핸즈'는 비즈니스로 취약계층 일자리 문제를 해결하는 사회적기업이다.[68] 일자리를 통한 빈곤 퇴치를 사명으로 물류센터 인력의 30%를 노숙인과 저소득자, 고령자를 아우르는 취약계층으로 고용하고 있다. 최근에 투자한 '씨위드'는 해조류를 활용한 배양육 생산으로 탄소배출을 감축시켜 지속 가능한 육류 생산과 기후 위기 완화를 위해 앞장서고 있는 기업이다.

HGI의 창립자는 현대그룹의 3세 경영인인 정경선이다. 서울시 성수동을 소셜벤처의 요람으로 만드는 데 크게 기여했다는 평가를 받는

68 설립 당시 이름은 '두손컴퍼니'이다.

다. 2012년에 '루트임팩트'라는 사단법인을 만들어, 우리 사회를 긍정적인 방향으로 바꾸려는 혁신기업가들을 돕기 시작하면서 임팩트 생태계에 뛰어들었다. HGI는 이들 혁신기업에 적시에 자금을 공급하고 성장을 지원하기 위해 설립한 투자회사이다.

정경선 창립자는 재벌 3세라는 꼬리표를 달고 다니지만 세상의 시선에 아랑곳하지 않고 자신의 신념에 따라 살아가려고 노력한다. 얼마 전 한 언론과의 인터뷰에서 "어린 시절, 친구들로부터 괴롭힘을 당하기도 했던 경험이 평화로운 시민사회를 만들어야 한다는 가치관을 심어 주는 계기가 되었다."라고 이야기한 바 있다. 2020년에 HGI 대표직을 내려놓고, 창립자이자 대주주로서 역할을 유지하고 있다.

HGI는 출범 이후 2022년 6월까지 총 43개 기업에 투자했다. 투자한 기업이 많지 않은 것은 HGI의 투자 철학 때문이다. 진실로 변화를 만들고 싶은, 변하지 않는 믿음과 실천력을 갖춘 기업가에게만 투자한다는 것! 비슷한 건 진짜가 아니라는 말처럼, HGI는 선명한 색깔을 가진 혁신기업가를 찾는다. 투자의 빠른 속도보다 혁신적인 사업 모델을 기반으로 가치 있는 기업을 이끌어 가고자 하는 기업가들에게 투자하는 것이 중요하다고 생각한다. 진한 잉크 한 방울이 세상에 더 큰 영향을 미칠 수 있다고 믿는다. 강한 신념과 인내심을 가진 진짜 혁신기업가를 찾으려는 것이다.

혁신기업들 가운데 가치를 추구하지 않는 곳은 없다. 처음엔 누구나 사업의 중심에 가치를 위치시킨다. 하지만 현실 안에서 가치와 수익을 함께 추구하기란 무척 어려운 일이다. 이를 잘 알기에 HGI는 투자가 이루어진 후에도 기업들과 함께 걸으며 어려움을 같이 극복하려고 힘쓰고 있다.

HGI는 투자를 결정한 후, 피투자 기업에 '정관' 등을 통해 사회적 가치 창출이 회사의 핵심 가치임을 공개적으로 천명할 것을 요청하고 있다. 혹시라도 일어날지 모를 '퇴행'을 막기 위한 약속이며 장치이다. 하지만 거기서 그치지 않고 피투자 기업이 이 약속을 지킬 수 있도록 최선을 다해서 돕는다. 관찰자가 아니라 함께 노를 젓는 동료가 되려는 것이다.

HGI는 동행할 기업을 찾을 때, 사회적으로 긍정적인 가치를 창출하려는 기업가들을 만나 의지를 확인한다. 투자 후에는 피투자 기업과 수시로 전략회의를 갖는다. 직원들을 상대로 가치 창출의 중요성을 강조하는 교육과 워크숍을 진행하기도 한다. 엄격한 투자와 철저한 사후 관리를 통해 피투자 기업이 올바른 길을 갈 수 있도록 돕는 것. HGI는 이 원칙을 고수하는 것이 곧 '그들다움'을 지키는 길이라 믿는다. 이 깐깐함이 HGI를 특별하게 만드는 동인인지도 모른다.

설립 초기, HGI는 가치 있는 삶을 살아갈 수 있는 공동체를 만드는 것을 지향했다. 하지만 최근 기후 위기 등 전 지구적 문제를 해결하는 임팩트 투자회사로 거듭나는 중이다. 2019년부터는 중소기업 창투사로서 임팩트 투자의 지속 가능성을 알리고 있으며, 팁스TIPS[69] 운용사로서 기술 영역에서도 사회적 가치가 창출될 수 있음을 보여 줄 투자 사례를 창출하고자 힘쓰고 있다.

---

69 'Tech Incubator Program for Startup'의 약자로, 중소벤처기업부가 초기 스타트업을 지원하기 위해 만든 '민간투자 주도형 기술창업 지원 프로그램'을 말한다. 민간 투자회사가 스타트업을 발굴해 먼저 투자하면 중기부가 후속 투자하는 방식으로 운영된다.

임팩트 투자를 시작하려는 창투사들과의 협력도 강화하고 있다. 그간 HGI가 경험한 내용을 창투사에 전달해 줌으로써 임팩트 창업시장을 키울 필요가 있다고 판단한 것이다. 자본시장의 속성을 바꾸는 것은 단기간에 이루기 어려운 작업이다. 하지만 실체적인 사례와 증거가 따라 준다면 흐름을 바꿀 수 있다. 더 많은 자본과 기업이 위기에 대처하고 인류의 생존에 기여할 수 있도록 하는 것, 임팩트 투자자의 역할 중 하나가 그것이라고 믿고 있다.

HGI를 이끌고 있는 남보현 대표는 대기업에서 프로젝트 매니저PM로 일했고 비영리 민간재단에서 일한 경력이 있다. 2016년부터 초기 구성원이자 실무자로 HGI와 함께 걸어왔고, 2020년부터 대표직을 맡고 있다. 남 대표가 HGI로 자리를 옮기게 된 특별한 계기가 있다.

비영리재단에 있을 때 꼭 투자하고 싶은 멋진 회사가 있었는데, HGI가 이 회사 창업자의 진가를 알아보고 씨앗 단계에 투자하는 것을 보고는 경영진의 안목에 대한 믿음이 생겼다고 한다. 어느 날 우연히 이 회사 창업자로부터 HGI가 사람을 뽑는다는 소식을 접하고 이직을 결심했다고 한다.

그 멋진 회사가 물류 풀필먼트fulfillment 사업을 하는 '두핸즈dohands'이다. 두핸즈는 2012년에 설립된 사회적기업이다. 노숙인을 고용해 종이 옷걸이를 제작하는 일을 하다가, 수익 창출이 어려워 2015년에 이커머스e-commerce 물류사업으로 전환했다. 재정 악화로 임직원 대다수를 떠나보내야 했던 아픔 속에서도 취약계층 고용에 대한 사명을 놓지 않고 새로운 사업에 도전했다.

현재 서비스형 풀필먼트 업계 최초로 당일배송 서비스를 제공하고 있으며, 페덱스FedEx의 단독 풀필먼트 회사로 선정되는 등 폭발적인 성장세를 이어 가고 있다.[70] 남양주, 용인 등 경기 5개 거점에 총 8,000평 규모의 풀필먼트 센터를 운영한다. 최근 '시리즈 B' 라운드에서 네이버 등으로부터 누적 320억 원의 투자를 유치해 큰 관심을 모았다.

HGI는 두핸즈의 첫 기관 투자자이다. 사회적 가치 창출과 지속 가능한 사업 모델을 함께 고민하고 재무관리 시스템 구축을 지원하는 등 조력자 역할을 해 왔다. 2020년 물류 창고에서 화재가 발생해 고객사의 물품 대다수가 불에 타 수십억 원의 피해가 발생했을 때도 함께 대책 마련을 위한 자금 확보에 나서는 등 끈끈한 동반자 관계를 유지해 오고 있다.

힘겨운 상황 속에서도 취약계층의 고용 창출이라는 사명과 사회적 기업의 정체성을 잃지 않고 역경을 이겨 낸 기업가, 그리고 냉정한 투자의 세계에서 임팩트의 가치를 놓지 않고 혁신기업의 성장을 돕는 투자회사. 이 둘의 결합이 만들어 내는 효과는 무척이나 크고 대단한 것 같다.

"HGI가 추구하는 미래상은 무엇인가?"라는 질문을 던졌다. 이에 대해 남보현 대표는 "투자는 미래를 바라보는 일이기에 당장 도움이 필요한 영역에 손을 내미는 것만큼 먼 미래에 다가올 의제들에 선제적으로 대응하는 것도 중요하다. 다음 세대를 위해 우리가 할 수 있는 일이 무엇인지 고민하고 투자하고 있다."라고 말했다. 투자회사의 대

70 박찬재 대표는 SNS를 통해, 두핸즈는 사회적 대기업이라는 목표를 달성할 때까지 도전을 멈추지 않겠다고 포부를 밝힌 바 있다.

표가 눈앞의 이익이 아니라 미래 세대를 위해 준비해야 할 것들을 고민하는 모습이 인상적으로 느껴졌다. HGI의 눈은 미래를 향해 열려 있다.

6) 사회성과연계채권 전문회사, 팬임팩트코리아

팬임팩트코리아
PAN-IMPACT KOREA LLC

'팬임팩트코리아'(이하 팬임팩트)는 2015년에 설립된 사회성과연계채권 전문회사이다.

사회성과연계채권(social impact bond, 이하 SIB)이란 비용이 많이 들고 다루기 힘든 사회문제를 정부, 민간기업, 비영리단체 등 다양한 이해관계자들이 함께 협력해 해결하는 성과outcome 기반의 보상 프로그램을 말한다. 사회 변화를 목적으로 발행하는 채권이라는 뜻에서 '사회혁신채권'으로 불리기도 한다.

SIB는 특정한 공공사업의 목표를 달성하면 그에 따라 성과 보상을 해 주겠다는, 정부와 민간 사업자 간의 이행 계약contract이다. 이 계약을 채권bond이라고 부르는 것은 성과에 비례해 수익률이 달라지는 '조건부 성공지불 채권'의 성격을 갖기 때문이다. 간단히 말해 성과 달성 정도에 따라 보상 내용이 달라지는 계약으로 이해하면 된다.

'성과'란 특정한 사업을 추구하는 구체적인 목표를 말한다. 정부의 정책 수행 과정을 평가할 때 중요하게 바라봐야 할 지점 중 하나가 산출output과 성과outcome의 차이이다. '산출'이란 활동activity을 통해 드러난 결과물을 의미한다. 산출만 있고 성과가 적다면 성공한 정책이라고 할 수 없다. 이 정책을 통해 긍정적인 효과effect를 창출하지 못했기 때문이다.

지방정부가 청년실업 해소를 위해 지역의 유휴시설에 푸드코트를 만들고 외식 창업을 희망하는 청년들을 입주시키는 정책을 펼쳤다고 해 보자. 이 정책의 '산출물'은 창업한 청년들의 숫자다. 하지만 이 정책이 제대로 된 '성과물'을 만들어 내려면 가게를 유지할 만한 매출이 발생해야 한다. 하지만 이 푸드코트에 사람들의 발길이 이어지지 않는다면 목표 달성에 실패한 것으로 봐야 한다.

SIB의 기본 구조와 작동 흐름은 이러하다. ①사회문제 해결에 관심이 있는 사회적 투자자가 사업 운영기관PM과 계약을 체결하고 투자를 결정한다. ②운영기관은 실제 사업을 실행할 서비스 제공 기관과 이행계약을 맺는다. ③서비스 제공 기관은 사업 종료 후 진행 결과를 정부에 보고한다. ④정부는 사업 수행 결과를 측정해 약속한 보상금을 지급한다. ⑤운영기관은 보상금을 받아 투자자들에게 계약 원금과 성과급incentive을 돌려준다.

실제로 참여자들 간의 관계는 법적 계약으로 이루어진다. 투자자는 운영기관과 투자 계약을 체결하고, 운영기관은 서비스 제공 기관 및 정부와 각각 계약을 맺는다. SIB 계약의 핵심은 운영기관과 정부가 맺는 계약이다. 이 계약에서 운영기관이 수행해야 할 과업의 목표치와, 성과 달성 여부에 따라 정부가 제공할 보상 기준을 결정하기 때문이다.

정부 입장에서는 사회문제 해결을 위해 바로 재정을 투입하지 않아

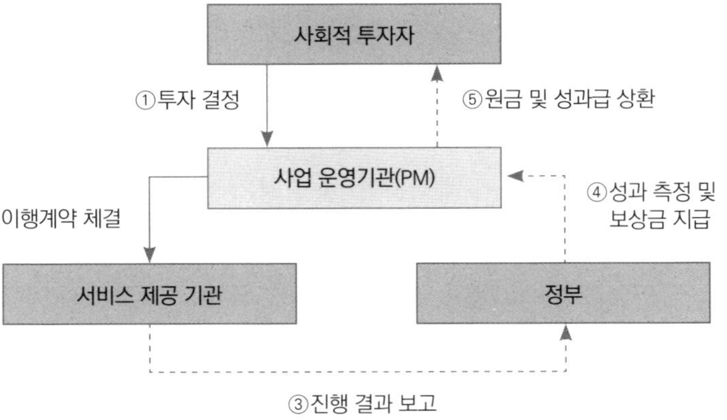

사회성과연계채권 구조 및 흐름, 영국 social finance

도 되므로 예산 효율을 높일 수 있다. 운영기관은 목표 달성을 위해 성실히 업무에 임할 가능성이 커서 높은 성과를 기대할 수 있다. 서비스 제공 기관은 정부 사업을 실행할 기회를 얻는다. 투자자들은 사회적 가치와 함께 일정한 수익도 기대할 수 있다는 점에서 매력을 느낀다. 참여자 모두가 만족할 만한 모델이다.

문제는 사업 성과가 목표에 미달하는 경우이다. 만일 정부가 목표 실패 시 원금을 돌려주지 않는 조건으로 계약을 체결하면 투자자 모집이 힘들 수 있다. 목표 설정 기준도 중요하다. 목표를 너무 높게 잡으면 성과 달성이 어려워 사업이 표류할 가능성이 있고, 너무 낮게 잡으면 예산 낭비라는 지적이 제기될 수 있기 때문이다.[71] 정밀한 검토가 필요한 대목이다.

71 "평가 방식을 어떻게 할 것인가?"도 SIB 사업의 쟁점 중 하나이다.

2010년 영국 피터버러에서 첫 실험을 시작한 이래 SIB는 미국, 유럽, 호주, 인도 등 전 세계로 수출되어 2021년 현재 30개 이상의 국가에서 200개가 넘는 프로젝트가 진행되었다. 적용 분야도 무척 다양하다. 국가마다 차이가 있지만 소외계층 자립 지원, 아동 및 청소년 문제, 청년실업 해결, 범죄 예방, 재가 복지home care, 보건 및 환경 문제 개선 등이 대표적인 사업 영역이다.

우리나라는 2016년에 서울시가 아동복지시설에 거주하는 경계선 지능 아동[72]을 대상으로 인지 능력 및 사회성 향상을 목표로 진행한 사업이 첫 번째 사례이다. 민간 투자금 약 11억 원을 재원으로 2019년까지 총 3년간 진행된 서울시 'SIB-1호' 사업은 수혜 아동(100명) 중 52.7%가 인지 능력과 사회성이 향상된 것으로 평가되어 원금 상환 기준(33%)을 초과 달성했다.

사업 종료 후 운영기관은 서울시로부터 약속된 성과 보상금을 받아 투자자들에게 원금과 인센티브(약 25%)를 돌려주었다. 국내에 SIB와 관련된 기반과 선례가 없는 상태에서 추진된 사업이어서 투자자 모집 등 애로 사항이 많았지만, 운영기관과 서비스 제공 기관이 협력해 의미 있는 성과를 거두었다. 이 사업의 총괄 운영을 맡은 기관이 바로 팬임팩트이다.

팬임팩트가 지방정부와의 협력 사업을 성공적으로 마무리하기까지 많은 어려움이 있었다. 지자체 공무원의 실수로 예산에 운영 수수료

---

72 '느린 학습자'로 알려진 경계선 지능 아동이 성인이 될 경우 기초생활수급자가 될 비율은 약 30%여서, 일반 아동의 15배가 넘는 것으로 알려져 있다.

가 반영되지 않는 바람에, 성과 보상금이 지급되기까지 4년 이상을 무보수로 일했다. 직원들에게는 어떻게 해서든 급여를 지급했지만, 대표는 무급으로 버텨야 하는 날들이 이어졌다. 어느 날, 대표가 퇴근해서 가방을 열어 보니 봉투가 들어 있었다. 창업 동료 한 명이 급여 절반을 떼어서 준 것이었다. 다음 날 봉투를 돌려주려 했지만 "대표가 힘들어서 포기하게 되면 회사도 문을 닫아야 한다. 대표가 제일 고생하는데, 어려움을 나누는 건 당연한 거다."라며 완강히 거절했다. 진심 어린 이야기에 감동했고, 이런 마음에 힘입어 끝까지 포기하지 않고 어려운 시간을 이겨 낼 수 있었다고 한다.

'SIB-1호' 사업 종료 후 팬임팩트는 서울시와 청년실업 해소를 위한 'SIB-2호' 사업 운영 계약을 체결했다(2019년 8월). 현재 일자리가 없는 만 19~34세 청년 500명을 대상으로 직무교육이나 창업 컨설팅 등 관련 프로그램을 운영하고, 3년 후 취업이나 창업에 성공한 인원 비율에 따라 성과 보수를 지급하는 사업이다. 사업비는 총 30억 원이다.

서울시 SIB 사업이 의미 있는 성과를 올리면서 다른 지방자치단체에서도 관심이 높아지고 있다. 충남 부여군은 치매 전 단계인 경도 인지장애[73] 어르신들을 위한 재활훈련 프로그램을 SIB 사업 방식으로 풀어내기로 하고 팬임팩트와 사업 운영 계약을 체결(2020년 9월)했다. 경도 인지장애를 앓는 어르신들의 치매 발병률을 줄이기 위한 사업이다. 총 3년간 진행되는 이 사업은 표본집단 어르신에게 재활훈련 프로

73 우리나라 노인층의 치매 발병률은 2% 내외이나, 경도 인지장애가 치매로 이어질 가능성은 15%가 넘는 것으로 알려져 있다.

그램을 실행하고 매년 치매 발병률을 측정해 발병률을 7.5% 이하로 낮추는 것이 목표이다. 성과 달성 시 발병률 수치에 따라 투자 금액의 최대 24%를 인센티브로 제공하는 방식으로 설계되었다. 이 사업이 성공하면 국내에서 세 번째 성공 사례가 된다.[74]

최근 팬임팩트는 블록체인blockchain을 활용한 '스마트 SIB' 모델을 개발했다. 블록체인과 결합한 별도의 거래 프로그램을 통해 투자자들과 SIB 투자 계약을 맺어 수익 산출을 자동화하고 투자자가 원하면 이를 증권화해 시장에서 거래할 수 있도록 하는 방식이다. 앞으로도 블록체인을 활용한 새로운 사업들을 추진할 계획이다.

팬임팩트를 설립한 곽제훈 대표는 공익사업에 관심이 많아 사회적 금융 중개기관에서 일하다가 SIB 사업의 미래 가능성을 보고 2015년에 회사를 창업했다. 기존에 없던 새로운 시장을 만들어 가고 있는 개척자이다. "사업 추진 시 가장 힘든 점은 무엇인가?"라는 질문에 "SIB 사업을 규율하는 법률이 없다는 게 제일 큰 애로 사항"이라는 답변이 돌아왔다.

그간 여러 차례 국회에서 관련 법률안이 발의되었으나 법 제정에 실패해 지자체 조례에 의지해 사업을 하다 보니 운영상의 제약이 많다는 뜻이다. SIB 사업이 안정적으로 추진되려면 관련 입법이 꼭 필요하다. 미국과 유럽연합에서는 지방정부는 물론 중앙정부 차원에서 SIB 사업을 활성화하기 위한 법률 제정 및 정책 지원을 아끼지 않고

74 두 번째 성공 사례는 경기도가 기초생활수급자의 탈수급을 위해 추진한 사업(2017년)이다. 프로그램 참가 인원의 20%가 탈수급 기간을 1년 이상 유지하는 것을 목표로 3년간 추진되었다. 최종 평가 결과, 탈수급자 비율 20.2%를 달성했다.

있다.

현재 국내에서 SIB를 다루는 중개기관은 일부 존재하지만, SIB 사업을 전문으로 설립된 회사는 팬임팩트가 유일하다. 팬임팩트pan-impact는 보편적이고 긍정적인 영향력이라는 뜻이다. 올바른 아이디어와 지식, 사업을 통해 사람들의 생각을 바꾸고 제도와 시스템을 변화시키는 데 기여한다는 목표를 가지고 있다. SIB의 성공 모델이 많이 만들어져 세상에 긍정적인 영향력을 널리 퍼뜨리기를……

7) 사회혁신을 추구하는 사회적금융 전문회사, 한국사회혁신금융

한국사회혁신금융
Korea Social Innovation Finance

관계금융의 가치

장애인에게 일자리를 제공하고 지역사회 활동도 열심인 사회적기업가가 있었다.
사업 초반, 회사는 안정적으로 잘 유지되고 있었다. 하지만 무리한 시설 투자와 코로나로 인한 매출 감소로 유동성 위기에 빠져들었다. 직원들 임금과 퇴직금을 줄 돈이 없었다. 금융회사를 이용할 길이 막히자 어쩔 수 없이 고금리 사채를 빌려 돌려막기를 하는 상황에 이르렀다. 회사는 파산 위기에 몰렸다.
어떻게든 회사를 살리기 위해 한국사회혁신금융에 도움을 요청했다. 평소 신망이 높은 기업가였기에 사회혁신금융은 대책 마련에 착수했다. 경영 진단 결과, 담보력과 수익 창출 역량이 나쁘지 않다고 보고 채무불이행 가능성은 제한적이라는 자료를 만들어 여러 사회적금융 중개기관에 보냈다. 사회혁신금융의 기업 진단 보고서를 신뢰하는 기관들에서 긍정적인 회신이 돌아왔다. 파산 위기를 넘길 수 있게 된 것이다.
이 회사는 총 5억 원의 자금을 대출받아 어려운 고비를 넘기고, 경영 효율화를 위한 전문가 자문을 통해 지금은 회복기에 접어들었다. 만일 이 사회적기업가가 주변 사람들에게 믿음을 주지 못했다면, 사회혁신금융의 도움을 받지 못했다면, 사회혁신금융이 제공한 보고서를 중개기관들이 신뢰하지 않았다면 어떻게 되었을까? 관계금융의 가치를 새삼 일깨워 주는 사례이다.

'관계금융'이란 금융회사가 고객과 장기간에 걸쳐 거래를 지속하고 여기서 취득한 정보를 계속 거래에 활용하는 것을 뜻한다. 재무제표에 드러난 재무적 정보뿐 아니라 경영 철학, 주변인의 차주借主에 대한 신뢰도, 책임 의식 등 비재무적 정보를 종합적으로 살펴보고 지원 여부를 결정하는 것이다. 사회적금융의 작동 방식은 관계금융을 기반으로 한다.

'한국사회혁신금융'(이하 혁신금융)은 2016년에 설립된 사회적금융 전문 기관이다. 사회적경제기업을 포함, 사회문제 해결을 위해 일하는 조직에 금융 서비스를 제공함으로써 사회적 가치를 실현한다는 기업 이념을 갖고 있다. 사회를 혁신할 수 있는 금융 질서를 만들어 간다는 뜻에서 회사명을 '사회혁신금융'이라고 지었다. 2018년에 정식 인증을 받은 사회적기업이기도 하다.

혁신금융의 사업 분야는 자금 중개, 기업 육성, 자문 및 컨설팅, 정책 연구 등 사회적금융과 관련된 다양한 영역에 걸쳐 있다. 서민금융진흥원, 서울시 등 공공기관 자금을 받아 혁신기업을 지원하고 공동체 기금이나 지역기금을 위탁 운용하는 업무도 한다. 2019년에는 신용보증기금이 구축한 사회적경제기업 평가 시스템 개발 작업에도 참여했다. 자금 중개기관이면서 컨설팅회사인 셈이다.

대출 중개를 위한 대부 및 대부중개업, 경영참여형 사모집합투자기구 업무 집행사원,[75] 액셀러레이터 등 금융 관련 자격증도 여럿 가지고 있다. 다양한 사업 영역에서 실전 경험을 축적해, 제도권 안에서 공신력을 갖춘 전문회사로 자리매김하기 위한 작업의 일환이다. 실제로 혁신금융은 전국을 무대로 다수의 기관과 크고 작은 사업을 수행하고 있다.

사회혁신기업들이 직접 조성한 '공제기금'도 운용한다. 현재 140개 기업이 참여하고 있으며 출자금은 약 8억 원이다. 이 돈을 기반으로 공공이나 민간 자금을 매칭받아 자금 풀pool을 만들어 무담보+무보증으로 대출을 해 준다. 지금까지 대출한 금액은 120억 원을 상회한다. 기금 안정성을 높이기 위해 대출을 검토할 때 회원사 두 곳의 추천을 받아 평판을 살펴본다.

지난 6년간 각종 기금을 통해 혁신기업들에 제공한 자금은 390건에 160억 원 수준이다. 유형별로 살펴보면 사회적기업(70%)이 가장 많고

---

75 PEF(Private Equity Fund)의 전문 운용자를 말한다. PEF 자격을 취득하려면 자본시장법이 정한 요건을 갖추어야 한다. 사모집합투자기구는 무한책임사원(GP)과 유한책임사원(LP)으로 구성된다.

소셜벤처(17%), 협동조합(12%), 비영리단체(2%) 순이다. 지역별로는 수도권과 비수도권이 80:20으로 분포한다. 영역별로는 고용 29%, 문화·예술 14%, 환경 11%, 교육 10% 순이다. 회수 실적도 양호하다.[76] 상호 신뢰를 기초로 한 관계금융을 통해, 사회적경제 영역에 특화된 중개기관 역할을 하고 있다.

공제기금 운영을 통해 축적된 경험을 바탕으로 공공기금과 지역기금도 위탁받아 운영한다. 대구 사회적경제 혁신기금 운용업무 위탁, 광진구 사회경제 네트워크 협동기금 운용업무 위탁, 서민금융진흥원 사업수행기관 수행, 성동구 사회적경제 활성화기금 융자 수행기관 수행, 강원랜드 희망재단 희망기금 수행기관 수행, 서울시 사회투자기금 수행기관 선정(6년 연속) 등이 대표적이다.

금융 인프라 구축 사업도 진행하고 있다. 혁신금융은 2018년에 자체적인 기업 평가 시스템을 개발했다. 사회적경제 조직의 특성에 맞게 개발한 것이다. 신용조회회사가 제공하는 정보를 기반으로 재무적 가치를 평가하고, 사회적 성과지표에 기초해 사회적 가치를 평가한 다음, 동료 기업들이 생각하는 평판 가치를 종합해 최종 점수를 산출하는 방식이다. 현재 2,000개 이상의 기업 평가 데이터가 축적되었다.

2019년에는 신용보증기금, 신용조회회사 '이크레더블'과 함께 사회적경제기업 평가 시스템 개발에 참여했다. 사회적금융 중개기관들이 널리 사용할 수 있는 평가 도구를 개발해 표준화하려는 것이다. 이와 별도로 혁신금융은 기금 관리 프로그램을 개발해 공동체 기금이나

76 2020년 말 기준, 부실률은 2.16% 수준이다.

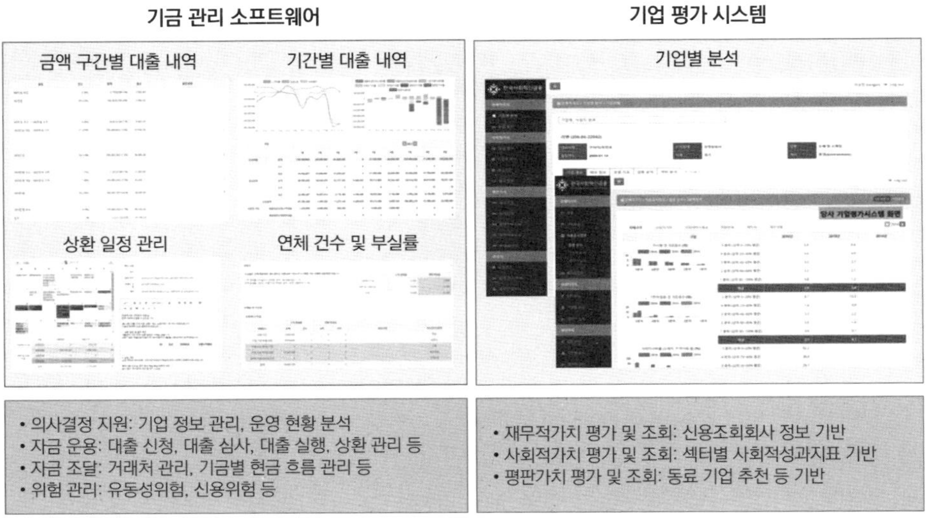

금융 IT 솔루션, 한국사회혁신금융

지역기금 등 자조기금을 운용하고자 하는 곳에 제공한다.[77] 해당 기관의 특성에 따라 맞춤형 시스템을 구축하고 유지, 보수해 주는 방식이다.

혁신기업들의 재무 역량을 강화하기 위한 컨설팅 사업도 추진하고 있다. 컨설팅 영역은 ①재무 교육 ②재무 분석 및 관리 방안 수립 ③재무 전략 및 계획 수립 ④기업 가치 평가 및 자금 조달의 네 영역으로 구분된다. ①재무 교육은 기업 경영에서 재무관리가 왜 중요하며 어떻게 해야 하는지를 사례 분석을 통해 실습하는 과정이다. ②재무

77 현재 전국주민협동연합회, 노동공제연합 풀빵, 신나는조합, 한국사회가치연대기금, 경남사회가치대부 등 총 14개 기관이 사용 중이다.

분석 및 관리 방안 수립은 비용 분석, 재무비율 분석 등을 통해 과거와 현재의 경영 현황을 분석하고 개선 방안을 도출한다.

③재무 전략 및 계획 수립은 중장기 재무 계획 수립, 신규 사업에 대한 손익 추정을 통해 기업들이 합리적인 사업 계획을 수립할 수 있도록 돕는 과정이다. 시장 분석 데이터를 기반으로 비즈니스 모델별 매출 계획 수립, 과거 재무 분석 데이터에 기초한 매출원가 및 판매관리비 추정을 도운 다음 가까운 미래에 예상되는 손익계산서 및 재무상태표를 제공해 준다.

④기업 가치 평가 및 자금 조달은, 외부 투자 유치를 통한 자금 조달 계획이 있거나 사회적기업 인증을 위해 자본 구조를 개선하고자 하는 기업의 재무 계획 수립을 지원하는 과정이다. 미래 현금 흐름을 추정해 기업 가치를 평가하고 재무분석을 통해 주요 재무비율을 분석한 다음 투자 검토의견서를 작성해 준다. 회사 현황에 맞는 금융기관 추천 및 신청 절차도 지원한다.

혁신금융을 창업한 이상진 대표는 금융지주회사와 컨설팅회사에서 일한 경력을 가지고 있다. '카이스트 사회적기업가 MBA 과정'을 거치면서 사회적기업과 사회적경제에 관심을 가지게 되었고, 사회적금융 생태계를 만들겠다는 포부로 안정적인 직장을 그만두고 혁신금융을 창업했다. 최근에는 한국형 대안 은행을 꿈꾸는 '사회연대신협'을 만드는 일에도 깊게 관여하고 있다.

"혁신금융이 꿈꾸는 미래상은 무엇인가?"라는 질문에 "금융을 통해 우리 사회가 좋은 방향으로 바뀔 수 있도록 도움을 주는 것이다. 사회가 변하려면 새로운 생각과 접근법으로 혁신을 추동하는 기업과 조직이 늘어나야 한다. 그리고 이들을 지원할 수 있는 금융 구조가 필요하다. 혁신기업을 도움으로써 사회를 혁신하는 데 도움이 되고 싶다."라고 말했다.

사회적금융을 실행하는 방법은 크게 두 가지가 있다. 하나는 예금을 통해 자금을 조달하고 '융자' 방식으로 지원하는 사회적 은행 방식이고, 다른 하나는 투자자로부터 자금을 조달해 혁신기업에 '투자'하는 전문회사를 설립하는 것이다. 현재 혁신금융은 융자 경험을 바탕으로 사회적 은행[78]을 만드는 작업과 함께, 다른 시민 공제기금과의 통합을 통해 규모화를 도모하는 것을 고민하고 있다.

혁신금융이 기금 운용과 기업 육성사업에서 축적한 경험은 향후 진로에 귀중한 밑거름이 될 것이다. 누군가 앞서 길을 걸어가면 그 뒤를 따라가는 이가 있기 마련이다. 그러므로 계속해서 앞으로 나아가는 게 중요하다. 혁신금융이 어느 길로 들어서든, 처음 회사를 설립한 이유와 목표를 잃지는 않을 것 같다. 지금까지 걸어온 발자국이 그 증거이다.

8) 자본시장과 혁신기업가를 잇는 다리, 인비저닝파트너스

envisioning partners

"자본시장과 혁신기업가를 잇는 다리를 짓는다."

'인비저닝파트너스'가 정의하고 있는 회사의 좌우명이다. 임팩트 모

78 3장에서 살펴본 '사회연대신협'을 말한다.

델과 비즈니스 모델이 유기적으로 연결된 사업에 투자하는 것. 임팩트 투자의 관점과 방식을 고도화하고 인류와 사회, 지구 환경을 위해 자본의 역할을 새롭게 해석하는 것. 성격이 다른 두 세계를 연결하는 다리가 된다는 것은 그런 의미를 내포한다.

인비저닝파트너스는 우리 시대의 중요한 사회적, 환경적 문제를 시장의 기회로 전환하는 기업에 투자한다. 사업 모델 안에 임팩트가 녹아 있고, 해결하려는 사회문제에 근본적인 변화를 일으킬 수 있으며, 탁월한 지도자와 팀을 보유한 창업기업이 그들이 찾는 회사이다. 비즈니스를 통해 세상을 바꿀 수 있는 준비된 선수들을 찾아 날개를 달아 주려 한다.

'인비저닝파트너스'(이하 인비저닝)는 2021년에 설립된 임팩트 투자 회사이다. 2016년 옐로우독yellowdog이라는 이름으로 출발했고, 설립자의 뜻에 따라 2021년에 독립해 새 둥지를 마련했다.[79] 형제 회사인 셈이다. 인비저닝envisioning은 미래를 그려 나간다는 뜻이다. 임팩트 투자 전문회사로서 이 시장의 미래를 개척하는 선발 주자가 되겠다는 의지와 포부가 담겨 있다.

인비저닝은 뛰어난 혁신기업가를 선제적으로 발굴해 적극적으로 투자하는 전략을 가져가고 있다.[80] 투자를 결정한 후에는 기업과 긴밀한 관계를 유지하며 이들이 올바로 성장할 수 있도록 돕는다. 투자 대상 기업의 유전자에 임팩트 모델이 녹아들게 함으로써 사업의 성장

---

79 '옐로우독'은 신기술사업금융회사로, 설립자는 다음 커뮤니케이션 창업자인 이재웅 대표이다.
80 비즈니스 모델이 공고해지는 '시리즈 A'에서 '시리즈 B' 단계에 집중적으로 투자한다.

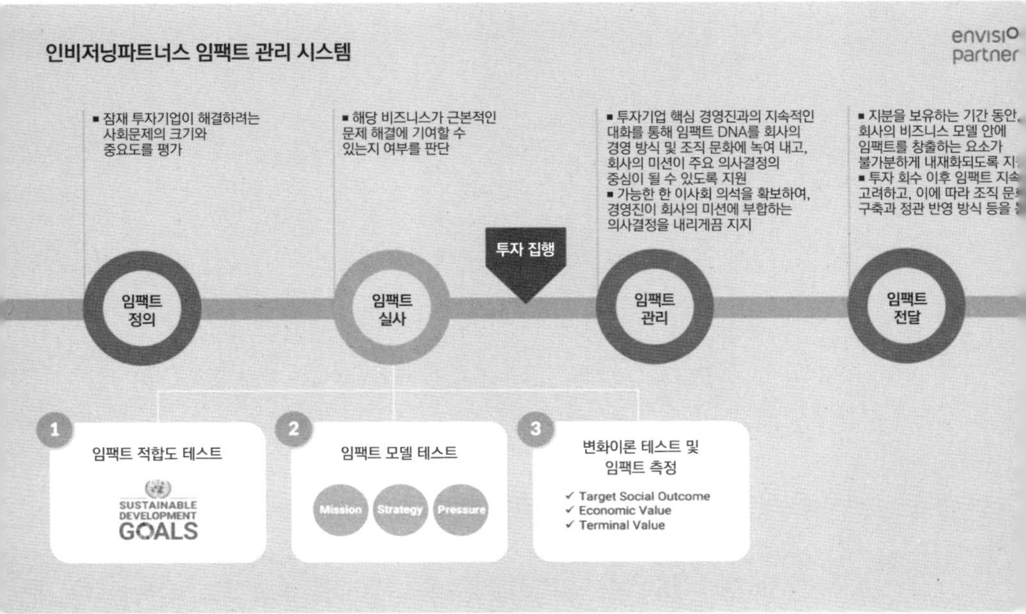

임팩트 관리 시스템, 인비저닝파트너스

과 임팩트의 창출이 나란히 가속화되도록 지원하는 것이 목표이다.

이를 위해 ①정의 ②실사 ③관리 ④전달이라는 4단계 임팩트 관리 시스템을 운영한다. 투자의 방향성과 지속성을 유지하기 위한 장치이다. ①정의 단계에서는 투자 대상 기업이 해결하려는 사회문제의 크기와 중요도를 평가한다. 인비저닝의 투자 관점과 철학에 부합하는 곳인지, 투자를 통해 어떤 변화를 만들어 낼 수 있는지를 정의하는 단계이다.

②실사는 실제 투자 여부를 결정하는 단계로서 적합도, 모델, 변화이론의 3가지 검증 절차를 거치도록 설계했다. 적합도 검증은 유엔 지

속가능개발목표UN SDGs에 직접적으로 기여하는지를 판단하는 과정이다. 인비저닝이 우선순위로 삼은 목표 중 한 가지 이상을 포함해야 투자 검토가 이루어진다.

모델 검증은 투자 대상 기업의 사명과 전략, 영향력을 판단하는 과정이다. 해결하려는 사회문제와 연결된 사명을 구체적으로 정의하고 있는지, 정관 등 구속력 있는 문서에 이를 명시하고 있는지를 살펴본다. 또한 사업 모델이 사회문제 해결에 직접적으로 기여하는지, 나아가 임팩트 지향을 유지하도록 영향력을 행사할 수 있는 주주 구성이나 투자 조건을 확보했는지를 확인한다.

변화 이론[81] 검증은 기업이 달성하고자 하는 목표와 단계별 요소를 변화 이론의 틀에서 정의하는 것이다. 향후 기대할 수 있는 잠재적 임팩트의 가치를 평가하는 과정이다. 이를 바탕으로 향후 관리해야 할 임팩트 성과지표Impact KPI를 도출한다. 투자 이후 임팩트의 영향력을 지속하기 위한 기준을 정립하는 것이다.

인비저닝의 핵심 투자 영역은 기후변화, 건강한 삶wellness, 교육, 미래 노동이다. 2021년 말까지 이 영역에서 활동하는 국내외 30개 이상의 기업에 투자했다.[82] '기후변화'는 기후 위기에 효과적으로 대응할 수 있는 전문성을 갖춘 기업들이 주요 투자 대상이다. '건강한 삶'이란 건강한 먹을거리와 생활 방식, 질 좋은 헬스케어 서비스를 제공하는

81 'Theory of Change'는 궁극적 목표를 달성하기 위해 거쳐야 하는 변화의 과정들을 인과관계에 기초해 단계별로 정의하는 접근법을 말한다. 논리 모형(logic model)이 프로그램 구성 요소를 단계별로 정리한 것이라면, 변화 이론은 목표로부터 출발해 그 목표를 이루기 위해 충족되어야 할 조건들이 무엇인지를 설명한다는 점에서 차이가 있다.

82 2021년 현재 운용자산은 약 1,600억 원이다.

사업을 말한다. '교육'은 아동부터 성인에 이르기까지 물리적·경제적 인 장벽을 뛰어넘는 교육 접근성을 제공하는 사업, 미래 세대를 위한 혁신적인 교육 모델을 제시하는 사업에 투자한다. '미래 노동'은 일자리의 질과 다양성을 강화할 수 있는 해법과 대안을 제시하는 기업, 노동시장 내의 수요·공급 간 불일치를 해결하는 사업 모델이 주요 투자 대상이다.

인비저닝은 4가지 핵심 영역 중 기후변화 대응을 위한 투자를 최우선 순위에 두고 있다. 기후변화는 지구 환경을 토대로 삶을 꾸려 온 인류에게 가장 시급하고 중대한 의제이다. 기후 위기를 타개하기 위해서는 탄소배출을 원천적으로 줄이는 기술뿐만 아니라 달라진 환경에서 살아가도록 돕는 적응 기술도 필요하다.

현재 시점에서 기후 관련 기술은 특정한 영역만의 문제가 아니라 산업의 전 분야, 나아가 사회 전체를 가로질러 적용 가능한 다양한 대안을 요청받고 있다. 거대한 시장이 만들어질 가능성이 크다는 뜻이다. 인비저닝은 혁신적인 기후 기술을 통해 인류에 닥친 전대미문의 위기를 해결하려는 뛰어난 기업가들을 발굴, 지원하는 데 총력을 기울이고 있다.

식물성 대체육肉을 만드는 '언리미트(한국),' 갑각류 배양육肉을 제조하는 '시옥미트(싱가포르),' 바나듐레독스흐름전지(VRFB) 전문 업체 '에이치투(한국),' 친환경, 고성능 저온 운송 기술 기업 '에스랩아시아(한국),' 탄소중립 항공유를 생산하는 '디멘저널에너지(미국),' 플라스틱 업사이클링 기술 전문회사 '노보루프(미국),' 폐건전지 재활용 수준을 고도화한 '그린라이언(싱가포르),' 혼방섬유를 재생하는 '서크(미국)' 등이 그동안 투자를 진행한 대표적인 기후환경 회사들이다.

2021년 12월에는 768억 원 규모의 '기후 기술 펀드'를 신규로 결성했다.[83] 기후 기술 관련 기업에만 집중적으로 투자하기 위한 기금으로, 순수 민간 자금으로 조성한 국내 최초의 펀드이다. 기후 및 환경 영역에서 그동안 인비저닝이 쌓아 온 경험과 전문성, 해외 투자 네트워크 등을 토대로 국내외 기후환경 혁신기업들이 도약할 수 있도록 지원할 예정이다.

인비저닝의 제현주 대표는 유명 컨설팅회사와 투자은행, 사모펀드 운용사에서 10년 이상 일한 기업 재무 및 투자 전문가이다.[84] 2010년 업계를 떠난 후 그간 몸담았던 자본시장과 투자 업계를 외부자의 시선으로 탐구하다가 2017년에 옐로우독 대표로 취임하면서 투자 생태계로 복귀했다. 창업투자 업계에서 주목받는 여성 지도자 중 한 명이기도 하다.

"현재 인비저닝의 가장 큰 도전은 무엇인가?"라는 질문에 "책임 투자자GP로서 전문성과 실력을 갖추는 것"이라는 답변이 돌아왔다. 기후 문제를 해결하는 혁신기업들에 투자하려면 기후와 환경에 대한 많은 양의 공부와 학습이 필요하고 그 바탕 위에서야 비로소 제대로 된 투자를 할 수 있을 것이라는 뜻이다. 겸손함 속에 치열한 도전 의지가 담겨 있다.

"돈은 세상에 변화를 만들어 낸다. 돈이라는 추錘가 움직이면 연속

---

83 정식 이름은 '인비저닝 클라이밋 솔루션 펀드(Envisioning Climate Solutions Fund)'이다.
84 그는 10권이 넘는 투자 관련 서적을 출판한 저자이기도 하다. 최근 임팩트 투자와 ESG, 자본 이동에 관한 이야기를 담은 책 《돈이 먼저 움직인다》(2021)를 집필했다.

되는 진자 운동을 만들어 내고 그 진자 운동의 결과가 다시 돈으로 돌아온다. 그것이 투자의 본질이다. 훌륭한 투자자는 이 진자 운동의 효과를 예측하고 대처할 수 있는 사람이다. 임팩트 투자자는 예측에서 끝나는 것이 아니라, 운동의 효과가 세상을 이롭게 만들도록 돕는 사람이다."[85]

그의 말처럼, 돈의 쓰임이 세상을 더 이롭게 하려면 돈의 흐름 안에서 투자의 방향을 정하고 의미 있는 성과를 창출할 수 있는 눈과 실력이 필요하다. 환경 위기가 눈앞에 다가오면서 ESG가 유행처럼 번지고 있고, 임팩트 영역으로 많은 돈이 흘러 들어오고 있다. 위기는 곧 기회이다. 이 기회를 올바로 활용해야 할 책임 또한 크다. 인비저닝 앞에 크고, 위험하고, 담대한 목표와 도전이 기다리고 있다.

3. 시민 투자 플랫폼

시민 투자 플랫폼은 가장 최근에 도입된 금융 영역이다. 기업이 필요한 자금을 조달하는 전통적인 방법은 은행을 통해 대출을 받거나(간접 금융), 금융시장에서 주식이나 채권을 발행하는 것(직접 금융)이다. 시민 투자 플랫폼은 온라인을 통해 다수의 소액 투자자로부터 자금을 모집하는 방법이라는 점에서 기존 접근법과 구별된다. 투자를

85 제현주, 《돈이 먼저 움직인다》, 2021, 서문(p. 11)에서 발췌.

희망하는 기업과 투자에 관심이 있는 투자자가 공개 시장에서 만나 거래하는 방식이다.

이 새로운 거래 방식을, 불특정 다수의 사람에게서 자금을 모은다는 뜻의 크라우드펀딩crowd funding 혹은 개인과 개인을 연결한다는 뜻의 P2Ppeer to peer 금융이라고 한다. 온라인을 통해서 자금을 모은다는 것은 같지만 명칭과 작동 방식, 규율하는 법률[86]이 다르다. 크라우드펀딩은 '온라인 소액투자 중개업,' P2P 금융은 '온라인 투자연계 금융업'이라고 부른다.

절박한 상황에 놓인 사람을 돕기 위해 주변 사람들이 십시일반 돈을 모아 건네주는 일은 우리 주변에서 흔히 볼 수 있는 광경이다. 폐업 위기에 몰린 동네 빵집을 살리기 위해 단골손님 몇몇이 호주머니를 털어 돈을 빌려주고, 빵집 주인은 돈을 빌려준 답례로 이자 대신 신선한 빵을 전달하는 장면을 떠올리면 된다.

하지만 온라인을 통해 다수의 사람으로부터 돈을 모금해 투자하는 거래 방식이 본격화된 것은 최근의 일이다. 아프리카의 가난한 소상공인과 자영업자를 위한 무담보 소액대출 사업을 온라인 방식으로 중개하는 키바KIVA[87]가 대표적인 사례이다. 미국과 유럽을 중심으로 산업으로 발달하기 시작했고, 우리나라는 약 10년 전부터 조금씩 시장이 만들어지고 있다.

---

86 크라우드펀딩은 '자본시장과 금융투자업에 관한 법률,' P2P 금융은 '온라인 투자연계 금융업 및 이용자 보호에 관한 법률'의 규율을 받는다.

87 2005년에 설립된 비영리 마이크로크레디트 기관이다. 온라인을 통해 세계 76개 나라의 가난한 사업자들을 위한 무담보 대출 사업을 진행한다. 현재까지 200만 명 이상에게서 자금을 모집해 400만 명 이상을 도왔다. 회수율은 96%가 넘는다. www.kiva.org

크라우드펀딩은 온라인 플랫폼을 통해서 기업과 프로젝트에 투자하는 방식이다. 크라우드펀딩 플랫폼에 접속하면 '이런 사업을 하려고 하니 투자해 주십시오.'라는 호소문이 붙은 프로젝트가 여럿 등장한다. 플랫폼의 역할은 투자자(개인이나 법인)와 투자처(기업이나 프로젝트)가 만나는 장을 제공하는 것이다. 투자가 이루어지면 투자처는 계약 내용에 따라 투자자에게 보상하게 된다.

한편 P2P 금융은 개인이 개인에게 돈을 빌려주는 방식이다. P2P 전문 업체 홈페이지를 방문하면 '우리에게 돈을 빌려주시면 몇 % 금리로 언제까지 원금과 이자를 상환하겠습니다.'라는 내용의 모집 홍보를 접할 수 있다. 플랫폼의 역할은 대출을 희망하는 차주借主와 돈을 빌려줄 의향이 있는 투자자를 연결하는 것이다. 크라우드펀딩 기관을 '증권회사,' P2P 중개회사를 '은행'이라고 생각하면 된다.

시민 투자 플랫폼을 통한 자금 조달은 크게 네 가지 유형으로 나뉘는데 ①증권형 ②대출형 ③후원형 ④기부형이 그것이다. ①증권형은 투자한 회사 주식의 권리 일부equity를 돌려받는 방식이고, ②대출형은 자금을 빌려주고 원금과 이자를 회수하는 방식이다. ③후원형은 후원의 대가로 금전적 보상 대신 후원처가 제공하는 물품 또는 사용권을 받는다. ④기부형은 말 그대로 보상을 바라지 않고 도움을 주는 것을 말한다.

크라우드펀딩 플랫폼(온라인 소액투자 중개업)은 ①증권형과 ③후원형을 중심으로 움직이고, P2P 금융(온라인 투자연계 금융업)은 ②대출형을 주로 다룬다. 인터넷을 활용한 비대면 금융 거래가 보편화되면서 크라우드펀딩과 P2P 금융 관련 플랫폼 사업자가 계속 증가하는 추세이다. 그로 인해 유령상품을 통한 허위 모집 사례도 발생하고 있으니 주의가 필요하다.

크라우드펀딩과 P2P 금융은 투자자와 투자처 혹은 돈을 빌려주는 이와 빌리는 이들이 거래하는 방식이기 때문에, 플랫폼 제공자는 투자에 대한 법적 책임을 지지 않는다. 투자에 대한 책임은 투자자에게 있다. 2019년 '온라인 투자연계 금융업 및 이용자 보호에 관한 법률'이 제정되는 등 플랫폼 제공자의 법적 자격과 요건이 점점 강화되는 추세이다.[88]

플랫폼 사업자가 법적 책임이 없다는 것은 투자처의 정확한 정보를 투자자에게 전달할 책임이 크다는 뜻이기도 하다. 투자처의 정보가 정확하지 않으면 투자자들은 이내 플랫폼에 대한 신뢰를 잃고 떠나 버릴 것이다. 따라서 온라인 투자 플랫폼을 운영하는 기관들은 투자나 대출 희망자들에 대한 심사 과정을 신중히 다룬다. 고객인 투자자를 보호하기 위해서이다.

일반 투자자를 상대로 크라우드펀딩이나 P2P 금융을 중개하는 플랫폼 사업자는 많이 존재한다. 하지만 가치투자를 전문으로 하는 사업자는 매우 드물다. 사회적으로 가치 있는 사업을 통해 수익을 창출할 능력이 있는 기업과 프로젝트를 발굴하는 일이 쉽지 않기 때문이다. 아무리 가치가 높아도 손실이 생기면 투자자는 외면할 것이고, 그 피해는 고스란히 사업자에게 미치기 마련이다.

---

88 온라인 투자연계 금융업자로 허가를 받으려면 자기자본 5억 원 이상, 전산 전문 인력 및 물적 장비, 이용자 보호 방안 등의 조건을 갖추어야 한다.

어려운 여건 속에서도 가치투자를 목적으로 활약하는 플랫폼 사업자는 잘 성장하고 있다. 세상을 이롭게 하는 곳에 돈을 태우려는 '착한' 투자자가 늘고 있다는 증거이다. 우리나라 사회적금융 생태계에서 시민 투자 플랫폼이 가지는 의의는 무척 크다. 혁신기업들이 시민을 직접 만날 수 있는 거의 유일한 창구이기 때문이다.

우리나라 사회적경제는 공공자원에 대한 의존도가 강하다. 정부가 사회적경제 생태계 조성을 주도해 온 역사적 배경이 깔려 있고, 민간 금융시장에서 자금을 조달하기 어려운 환경적 요인이 작용한 결과이다. 공공에 대한 지나친 의존은 자립 능력을 퇴화시킨다. 따라서 재원 조달 창구를 다원화할 필요가 있다. 그 방법 가운데 하나가 시민 투자 플랫폼이다. 시민들에게 직접 다가가 사회를 위해 가치 있는 일에 돈을 투자해 달라고 호소하는 것이다. 은행 보통예금 통장에 돈을 묻어두는 것보다 나은 수익을 창출할 수 있다면, 지구를 살리고 사회문제를 해결하는 사업에 의미 있게 쓰일 수 있다면 적은 금액을 투자할 시민들이 있을 것이다. 이 돈들이 뭉치면 눈덩이가 될 것이고 결과적으로 돈의 흐름을 바꿀 수 있다.

이것이 시민 참여형 임팩트 투자 플랫폼이 추구하는 목표이다. 수익만 좇는 차가운 금융 질서를 넘어 돈이 우리 사회를 위해 유익하게 사용되는 새로운 흐름을 만들어 보려는 것이다. 혁신기업은 새로운 자금원천이 생겨서 좋고, 투자자는 보람과 수익을 같이 추구해서 좋고, 정부는 예산 효율을 높여서 좋으니 일석삼조의 효과가 있는 셈이다.

막 시장이 형성되는 단계이기는 하지만 임팩트 투자에 관심을 가지고 참여하는 투자자가 늘어나고 있어서 무척 고무적이다. 시민들의 의식이 성숙해지고 있다는 증거가 아닐까 싶다. 한편에는 영혼까지 끌어당겨 주식 투자에 열을 올리는 사람들도 있지만, 다른 한편에는 지구와 환경, 사회의 미래를 걱정하며 마음을 보태는 이들이 있어 희망이 느껴진다.

1) 사회혁신 크라우드펀딩 플랫폼, 오마이컴퍼니

OHMYCOMPANY

'오마이컴퍼니'는 2012년에 설립된 크라우드펀딩 전문 플랫폼이다. 투자를 통해 시민 자본과 사회적으로 유의미한 사업을 연결하는 역할을 한다. 시민들이 혁신기업과 사회적 프로젝트의 소비자, 후원자, 투자자로 참여하도록 돕는 온라인 소액투자 중개기관이다. 국내 크라우드펀딩 플랫폼 사업자 중 사회적 가치를 창출하는 기업과 프로젝트를 지원하는 곳은 오마이컴퍼니가 유일하다.

올해로 만 10년이다. 그간 많은 어려움과 도전을 겪으면서도 고집스럽게 외길을 걷고 있다. 오마이컴퍼니의 누리집에 가 보면 투자를 희망하는 사업들이 분야별로 빼곡하게 들어차 있다. 추천하는 사업, 인기 있는 프로젝트, 새롭게 선보이는 꼭지 등 다양한 프로젝트가 올라와 있다. 현재 진행하는 투자 방식은 '증권형'과 '후원형' 두 가지이다.

2021년 현재까지 오마이컴퍼니를 통해 투자에 참여한 사람은 약 25만 명이다. 진행된 사업은 3,200개에 이른다. 총 170억 원을 모금했다. 투자 성공률은 증권형이 90%, 후원형이 58% 수준이다. 투자 유형별로 보면 후원형이 약 96%로, 증권형보다 훨씬 많다. 후원형 비중이 높은 이유는 위험 부담이 크지 않고 절차가 간편하기 때문이다. 후원형은 돕고 싶은 회사, 마음이 끌리는 프로젝트가 있으면 보상 품목을 보고 '참여하기'를 누르면 된다. 하지만 증권형은 투자자 실명 확인 등 인증 절차를 거쳐야 하고 투자 종류와 내용을 세밀히 살펴야 한다. 투자 대상 기업에 대한 정보도 필요하다. 통상 투자 대상 회사의 주식을 인수하는 방식이어서 투자 기간이 길고 자금 회수도 늘어질 가능성이 있다.

오마이컴퍼니가 진행한 대표적인 후원형 사업으로는 일본군 위안부 역사관 건립기금 모집 사업과, 세월호의 비극을 기억하기 위한 팔찌 제작 캠페인을 들 수 있다. 위안부 역사관은 목표금액(500만 원)의 3,500%가 넘는 1억 7,500만 원을 모금했고, 세월호 팔찌도 목표금액(5,000만 원)의 267%가 넘는 1억 3,400만 원의 투자에 성공했다.

이 밖에도 소외계층 아이들에게 영어책을 지원하는 캠페인(355%), 기존의 소비적인 결혼식을 벗어나 공동체와 환경을 살리는 결혼 문화를 일깨워 준 '모두가 행복한 마을결혼식 사업(420%)' 등 성공적으로 마무리한 사업이 많다. 캠페인을 통해 우리 사회의 주요 의제들을 환기하고 사회문제의 해결 방안을 제시하는 프로젝트에 필요한 자금을 조달하는 주요 '창구' 역할을 하고 있다는 평가를 받는다.

증권형 사업은 청년과 서민들의 주거난 해소를 위해 서울시와 함께 추진한 사회주택 더불어숲 채권 발행, 전남 부안의 소규모 농가들이 생산하는 먹을거리를 유통하는 농업회사법인 바닮 회사채 공모가 대표적인 사례이다. '더불어숲'은 투자자 26명이 참여해 목표금액(5,000만 원)의 104%를 달성했고, '바닮'은 목표금액(5,000만 원)의 92%인

후원형 크라우드펀딩 사업 성공 사례, 오마이컴퍼니

4,600만 원을 모집했다.

사회성과연계채권SIB 투자자 모집 사업도 펀딩에 성공했다. 사회성과연계채권 사업은 사회문제를 해결하기 위한 채권을 발행하고 성과 달성 정도에 따라 차등 보상하는 것이다. 경기도가 주관하는 기초생활수급자의 탈수급을 위한 '해봄' 프로젝트 사업 공모에는 투자자 16명이 참여해 목표금액(5,000만 원)의 102%를 달성했다.

주식이나 채권 발행은 기업의 주요한 자금 조달 수단이다. 기업들은 융자보다 투자를 선호한다. 긴 호흡으로 사업을 추진할 수 있기 때문이다. 사회적경제기업도 마찬가지이다. 사실상 자본시장의 문이 닫혀 있는 혁신기업들이 시민들로부터 투자를 받는 채널이 존재한다는 것은 무척 의미가 크다. 하지만 증권형 크라우드펀딩시장은 성장하지 못하고 정체된 상태에 머물고 있다.

왜 그럴까? 투자 대상에 대한 확신을 얻기 힘들고 투자금을 회수할 수 있는 출구 전략도 잘 보이지 않기 때문이다. 투자 상한선도 문제이다. 일반 투자자의 경우, 연간 한 기업당 500만 원, 총액 기준으로는 1,000만 원을 넘지 못한다. 과도한 투자를 막기 위한 장치로 볼 수 있지만 금액 한도가 낮아 투자금을 모으는 데 어려움이 많다.

해법이 뭘까? 오마이컴퍼니의 성진경 대표는 "혁신기업에 대한 직접 투자를 활성화할 수 있는 정책이 아쉽다."라고 말한다. 공적 보증제도를 활용하는 방법 등을 통해 투자 동인과 인센티브를 제공할 필요가 있다는 뜻이다. 예를 들어 혁신기업이 발행하는 채권에 정부가 지급보증을 서 준다면 시민 투자가 폭발적으로 증가할 것이다. 제도 개선이 필요한 대목이다.

여러 제약과 한계에도 불구하고 오마이컴퍼니는 증권형 크라우드 펀딩 사업을 꾸준히 추진하고 있다. 2016년부터 현재까지 총 135개 프로젝트를 진행했고 100억 원이 넘는 자금을 모집했다. 시민들의 투자로 혁신기업을 성장시킨다는 회사의 사명에 충실하기 위해 최선을 다하고 있다. 앞으로도 증권형 사업을 더 키우기 위해 노력할 계획이다.

'한국기업회생지원협회'와 함께 회생 기업과 중소기업을 지원하는 일도 추진하고 있다. 기술력과 성장 가능성을 갖추고 있지만 사업 실패로 금융회사로부터 자금 조달이 어려운 기업들을 돕는 사업이다. 협회가 좋은 기업을 추천하면 오마이컴퍼니 플랫폼을 활용해 시민 투자를 이끄는 방식이다. 의미 있는 성공 사례가 만들어지면, 금융 사각지대에 있는 기업들을 도울 수 있을 것으로 생각된다.

최근에는 블록체인 기반의 NFTNon-Fungible Token[89]를 활용해 한 대통령 후보의 선거 비용 모금 행사를 진행해서 화제가 되기도 했다. 오마이컴퍼니는 투자자들의 신뢰도를 높이기 위해, 모금에 참여한 2만 명에게 NFT 형태의 참여 증서를 제공했다. 향후 NFT와 크라우드펀딩을 결합한 새로운 방식의 서비스를 개발해 적용할 예정이다.

크라우드펀딩 사업은 단순히 돈을 모으는 것에서 끝나지 않는다. 프로젝트에 참가한 사람들이 직접 홍보 담당자marketer가 되어 사업을 주위 사람들에게 전파하는 확성기speaker 역할을 한다. 위안부 역사관과 세월호 팔찌처럼 시민들의 관심이 큰 의제를 공론화하는 지렛대

89 '대체 불가능한 토큰'이라는 뜻으로, 소유권을 보호할 수 있는 장치로 활용된다. 기존 암호화폐가 교환할 수 있는 것과는 달리, NFT는 교환이 불가하다.

역할도 한다. 사회관계망을 통한 나비 효과를 만들어 내는 기폭제가 될 수 있다.

오마이컴퍼니를 창업한 성진경 대표는 증권사 출신이다. 대학 졸업 후 증권사에서 10년간 일했다. 2008년 금융위기를 겪으면서 금융자본의 탐욕적인 얼굴을 보고 큰 충격을 받았고, 사회에 도움을 줄 수 있는 진짜 금융을 해 보자는 생각으로 동료 2명과 회사를 창업했다. 불모지에 가까운 크라우드펀딩 업계에 뛰어들어 숱한 어려움과 난관 속에서도 신념을 잃지 않고 걸어온 혁신기업가이다.

올해 오마이컴퍼니는 창립 10주년을 맞이한다. 아직 우리 사회에는 사회적 투자자라 부를 만한 사람이 많지 않다. 돈이 되는 투자에는 구름같이 몰리지만, 가치 있는 투자를 해 보라고 하면 고개를 젓는 이들이 대부분이다. 좋은 선례와 모델을 통해 가치투자의 가능성을 세상에 알리고 사회적 투자자들을 키우는 큰 과제가 오마이컴퍼니 앞에 놓여 있다.

2) 재생에너지 공동체 펀드 플랫폼, 루트에너지

ROOT ENERGY

'루트에너지'는 재생에너지 금융 플랫폼을 운영하는 기술 금융회사이다. 태양광, 풍력, 연료전지 등 재생에너지 분야의 온라인 금융 플랫폼을 개발해 시민 투자를 이끌기 위해 노력하고 있다. 재생에너지 생산에 필요한 발전 설비 시공과 운영에 필요한 자금을 P2P 방식으로

예상은 적중했다. 루트에너지는 연천, 태백, 평창, 영덕, 장수, 철원 등 크고 작은 발전사업에 참여해 현재까지 시민 1만 500명에게서 480억 원의 투자를 받았다. 발전 용량으로는 약 446MW에 이른다. 인천, 군산, 새만금, 영양 등 루트에너지가 직간접적으로 관여한 주민참여형 사업의 투자 금액은 총 1조 원이 넘고 예상 발전량은 3GW에 이른다.
우리나라 4인 가구의 월평균 전력 소비량을 350kW로 잡았을 때, 약 6만 8,000가구가 쓸 수 있는 양이다. 인구로는 27만 명을 상회한다. 소액으로도 누구나 투자할 수 있는 크라우드펀딩 플랫폼을 만듦으로써 공급자 중심에서 '수요자' 중심으로 재생에너지 발전 방식을 바꾸고, 이 분야에 특화된 서비스를 제공하는 전문 금융 중개회사로 발돋움한 것이다.[90]

루트에너지 누리집을 방문하면 현재 모집 중인 투자 상품이 여럿 보인다. 최소 투자 금액은 10만 원이다. 누구라도 원하는 상품을 골라 투자자로 참여할 수 있다. 투자 기간은 3~240개월이고 연평균 수익률은 6~13% 수준이다. 투자 원금은 만기에 상환되며 투자 수익은 매월 초에 지급된다. 루트에너지 플랫폼은 온라인 투자연계 금융업이기 때문에 원금과 수익을 보장하지 않는다.

하지만 투자금을 회수하지 못할 확률은 높지 않다. 단기 준공 자금의 경우, 인허가가 완료된 발전소에 대해서만 대출이 실행되기 때문에 완공에 차질이 생길 가능성은 거의 없다고 보면 된다. 실제로 현재

90 'Renewable Energy Certificate'의 약자이며 '신재생에너지 의무 발전 인증서'라고 부른다. 발전 용량이 500메가와트가 넘는 사업자는 신재생에너지를 의무적으로 발전해야 하고 이 인증 절차를 거쳐야 한다. 지역 주민이 발전에 참여하는 경우, 가중치 방식으로 정부가 인센티브를 부여한다.

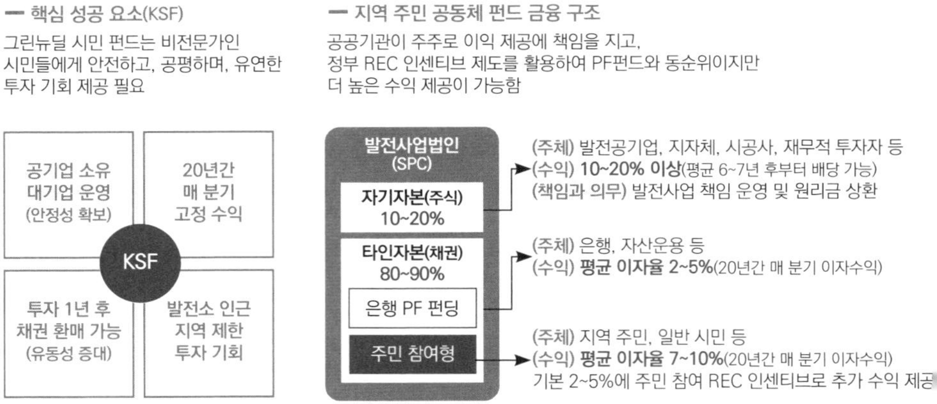

지역 주민 공동체 기금 금융 구조, 루트에너지

까지 진행된 250여 개 사업 중 단 1건(0.4%)만 연체되었고, 해당 연체 건도 상환이 진행 중이다. 생산된 전기는 모두 한국전력공사가 구매할 법적 의무가 있어서 발전소 운영도 안정적이다.[91]

금융위원회는 2019년에 커뮤니티 펀드를 '금융규제 샌드박스'[92]로 지정한 바 있다. 온라인 P2P 중개의 경우, 건당 투자 금액이 500만 원으로 제한되어 있다. 하지만 지역 주민에게 돌아가는 이익을 높이기 위해, 공동체 기금의 경우 주민 투자 한도를 발전소당 4,000만 원으로 높였다.[93] 덕분에 루트에너지가 운영하는 커뮤니티 펀드의 자금 운용 여력도 훨씬 좋아졌다.

---

91 루트에너지는 투자자 보호를 위해 몇 겹의 안전장치를 만들어 놓았다.

92 핀테크 기업이 법령에 따라 적용 중인 규제를 받지 않고 혁신적인 금융상품과 비즈니스 모델을 실험할 수 있는 공간 또는 제도를 뜻한다.

93 루트에너지 플랫폼에서는 최대 1억 원까지 가능하다.

루트에너지는 주민참여형 사업에 특화된 운영 체계를 갖추고 있다. 투자자가 실제 거주하는 주민인지 판별하기 위해 행정안전부의 도로명 주소 프로그램API과 광학문자인식OCR 기술을 활용, 발전소와 거주지 간 물리적 거리를 측정하는 등 철저한 검증 절차를 거친다. 투자 원리금 상환 및 펀드 운용은 온라인으로 진행되며, 모바일 기기를 통해 발전소 운영 상황을 실시간 점검할 수 있다.

시민 에너지기업을 돕는 일도 한다. 서울 양천구에 있는 서울에너지공사 본사 옥상에 설치한 '양천햇빛공유발전소'는 2017년에 준공된 95kW 규모의 작은 발전소이다. 서울에너지공사가 부지를 제공했고 루트에너지가 자금 모집부터 완공까지 책임을 맡았다. 사업비 전액을 크라우드펀딩을 통해 양천구민과 시민들로부터 모금한 이 발전소는 현재 '강서양천시민햇빛발전협동조합'이 운영한다.

이 사업은 발전소에서 나오는 수익금을 마을공동체에서 기금으로 활용토록 설계되었다. 공기업과 시민 투자자, 재생에너지 플랫폼이 지역 발전을 위해 뜻을 함께 모은 것이다. 루트에너지는 2022년에 시민 에너지기업들이 발전사업을 원활히 진행할 수 있도록 블록체인 기반의 'Saas 플랫폼'을 개발, 운영할 계획이다. 시민 기업들이 이 플랫폼을 활용하면 사업 투명성과 효율성이 높아지게 될 것으로 보인다.

이 신규 플랫폼은 소규모 발전사업뿐 아니라 100MW 이상 규모를 가진 재생에너지 발전소들도 활용할 수 있다. 루트에너지는 현재 약 3GW에 달하는 20여 건의 대규모 태양광, 풍력 사업 '이익 공유 시스템'을 구축해 운영하고 있다. 이 시스템은 발전소 운영으로 얻은 이익금을 어떻게 분배, 공유하는지 투명하게 보여 주기 위한 장치이다.

루트에너지는 단순한 이익 공유를 넘어 해당 지역의 주민들이 지역 자산화나 도시재생 사업 등을 추진할 수 있도록 지원함으로써 신규 일자리 창출 등 지역 경제 활성화에 도움을 줄 계획이다. 국내 재생에너지 공동체 펀드시장은 2018년에 약 10억 원 규모였지만, 2021년에는 연 2,000~3,000억 원 규모로 성장했다. 향후 2050년까지 연간 수조 원에서 수십조 원으로 커질 것으로 예상된다.

"루트에너지가 꿈꾸는 미래는 무엇인가?"라고 물었다. 윤태환 대표는 "한국의 트리오도스은행triodos bank[94]이 되는 것"이라고 말했다. 환경과 사회를 위해 일하는 대안 은행을 만들겠다는 것이다. 담대한 목표이다. '2050 탄소중립'[95]을 완성하려면 우리나라 재생에너지 전환율을 대폭 끌어올려야 한다. 그 미래를 여는 길에 밀알이 되겠다는 뜻으로 들린다.

우리나라는 기후 후진국이다. 국제 환경보호단체는 2016년에 한국을 사우디아라비아, 오스트레일리아, 뉴질랜드와 함께 세계 4대 기후 악당climate villain으로 지정한 바 있다. 기후 위기는 인류의 생존이 걸린 절박한 과제이다. 하루빨리 탄소 중심 경제에서 벗어나 재생에너지 산업을 획기적으로 키워 가야 한다. 루트에너지에 대한 기대가 클 수밖에 없다.

---

94 1980년 네덜란드에서 설립되어 영국, 스페인, 독일, 벨기에 등에 지점을 둔 사회적 은행이다. 'Triodos'는 세 개의 길이라는 뜻으로서 사람, 환경, 이윤을 경영의 3대 축으로 삼는다. 사회와 환경을 위해 일하면서도 지속 가능성을 유지한다는 뜻을 담았다.

95 2050년까지 탄소의 순배출량을 0(zero)으로 만든다는 개념 및 전략을 말한다.

3) 국내 최초 임팩트 투자 오픈 플랫폼, 비플러스

BPLUS

"사회적 프로젝트와 개인 투자자를 연결합니다."

이 간명한 구호가 '비플러스'의 정체성을 잘 설명해 준다. 온라인 자금 중개 플랫폼을 통해 투자자와 사회에 긍정적인 영향을 미치는 기업과 프로젝트를 연결하는 일을 한다는 뜻이다. 비플러스가 대출 자금을 신청한 기업과 프로젝트를 누리집에 올릴 것인가 말 것인가를 판단하는 기준은 간명하다. "이 일이 사회적 가치를 창출하는 일인가?"이다.

비플러스는 2016년에 설립된 임팩트 투자 플랫폼이다. 최초 P2P 중개 대부업체로 출발해 2021년에 '온라인 투자연계 금융업' 자격을 획득했다. 정식 금융회사가 된 것이다. 사회적금융 중개기관의 연차보고서를 살펴보면 '비플러스'라는 이름이 자주 등장한다. 다양한 기관들과 공동 작업을 수행했다는 뜻이다. 현재까지 실행한 대출 성과는 총 257건, 금액으로는 100억 원을 상회한다.

비플러스의 누리집을 방문하면 '투자하기'와 '대출하기'라는 메뉴를 볼 수 있다. 전자는 투자자, 후자는 차입자를 위한 것이다. '투자하기'에는 투자를 희망하는 회사와 프로젝트들이 줄을 서 있다. 투자자는 투자 대상과 사업 내용, 수익률, 상환 기간, 모집 기간 등 필요한 정보를 살펴본 다음 마음에 드는 곳에 투자를 결정하면 된다.

'대출하기'는 차입자를 위한 공간이다. "대표님과 기업이 지구와 우리 사회의 문제를 해결하는 일을 하고 있으며, 이를 위한 자금이 필요

임팩트 투자 플랫폼 비플러스 누리집

하다면 대출 신청을 누르고 저희와 이야기를 나눠 보세요."라는 친절한 안내문이 나와 있다. 대출 절차는 신청 접수, 담당자 상담, 심사 진행, 펀딩 오픈, 모금 완료 후 집행 순서로 이루어진다. 진행 상황을 실시간으로 확인할 수 있다.

사회적 프로젝트에 투자하는 사람들은 누구이고, 투자 동기는 무엇일까?

비플러스의 분석에 따르면 개인 투자자 연령층은 20대부터 60대까지 고루 퍼져 있다. 투자자 수는 20대와 30대가 많지만, 투자 금액 면에서는 40대와 50대가 앞선다. 경제력의 차이 때문일 것이다. 법인 투자자 수는 많지 않지만 투자 금액은 개인보다 훨씬 크다.

동기도 다양하다. 사회적기업을 돕고 싶어서 투자하는 사람도 있고, 주식 투자는 위험이 크고 예금 금리는 너무 낮으니 적정한 수익률을 기대하며 문을 두드리는 고객도 있다고 한다. 흥미로운 것은, 처음엔 금전적 이익 목적으로 문을 두드렸다가 자신이 투자한 돈이 유의미하게 쓰였다는 것을 알고 재투자하는 사람이 많다는 사실이다. 깊이 생각해 봐야 할 주제이다.

적정한 수익률만 담보된다면 가치투자 영역에 시민자산이 유입될 가능성이 크다는 것을 알려 주는 대목이다. 기부는 왠지 마음이 끌리지 않고 기왕이면 좋은 일에 돈을 쓰고 싶은데, 원금 손실 없이 적정한 수익도 창출하니 이 정도면 만족한다는 의미가 아닐까 싶다. 핵심은 투자 플랫폼이 '어떻게 투자자들의 신뢰를 얻을 것인가?'에 달려 있다.

현재 비플러스 투자 고객들의 재투자율은 약 85% 수준이다. 100명 중 85명이 다시 비플러스와 거래한다는 뜻이다. 투자 참여 이유를 묻는 투자자 대상 설문조사 결과에 따르면, 1위가 투자 기업을 통한 사회적 문제 해결이고 2위가 투자 대상 기업 대표에 대한 신뢰, 3위가 이자율, 4위가 비플러스에 대한 신뢰였다. 사회적 문제 해결을 바라는 투자자 비율이 가장 높다는 것이 놀랍다.

"투자 고객들의 판단에 대해 어떻게 생각하는가?"라는 질문에 비플러스의 박기범 대표는 "의미 있는 일에 돈을 투자하고 싶다고 생각하는 사람이 늘어나고 있다는 증거가 아닐까 싶다. 적정 수준의 수익률과 투자 안전성[96]만 확보된다면, 가치투자를 하고자 하는 고객이 더 늘어날 것으로 생각한다."라고 답했다. 이 답변의 핵심 단어는 '수익률'과 '안전성'이다.

대출 사업에서 이자율과 연체율은 '같은 방향'으로 움직인다. 이자율이 높으면 연체율도 올라간다. 차입자의 금리 부담이 클수록 상환이 어려워지기 때문이다. 반대로 이자율이 낮으면 차입자의 부담은 줄지만 투자자 수익률은 낮아진다. 수익률이 너무 낮으면 투자자가 이탈하는 결과를 초래한다. 따라서 적정 수익률과 연체율, 고객 충성도 사이의 균형점을 찾아야 한다. 어려운 함수이다.

지금까지의 성과로 볼 때, 비플러스는 어려운 이 고차 방정식을 잘 풀고 있는 것 같다. 높은 수익률은 아니지만 큰 사고 없이 원금과 이자를 돌려받을 수 있다면, 가치 있는 기업과 프로젝트에 투자할 마음이 있는 고객이 조금씩 늘어나는 것, 이들이 플랫폼을 떠나지 않고 재투자하는 것이 확인되기 때문이다.

투자자가 이자 대신 차입자가 직접 생산한 물품을 받는 사례도 생기고 있다. 농업회사법인이 생산한 유기농 달걀, 로컬푸드 베이커리가 만든 빵을 이자 대신 지급한다는 전제의 투자가 성공한 것이 대표적이다. 투자자들은 이자 대신 자신이 투자한 회사의 생산품을 직접 경험하고, 차입자는 이자 상환 부담도 덜고 미래 잠재 고객도 확보한다.

비플러스는 이 방식에 착안해, 크라우드펀딩의 '후원형'처럼 차입자들이 생산한 물품을 이자 대신 보상하는 모델을 구상하고 있다. 어쩌면 상당수 고객은 이자보다 자신이 투자한 기업이 만든 생산품을 받는 것을 더 선호할 가능성이 크다. 물리적 거리가 가까운 지역 단위에

---

96 비플러스의 평균 수익률은 7.8%, 연체율은 6.1% 수준이다. P2P 업계 평균 수익률(12.6%), 평균 연체율(15.8%)에 비해 두 수치 모두 낮다.

서 투자자와 차입자를 연결하는 방식이 이루어진다면 지역 경제 활성화에도 도움이 될 것으로 판단하고 있다.

이와 관련, 최근 중점을 두고 있는 사업 영역은 지역 소상공인 살리기이다. 낙후된 지역을 회복하기 위한 공동체 펀딩,[97] 팬데믹으로 벼랑 끝에 몰린 자영업자와 소상공인들에게 도움을 줄 방법을 모색하고 있다. 대표적으로 동네 주민이 마을 가게에 투자(대출)하면 그 대가로 현금(이자)과 현물(쿠폰)을 함께 지급하는 '우리동네 대출 사업'을 준비하고 있다.

예를 들어 손님이 줄어 경영이 어려워진 중국집에 일정 금액을 투자하는 경우, 중국집에는 대출이자를 낮게 잡아 이자 부담을 줄여 주고, 투자자에게는 중국집에서 사용할 현물 쿠폰을 추가 지급하는 방식이다. 중국집 사장님은 덕분에 가게를 홍보하고 단골을 확보하고, 투자자는 이자 수익을 약간 낮추는 보상으로 공짜 쿠폰을 얻은 셈이니 모두가 만족할 수 있다.

현재 우리나라 P2P시장에서 임팩트 투자를 플랫폼 방식으로 운영하는 곳은 비플러스뿐이다. P2P시장은 그다지 맑은 물이 아니다. 사기성 대출 신청자도 가끔 나타난다. 정보 비대칭이 크기 때문에 차입자에 대한 꼼꼼한 점검과 선별 과정이 따라야 한다. 그렇다고 진입 장벽을 너무 높이면 자금이 필요한 혁신기업들이 소외되는 문제가 생긴다. 비플러스만의 투자 철학을 정립하고 역동적 균형을 잘 유지해야 한다.

---

97 비플러스는 지역 주민이 참여하는 공동체 펀딩 사업을 꾸준히 하고 있다. 목포시 건맥1897협동조합이 중심이 되어 추진한 지역 자산화 펀딩이 대표적이다.

비플러스를 창업한 박기범 대표는 공인회계사 출신이다. 공익사업에 관심이 많아 사회적 은행 만드는 일에 참여했고, 온라인 투자 플랫폼 사업의 미래를 보고 회사를 창업했다. 정책 자금을 활용해 사회적 금융 생태계를 조성하는 것도 좋지만, 시간이 걸리더라도 시민들 속으로 들어가 아래로부터 변화를 만드는 작업이 훨씬 의미가 큰 접근법이라고 믿는다.

온라인 투자연계 금융업은 정식 은행은 아니지만 여·수신이 모두 가능한 구조이기 때문에 온라인 은행과 기능상 차이가 없다. 그래서 임팩트 투자회사 등 여신만 가능한 사회적금융 중개기관들은 불가능한 경험과 자산을 축적할 수 있다. 이 경험이 바탕이 되면 언젠가 사회적 은행으로 변신할 기회가 생길지 모른다. 비플러스가 꿈꾸는 미래이다.

4) 생산자와 소비자를 잇는 금융살림 공동체, 한살림연대기금

한살림연대기금

생산자를 돕는 투자회사

"여기 한살림 투자 담당하는 부서가 몇 층인가요?"

팔순의 노인 한 분이 한살림 본사 건물 입구에서 직원에게 물었다. 30년이 넘는 한살림 조합원인데, 생산자를 돕는 투자회사가 만들어졌다고 해서 회원 가입하러 왔다는 것이었다. 직원의 안내를 받아 '한살림연대기금'

사무실에 도착한 노인은 자신이 용인에 살고 있고 인터넷 이용이 어려워 직접 찾아왔다고 자초지종을 설명하고는 도움을 청했다.
직원들의 도움을 받아 회원 가입 절차를 무사히 마친 노인은 만족스러운 얼굴로 같이 나누어 먹으라며 준비해 온 빵을 선물로 남기고 돌아갔다.
단지 회원 가입 방법을 물어보기 위해 먼 길을 마다하지 않고 찾아온 이 노인을 어떻게 봐야 할까? 두 가지를 생각해 볼 수 있다. 하나는 이분이 오래된 한살림 조합원이라는 것이고, 다른 하나는 생산자를 돕는 일이라면 수고를 아끼지 않는 마음 씀이다.

'한살림연대기금'은 한살림 생활협동조합이 설립한 최초의 농축수산 사회적금융 기관 '한살림펀딩'의 후신이다. 지구를 살리는 뜻깊은 생활 터전이라는 뜻의 '한살림'은 생태계와 조화를 이루어 먹을거리를 생산하고 나누며(밥상살림), 도농 간 교류와 협력을 통해 농업의 지속가능성을 높이고(농업살림), 사람과 자연이 조화로운 세상을 만들어 간다(생명살림)는 취지 아래 우리나라 협동조합 운동을 이끌어 온 대표적인 생활협동조합 단체이다.

한살림은 1988년에 설립되었으니 올해로 35살이다. 생활협동조합 단체 중 가장 긴 역사를 자랑한다. 유기농업이 무척 생소하던 시절부터 친환경 유기농산물을 유통, 시민들에게 안전한 먹을거리를 제공하는 사업을 이어 가고 있다. 전국적으로 23개 회원 생활협동조합, 224개 매장이 있다. 소비자 조합원은 2021년 말 기준 66만 1,152세대로 국내에서 가장 큰 규모이다.

'한살림펀딩'은 2017년에 설립된 한살림의 가족회사로, 2022년 '한살림연대기금'으로 이름을 바꾸었다. 생산자는 소비자의 생명을 책임지고 소비자는 생산자의 생활을 책임진다는 한살림의 가치처럼, 협동과 신뢰, 공공성을 바탕으로 호혜적인 금융을 실천한다는 것이 설립 취지이다. 호혜란 서로 돕는다는 뜻으로서 생산자와 소비자 모두를 돕는 금융살림을 살겠다는 것이다.

금융회사를 통해 자금을 조달하는 방법도 있는데, 어째서 힘들게 금융기관을 만들려는 것일까? 이유가 있다. 농수축산업과 협동조합의 금융 접근성이 현저히 떨어지기 때문이다. 친환경 먹을거리를 생산, 유통하는 일은 상당한 자금이 필요하다. 하지만 생산지의 농수축산 기업은 신용과 담보 여력이 불충분해서 원료 매입 자금이나 운영비를 마련하는 데 늘 어려움을 겪는다.

유통도 마찬가지이다. 생활협동조합이 산지에서 생산된 품목을 구매하려면 자금 여력이 있어야 한다. 회원들이 내는 출자금이나 회비로는 감당하기가 충분치 않다. 외부로부터 단기 자금을 조달해야 한다. 하지만 은행에 대출을 신청해도 번번이 퇴짜를 맞는다. 협동조합의 출자금은 '부채'로 간주되기 때문에, 담보 없이는 안 된다는 것이 금융회사의 입장이다.

생산지도 생활협동조합도 필요한 자금을 조달할 길이 좁기만 하다. 농업을 살리고 시민들에게 안전한 먹을거리를 제공하는, 사회적으로 가치 있는 사업을 하는 경제 주체들이 금융에서 배제되어 있다. 게다가 협동조합이 금융업을 직접 하는 것은 법적으로 불가능하다.[98] 그렇다면? 개인과 개인을 연결하는 P2P 금융을 활용해 보자. 이것이 한살림연대기금이 만들어진 배경이다.

한살림연대기금은 한살림생산자연합회와 회원 생활협동조합 등 25개 한살림 조직이 출자해서 만든 주식회사이다. 비플러스와 마찬가지로 P2P 방식으로 개인이나 기업에서 투자를 받아 대출 사업을 진행한다. 비플러스는 최근 온라인 투자연계 금융업 허가를 받고 정식 금융회사가 되었다. 하지만 한살림연대기금은 아직 'P2P 중개 대부업' 신분으로 남아 있다.[99]

이유가 뭘까? 정식 금융회사 옷을 입지 않아도 회사를 설립한 목적과 취지를 살릴 수 있다고 보기 때문이다. 온라인 투자연계 사업에 비해 불리한 여건에 있지만[100], 법적인 틀 안에서 금융을 활용할 길을 열면 된다고 판단하는 것이다. 법인격이 중요한 것은 아니다. 정작 중요한 것은 한살림의 금융 질서가 잘 순환되도록 돕는 것이다.

다른 P2P 금융기관과 마찬가지로 투자는 개인과 법인 모두 가능하다. 투자 기간은 1년 미만이고, 예상 수익률은 연 4% 수준이다. 투자금은 만기에 일시 상환된다. 원금과 이자를 보장하지 않는 구조이기 때문에 한살림연대기금은 투자자 보호를 위해 차입자의 신용회복 지원, 예치금 분산 관리, 보증보험 가입 등 종합적인 안전장치를 마련해 두었다.

대출 지원 사업은 원료 매입 등 농축수산 생산지 기업들을 위한 자금 지원, 친환경 생산지 수매 및 가공을 위한 자금 조달, 한살림 지역

98 우리나라 협동조합 기본법은 금융업과 보험업을 금지 업종으로 지정하고 있다.

99 한살림연대기금의 누리집에는 '한살림대부금융'이라는 회사 이름이 나란히 적혀 있다.

100 온라인 투자 연계업 등록기관 투자자들은 이자소득세가 감면(27.5%→15.4%)된다.

생협에 대한 투자 등 제도권 금융을 이용하기 힘든 곳들을 대상으로 한다. 필요한 자금을 제공하고 매출을 통해 발생한 수입으로 대출금을 상환하는 방식이다. 한살림의 운영 원칙인 '책임 생산, 책임 소비'를 도와주기 위함이다.

차입자를 선별하는 기준도 특별하다. 자체 개발한 신용평가 시스템HCSS을 활용해 사회적 가치와 재무적 가치를 함께 평가한다. 사회적 가치는 전문가 그룹을 통한 정성 평가 방식으로 이루어진다. 미국 농무부USDA와 캐나다 퀘벡 사회적경제 투자 네트워크RISQ의 사회적경제 사업체 적격성 평가 체계를 준용해 평가의 공신력을 높였다.

정성 평가와 정량 평가를 통한 최종 투자 적격성 평가는 금융감독원의 자산 안정성 관리기준FLC[101]을 활용한다. 과거 실적보다 미래 현금 흐름을 중요하게 본다는 뜻이다. 매출채권, 재고 물품, 농축수산물 동산動產도 담보가치를 인정하는 등 차입자의 조건과 상황을 충분히 고려한 포괄담보 심사 방식을 채택했다. 이 두 가지 평가 기준을 적용해 최종 점수를 산정한 후 대출 여부를 결정한다.

2021년 말 기준, 누적 대출금액은 247억 원을 상회한다. 대출 건수는 총 127건이고 상환이 90일 이상 연체된 대출채권은 전무하다. 빌려준 돈이 100% 상환된다는 뜻이다. 한살림연대기금은 수익률과 운영 수수료를 최대한 낮춰 차입자의 부담을 덜어 주기 위해 힘쓴다. 생산지 농가를 위한 따뜻한 배려가 담겨 있다.

---

101 'Forward Looking Criteria'의 약자로, 차입자의 미래 현금 흐름을 기준으로 채무 상환 능력을 평가하는 방식을 말한다.

2019년에는 토종 씨앗을 재배하는 농가를 지원하기 위해, 일정 금액 이상을 펀딩하면 해당 농가에서 수확한 농작물을 리워드로 보내주는 프로젝트도 진행했다. 한살림연대기금은 앞으로도 다양한 실험을 통해 생산자와 소비자를 잇는 작업을 계속 추진할 계획이다.

한살림의 소비자조합원 가구는 이제 70만 세대가 넘는다. 2인 가족으로 산정해도 130만 명이 넘는 숫자이다. 잠재력이 무척 큰 시장이다. 소비자들이 마음을 모으면 어려운 생산자를 도울 수 있다. 한살림 소비자보다 한살림 생산자를 잘 이해할 이가 또 어디 있겠는가. 관계금융의 토대를 갖추었다. 관건은 생산자와 소비자를 연결하는 것이다.

한살림 내부의 자금 수요와 시장 잠재력을 볼 때, 현재 진행되는 한살림연대기금의 투자 규모는 적은 편이다. 소비자 조합원의 참여율이 낮다는 뜻이다. 상환율이 100%이고 생산자와 소비자가 먹을거리로 연결된 점을 고려하면, 여유 자금을 투자할 가능성이 상당해 보인다. 고민이 필요한 대목이다.

한살림의 생산자와 소비자들이 참여하는 금융 지원 체계는 호혜금융의 성격을 띤다.[102] 활동가도, 자활기업도, 노동조합도 자조 기반의 호혜금융을 실천한다. 한살림같이 큰 생활협동조합이 이 기반을 조성한다면 한살림 식구들 모두에게 큰 도움이 될 것이다. 생산자들의 자금 애로를 적극적으로 해소해 주어야 책임 생산도 가능하지 않겠는가.

한살림은 대출 사업을 넘어 채권과 주식 등 투자 영역까지 금융을

---

102 한살림연대기금은 3장의 호혜금융에 넣어도 무방하지만 P2P 플랫폼 사업을 하고 있어서 임팩트 금융에 배치했다.

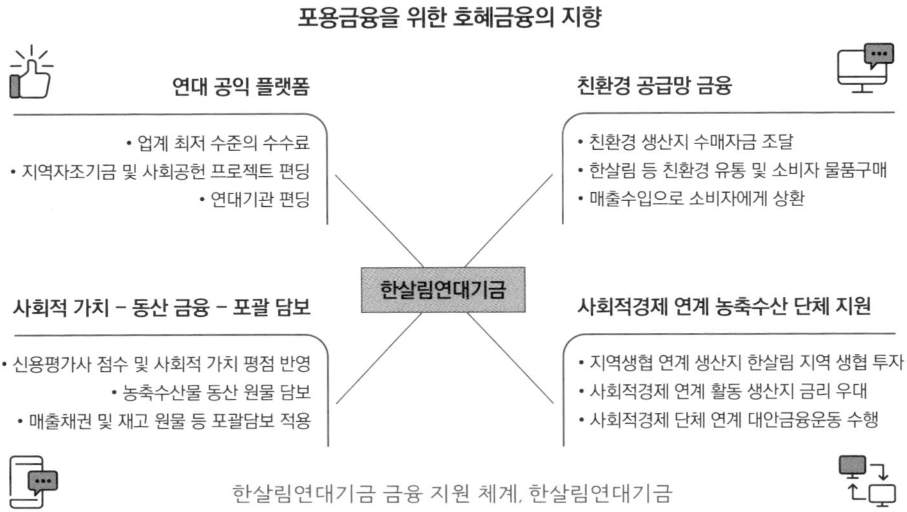

한살림연대기금 금융 지원 체계, 한살림연대기금

확장할 수 있는 토대를 가지고 있다. 협동조합 생태계가 잘 발달한 지역에는 예외 없이 금융이 중요한 역할과 기능을 담당했다. 몬드라곤이, 에밀리아로마냐가, 퀘벡이 그러하다. 한국적 맥락에서 가장 성공한 협동조합 중 하나인 한살림이 모델을 만들어 낸다면 사회적경제 영역에 미치는 영향은 지대할 것이다. 담대한 도전이 필요하다.

4. 사회주택

사회주택social housing이란 주택 사업자가 공공의 지원을 받아 시세보다 저렴한 가격으로 민간에 공급하는 임대형 주택을 말한다. 주택을 공급하는 방법은 크게 3가지이다. 정부나 공공기관이 집을 지어 분양하거나 임대하는 방법(공공주택), 민간 건설회사가 집을 지어 분양하는 방법(민영주택), 나머지 한 가지가 사회주택이다.

정부와 민간 건설회사가 주택 수요를 예측하고 집을 공급하면 되는데 사회주택이 필요한 이유는 무엇일까? 공공주택은 공급량이 턱없이 부족한 데다가 시장의 수요에 빠르게 대응하지 못하는 한계가 있다. 민영주택 중 다주택자가 소유해 임대주택으로 나오는 경우, 임대료가 높고 주거 기간이 짧다는 문제가 있다. 이와 달리 사회주택은 상대적으로 낮은 임대료와 주거 안정성을 제공할 수 있다. 시장에서 자력으로 집을 구매하기 어려운 계층에게 공공주택과 민영주택의 한계를 보완하는 공급 방식인 셈이다.

유럽에서 사회주택이 가장 발달한 네덜란드의 경우, 사회주택이 차지하는 비율이 35%에 이를 정도로 보편화되어 있다. 제2차 세계대전 이후 극심한 주택난을 해결하기 위해 정부가 대규모로 임대주택을 지어 공급했고, 가구 생활 수준에 맞춰 주거 보조금을 지급하는 정책을 펼친 결과이다. 현재는 사회주택 조합과 연합회가 정부의 지원 없이 운영될 만큼 재정적 기반이 마련된 상태이다.

반면 우리나라의 경우, 자가주택 이외의 민간주택은 개인이 사적으로 임대하는 형태를 띤다. 보증금과 임대료가 시장 가격에 따라 움직이므로 집이 없는 사람은 주거 비용이 많이 들어간다. 집을 갖고 싶어도 비싸서 엄두를 내지 못하는 주거 취약계층이 넘쳐 난다. 집을 빌린 임차인이나 집을 소유한 주인이나 주거 비용에 차이가 나지 않는 것을 주거중립성tenure neutrality이라 하는데 우리 현실은 주거중립성과는 거리가 멀다.

사회주택은 이런 문제를 해결할 수 있다. 정부가 소유하거나 매입한 토지를 사회주택 사업자에게 장기간 임대하고, 이 토지를 임대받은 사회적경제 조직이 시세보다 낮은 보증금과 임대료로 거주할 수 있는 주택을 공급하면, 주변 시세에 영향을 받지 않고 머무는 환경이 만들어진다. 사회주택이 하는 역할이 그것이다.

우리나라에 사회주택이 등장한 것은 2010년 전후 무렵이다. 서울시 마포구 성미산마을의 공동체 주택 건립, 청년주거 문제를 해결하기 위해 설립된 민달팽이 주택협동조합(2014년) 등 민간 풀뿌리 차원에서 안정적인 주거 환경을 만들기 위한 대안적 주거 실험이 이어졌다. 주거 문제의 당사자이며 피해자인 시민들이 직접 해결 방안을 찾기 시작한 것이다.

사회주택이 본격적으로 활성화되기 시작한 것은 2015년 무렵이다. 서울시가 지자체 최초로 관련 조례[103]를 제정(2015년)하면서 수도권을 중심으로 사회주택이 빠르게 증가하기 시작했다. 2021년 현재 사회주택 관련 조례를 도입한 지방정부는 총 9개(광역 3개, 기초 6개)이다. 지원 항목과 공급 주체 측면에서 약간의 차이가 있지만, 사회경제적 약자의 주거를 개선하고 사회주택을 보급하는 사회적경제 주체를 육성, 지원한다는 것이 핵심이다.

지원 내용도 광범위하다. 건설 택지 제공, 자금 인력 지원 및 현물 출자, 공공주택의 설계 참여 및 운영 관리 위탁, 임대보증금의 융자 및

---

103 '서울시 사회주택 활성화 등에 관한 조례'를 말한다.

보조, 주택 관리 비용의 융자 및 보조, 거주자 주거 비용의 융자 및 보조 등 사회주택 공급자와 입주민을 위한 포괄적인 내용이 담겨 있다. 한마디로 주택 관련 사회적경제 주체를 키워 취약계층의 주거 문제를 해결하겠다는 뜻이다.

2017년에는 정부의 '주거복지 로드맵'[104]에 사회(임대)주택 공급 활성화 방안이 포함된다. ①사회주택 관련 법령을 제정하고[105] ②주택도시기금이 '사회주택 허브리츠'를 설립해 토지 임대 및 투·융자를 지원하고 ③부족한 사업비를 민간에서 조달할 수 있도록 주택도시보증공사HUG가 보증 상품을 개발하며 ④공공이 보유한 토지를 활용해 시범사업을 추진한다는 것이 골자이다.

2018년에는 사회주택협회, 서울시, 한국토지주택공사LH, 주택도시보증공사 등 관계기관이 참여하는 '사회주택 협의체'가 구성됐다. 정부 정책 추진 과정에서 나타난 문제점을 보완하고 사회주택을 안정적으로 공급할 방안을 찾기 위해 민관 협의체가 만들어진 것이다. 성과 달성 여부를 떠나 정부와 주택 사업자가 사회주택 활성화를 위해 함께 고민하는 자리를 마련한 것만으로도 의미가 크다.

2019년에는 정부가 '사회주택 활성화 방안'을 발표했다. ①2022년까지 매년 2,000호[106] 이상의 사회주택을 공급하고 ②주민 참여 및 공동체 활성화를 위해 코디네이터coordinator를 양성하며 ③주택도시보증공사 산하의 '사회주택금융 지원센터' 기능을 강화하고 ④정부, 지자

---

104 관계부처 합동, 〈사회통합형 주거사다리 구축을 위한 주거복지 로드맵〉, 2017.11.

105 현재까지 사회주택 관련 법률은 제정되지 않고 있다.

106 한국토지주택공사 500호, 서울시 1,500호.

체, 사회적경제 주체, 주택 전문 기관들이 참여하는 협의체를 정책 실현 플랫폼으로 만든다는 것이 요지이다.

정부와 지자체, 사회적경제 조직들의 노력에 힘입어 지난 6년간 사회주택 공급량이 많이 증가했다. 2021년까지 공급된 사회주택은 총 4,402호이다. 유형별로 살펴보면 사회적 주택이 1,952호로 가장 많다. 이어서 토지지원 리츠(513호), 빈집 활용(481호), 리모델링(434호), 토지임대부(281호), 빈집(218호), LH 매입약정형(177호), LH 공공지원형(171호), LH 토지임대부(101호), 사회주택 리츠(74호) 순이다.

'사회적 주택'이란 한국토지주택공사 등 정부가 공급한 집을 사회적경제 주체가 위탁 관리하는 형태를 말한다. '토지지원 리츠'는 정부가 출자한 리츠REITs[107]가 토지를 매입한 다음 사회적경제 주체에 장기로 임대하면, 사회적경제 주체가 집을 지어 공급하는 방식을 말한다. '빈집 활용'이란 장기간 방치된 빈집 부지를 정부가 사들인 후, 토지지원 리츠와 같은 방식으로 사회적경제 주체에 임대하는 것을 말한다.[108]

'리모델링'은 노후화된 고시원이나 모텔 등을 주거 공간으로 바꿔서 공급하는 방식이다. '토지임대부'란 정부 소유의 땅을 사회적경제 주체에게 임대하는 것을 말한다. '매입약정형'이란 사회주택 공급자가 지은 집을 정부가 매입하기로 약속하고 설계부터 시공까지 사회적경제 주체가 진행하는 방식이다. '공공지원형'이란 시세보다 훨씬 저렴

107 'Real Estate Investment Trust'의 약자로, 다수의 투자자로부터 자금을 모아 부동산에 투자하고 수익을 돌려주는 부동산 간접 투자기구를 말한다.

108 빈집 활용 사업은 열악한 사업 구조로 인해 폐지되었다.

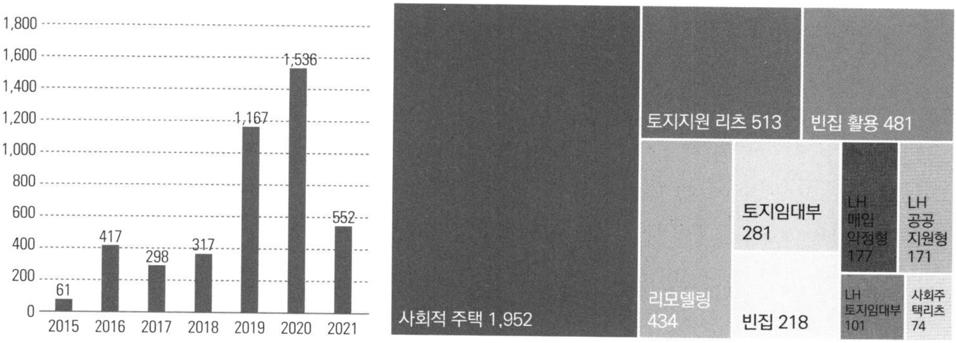

사회주택 공급 현황, 한국사회주택협회

한 임대료로 주택을 보급하는 것을 말한다.[109]

불과 5~6년 지났을 뿐인데 사회주택은 다양한 방식으로 진화하고 있다. 전체 주택시장의 크기에 비하면 아직 작은 영역이지만, 시장과 공공으로 이원화된 주택시장에서 파생되는 주거 '틈새'를 메우는 훌륭한 대안이 될 수 있다. 사회주택이 우리 사회에 새로운 주거 모델로 자리를 잡으면, 잔여적 복지 차원을 넘어 1인 청년, 신혼부부, 독립 시니어 등 가구 형태에 따라 맞춤형으로 제공되는 사회주택도 등장할 것이다.

그렇다면 사회주택은 모두에게 행복한 모델일까? 입주민에겐 더할 나위 없이 괜찮은 방식이라 할 수 있지만, 주택 공급자는 그렇지 못하다. 시세보다 20% 낮은 가격으로 주택을 장기 임대해야 하므로 수익

109 사회주택은 시세의 80% 이내로 책정하는 것이 원칙이다. 하지만 공공지원형은 그보다 더 낮은 기준으로 임대료가 책정된다.

률이 낮은 데다가 투입한 자금을 회수할 시기도 길게 늘어져 매력이 없는 사업 모델이다. 민간 건설회사들이 사회주택 사업에 무관심한 배경에는 이런 사정이 숨어 있다.

이 지점에서 금융이 담당할 역할이 생긴다. 사회주택 사업자들에게 인내 자본을 공급해 사업 자금이 원활하게 흐르도록 돕는 것이다. 하지만 민간 금융회사는 사회주택 사업자에 좋은 조건의 금융을 제공하지 않는다. 재무 건전성이 좋지 않은, 작은 건설회사로 바라볼 뿐이다. 건설비를 매각차익이 아닌 임대수익으로만 해결하는 사업 구조 때문이다.

토지임대부 사회주택은 공공이 소유한 땅을 임대받아 주택 공급을 하는 방식이다. 하지만 토지를 담보로 잡고 대출해 주는 일반적인 부동산 개발 금융의 패러다임에서는 돈을 빌리려는 차주가 땅 주인이 아니므로 대출이 불가능하다. 그 때문에 토지임대부 사회주택은 금융 시장에서 외계인 같은 존재로 취급받는 현실이다.[110]

정부도 사회적경제 조직이 자금 조달에 애를 먹는 사실을 잘 안다. 사회적경제 주체가 안정적으로 사용할 수 있는 낮은 금리의 자금을 공급하고 공적 보증 제도를 통해 신용을 보강하는 등 다양한 금융 지원 방안을 모색하는 이유이다. 사회주택 사업에 무이자로 자금을 빌려주는 서울시 '사회투자기금'이 융자 상환 기간을 최초 5년에서 최대 9년으로 늘린 것도 같은 맥락이다.

---

110 전체 사회주택 물량(4,455호) 중 토지임대부 사회주택이 차지하는 비율은 약 35%(1,555호)에 이른다.

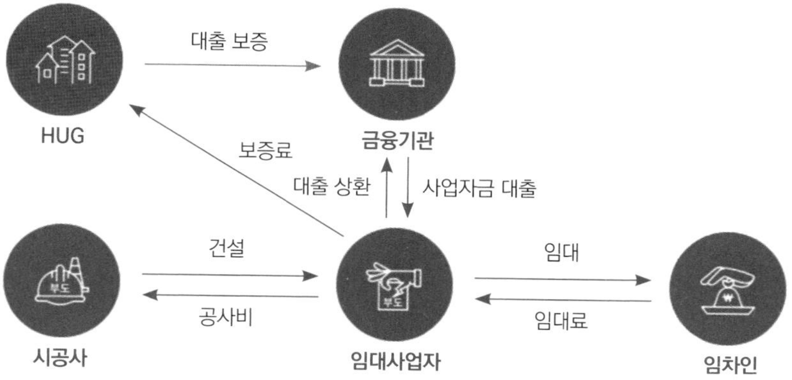

사회임대주택 PF 보증 흐름도, 주택도시보증공사

현재 주택도시보증공사HUG는 사회주택 사업자들이 시중은행에서 대출을 받을 수 있도록 총사업비의 70% 이내에서 보증하는 상품을 제공한다. 사업자가 HUG에 보증을 신청하면 심사를 거쳐 적합한 대상에 보증서를 발급하고, 은행이 이 보증서를 담보로 대출을 실행한 후, 상환이 이루어지지 않으면 HUG가 대신 갚아 주는 방식이다.

사회주택 사업자들에 장기+저리의 인내 자금을 공급하면, 임대료 상환 기간과 대출금 반환 시기를 맞출 수 있으므로 주택 사업자의 현금 흐름이 좋아진다. 자금 순환이 개선되면 사업자 부도의 가능성이 줄어들고 따라서 양질의 사회주택을 많이 보급할 수 있다. 결과적으로 사회주택을 활성화하려는 정부 정책이 실현되는 선순환 구조가 만들어지는 것이다.

또 한 가지, 입주민의 보증금을 보호하는 문제가 있다. 사회주택 사업자가 부도가 나는 바람에 보증금 반환이 영구적으로 불가능한 상황이 생기거나, 일시적인 유동성 악화로 임대보증금 반환이 어려워질 경우, 이 문제를 해결할 방안이 필요하다. 어떻게 해야 할까? 이 역시 보증 제도를 활용하는 것이 제일 좋은 접근법이다.

현재 임대보증금 반환 보증 상품은 '사업자용'과 '임차인용' 두 가지로 구분된다. 주택도시보증공사는 두 가지를 모두 다루고 한국주택금융공사HF는 임차인용만 취급한다.[111] 민간 보증 기관인 'SGI서울보증'도 두 가지 상품을 모두 판매하지만, 공공 보증 기관에 비해 보증 비용이 상대적으로 높다. 임차인용은 임차인이 비용을 부담하는 것이므로 바람직한 해결 방안이 아니다.[112]

사업자용 보증금 반환 보증 상품은 관련 법률에 따라 임대사업자로 등록하는 시점에 의무적으로 가입하게 되어 있다.[113] 법적으로 임차인의 보증금을 보호할 장치가 마련된 것이다. 하지만 일부 사회주택은 우선순위 채권비율과 부채비율 등의 문제로 보증금 반환 상품 가입이 반려되고 있어서 공적 보증 제도를 활용하지 못하는 실정이다.[114]

일찍부터 사회주택 공급에 나선 서울시는 임대보증금 반환 준비금 제도, 서울시 사회주택 안심 보증 상품 개발[115] 등을 통해 임차인 보증금 보호를 위해 노력하고 있다. '한국사회주택협회'도 사업자 부도로 인한 보증금 미반환 사례가 생길 경우, 협회 차원에서 채무를 인수하

---

111 한국주택금융공사(HF)의 전세보증금 반환 보증은 HF 대출을 이용한 사람만 가입할 수 있다.

112 사업자용도 보증료 일부를 임차인이 부담한다. HUG 보증 상품은 사업자가 보증료의 75%, 임차인이 25%를 부담하도록 설계되어 있다.

113 '민간임대주택에 관한 특별법'을 말하며 2020년 8월에 개정되었고 2021년 8월부터 적용된다.

114 토지임대부 사회주택이 대표적이며 시급한 개선이 필요한 상황이다.

115 '서울시 전대형 사회주택 임대보증금 반환 보증상품'을 말한다.

는 등 적극적으로 대응하고 있다. 사회주택 사업에서 실제로 보증금 사고가 일어나는 경우는 매우 드물다고 한다.

강조하고 싶은 것은, 사회주택 모델이 우리 사회에 정착하려면 주택을 공급하는 사업자들의 재무적 안정성이 중요하다는 점이다. 따라서 공급자들의 재정적 어려움을 해결할 금융 지원 체계를 강화할 필요가 있다. 정부 정책이 바뀌더라도 계속 유지될 수 있는 기금 구조를 만들어 사회적경제 주체들이 어려운 이웃의 주거 안정을 위한 사회주택을 많이 공급하게 해야 한다.

중앙에 모태펀드 형태의 사회주택 도매기금을 조성해 지자체나 사회주택 전문 중개기관에 필요한 자금을 제공하는 방식으로 금융 지원 생태계를 구축하는 것이 대안이 될 수 있다. 사회적금융 지원 체계 안에 사회주택 계정을 별도로 만들고 일정 수준의 자금을 할당한 다음, 같은 방법으로 자금을 흘려보내는 접근법도 가능하다.

온 나라가 부동산 문제로 몸살을 앓고 있다. 정부의 정책 실패로 수도권의 부동산 가격이 천정부지로 뛰어오르고 투기 세력들은 법망을 교묘히 피해 가며 돈놀이에 혈안이 되어 날뛰고 있다. 그 사이, 집 없는 서민들은 오른 전세금을 감당하기 힘들어 주변부로 밀려나고 있고, 청년들은 암울한 미래와 상대적 박탈감 속에서 좌절하고 있다. 우리는 언제쯤 이 질곡에서 벗어날 수 있을까?

사회주택 전문가인 '주거중립성연구소 수처작주' 최경호 소장은 "네덜란드는 집을 소유하지 않아도 사는 데 큰 불편이 없다. 임대차가 무기 계약인 경우도 많다. 세입자로 어디서든 마음 편히 살 수 있어서 가족이 생기거나 특정한 지역에 정착하고 싶을 때 내 집을 마련하면 된다. 하지만 우리나라는 부동산을 각자도생의 자산 증식 수단으로 보는 경향이 강하다. 세입자가 편하게 살 수 있는 환경을 만들어야 한다. 사회주택은 사회통합을 이룰 수 있는 좋은 수단이다."라고 말한다.

사회주택이 부동산 문제를 해결할 수 있는 만병통치약이 아닌 것은 분명하다. 하지만 사회적금융이 금융 공백을 메울 수 있는 것처럼, 사회주택도 주택 결핍을 해소할 수 있는 훌륭한 대안 중 하나이다. 공공도 시장도 풀지 못하는 주거 문제를 새로운 접근법으로 해결할 길을 제시하고 있다. 정부가 할 일은 이 영역이 좀 더 활성화되도록 지원하는 것이다.

1) 더불어 사는 주택을 위한 공급자들의 연대, 한국사회주택협회

사단법인
한국사회주택협회

'한국사회주택협회'(이하 한사협)는 2015년에 설립된 비영리 사단법인이다. 2022년 현재, 90여 개의 사회주택 사업자들이 회원으로 참여하고 있다. 주거 약자를 위한 주택을 공급하고 운영한다는 취지 아래 사회주택 보급 및 활성화 사업, 사회주택 인프라(제도·기금) 구축 사업, 정책 연구 및 교육 사업을 추진하고 있다. 우리나라 사회주택 공급 사업의 최일선에서 뛰고 있는 단체이다.

사회주택 사업은 성격상 정부와의 협력이 필수적이다. 이에 따라 사회주택 사업자들을 대변해 중앙 및 지방정부, 주택 관련 공공기관, 정책 연구기관 등과 함께 우리나라에 사회주택이 뿌리를 내릴 수 있도록 긴밀히 협력하고 있다. 한사협이 추구하는 목표는 주택사업에 종사하는 사회적경제 주체들이 양질의 사회주택을 안정적으로 공급할 수 있는 환경을 조성하는 것이다.

그렇다면 사회주택 사업자들의 현실은 어떨까? 정부가 사회주택 활성화 정책을 펼치면서 사업 환경은 나아지고 있는 편이다. 하지만 사회주택 사업의 특수성으로 인해 사회주택을 공급하는 사회적경제 조직들의 현금 흐름과 재정 상황, 신용도는 열악한 상태이다. 토지 소유주가 정부여서 자금 조달도 쉽지 않다. 또한 30~40년의 매우 긴 기간에 걸쳐 투입 자금이 회수되는 구조라서 부채비율이 높을 수밖에 없다.

정부가 사회주택 정책을 이끌어 가는 상황이므로 정책 변화에 휘둘릴 가능성도 존재한다. 사회주택 사업이 정부 지원을 전제로 작동하는 구조라 하더라도, 정부 의존이 지나치면 자칫 독립성이 훼손될 수 있다. 법률 및 제도 개선을 위한 노력도 필요하지만, 정책 자금 외에 안정적으로 사업 자금을 조달할 방법을 찾는 것도 중요한 과제 중 하나이다.

이런 문제의식하에 한사협은 2020년부터 독립 기금을 만들어 운용하고 있다. '재단법인 밴드'와 함께 만들어 가는 사회주택기금이 그것이다. 2021년 기준, 약 32억 원을 조성했다. 이 기금은 주택 사업자들에는 필요한 사업 자금을 빌려주고, 입주민들에게는 보증금을 빌려주고 안정적으로 반환하는 데 사용된다.

사회주택기금은 총 3개의 '바구니'를 가지고 있다. ①회원사 부도 등 비상 상황이 닥쳤을 때를 대비한 공동 대응기금 ②입주자 보증금

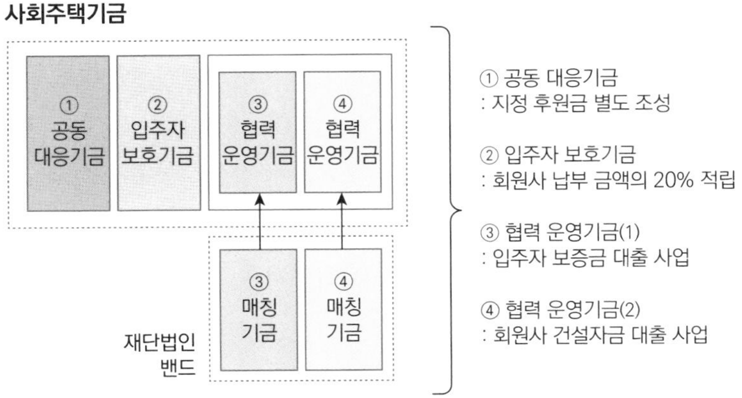

한국사회주택협회의 사회주택기금 운용 방식, 재단법인 밴드

을 안전하게 반환하기 위한 입주자 보호기금 ③입주자 보증금 대출과 ④사업자들이 필요한 자금을 대출해 주기 위한 협력 운영기금이 그것이다. 자금 용도에 따라 금고를 각각 만든 것이라고 보면 된다.

자금 조성 및 흐름 측면에서 살펴보면, ①공동 대응기금은 후원금 등을 통해 따로 조성된다. ②입주자 보호기금은 기금에 가입한 협회 회원사들이 납부하는 돈의 20%를 적립한다. ③협력 운영기금(1)은 입주자 보증금 대출 사업을 위한 용도로 사용되고 ④협력 운영기금(2)는 회원사 건설 자금 대출 사업에 쓰인다. 회원사들은 수요에 따라 필요한 협력 운영기금을 선택해 대출을 신청하고, 재단법인 밴드는 기금 상황에 따라 부족한 금액을 보충matching해 준다.

현재 ①공동 대응기금과 ②입주자 보호기금은 한사협이 직접 관리하고, 협력 운영기금 ③과 ④는 재단법인 밴드가 관리한다. 기금 운영 방식을 이렇게 설계한 이유는 용도에 맞게 돈 통을 따로 운용하는 것이 좋고, 자체적으로 조달할 수 있는 자금이 부족할 것을 대비해 외부 기금을 통해 기금 규모를 키우고자 함이다. 전문성을 갖춘 중개기관에 기금 운용을 맡겨 안정적으로 관리하려는 뜻도 담겨 있다.

③입주자 보증금은 기금에 가입한 회원사가 운영하는 사회주택에 입주한 사람들에게 1인당 최대 2,000만 원까지 대출해 주고 있다. 상환 기간은 2년이고, 금리는 연 3.0% 내외이다. ④사업자 대출은 사회주택기금 납입을 완료한 지 6개월이 지난 회원사를 대상으로 하며, 납입한 금액에 비례해서 이루어진다. 상환 기간은 2년이고, 금리는 연 2.6%이다.

이 기금은 사회주택 사업자에 대한 지원은 물론 입주자를 보호할 안전장치까지 마련하려는 의도로 만들어졌다. 2019년 사회주택 사업자 중 한 곳에서 보증금 미반환 사태가 발생했을 때, 한사협은 해당 사업자가 회원사가 아니었음에도 별도 법인을 설립해 부실 주택을 인수하고 임대보증금을 상환하는 등 정상화를 위한 노력을 아끼지 않았다. 이 기금은 그 연장선에서 조성된 것이다.

아직 우리나라에는 사회주택에 관한 법률이 없다. 정부와 지자체가 사회주택 정책을 펼치고 있지만, 법적 근거가 없어서 사업 실행에 어려움이 많다. 한사협은 '민간임대주택에 대한 특별법'을 개정해 사회주택 관련 내용을 넣을 필요가 있다고 보고 국회와 협의하고 있다.

사회주택을 시민들에게 알리기 위한 노력도 개진하고 있다. 용어가 낯설고 종류도 다양해서 시민들이 사회주택을 제대로 이해하는 데 걸림돌이 되고 있다고 판단하기 때문이다. 수도권을 비롯해 지방에도 지부를 만들고 온라인 플랫폼을 구축해 사람들이 사회주택이 가진 기능과 장점을 쉽게 인지할 수 있도록 홍보 활동을 강화할 계획이다.

2021년, 서울시가 사회주택 입주자의 보증금 미반환 사례를 지나치게 침소봉대하며 사회주택 정책을 재구조화하겠다는 방침을 밝히는 등 사회주택을 둘러싼 정치적 환경은 그리 좋지 않다. 한사협의 이한솔 이사장은 임기 중 '사회주택 1만 호'를 달성하겠다는 포부를 밝힌 바 있다. 그의 바람대로 사회주택이 우리 사회에 튼튼히 뿌리내리기를 희망한다.

집은 사는buying 것이 아니라 사는living 곳이어야 한다. 어른들의 잘못으로 젊은이들이 직면한 현실은 어둡기만 하다. 청년들에게 내 집 마련은 멀고 먼 꿈처럼 다가선다. 주거 문제를 해결하는 일은 시대적 소명이다. 수처작주隨處作住. 어디에 머물든 주인이 되라는 이 교훈이 실현되려면 더 많은 수고가 필요할 것이다. 한사협이 분투하고 있는 이유이다.

2) 집 걱정 없는 세상을 꿈꾸는, 따뜻한사회주택기금

따뜻한사회주택기금

"심사에서 떨어졌지만 전혀 서운하지 않습니다. 부족한 계획서를 꼼꼼히 살펴봐 주셔서 무엇을 더 채워야 하는지 깨닫는 시간이었습니다. 애정이 담긴 따뜻한 말씀을 들으며 용기를 얻어 갑니다."

사회주택기금 사용을 신청했지만 심사에서 탈락한 사업자 한 분이 남긴 소감이다. 통상적인 심사 자리라면 탈락한 아쉬움과 서운함이 더 클 것인데, 이 기금은 조금 다른 것 같다. 결과 자체보다 사회주택이 제대로 자리를 잡으려면 무엇이 필요한지 배우는 것을 중요하게 생각한다. 서로를 배려하는 마음이 묻어 있다. 이름 그대로 따뜻한 기금 같다.

'따뜻한사회주택기금'(이하 따사기금)은 민간이 주도해서 만든, 국내 최초의 사회주택 지원 목적기금이다. 한국타이어나눔재단이 '나눔과미래'에 30억 원을 쾌척하면서 출발했다. 나눔과미래는 집 없는 이웃과 주거 취약계층을 위한 보금자리를 마련하고 더불어 사는 행복한 마을을 만든다는 취지로 설립(2006년)된 비영리 사단법인이다.

그간 나눔과미래는 성북 주거복지센터 개소(2007년), 공익 집수리 지원단 발족(2008년), 민관 합자 주식회사[116] '두꺼비하우징' 공동 설립(2010년), 인도 하이데라바드 기숙학교 건립(2015년), LH 사회적 주택사업 운영기관 선정(2016년), 서울시 사회주택 종합지원센터 수탁(2018년), SH 사회적 주택사업 운영기관 선정(2019년) 등 주거 복지 실현을 위해 앞장서 왔다. 2017년부터는 서울시 사회투자기금 융자사업 수행기관으로 선정되어 시市 자금도 함께 운용하고 있다.

2021년 6월 현재, 조성된 기금액은 총 153억 원이다. 한국타이어나눔재단의 추가 출연금(30억 원)과 서울시 자금(93억 원)을 합한 액수이다. 사회주택 보급 사업을 안정적으로 유지하기 위해 원금 손실 없이 운영할 수 있는 사업 구조를 가져가고 있다.

기금 운영 방식은 크게 융자 사업과 지원 사업으로 구분된다. 융자

116 원래 민관 합자 형태로 추진하였으나 조례가 통과되지 못해 민간이 100% 출자해 설립했다.

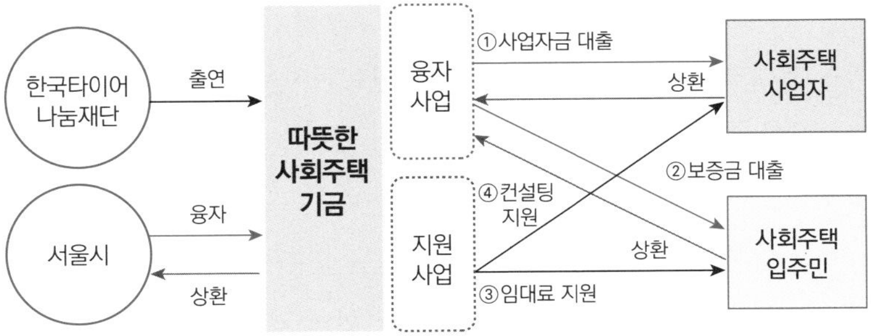

따뜻한사회주택기금 운영 구조

사업으로는 ①사회주택 사업자를 위한 저금리 대출과 ②사회주택 입주민을 위한 보증금 대출을 실시한다. 지원 사업은 ③입주민들을 위한 임대료 지원과 ④주택 사업자들의 조직 역량 강화를 위한 컨설팅 지원 등을 말한다. 융자 사업은 기금을 활용해서, 지원 사업은 기금의 이자수익을 통해서 진행한다.

2021년 말까지 따사기금은 153억 원이 넘는 자금을 공급했다. 세대로는 1,203세대로, 2015년부터 우리나라에 보급된 사회주택 공급 물량의 약 25%에 해당한다. 사업별로 살펴보면 ①사업 자금 대출이 149억 원 ②보증금 대출이 약 3억 원으로, 전체 자금의 97% 이상을 사회주택 사업자들을 위한 융자 사업에 사용했다.[117] 지원 사업의 규모가 작은 이유는 이자 수익이 작기 때문이다.

사업 자금 대출의 지원 대상은 서울시에서 정하는 사회주택, 서울주택도시공사의 맞춤형 매입 임대주택, 기금이 정한 기준에 부합하는

117 무상으로 지급하는 임대료 지원 사업에는 8,300만 원을 집행했다.

민간주택, 국토교통부와 지방자치단체의 사회주택 사업 등이다. 사업자 자격 요건은 사회·경제적 약자를 대상으로 주거 관련 사업[118]을 하는 비영리 기관이나 사회적기업, 협동조합 등 사회적경제 조직이어야 한다.

자체 분석한 사업 성과를 살펴보면, 주택 사업자들에게 저리의 자금을 공급함으로써 약 7억 원의 금융 비용을 절감했다. 사회주택 사업자들이 늘어남에 따른 고용 창출 효과는 약 12억 원, 낮은 임대 비용에 따른 주거비 절감 효과는 약 38억 원이다. 그 외에 임대료 지원 사업 등 현재까지 따사기금을 통해 창출한 경제적 가치는 총 52억 원이 넘는다.[119]

사회주택 사업은 공공의 지원을 받아 진행되지만 토지 위에 건물을 짓는 사업이므로 초기에 많은 자금이 필요하다. 반면 자금 회수는 상당히 긴 기간에 걸쳐 이루어지는 구조여서 재정 여력이 취약하다. 정부가 다양한 지원 정책을 펼치고 있긴 하지만 제도권 금융에서 자금을 조달하기 어려운 사회적경제 조직으로서는 큰 고민이 아닐 수 없다.

그런 측면에서 장기+저리로 제공되는 융자는 가뭄의 단비와 같다. 따사기금이 하는 역할이 그것이다. 사회적경제 주거 사업자들이 필요한 자금을 적기에 사용하도록 돕는다. 자금뿐만 아니라 건축, 재무, 법

---

118 '주거 관련 조직'이란 주거사업이 정관에 명시되어 있거나 실제로 수행한 경력이 있는 경우, 업태 종류가 건설업, 부동산업, 임대업, 전문, 과학 및 기술 서비스업(건축설계 및 관련 서비스업에 한함)인 조직을 말한다.

119 주거 비용(1,203세대에 임대료를 시세의 63%로 부과한 데 따른 절감액)+고용 창출(기금을 통해 시행, 시공, 관리 분야에 총 440명 고용)+금융 비용(저금리 융자에 따른 이자 절감) 등을 말한다.

륨 분야의 전문가들을 연결해 사업자들이 안정적으로 사업을 추진하도록 지원한다. 사회주택 사업자들에 없어서는 안 되는 소중한 존재이다.

보증금 대출, 임대료 지원 등 사회주택 입주민들도 돕는다. 기금의 이자 수익을 포기하고 이 돈을 입주민을 위해 쓴다는 뜻이다. 사회주택이 주거 취약계층을 위해 만들어진 것이므로 조직을 유지하는 데 필요한 최소한의 비용을 제외하고 모두 공급자와 수요자들을 위해 쓴다. 가진 것을 아낌없이 나누고 내주는 나무 같다.

혹시 생길지 모를 채무불이행 위험에 대비해 대손충당금도 쌓고 있다.[120] 기금을 잘 유지해 오래도록 사회주택 사업을 진행하기 위한 안전장치이다. 얼마 전 서울시 사회투자기금을 둘러싼 여러 갑론을박이 있었지만, 따사기금은 서울시 기금 융자 사업으로 단 한 건의 부실채권도 발생시키지 않았다. 기금 사업의 원칙과 규정을 준수하고 있다는 뜻이다.

최근에는 사회적 가치ESG 실현을 위한 '금리 인센티브 사업'도 추진하고 있다. 사회책임 금융의 관점에서 환경에 대한 책임(E), 입주민에 대한 기여(S), 지배구조의 투명성(G)을 기준으로 사회적 가치를 창출하는 사회적경제 주체에 좀 더 좋은 조건으로 자금을 공급하기 위해서이다. 공급 계획 중인 사회주택이 친환경건축물로 인증받은 경우(E), 사회주택을 일정 수준 이하의 주거비로 공급하는 경우(S), 기금 신청기관이 사회성과 평가 모형에서 일정 수준 이상의 점수를 확보한 경우

120 이자 수익을 재원으로 융자 금액의 1%를 적립했고 2022년부터 1.5%로 상향했다.

(S), 최소 0.5%에서 최대 1.5%까지 적용 금리를 인하해 준다. 다양한 계층이 사회주택 지분을 보유할 경우(G)는 최소 0.2%에서 최대 0.5%까지 인센티브를 제공하고 있다.

따사기금의 누리집을 방문하면 현재 사회주택에 거주하는 입주민들의 따뜻한 이야기를 접할 수 있다. 서울 한복판에서 말도 안 되게 싼 보증금과 월세를 내고 즐겁게 살고 있다는 청년의 공유형 사회주택 share-house 자랑, 기숙사와 고시원, 자취방을 수없이 전전하다가 마침내 살맛 나는 집을 만났다는 지방 출신 유학생의 고백 등 모두 자신의 선택에 만족해한다.

따사기금 사업을 총괄하는 남철관 국장에게 "사업 추진 시 가장 힘든 점은 무엇인가?"라고 물었다. "사회주택 사업의 속성상, 사업자들의 재정적 부담이 크다. 사업자들이 안정적으로 사업을 유지할 수 있는 구조를 만들어야 한다. 하지만 이들에게 인내 자본을 공급하는 기금은 매우 희소한 상황이다. 사회주택 기금을 더 활성화해야 한다."라는 답이 돌아왔다.

사회주택을 공급하는 사업자들의 어려움을 누구보다 잘 알기에 따사기금은 자신들 몫을 희생하면서 사회적경제 조직들을 돕고 있는지 모른다. 일부 언론에서 사회주택 사업의 중개기관이 부당한 이익을 취하는 것처럼 호도하는 기사를 접하면서, 안타까움을 넘어 서글픔이 느껴진다. 지금 따사기금이 걸어가는 모습을 보고도 그런 말을 할 수 있을까?

자신의 이익을 취하지 않고 타인을 돌보는 것은 어려운 일이다. 희생하는 모습 뒤에는 무언가 숨겨진 의도가 있을 것이라 믿는 이도 많다. 하지만 우리 사회에는 여전히 더 좋은 세상을 만들기 위해 묵묵히 헌신하는 사람들이 있고, 이들이 있어 그나마 사회가 돌아가는지도 모른다. 사회가 부패하지 않도록 스며들어 소금 역할을 하는 존재들. 따사기금 같은 곳을 말하는 것이리라.

5장

우리 동네 이야기
-지역금융

먼 옛날, 서부 개척 시대에 미국인들은 황무지에 마을을 만들면 개신교도들답게 제일 먼저 교회를 세웠다. 그리고 다음으로 만든 것이 은행이다. 집 안에 돈을 두면 목숨을 잃을 가능성이 컸기 때문이다. 그런 이유로 돈을 은행에 보관하고, 보안관을 고용해 은행 강도들로부터 돈을 지키게 했다.

세월이 많이 흘렀지만 지금도 미국의 작은 마을에는 동네은행community bank이 많이 존재한다. 모두 은행업 면허증을 가진 정식 은행이다. 지역 주민과 공동체를 위해 금융 서비스를 제공하는 것이 이 은행들의 임무이다. 이 중에는 주식시장에 상장할 자격을 갖추었음에도 주식을 공개하지 않고 주민들이 온전히 소유하는 상호은행mutual bank으로 남은 곳들도 존재한다.

2011년 월가 점령시위 이후, 금융위기의 주범인 민간 금융회사에 분노한 미국 시민들이 계좌 이동 캠페인을 전개했을 때, 월가에 본사를 둔 대형 금융회사로부터 계좌를 옮기라고 지목했던 곳 중 하나가 바로 동네은행이다. 전통적인 은행 업무만 하는 이 작고 볼품없는 곳들이 사실은 주민과 공동체를 지키는 착한 금융회사라는 것을 새롭게 깨달은 것이다.

실제로 동네은행 대다수는 2008년 금융위기의 광풍을 피해 갔다. 예금과 대출이라는 은행 본연의 역할만 충실히 이행했을 뿐, 파생 금융상품에 일절 손을 대지 않았기 때문이다. 주민이 소유하고 관리하는 은행, 금전적 이익보다 주민과 공동체의 미래를 중요하게 생각하는 회사, 지역에 뿌리를 내리고 주민들을 위한 관계금융을 실천하는 기관. 이것이 지역공동체 금융의 본모습이다.

지역발전금융기관

2020년 3월, 미 연방의회는 팬데믹으로 인한 중소기업들의 자금난을 해소하기 위해 총 2조 2,000억 달러의 경기부양 패키지를 통과시킨다. 이 긴급 예산 계획에는 급여 보장 대출 프로그램인 PPP[1]도 포함되어 있었다. PPP는 미 중소기업청SBA이 코로나로 경영난을 겪는 자영업자와 중소기업들을 위해 정부 자금을 융자해 주는 대출 프로그램이다.

500인 미만의 종사자를 고용한 중소기업이면 신청할 수 있고 이자율은 1%이다. 전년도 직원 월평균 임금 총액의 2.5배까지 가능하다.

1 'Paycheck Protection Program'의 약자이다.

이 프로그램은 대출, 즉 빌려주는 돈이지만 두 가지 조건이 충족되면 갚지 않아도 된다.[2] 두 가지 조건은 대출 금액의 75%를 직원 급여로 지출할 것, 나머지 25%는 임차료나 차량 운행비 등으로 사용할 것을 말한다.

이 지원금은 '조건부 탕감'이라는 꼬리표가 붙어 있기는 하지만, 무상으로 주는 보조금 성격을 가진다. 조건에 맞게 돈을 쓰는 데 무리가 없기 때문이다. 1인 자영업자, 독립 생활자도 지원 대상에 포함된다. 2020년 초, 신청을 받기 시작한 지 채 2주도 지나지 않아 전국적으로 160만 건이 넘는 신청서가 접수되었고, 미 중소기업청은 총 3,380억 달러를 승인했다. 조기에 자금이 소진된 것이다.

이 자금 신청을 받은 창구가 미국 지역금융의 대표 주자인 지역발전금융기관CDFIs[3]이다. 일부 상업은행이 포함되어 있지만, 프로그램 상담 및 대출 창구를 지역금융기관으로 제한함으로써 시민들이 이 기관들을 이용하도록 유도한 것이다. 현재 미 전역에서 활동하고 있는 지역발전금융기관은 공동체은행CDB,[4] 지역신협CDCU,[5] 지역융자기금CDLF,[6] 지역창업투자기금CDVCF[7] 등을 합해 1,200개가 넘는다.

1973년 제도가 도입된 이래, 지역발전금융기관들은 주로 낙후된 지역에 머물며, 소외계층을 위한 금융 공백 해소와 임대주택affordable

---

2 직원의 근무 시간을 줄일 수 없고 임금을 25% 이상 삭감할 수 없다는 조건도 부가되어 있다.

3 'Community Development Financial Institutes'의 약자이다.

4 'Community Development Bank'의 약자이다.

5 'Community Development Credit Union'의 약자이다.

6 'Community Development Loan Funds'의 약자이다.

7 'Community Development Venture Capital Funds'의 약자이다.

housing 공급, 공공 인프라 건설 등 지역 경제 활성화를 위한 금융 지원 기관으로 자리를 잡고 활동하고 있다. 미국 정부는 왜 정부 지원금을 이 기관들을 통해 나누어 주려는 것일까? 이유는 간단하다. 이 기관들이 지역에 돈이 돌도록 돕는 금융의 플랫폼 역할을 하고 있기 때문이다.

도시에 비해 상대적으로 낙후된 지역·지방에 돈이 흘러갈 수 있는 이유는 무엇일까? 대형 상업은행과 투자은행이 낙후 지역에 의무적으로 돈을 풀도록 강제하는 법률이 존재하기 때문이다. 이 법률이 유명한 지역재투자법CRA[8]이다. 미국의 은행들은 각 영업 지역 내에서 발생하는 자금 수요를 충족시키려고 얼마나 노력했는가를 평가받고, 역할을 제대로 하지 못하면 불이익을 받는다.

이 법률은 지역의 저신용, 저소득 계층의 금융 소외 문제를 해결하기 위해 제정되었다. 이에 따라 미국의 주류 은행들은 신용credit의 일부를 낙후 지역에 할당해야 하며, 그 대표적인 방법이 지역발전금융기관에 자금을 제공하는 것이다. 지역금융기관이 중앙의 자금이 지역으로 흘러가는 창구로 기능하는 것이다. 지역재투자법이 지역 경제 활성화에 크게 기여하고 있다는 평가를 받는 이유이다.

우리나라도 2020년부터 주요 은행을 대상으로 지역 재투자 평가 제도를 도입해 시행하고 있다.[9] 이 제도는 법률적 근거 없이 금융 감독 기관의 규정에 따라 시행되는, 문자 그대로 '제도'에 불과하다. 평가 대

---

8 1977년에 제정된 연방법으로, 'Community Reinvestment Act'의 약자이다.

9 15개 은행(시중 6, 특수 3, 지방 6)과 12개 저축은행을 대상으로 하며, 2020년에 첫 평가가 이루어졌다.

상 기관이 비수도권에 제공한 자금의 크기를 비교 평가하는 것이 핵심이며, 점수가 낮아도 특별한 불이익이 없다.[10] 결정적으로 지역발전금융기관의 필요성을 인정하지 않는다.

이 제도를 설계한 이는 미국의 지역발전금융기관이 지역에서 구체적으로 어떤 일을 하는지 모를 가능성이 크다. 지역발전금융기관은 단순한 자금 제공자가 아니다. 이들은 주민들을 위한 신용 상담과 사업 지도, 무주택자를 위한 주택 자금 제공, 빈곤계층을 위한 자산 형성 프로그램IDA 운영,[11] 지역 비영리단체 지원 등 지역 주민들의 금융 생활 안정을 위한 다양한 사업을 전개한다.

한국적 맥락에서 지역에 밀착해 활동하는 지역발전금융기관은 존재하지 않는다. 지역에 간판을 걸고 영업하는 회사와 기관들은 있지만 금융상품을 판매하는 것 외 다른 역할은 하지 않는다. 상업적 이윤만을 좇을 뿐, 공동체에는 아무런 관심이 없다. 지금의 영업 방식만 유지해도 이익을 얻는데 무엇 때문에 지역과 공동체에 관심을 가지겠는가.

지역·지방의 금융 공백

지방은 곤궁하다. 수도권은 진공청소기처럼 사람과 돈을 빨아들인

---

10 정부가 발표한 문서에는 "금융감독원의 경영실태 평가와 지자체 금고 선정기준 등에 활용한다."라는 언급만 되어 있다.

11 'Independent Development Account'의 약자이다. 저축한 금액의 일정 비율을 매칭해서 지원하는 방식으로, 취약계층 자립 지원을 돕기 위한 프로그램이다,

다. 경제를 움직이는 데 필요한 자원 대부분은 서울과 수도권에 몰려 있다. 지역의 문제를 해결하겠다고 고민하던 청년들도 심각한 자원 부족 문제를 견디지 못하고 서울로 서울로 향한다. 돈과 사람이 있어야 뭐라도 할 것인데, 있는 자원마저 빠져나가는 현실은 악순환의 연속이다.

매년 국토 균형 발전 사업에 천문학적인 돈이 투입되지만 수도권과 지방의 불균형을 막기는 역부족이다. 선거철이 되면 모든 후보자가 지방분권 확대, 지방재정 확충, 자치 강화를 외치지만 현실은 거꾸로 움직이고 있다. 이른바 중앙에 의한 지역의 식민화植民化, 인구 감소에 따른 지방 소멸 현상은 현재진행형이다. 불가역적인 현상처럼 보인다.

비수도권 지역 자치단체들의 살림살이도 여의치 않다. 2020년 기준으로 전국 17개 광역자치단체 가운데 재정자립도[12]가 50%를 넘는 곳은 단 5개뿐이다.[13] 지방에서는 세종시(64.0%)와 울산시(54.4%)만 절반을 상회하고, 나머지 12개 지역은 50% 이하 수준이다. 지방재정의 절반 이상을 중앙정부에 의지하고 있다는 뜻이다.

자립도가 30%를 밑도는 지역도 4곳이나 있다. 경상북도(29.8%), 강원도(28.3%), 전라북도(27.7%), 전라남도(27.0%)가 그러하다. 중앙정부의 지원이 없으면 사실상 지방행정을 유지할 수 없는 상황이다. 수도권의 경우, 서울시가 80.6%로 압도적으로 높고 경기도가 63.7%로

---

12 지방정부가 재정 활동에 필요한 자금 중 얼마를 자체적으로 조달하고 있는지 나타내는 지표를 말하며, 지방정부의 일반회계 '세입'에서 지방세와 세외수입이 차지하는 비율로 계산한다.

13 서울시, 세종시, 경기도, 인천시, 울산시.

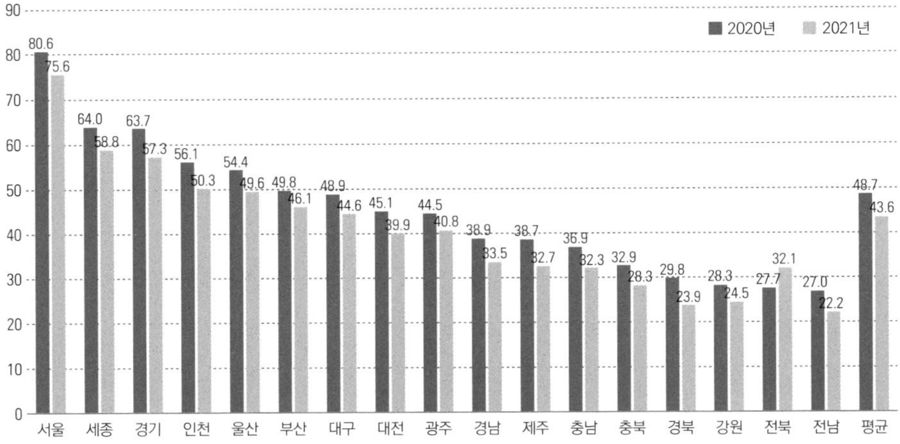

2020/2021년 지방자치단체 재정자립도 현황, 통계청

3위, 인천시가 56.1%로 4위를 차지하고 있다. 수도권 3개 지역이 모두 평균(48.7%)을 상회한다.

지역과 지방경제의 어려움은 지역금융 지원 체계에도 고스란히 반영된다. 지역에는 제도권 금융기관의 금융 서비스 혜택을 받지 못하는 계층이 훨씬 광범위하게 존재한다. 담보 제공이나 금리 적용에 불이익을 받는 경우도 많다. 소득 수준이 낮고 사업의 불확실성도 높아서 금융회사가 자금 제공을 꺼린다. 돈이 흐르지 않으니 경제가 활성화될 리 없다. 악순환의 고리에 잠겨 있다.

금융 거래에서 금융기관과 이용자 사이에 발생하는 이른바 '정보 비대칭 현상'은 근접성이 높을수록 줄어든다. 금융기관과 차입자가 지리적으로 인접한 곳에 있을수록 재무 정보뿐 아니라 비재무적 정보까지 인지할 가능성이 크므로 부도 위험이 줄고 거래 비용이 낮아진다.

지역에 뿌리를 둔 지역 밀착 금융기관이 필요한 이유이다.

지역과 지방에 자금이 순환되지 않는 것은 지역 경제가 낙후된 상태에 머물고 있다는 현실에서 파생된 현상이 아니다. 오히려 그 반대에 가깝다. 지역 경제에 피를 돌게 하는 지역금융기관이 부재하기 때문이다. 지역금융기관은 효율성과 수익성이 낮아서 존속하기 어렵다는 주장은 본말이 전도된 이야기에 불과하다. 지역 경제를 살리는 것이 목적이고 금융은 수단이다. 따라서 금융의 효율성과 수익성을 담보할 길을 찾으면 된다.

대표적인 방법이 지방 공공은행을 만드는 것이다. 낮은 수익성과 효율성을 정부가 감수하면 된다. 지방 공공은행은 여·수신 등 상업은행의 기능을 수행함과 동시에 정책금융기관으로 기능한다. 독일의 공공은행처럼 지역 경제에 돈이 돌도록 지역에 있는 금융기관들에 자금을 제공하는 은행의 은행으로 자리매김할 수 있다.

지방 공공은행은 지역 안에 있는 소기업과 자영업자, 중소기업에 투자함으로써 지역에서 조성된 자금이 지역 밖으로 빠져나가지 못하도록 하는 수문守門 역할을 한다. 주민이 맡긴 돈이 지역 안에서 순환하도록 돕는 장치가 기능한다. 지역의 자금이 지역 안에서 순환하는 질서를 만드는 것만으로도 지역 경제는 지금보다 훨씬 나아질 것이다.

혁신기업을 지원하는 금융 영역은 어떨까? 정부가 사회적금융 활성화 정책을 펼치고 있지만, 공공 자금 대부분이 서울 등 수도권에 몰리고 있다. 지방보다 수도권에 사회적경제기업이 상대적으로 많으니 당연한 현상이라고 볼 수도 있겠지만, 그것만으로는 설명이 부족하다. 가장 큰 원인은 사회적금융 중개기관 다수가 서울에 둥지를 틀고 있다는 점이다.

현재 인력과 자본 등 기본적인 인프라를 갖춘 지방의 사회적금융 전문 기관은 찾기 어렵다. 일부 지역에서 사회적금융을 다루는 민간 기관이 등장하고는 있지만 자원 부족 등 어려움에 직면해 있다. 이들이 지역에 뿌리를 내리고 금융 생태계를 조성하려면 시간이 많이 소요될 것이다. 따라서 이들이 잘 성장할 수 있도록 돕는 지방정부의 역할이 중요하다.

지역 기반 사회적금융 생태계 조성에 지자체의 역할이 절대적이라고 단정할 수는 없다. 민간 자금을 활용할 수도 있기 때문이다. 하지만 이는 수도권 등 잘사는 지역에서만 가능한 시나리오일 뿐이다. 한국적 맥락에서 볼 때, 지역 기반의 사회적금융 생태계를 조성하려면 지방정부의 역할이 가장 중요하다. 정부가 곳간을 열지 않으면 사실상 필요한 돈을 조달할 방법이 없다.

살림살이 형편이 좋지 않아도 지역에서 제일 큰 손은 지방정부이다. 지역 경제의 흥망성쇠는 지방재정의 흐름에 의해 결정된다고 해도 과언이 아니다. 지방정부가 돈을 어디에 쓰는가에 따라 경제활동의 흐름과 향배가 바뀐다. 결국 지역 기반 사회적경제, 사회적금융 생태계 조성은 지방정부의 정책 방향에 달려 있다고 해도 과언이 아니다. 단체장의 의지와 결단이 중요하다.

지역 기반 사회적금융 생태계 조성

지역 기반의 사회적금융 생태계가 만들어져야 하는 이유는 무엇일까? 한마디로 '돈의 흐름을 바꾸기 위해서'이다. 혹자는 힘들게 금융 생태계를 구축하지 않아도, 정부 정책 자금을 활용하거나 지방정부에서 예산을 타 쓰거나 혹은 금융회사에서 조달하면 된다고 생각할지 모른다. 이 방법들은 필요할 때 도움을 받는 데 유효한 선택지임이 분명하다.

하지만 중요한 것을 놓치고 있다. 정부나 민간 금융회사에서 돈을 조달할 수 있지만, 돈의 흐름과 질서를 바꿀 수는 없다는 사실이다. 이 돈들은 모두 '꼬리표'가 달려 있다. 정부 자금은 자격과 요건이 맞아야 하고, 수요 대비 공급이 부족하며, 그마저도 정책이 바뀌면 중단될 수 있다. 은행들은 문턱이 높아서, 손실 위험이 있다고 판단하는 기업에 돈을 빌려주지 않는다.

따라서 지역에 꼭 필요한 사업, 지역 기반의 혁신기업들에 자금을 지원하려면 지역의 상황을 잘 아는 자금 중개기관이 있어야 한다. 여러 공급처의 자금을 모아 '금고'를 만든 다음, 필요한 회사와 기관에 맞춤형으로 돈을 전달하는 역할을 해 주는 기구가 필요하다. 그래야만 지역의 혁신기업들이 살아나고 지역 주민들이 원하는 사업을 추진할 수 있다.

중개기관이 공급자와 수요자 사이에서 자금을 모으고 배분하는 '징검다리' 역할을 해 주어야 한다. 다양한 자금원을 발굴해 한 통에 넣은 다음, 누구에게 어떤 형식으로 자금을 줄 것인지 구조를 짜는 것이 중요하다. 공급자의 요건을 따르면서도 수요자들이 필요로 하는 자금을 맞춤형으로 공급할 배분 전략을 구성하는 것이다.

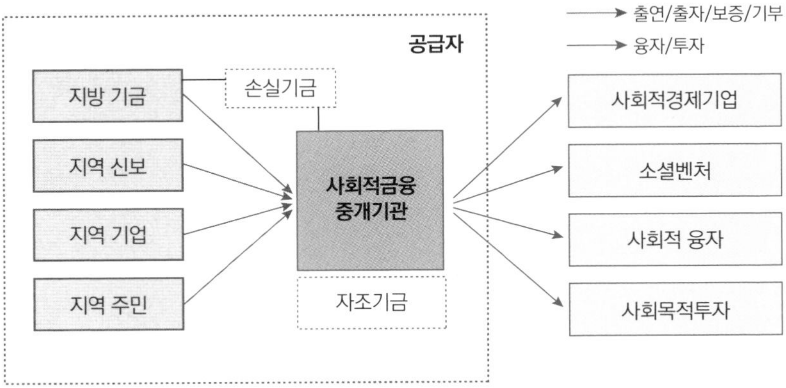

지역 기반 사회적금융 지원 생태계

이렇듯 다양한 공급자들이 제공하는 돈으로 저수지를 만들면 자금 운용의 폭이 넓어지게 된다. 공급자가 제시한 것보다 대출금 상환 기간을 좀 더 길게 가져갈 수도 있고, 기부금을 재원으로 손실 문제를 해결할 충당금을 쌓을 수도 있다. 돈의 흐름을 훨씬 말랑말랑하게 가져갈 여지가 생긴다. 공급자 중심이 아니라 '수요자' 중심으로 자금을 공급하는 구조가 만들어진다.

중개기관이 없어도 자금을 중개할 수는 있다. 지방정부가 기금을 조성해 직접 운용하거나 민간 금융회사에 업무를 위임 또는 위탁하는 방법도 있기 때문이다. 현재 많은 자치단체가 이 방식을 적용하고 있다. 지방기금법이 개정(2021년)되어 지방기금의 민간 위탁이 가능해졌지만, 현재 대부분의 지방정부가 관련 기금을 직접 운용하는 방식을 채택하고 있다.[14]

그러나 이 방법은 여러 가지 문제점을 안고 있다. 공무원들이 사회적금융에 대한 전문성이 부족한 데다가 원금 손실에 대한 부담감으로 매우 경직된 구조로 작동하기 쉽다. 원금 상환이 가능하다고 판단하는 기업에만 자금을 지원하는 것이다. 사회적경제 활성화를 위해 기금을 만들었는데 사회적경제기업을 해 보려는 창업기업들은 혜택을 받지 못하는, 웃지 못할 상황이 연출된다.

지원 방식도 단기 융자가 대부분이다.[15] 이자율만 낮을 뿐, 민간 금융회사와 별반 차이가 없다. 이런 운영 체제로는 제대로 된 사회적금융 생태계를 만들 수 없다. 공공은 자금을 제공하고 민간의 전문 기관이 이를 맡아 운용하는 형태로 구조를 바꿔야 한다. 지역 사회적금융 생태계의 핵심은 금고 자체가 아니라 금고를 운용할 능력을 지닌 '금고지기'이기 때문이다. 사회적금융을 다루는 전문 중개기관이 존재해야 할 이유이다.

지금의 열악한 지역 여건을 놓고 볼 때, 이들 중개기관이 자리를 잡기까지는 상당한 시간이 소요될지 모른다. 하지만 시간이 걸리더라도 중개기관을 만들고 성장시키기 위한 노력을 이어 가야 한다. 배움의 지름길은 직접 해 보는 것이다. 자금 조성부터 운용까지 직접 하면서 배우는 것이 가장 효과적인 학습법이다.

중개기관은 시행착오와 경험을 통해 배우면서 금융을 다루는 실력을 배양해야 한다. 정부 기금을 맡겨도 충분히 운용하겠다는 신뢰를 얻어야 한다. 지방정부 입장에서는 세금으로 만들어진 기금을 허투루

---

14 2015년 '지방자치단체 기금관리 기본법'이 개정(6조 2항)됨에 따라 지방기금의 관리 및 운용에 대한 민간 위탁이 금지되었다. 2021년 재개정되어 현재는 민간 위탁이 가능하다.

15 현재 사회투자 관련 기금 중 '투자 방식'을 적용하는 곳은 1곳(서울시)뿐이다.

운용할 수 없다. 믿고 맡길 곳이 없으면 정부가 직접 운용해야 하고, 결과적으로 기금 운용이 경직되는 악순환이 발생하게 된다.

2023년부터 자신이 태어나고 자란 고향에 대한 기부가 가능해진다.[16] 지방자치단체에 기부하면 답례품으로 관할 구역에서 쓸 수 있는 유가증권이나 지역 특산품이 제공된다. 이 제도가 어떤 반향을 일으킬지 예단할 수 없지만, 많든 적든 고향의 발전을 희망하는 출향出鄕 인사들의 기부 행렬이 이어질 것이다. 이에 따라 지방정부는 별도의 기금을 설치해 운용해야 한다.

만일 어느 지역에 이 기금을 투명하고 효과적으로 운용할 실력을 갖춘 믿을 만한 중개기관이 있다면, 정부가 직영하는 것보다 이 기관에 업무를 위탁하는 것이 나은 방법일 수 있다. 지방정부는 토호들의 영향력에서 벗어나고, 중개기관은 사회적경제 방식으로 주민들이 사업에 참여할 길을 열어 줌으로써 지역 경제를 활성화하는 계기를 만들 수 있기 때문이다.[17]

중개기관은 '고향사랑기금'을 활용해 공개 모집으로 선발한 특산품 생산 농가나 기업의 제품을 구매하고 이들이 필요로 하는 생산 자금을 제공함으로써 품질 좋은 생산품을 만들도록 도울 수 있다. 기금의 본래 취지를 최대한 살리면서 지역 경제와 주민들에게 도움을 주는 구조를 설계함으로써 기금 운용의 효과를 높일 수 있다.

아직 이 수준에 도달한 지역 중개기관은 발견하기 어렵다. 지역 기

16 '고향 사랑 기부금에 관한 법률'이 제정되어 2023년 1월부터 시행될 예정이다.
17 관련 법률에 따라 기금 일부(전년도 기부금액의 100분의 15 이내)를 경비로 사용할 수 있다.

반의 사회적금융 생태계는 대부분 광역자치단체가 설립한 기금 중심으로 움직이고 있고, 그마저 없는 곳도 많다. 기초자치단체 일부에 기금이 설치되어 있기는 하지만 규모가 작고 영향력도 크지 않다. 민간 중개기관은 이제 막 만들어지는 단계이고 시스템과 인력도 부족한 것이 현실이다.

지역의, 지역에 의한, 지역을 위한 사회적금융 생태계를 만드는 작업은 더디고 힘겨운 과정이 될 것이다. 우선은 작은 단위의 실험을 통해 경험을 쌓는 것이 중요하다. 현재 사회적금융 영역에서 활동하는 모든 중개기관이 그 과정을 거쳐 왔다. 준비 부족을 탓하며 기다리기보다 용기 있게 앞으로 나아가야 한다. 지역금융의 미래는 이들이 어떻게 생각하고 행동하는가에 달려 있다.

1) 지역을 바꾸는 따뜻한 힘, 마포공동체경제 모아

공동체 경제의 꿈

서울에서 공동체 경제를 구축할 수 있을까? 파편화된 익명의 개인이 살아가는 대도시 한복판에서 경제 공동체를 만드는 것이 가능한 일일까? 마포구에 이런 공동체가 있다고 하면 단박에 이런 의문이 들 것이다. 그런데 완전한 형태는 아닐지 몰라도, 자신들이 가진 자원들을 활용해 자립형 경제 구조를 고민하는 집단이 있다. 마포공동체경제 '모아'가 그 주인공이다.
'모아'는 마포공동체경제(MORE, Mapo Organization for Reclaiming Economy)의 영문 머리글자를 우리말로 표현한 것이다. 지역의 자원이 선순환되는 공동체 경제를 만들자는 취지에서 붙인 이름이다. 자본주의 경제는 사람을 돈의 노예로 만든다. 돈의 주인이 될 수는 없을까? 주민과 마을공동체를 위해 돈을 쓰는 구조를 짜 보자.

마을공동체는 가치와 지향만으로 만들어지지 않는다. 돈과 경제 문제를 해결할 방법을 직접 찾아야 한다. 돈의 흐름을 바꾸려면 씀씀이를 새롭게 해야 한다. 생활을 바꾸지 못하면 돈의 족쇄로부터 헤어날 수 없다. 능동적 소비, 필요에 의한 생산과 공유, 지역에서 순환되는 화폐, 공동체를 위해 일하는 은행 시스템을 만들어 보면 어떨까? '모아'의 문제의식은 그렇게 시작되었다.

- 2015년, 마포공동체경제 네트워크 창립
- 2016년, 지역공동체화폐 '모아' 발행
- 2017년, 망원시장 입점 가게, 지역화폐 사용처 협약
- 2017년, 공동체기금 시범사업 추진
- 2018년, 공동체 포럼 '먹고사니즘, 공동체 경제의 길을 열자' 개최
- 2019년, 마포경제공동체 사단법인 전환, 창립총회
- 2020년, 첫 마을맥주 '성미산에일' 출시
- 2020년, 코로나19 극복을 위한 '벌꿀 펀딩' 진행

- 2020년, 공동체경제 모바일앱 '모아페이' 개발, 출시
- 2021년, 마을공동체은행 창립, 약정자 총회

마포공동체 모아가 걸어온 지난 몇 년간의 흐름을 정리한 것이다. 공동체의 가치를, 선언적인 구호가 아닌 구조와 시스템으로 실현하기 위한 치열한 노력이 엿보인다. 지역에서의 좋은 삶이란 곧 생활 경제의 틀과 내용을 바꾸는 것이라는 믿음이 깔려 있다. 공동체은행을 설립한 것도, 지역화폐를 만든 것도 같은 맥락이다. 지역 순환 경제를 구축고자 하는 것이다.

"경제 공동체를 만들려는 이유가 무엇인가?"라는 질문에 대해 사단법인 모아의 윤성일 이사장은 "돈 때문에 고통받고 많은 것을 포기하며 살아가는 주변의 삶들을 너무 많이 보았다. 지역에서 사회적 가난을 극복하려면 호혜와 연대에 기초한 새로운 경제 질서를 만들 필요가 있다고 생각했고, 지금도 그 실험을 계속하고 있는 중이다."라고 말한다.

호혜와 연대의 질서가 사회적경제의 핵심 원리이기는 하지만 작은 마을 단위에서 실현하기에는 너무 어려운 과제 아닐까? 하지만 모아의 접근 방식은 매우 구체적이다. 문제 해결의 핵심을 말이나 계획이 아닌 생활과 실천으로 바라보고 있다. 생산과 소비, 저축과 투자가 지역공동체를 위해 작동하는 새로운 시스템을 짜려면 어떤 도구와 장치가 필요한지를 아는 듯하다.

현재 모아가 추진하는 사업 영역은 크게 네 가지이다. 지역 경제에 활력을 불어넣기 위한 능동적인 '소비 운동,' 잉여 자금을 효과적으로

마포공동체경제네트워크 모아 누리집(www.mapo.network)

사용하기 위한 '기금 운동,' 생활경제에 필요한 품목을 직접 만드는 '생산 운동,' 소유한 것을 나누어 쓰는 '공유재 운동'이 그것이다. 각각의 사업은 유기적으로 연결되어 있다. 생산과 소비, 그리고 둘을 연결하는 고리로 금융이 작동하는 방식이다.

공동체은행은 모아가 직접 운영한다. 은행을 이용하려면 먼저 회원이 되어야 한다. 회원은 회비 납부의 의무가 있고, 공동체를 만들어 가는 일원으로 의사 결정권을 가진다. 은행 사업에 필요한 자금은 회원들의 저축을 통해 모은다. 순도 100%의 자조기금인 셈이다. 2021년 말 현재, 일반예금 이용자가 24명, 적금 이용자가 67명이다.

대출은 일반대출과 긴급대출의 두 가지로 나뉜다. 긴급대출은 급한 생활 자금이 필요하거나 가게 운영이 어려운 회원들이 주로 이용한다. 금리는 4%이다. 이자율이 낮지 않음에도 이용하는 회원이 많은 것은 이보다 낮은 금리로 돈을 빌리기 어려운 조건에 있거나, 시중은행을 이용하는 것보다 모아의 돈을 쓰는 것이 공동체 발전에 도움이 되리라 믿기 때문이다.

흥미로운 것은 대출해 주는 돈이 두 종류라는 것이다. 법정화폐 외에 공동체화폐로도 대출을 실시한다. 공동체화폐 '모아페이'는 태환 방식이다.[18] 즉 현금을 주고 사야 한다. 구매자들이 사용한 돈은 공동체 가게(가맹점)에 쌓이고, 가게들은 이 돈을 법정화폐로 바꾸지 않고 쓸 수 있다. 이 과정에서 일부 돈이 유통되지 않고 쌓이는데, 이 저장된 돈을 대출로 활용하는 것이다.

지역화폐가 유통됨으로 인해 만들어진 새로운 금융 거래 방식이다. 공동체화폐 유통량이 늘어나면 공동체화폐 대출도 비례적으로 증가하고, 결과적으로 화폐의 유통 속도가 더 빨라지니 지역 경제에 도움이 될 것이다. 공동체화폐 대출은 회원이면 누구나 신청할 수 있고, 공동체에 대한 애정과 충성도가 높은 회원이 많이 이용한다고 한다.

공동체은행은 관계금융을 한다. 시장금융은 대출 신청자를 단지 돈 빌리는 사람으로 해석하지만, 관계금융은 은행 이용자를 공동체의 이웃으로 바라본다. 따라서 돈 자체가 아니라 사람에 주목한다. 현재 살림살이 형편이 어떠한지, 왜 대출을 받으려고 하는 것인지, 금융을 관

18 지역화폐는 발행 방식에 따라 크게 태환과 불태환 방식으로 나뉜다. 태환은 법정화폐와 1:1 방식으로 교환하는 것이고 불태환은 법정화폐와 교환 없이 발행된다.

리할 역량이 있는지, 대출 이외의 대안은 없는지 등을 은행과 이용자가 함께 살펴보는 것이다.

이런 접근은 돈과 금융에 대한 사람들의 생각을 새롭게 해 준다. 돈을 어떻게 모으고 쓰고 또 지켜야 하는가에 대한 관점을 정립하는 데 도움을 준다.[19] 단순히 빌려주고 쓰는 거래 관계를 넘어, 금융을 매개로 교육과 지도mentoring가 이루어진다. 은행이 공동체 구성원들의 돈에 대한 이해와 관리 역량을 키워 줌으로써 좋은 공동체를 형성하는 촉매 역할을 하는 것이다.

대출금은 나누어 갚는 방식을 적용한다. 상환이 3회 이상 지체되면 '괜찮아요 팀'이 움직인다. 상담을 통해 상환을 돕고 함께 대안을 만드는 것이다. 개인에게 모든 책임을 지우고 살벌한 추심推尋으로 어떻게든 돈을 받아 내는 것에만 관심을 두는 시장금융의 질서와는 다른 모습이다. 공동체은행만이 할 수 있는 일이다.

팬데믹의 영향으로 경제 상황이 나빠질 무렵, 모아는 '벌꿀 펀딩'이라는 이름의 프로젝트를 실행했다. 지역의 14개 단체가 돈을 모아 어려움에 직면한 개인과 가게들에 무이자 대출을 해 주기로 결의한 것이다. 한 달 만에 꽤 큰 돈이 모였고 곧바로 가게 7곳, 개인 19명에게 긴급 자금을 지원했다. 정부 지원금을 언제 받을지 모르는 상황에서 제공한 것이라 주민들에게 큰 힘이 되었다고 한다.

'모아'는 마포공동체에서 유통되는 지역화폐의 명칭이고, 공동체은

---

19 돈에 대한 남다른 철학을 견지했던 조선 시대 개성상인들은 돈을 집전(集錢), 용전(用錢), 수전(守錢)으로 해석했다.

행의 간판이며, 공동체 경제를 상징하는 표현이기도 하다. 연대와 협력의 가치가 사라진 차가운 서울 도심 한복판에서 자신들의 힘으로 공동체를 일구고, 화폐를 만들고, 은행을 움직인다는 것은 기적에 가까운 일이다. 지금까지 걸어온 발자국이 더욱 큰 울림으로 다가서는 이유이다.

정부와 지자체가 주도하는 대규모 지역화폐 정책이 지역 상인들과 지역 경제에 도움을 주긴 했지만, 그로 인해 모아 같은 풀뿌리 화폐는 운영에 큰 어려움을 겪었다. 정부 상품권의 할인율과 모아의 할인율 차이로 인해 사람들이 정부 상품권을 더 선호해서이다. 풀뿌리 화폐를 보호하고 지원하는 외국과는 너무나 다른 접근법이어서 아쉬움이 크다.[20]

모아 공동체은행은 제도권 내의 정식 금융기관이 아니다. 감독과 제재를 받지 않는다는 점에서는 자유스럽지만, 규모를 키우고 지속 가능한 회사로 성장하는 측면에서는 한계가 크다. 지역에 튼튼히 뿌리내리려면 무엇보다 사람들이 신뢰할 수 있는 기관이 되는 것이 중요하다. 모아는 지역 신협 설립을 다음 단계의 목표로 정하고 있다.

모아의 실험은 성공할 수 있을까? 일반적 시선에서는 모아의 몸짓이 무모한 게임처럼 보일지 모른다. 하지만 바로 그 점이 모아라는 공동체가 꼭 존재해야 하는 이유일 것이다. '내 삶과 공동체를 풍요롭게 하는 경제'를 만드는 것, '지역을 바꾸는 따뜻한 힘의 연대'는 지금의

---

20 정부가 주도하는 지역화폐 정책은 정책 변화로 보조금 지원이 중단되는 일몰이 닥치면 거품처럼 사라질 수 있다는 점에서 위험성이 크다. 지속 가능성 측면에서는 풀뿌리 화폐가 훨씬 우위에 있다.

낡은 경제 원리와 금융 질서로는 이룰 수 없는 꿈처럼 느껴지기 때문이다.

2) 지방정부 사회투자기금의 역할 모델, 서울시 사회투자기금

서울특별시

'서울시 사회투자기금'(이하 사투기금)은 지방정부 최초의 사회투자 목적기금이다. 사회적경제기업, 사회적 배려가 필요한 개인 또는 회사, 사회투자사업을 지원하기 위한 목적으로 2012년에 만들어졌다. 중앙정부가 사회적금융 활성화 정책을 펼치기 훨씬 전부터 기금 조례[21]를 제정, 범사회적경제 영역을 지원하고 있다. 올해로 10년 차이다.

지원 대상은 사회적기업, 마을기업, 자활기업, 중증장애인 생산품 생산시설, 장애인기업, 여성기업, 다문화가정 및 북한 이탈주민, 비영리단체, 기타 사회적 가치 실현을 목적으로 경제적 활동을 영위하는 기업 등이 망라되어 있다. 단순한 보조금 지원 차원을 넘어 금융 지원을 통해 이들의 지속 가능성을 높이고자 하는 정책 의지가 담겨 있다.

사회주택 지원 조례[22]에 따라 사회주택의 건설 및 공급을 위한 융자금도 지원한다. 사회주택 사업을 활성화하는 수단의 하나로 주택사업자들에게 인내 자본을 공급하고자 함이다. 2018년부터는 투자 지

21 '서울시 사회투자기금의 설치 및 운용에 관한 조례'를 말한다.
22 '서울시 사회주택 활성화 지원 등에 관한 조례'를 말한다.

원 사업도 추진하고 있다. 사회적경제기업이나 사회목적사업을 위해 투자조합을 조성한 다음 투자자로 참여하는 방식이다. 지방정부 최초의 시도이다.

기금 사업에 참여하는 사회적금융 기관도 돕는다. 2017년부터 수행기관 융자 사업에 대한 이자 차액 보전 비용, 사회적경제기업 대상 비非융자 사업 비용을 지원한다. 사투기금을 중개하는 기관들이 기금 투·융자 사업을 원활히 진행하도록 하기 위해서이다. 융자 사업에 참여하는 기관에 융자 금액의 '1%'를 인건비나 사업 진행비, 활동비 명목으로 지원하는 방식이다.[23]

융자 지원 사업의 운영 구조는 다음과 같다. 공개 모집을 통해 민간 중개기관을 선정한 후, 사투기금이 무이자로 돈을 빌려준다. 중개기관은 자금 사용을 희망하는 사회적경제기업 등에 재융자(재대출) 방식으로 최고 3%의 이자율로 돈을 빌려준다. 이자율을 3% 이내로 운영하는 이유는 지원 대상 기업의 이자 부담을 줄이기 위함이다.[24]

융자 상환 기간이 만료되어 대출 자금이 상환되면, 중개기관은 시에서 빌린 원금을 갚으면 된다. 문제는 대출 지원을 받은 차주가 빌린 돈을 갚지 못하는 채무 불이행이 발생할 때이다. 원금 회수가 이루어지지 않으면 중개기관이 책임을 져야 한다. 현행 지방기금 제도가 가지고 있는 한계이다. 서울시뿐 아니라 모든 지방정부가 같은 문제를 안고 있다.[25]

---

23 2020년부터는 코로나 상황을 고려해 '2%'로 늘어났다.

24 이 말은 중개기관의 자금 운용 수익을 3% 이내로 가져가라는 뜻과 같다. 이에 따라 서울시는 비용 문제의 현실성을 고려, 융자 사업 수행기관에 운영비(융자 금액의 2%)를 지급하고 있다.

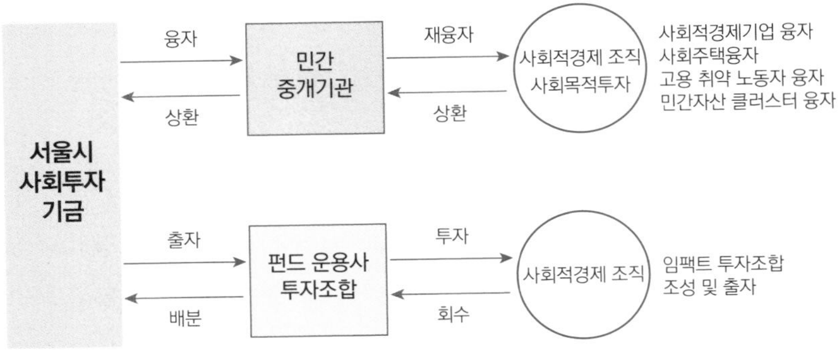

서울시 사회투자기금 운영 구조

융자 사업은 크게 ①사회적경제기업 ②사회주택 ③고용 취약 노동자 ④민간자산 클러스터의 네 영역으로 구분된다. ①사회적경제기업 융자는 사회적경제기업의 창업이나 운영에 필요한 자금, 사회적 가치를 창출하는 사업 추진에 필요한 자금을 제공하는 사업이다. 수행기관 융자 기간은 6년이고 매칭 금액의 5배 이내에서 시 기금을 융자할 수 있다.[26]

②사회주택 융자는 주거 취약계층을 위한 사회주택 사업에 필요한 자금을 지원해 주는 사업이다. 주거 관련 사회적경제 주체[27]가 지원 대상이며, 수행기관 융자 기간은 최대 9년이다. 상환 기간이 다른 융자 사업보다 긴 이유는 사회주택 사업의 현금 흐름을 고려했기 때문

---

25 '사회투자 성격의 정책 자금 손실을 어떻게 처리할 것인가?'는 시급히 대안을 마련해야 할 주제이다.

26 매칭 비율은 시 80%, 수행기관 20%이다. 만일 100억 원을 융자하고자 한다면, 최소 20억 원의 기관 자금을 태워야 한다는 뜻이다.

27 '서울시 사회주택 활성화 지원 등에 관한 조례' 제2조 제3호에서 정한 기업이나 기관을 말한다.

이다. 부실 예방을 위해 시가 승인한 사회주택 사업자들에만 자금을 지원한다.

③고용 취약 노동자 융자는 불안정한 고용 환경 속에서 경제적 어려움을 겪는 특수고용, 프리랜서, 플랫폼 노동자와 사회적경제기업 종사자 등에게 긴급 자금을 융자해 주는 사업이다. 융자 기간은 최대 3년이다. ④민간자산 클러스터 융자는 사회적경제 공동체 소유의 공간을 매입하거나 협업을 위한 공간을 조성하고자 하는 주체에게 매입비를 융자해 주는 사업으로, 융자 기간은 최대 10년이다.

투자사업은 사회적경제 지원 방식을 다양화함으로써 투자 생태계를 조성하기 위한 목적으로 추진되고 있다. 시가 출자하는 임팩트 투자조합의 업무집행조합원GP[28]을 공개 모집 방식으로 선정해 서울 소재 사회적경제기업이나 사회적 프로젝트, 벤처기업이나 기술혁신형 중소기업 등에 투자하는 방식이다. 선정된 기관은 매칭 금액의 2배 이상을 투자하게 되어 있다. 투자 기간은 총 8년이다.

사투기금은 2013년부터 2020년 말까지 총 857건에 약 1,460억 원을 융자 지원했다. 시 기금(1,124억 원)과 민간 매칭 금액(335억 원)을 합한 숫자이다. 공공과 민간 자금의 매칭 비율은 약 70:30 수준이다. 시는 현재 사투기금을 외부 기관에 위탁하지 않고 직접 운용한다. 당분간은 중개기관을 통한 재융자 방식을 유지할 것으로 예상된다.

사투기금은 사회적경제와 사회투자를 지원하는 정부 기금의 역할

28 '중소기업창업지원법'에 따른 중소기업창업투자조합, '여신전문금융업법'에 따른 신기술사업투자조합, '벤처기업육성에 관한 특별조치법'에 따른 벤처투자조합을 말한다.

모델로 평가받고 있다. 정부의 사회적금융 활성화 정책 수립에 큰 도움을 주었고 다른 지방정부 기금 사업의 벤치마킹 대상이 되고 있다. 지난 10년간 서울시가 펼친 정책 중 가장 빼어난 것 중 하나를 선택하라면 사투기금이 포함될 것이다. 중앙정부도 손대지 못한 일을 앞장서 일구어 왔기 때문이다.

3) 광역을 뛰어넘는 기초자치단체 기금의 최강자, 화성시 사회적경제지원기금

경기도 화성시는 경기도에서 재정 자립도가 가장 높은 도시이다. 2020년 기준으로 66.3%이다.[29] 삼성전자, 현대자동차 등 대기업이 많이 입주해 있고 대규모 택지 개발과 주택 건설에 따른 지방세 수입의 영향에 따른 것으로 생각된다.

사회적경제를 지원하는 기금 규모도 기초자치단체 수준으로는 무척 큰 편이어서 2021년 현재 조성된 기금이 약 650억 원이다. 전액을 화성시가 출연했다. 2014년에 설치되었고 2016년부터 사회적경제기업을 대상으로 융자 및 경영 지원 사업을 하고 있다. 살림살이가 아무리 풍족해도 전임 채인석 시장의 의지가 없었다면 이 정도 규모의 기금을 조성하기는 힘들었을 것이다. 목민관의 중요성을 다시 한번 일

29 통계청, 〈지방자치단체 재정자립도 현황〉.

깨워 주는 사례이다.

'화성시 사회적경제지원기금'(이하 화성기금)은 사회적경제 영역에 다양한 지원 사업을 펼치고 있다. 사회적경제기업을 대상으로 한 지원 사업은 크게 융자와 보조금, 두 가지 유형이 있다. 융자 사업은 사회적경제기업이나 단체들에 시설 및 인프라 구축, 경영 개선 자금을 지원해 주는 사업이다. ①시가 직접 진행하는 방식 ②신협 등 지역금융기관을 통해 재융자(재대출)하는 방식 ③지역의 중개기관이 조성한 기금에 자금을 빌려주는 방식으로 진행된다.

①직접 대출은 시가 지원 대상을 모집한 후 심사를 거쳐 대출을 집행하는 방식이다. 기업당 최대 1억 원까지 가능하며,[30] 금리는 연 1.0%이다. ②지역금융기관을 활용한 대출은 시가 사회적금융을 수행하는 금융기관에 무이자로 자금을 빌려준 후, 금융기관이 사회적경제기업에 필요한 돈을 재융자하는 방식이다. 지원 금액은 금융기관당 최대 20억 원이다. 선정된 금융기관은 기업당 최대 5,000만 원까지 대출해 줄 수 있고, 재융자 금리는 3% 이내에서 기관이 자율적으로 정하게 했다. 시의 ①직접 대출 방식은 심사 기간이 길어 현장 기업들의 긴급한 자금 수요를 맞추는 데 한계가 있다고 보고, 지역금융기관 창구를 통해 간단한 심사 과정을 거쳐 빠르게 융자 지원을 하도록 한 것이다.

③기금 조성 지원은 지역의 사회적경제 협의체가 출자해 설립한 비영리법인이나 사회적협동조합이 외부 사회적금융 중개기관 혹은 경

30 창업 후 1년 이내 기업은 최대 3,000만 원까지이고, 기업당 누적 대출액은 3억 원을 넘지 못한다.

기도 기금의 중개기관으로 참여할 경우, 매칭 자금을 지원해 주는 방식이다. 사회적경제 조직들이 자조기금을 마련하도록 돕는 것이다.[31] 기금의 규모와 실행 계획을 검토해 최대 10년간, 무이자로 10억 원까지 지원한다.

'이자 차액 보전사업'도 진행한다. 관내 사회적경제기업이 경기 신용보증재단의 보증서를 발급받아 시중은행에서 대출을 받을 경우, 기업당 최대 3,000만 원 이내에서 은행 대출금리의 일정 부분(최대 2.5%)을 시가 보전해 주는 사업이다. 대출 지원 창구를 최대한 다원화해서 사회적경제기업의 자금 흐름을 원활하게 해 주기 위한 정책이다.

화성기금은 2020년까지 총 39개 사회적경제기업과 조직에 약 100억 원을 지원했다. 대출 창구를 다원화함으로써 현장 사회적경제기업과 단체들의 자금 수요에 부응하기 위해 노력한 흔적이 엿보인다. 특히 시가 운용 및 관리의 번거로움에도 불구하고 융자 사업을 직접 실행한다는 사실이 무척 인상적이다. 다른 지자체에서 찾아보기 힘든 대목이다.

보조금 지원 사업은 공모 방식을 통해 지원 대상자를 선발해 대출이 아닌 보조금을 제공해 주는 사업이다. 지역의 문제를 해결하려는 사회적경제기업의 창업을 지원하기 위한 공모사업, 사회적경제기업의 지속 성장을 지원하는 사업, 신생 기업과 기존 사회적경제기업의 협동과 상생 발전을 지원하기 위한 협업화 사업에 선발된 곳들이 지

31 현재 운용되고 있는 지방정부의 사회적경제 지원기금 중, 자조기금 조성을 촉진하기 위해 장기 무이자 자금을 빌려주는 곳은 화성시가 유일하다.

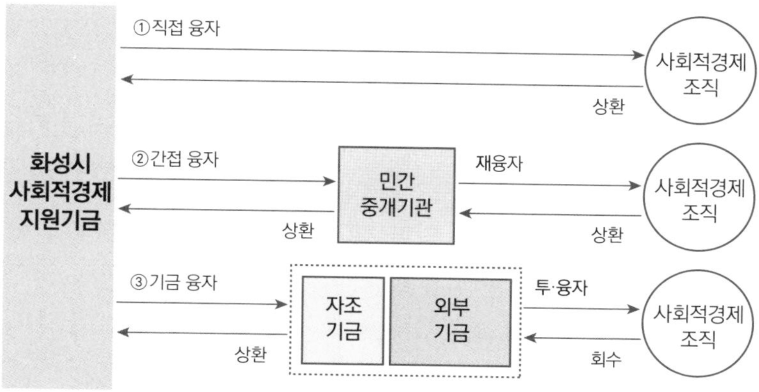

화성시 사회적경제지원기금 융자 사업 운영 구조

원 대상이다.

화성시와 시 의회는 사회적경제 활성화를 핵심 추진 정책의 하나로 설정하고, 사회적경제기업과 조직 지원을 적극적으로 추진하고 있다. 융자 사업 이외에 투자와 자산화 사업도 검토 중이다. 향후 사업 영역이 확대되면 화성기금이 큰 역할을 할 것으로 기대된다. 다양한 지원 사업을 통해 좋은 사회적금융 모델을 많이 만들어 내기를……

4) 지역 사회적경제기업의 금융 공백을 메우는, 경기도 사회적경제기금

경기도

"사회적 신용을 통해 사회적경제와 공유경제의 성장을 지원하고 단기적 자금 순환에 급급한 자본이 아닌 인내 자본으로 기능하기 위한 목적으로 사회적경제 기금을 설치, 운영한다."

'경기도 사회적경제기금'(이하 경기기금) 조례 제1조에 명기된 기금 설치 목적이다.[32] 사회적경제와 공유경제 활성화를 위해 인내 자본을 제공한다는 내용이 표현되어 있다. 경기기금은 2016년에 만들어졌다. 조례 제정 후, 도道가 20억 원을 출연한 것을 시작으로 2021년까지 총 296억 원의 자금을 조성했다.

경기도는 민간 사회적금융 중개기관에 자금을 제공하고 해당 기관이 돈을 빌려주는 재대출 방식(서울시)이나, 지방자치단체가 직접 대출해 주는 방식(화성시)을 적용하지 않는다. 대신 신협 등 지역금융기관과 업무 협약을 맺고, 이 창구를 통해 자금을 융자하는 방식을 채택하고 있다.[33] 지원 대상은 사회적기업, 마을기업, 협동조합, 자활기업이다.

경기기금의 첫 행보는 사회적경제기업 상가 자산화 사업(2018년)이었다. 임차료 상승으로 어려움을 겪는 사회적경제기업에 저리의 자금을 융자해 줌으로써 상가를 매입할 수 있도록 돕기 위해서이다. 도내 사회적경제기업 대상 설문조사 결과, 임차료 등 시설 자금이 필요하다고 응답한 기업이 가장 많은 것(46%)에 따른 조치이다. 상가 매입비를 지원해 임차료를 절감하게 한 것이다.

기존 건물을 매입하거나 새 건물을 짓는 경우 모두 해당한다. 융자

---

32 〈경기도 사회적경제 기금 설치 및 운영 조례〉.

33 민간 중개기관을 활용해 자금 운용을 하지 않는 이유는 도내에 신뢰할 만한 사회적금융 전문 조직이 부재하다고 판단하기 때문으로 짐작된다.

한도는 토지 포함 건축 비용의 총 90%로, 최대 20억 원까지 가능하다.[34] 금리는 1.5%이고, 융자 기간은 10~15년이다. 상환 기간을 길게 잡아 기업의 부담을 덜어주기 위함이다. 2018~2019년 경기기금은 부동산 상가 자산화 사업에 약 65억 원을 지원했다.

2019년부터는 '사회가치벤처펀드'를 별도로 구성, 지역 신협을 통해 융자 사업을 진행하고 있다. 경기도 사회적경제 조직들에 운영 자금을 지원하기 위해서이다. 경기기금이 신협에 무이자로 돈을 빌려주면, 지역 신협 창구를 통해 사회적경제 조직에 최대 3% 이내의 이자율로 융자해 주는 사업이다. 기업당 2억 원까지 가능하며, 융자 기간은 최대 10년이다.

대출 지원을 받은 기업들이 창출한 '사회적 가치'를 평가해 이자율을 감면해 주는 정책도 실행하고 있다. 지원 대상 기업이 평가 기준을 충족하면, 최대 2% 포인트 이내에서 4년간 이자율을 깎아 준다. '금융 비용 절감'이라는 인센티브를 제공함으로써 사회적경제기업의 가치 창출을 독려하기 위한 접근법이다. 2021년까지 융자 사업을 통해 지원한 금액은 총 190억 원이다.

사회가치벤처펀드 외에 공적 보증기관을 통한 보증사업도 운영하고 있다. 시중은행이 사회적경제기업에 융자한 금액을 경기신용보증재단이 보증해 주는 방식이다. 보증재단은 보증료율을 낮게 적용하고 경기도는 대출금리 일부(2.5%)를 지원함으로써 사회적경제기업의 금융 비용을 줄여 준다. 이 방식을 활용, 2012년부터 2021년까지 총

34 경기신용보증재단이 필요 자금의 40%까지 보증해 주는 방식을 함께 실행한다.

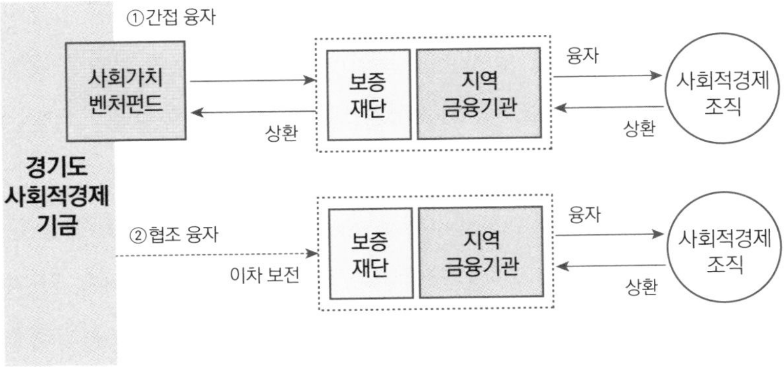

경기도 사회적경제기금 융자 사업 운영 구조

553억 원의 융자가 이루어졌다.[35]

경기기금 사회가치벤처펀드는 2021년 현재까지 사회적경제 영역에 총 292억 원의 자금을 지원했다. 기금 자체 재원과 지역금융기관의 협조 융자 금액을 합한 숫자이다. 경기도는 민간 사회적금융 중개기관을 발굴해 지원하는 것보다 전문성을 보유한 금융기관과의 협력을 통한 자금 지원이 더 안정적인 방식이라고 보고 있다. 앞으로도 재정 효율을 높이기 위해 '이차 보전' 방식을 활용할 계획이다.

2021년 하반기부터는 신협 등 금융기관이 직접 대출 자금을 조달하고 경기기금이 이자율을 보전해 주는 방식으로 정책을 변경해 시행하고 있다.[36] 예산으로 융자 자금을 충당하는 데 한계가 있다고 판단, 제

35 신용보증기금과도 특례보증 협약을 체결(2020년)하고 신한은행을 통해 융자 사업을 추진한 바 있다. 2021년까지 총 47억 원의 대출을 실행했다.
36 현재 신한은행과 지역 신협(34개)이 융자 지원 사업에 참여하고 있다.

도권 금융기관을 통해 필요한 자금을 조달키로 한 것이다. 금융기관이 자금을 직접 조달하는 대신, 금융 비용을 경기도가 부담하는 구조이다.

법과 제도의 뒷받침이 없으면 공공 영역은 모험자본을 만들고 운용하는 데 한계가 있다. 정책을 만들고 제도를 설계해도 책임 문제가 따른다. 사회적금융이 딱 이 경우이다. 관련 법률[37]이 없다 보니 지방정부는 최대한 문제가 생기지 않는 방향으로 움직이려는 경로 의존path dependency[38]이 발생한다. 이는 의지의 문제가 아니다. 말이 달릴 수 있도록 길을 먼저 열어야 한다. 법 제정이 시급하다.

5) 지방 공기업들의 연대와 협력으로 만들어진, 부산 사회적경제지원기금

'부산 사회적경제지원기금'(이하 BEF[39])은 기술보증기금, 한국자산관리공사 등 부산 지역에 거주하는 9개 공공기관[40]이 공동으로 설립한 기금이다. 매년 10억 원씩 5년간 총 50억 원을 조성한다는 목표를 세우고 2018년에 만들어졌다. 사단법인 '사회적기업연구원'[41]이 기금

37 사회적금융을 규율하는 기본법을 말한다.

38 한번 경로가 정해지면, 그 경로가 비효율적이라는 것을 알면서도 계속 따라가는 현상을 말한다.

39 'Busan Embracement Fund for Social Economic Development'의 약자이다.

40 기술보증기금, 주택도시보증공사, 한국남부발전, 한국예탁결제원, 한국자산관리공사, 한국주택금융공사, 부산도시공사, 부산항만공사, 한국해양진흥공사를 말한다.

을 위탁받아 운영하고 있다. 공공기관이 기금을 만들어 민간 기구에 운용을 맡긴 형태이다.

현재 사회적경제를 지원하기 위한 목적으로 만들어진 기금 가운데 지역의 공공기관들이 자발적으로 기금을 조성한 사례는 BEF가 유일하다. 공공기관이 나눔을 실천하기 위해 기부나 후원을 하는 경우는 흔하게 볼 수 있다. 하지만 지역의 여러 공공기관이 특정 영역을 돕기 위해 공동의 목표를 세우고 어깨동무하는 경우는 찾아보기 힘들다. 어려운 일이기 때문이다.

부산 지역의 9개 공공기관은 어떻게 이런 그림을 그릴 수 있었을까? 정부의 공공기관 지방 이전 정책에 따라 부산 지역에 다수의 공공기관이 이주하면서, 사회적 책임 활동을 개별 기관이 따로따로 추진하기보다 지역에 도움이 되는 공통 과제를 설정해서 같이 진행하는 게 좋겠다는 의견에 공감대가 형성되었다고 한다. 각자 움직이는 방식이 아니라 함께 힘을 모으기로 한 것이다.

이 과정에서 사회적경제 전문 기관인 사회적기업연구원과 함께 계획을 수립하고, 부산광역시를 포함한 협의 기구를 통해 구체적 실천 방안으로 '사회적경제기업을 통한 일자리 창출'을 핵심 의제로 삼자는 합의가 이루어진다. 기부나 후원은 일회성으로 끝나지만 기금을 만들어 투자나 대출을 진행하면 소멸하지 않고 순환하므로 지속 가능한 구조를 만들 수 있을 것이라는 기대감도 있었을 것이다.

공공기관은 1년에 한 번 경영 평가를 받는다. 한 해 동안 개별 기관

---

41 RISE(Research Institute for Social Enterprise).

이 설립 목적과 취지에 부응해 공공의 이익에 어떻게 복무했는가를 종합적으로 평가받는 제도이다. 부산 지역 공공기관이 함께 협력해 만들어 낸 이 모델은 큰 시사점을 던져 준다. 각자 따로 움직이는 것보다 같이 힘을 모으는 것이 훨씬 의미 있고 값진 성과를 만들어 낼 수 있다는 사실이다.

결과적으로 이 접근법은 비교적 큰 규모의 '돈 바구니'를 만들었고, 부산 지역의 사회적경제 조직들에 필요한 자금을 공급해 주는 주요한 창구 중 하나로 자리 잡게 되었다. 멋진 성공 모델을 창출한 것이다. 만일 부산 지역의 공공기관들이 각자의 방식대로 움직였다면 BEF 같은 기금은 만들어지지 못했을 것이다. 협력과 연대의 가치를 새삼 일깨워 준다.

현재 BEF가 추진하는 사업은 크게 3가지로 나누어진다. ①기업 성장 단계에 맞추어 투·융자 방식을 적용하는 금융 지원 사업 ②9개 출연 기관의 전문 인력과 자원을 활용한 경영 컨설팅 등 기반 조성 사업 ③아이디어 발굴대회, 성과 공유회 및 각종 포럼 진행, 아카데미 운영 등 사회적경제 저변 확대를 위한 사업이 그것이다.

①금융 지원 사업은 지원 대상 기업의 조건과 상황에 따라 차별화된 방식으로 이루어진다. 사업 개시 후 3년 미만의 기업은 1,000만 원부터 2,500만 원까지 무상으로 지원한다. 3년이 넘었거나 연 매출 3억 원이 넘는 기업은 5,000만 원~1억 원을 무이자로 융자(1년 거치, 3년 분할 상환)해 준다. 2021년 현재까지 총 97개 기업에 약 23억 원을 지원했다.

오마이컴퍼니와 함께 크라우드펀딩 사업도 진행하고 있다. 크라우

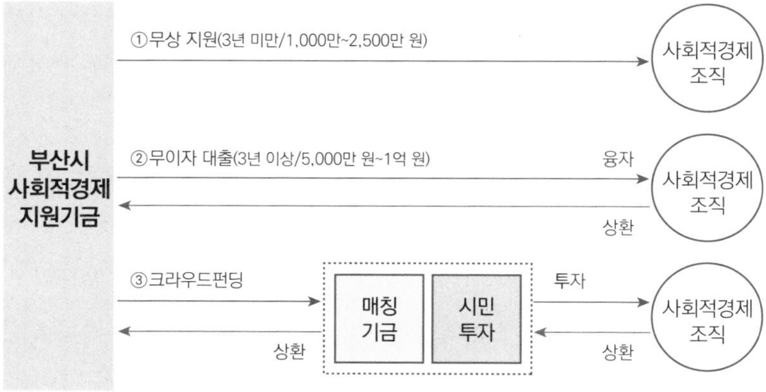

부산시 사회적경제지원기금 임팩트 투자 운영 구조

드펀딩 플랫폼을 활용해 부산 지역 사회적경제기업이 생산하는 제품이나 사업을 소개하고 시민 투자를 받는 구조이다. 행사에 참여한 회사가 기준 목표치(인원, 금액)를 달성하면 BEF가 목표액의 100%를 추가로 보태는 매칭 투자 방식으로 운영된다. 현재까지 총 4회에 걸쳐 66개 프로젝트를 진행했다.

②기반 조성 사업은 사회적경제기업의 경영 역량을 강화하기 위한 컨설팅 및 사업비를 지원하는 사업이다. 인사, 노무, 법률, 특허, 마케팅 등 영역별 전문가들이 희망하는 기업에 필요한 자문 및 컨설팅을 수행한다. BEF 설립에 참여한 9개 공공기관에 근무하는 해당 분야 전문 인력들이 직접 참여한다.

아울러 사회적경제기업이 정부 정책과 연계해 공공기관이 보유한 국·공유지 공간을 활용하고자 할 경우, 공모 절차를 거쳐 시설 투자 비용 등 사업비를 지원하는 사업도 2020년부터 추가 진행하고 있다. 이러한 사업들은 BEF가 형식적인 지원이 아니라 사회적경제기업의 지속 가능성 향상을 위해 실질적인 도움을 제공하는 민관 협치의 좋은 사례라 할 수 있다.

③저변 확대 사업은 아이디어 경진대회와 사회적기업가 아카데미 등을 통해 사회적경제에 대한 시민의식을 높이고 BEF의 투자 대상 기업을 발굴, 육성하는 사업이다. 지역사회가 안고 있는 문제들을 혁신적인 방법으로 해결할 아이디어를 가진 팀을 최대한 많이 발굴해서 자금과 인력, 경영 지원을 통해 잘 성장하도록 돕기 위함이다.

세 가지 사업 영역은 개별적으로 작동하는 것이 아니라 서로 유기적으로 연결되어 있다. ③저변 확대를 통해 가능성 있는 기업가들을 발굴하고 ①금융 지원과 ②경영 지원을 결합해 육성하는 구조로 이어진다. 공공기관의 인적 자원을 포함해 지역에 존재하는 여러 자원을 밀도 있게 활용함으로써 의미 있는 성과를 창출하고 있는 것으로 관찰된다.

2018~2020년에 BEF의 금융 지원을 받은 64개 기업의 총매출(2020년 말)은 357억 원, 총 고용 인원은 770명으로 집계되었다. 같은 기간 매출 증가 금액은 총 62억 원으로, 기업당 약 1억 원이 늘어난 셈이다. 고용 증가 인원은 203명으로, 연평균 약 67명 늘어난 것으로 나타났다. 매출 및 고용 측면에서 임팩트 투자의 효과를 실증했다.

현재 BEF를 위탁 운영하고 있는 사회적기업연구원은 2006년에 설립된 사회적경제 전문 기관이다. 중앙정부는 물론 부산시, 민간 기업, 지역 공공기관 등 여러 기관과의 협력을 통해 사회적경제기업의 지속 가능성을 높이기 위한 노력을 이어 가고 있다. 한국연구재단 등재 학술지인 〈사회적 가치와 기업연구〉도 연간 3회 발행한다. 연구think와 실행do을 동시에 하는 드문 조직이다.

“BEF의 비전은 무엇인가?”라는 질문에 대해 신경철 본부장은 “부산 지역 사회적경제기업을 성장시킬 수 있는 동반자이자 좋은 친구가 되는 것”이라고 말했다. ‘베프(BEF)’는 사회적경제지원기금의 이름이면서 동시에 최고의 벗best friend이라는 뜻이다. 민관 협치로 만든 이 특별한 기금이 좋은 성과를 많이 창출해 다른 지역에도 전파되기를 바란다.

6) 비수도권 최초의 민간 사회적금융 중개기관, 경남사회가치금융대부

(주)경남사회가치금융대부
Gyeongnam Social Value Finance

‘경남사회가치금융대부’(이하 경남사회금융)는 비수도권 지역에서 설립된 첫 번째 사회적금융 전문 기관이다. 경남에서 활동하는 28개 사회적경제기업과 관계자들이 중심이 되어, 지역에서 활동하는 사회적경제기업을 위한 자금 대출 및 중개, 교육과 자문 등의 서비스를 지원하기 위한 목적으로 2019년에 만들어졌다.

경남사회금융은 경남마을기업협의회, 경남사회적기업협회, 경남자활기업협회, 경남협동조합협의회 등 경남의 4개 사회적경제 당사자 협의체가 추천한 21개 사회적경제기업과 7명의 관계자, 그리고 한국사회가치연대기금이 공동으로 출자(자본금 5,100만 원)해서 만든 주식회사이다.

기관 이름에 '대부'라는 말이 붙은 이유는 무엇일까? 금융 중개를 위한 대부업 등록을 했기 때문이다.[42] 기관 형태를 주식회사 법인으로 가져간 이유는 향후 온라인을 활용한 P2P 금융[43] 영역까지 사업 범위를 확장하고 창업기획자(액셀러레이터) 자격을 취득해 투자조합을 운영하기 위해서이다.[44] 주식회사 옷을 입고 금융 서비스를 하려면 대부업 등록이 필요하다. 경남사회금융에 대부라는 꼬리표가 붙은 배경이다.

주식회사 형태의 대부업체를 만드는 것 말고 다른 길은 없을까? 비영리법인을 설립하는 방법이 있다. 사단법인이나 재단법인을 만들어 목적사업 범위 안에서 투자나 융자를 하면 된다.[45] 사회적협동조합을 만들어 상호부조 방식의 금융을 하는 길도 존재한다. 출자금을 활용해 조합원을 대상으로 소액대출이나 공제 사업을 할 수 있다.

하지만 두 경우 모두 일정한 제약이 따른다. 비영리법인은 기부나 후원을 통해서 움직이는 조직인데, 지방은 그 토대가 매우 취약하다. 안정적인 사업 구조를 유지하기 힘들다. 사회적협동조합은 비조합원을 대상으로 한 융자 사업이 불가능하고 정부의 정책 자금을 받아 재

42 '대부업 등의 등록 및 금융이용자 보호에 관한 법률'에 따라 대부업을 하려면 사업자 소재지 광역자치단체에 등록(제3조)해야 하고, 상호에 '대부'라는 문자를 사용(제5조)해야 한다.

43 P2P 방식의 대부업을 하려면 '온라인 투자연계 금융업자' 자격을 갖추어야 한다. P2P 금융에 대한 설명은 4장 '시민 투자 플랫폼' 참조.

44 '벤처기업 촉진에 관한 법률'에 따라 창업기획자 자격을 얻으려면 중소기업벤처부에 등록해야 한다. 자세한 것은 4장 '비영리 민간기관' 참조.

45 책 2장에 소개한 비영리 민간 사회적금융기관이 그들이다.

융자를 하는 사업도 참여하기 어렵다. 창업기획자 등록은 가능하지만, 자산운용사를 설립할 자격이 안 된다.

고민 끝에 경남사회금융은 주식회사 형태를 취하는 것이 금융 사업을 추진하는 데 더 유리하다는 판단을 내렸다. 장기적 관점에서 유용하게 쓸 수 있는 '그릇'을 선택한 것이다. 대부업에 대한 부정적 이미지는 사회적기업 인증을 받으면 해소되리라고 보았을 것이다. 실제로 경남사회금융은 2020년에 경상남도 예비 사회적기업으로 등록되어, 좋은 기업이라는 이미지를 얻는 토대도 마련했다.

경남사회금융은 지역 사회적경제기업을 위한 맞춤형 종합 지원 사업을 추진하고 있다. 단순한 자금 지원을 넘어서 대출과 경영 컨설팅을 연계하는 접근 방법을 통해 기업의 성장을 촉진하는 지렛대 역할을 한다. 기업 회계 자료를 바탕으로 기업의 상황을 분석한 다음 마케팅, 인사, 노무, 품질 관리, 영업 등 적절한 대안을 찾아 주는 방식이다.

대출 사업의 진행 절차는 다음과 같다. 먼저 ①공개 모집 또는 사회적경제 당사자 협의체(4개)나 시·군에서 활동하는 지원 센터들로부터 지원 대상 기업을 추천받은 후 ②서류 및 현장 심사, 심사위원회를 통해 지원 대상을 정한다. ③약정을 체결하고 대출을 실행하고 ④지원 대상 기업과의 협의를 통해 도움이 필요한 요건을 정하고, 필요한 자원을 연결하는 순서로 이루어진다.

경남사회금융은 대출 심사 시에 사회적 가치지표[46]를 통해 재무제

46 사회적 성과, 경제적 성과, 혁신 성과 등 총 14개 지표로 구성된다. 이 중 계량이 65%, 비계량이 35%이다.

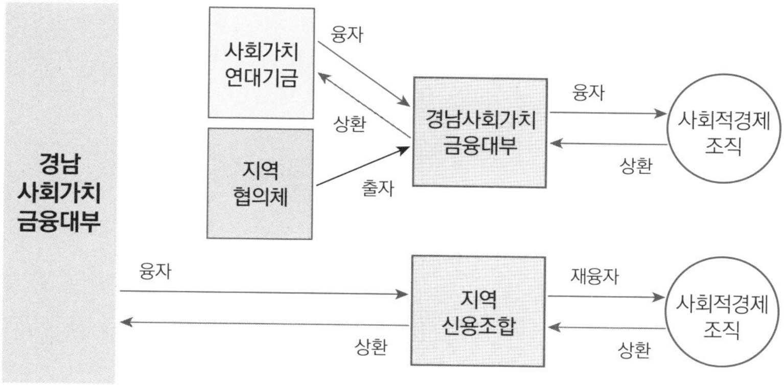

경남사회가치금융대부 융자 사업 운영 구조

표에 드러나지 않은 요소를 평가한다. 노동자의 안정된 고용, 소비자의 편익, 사회적 약자에 대한 배려, 다양한 이해관계자의 참여, 민주적 의사결정 구조 등을 살핌으로써 적정한 이익을 추구하면서도 사회적경제기업으로서 제 역할을 하고 있는지를 중요하게 바라보는 것이다.

상품 운영 방식도 독특하다. 운전 자금은 '단기'로, 시설 투자 등 자산 획득과 관련된 자금은 '장기'로 운영한다. 대출 기간(최대 1년)을 짧게 가져가면 사업 경험이 부족한 사회적경제기업에 경영 훈련 기회를 제공하고 제한된 자금으로 다수 기업에 골고루 기회를 제공할 수 있다. 대출은 큰 금액을 길게 지원하는 것이 좋다는 통념과는 다른 접근법이다.

장기 대출은 실물자산 획득과 같이 큰 자금이 필요한 사업을 지원할 때 적용한다. 만일 대상 기업이 1년 이상의 장기 상환을 원할 경우, 단기 대출보다 높은 금리를 적용한다. 하지만 이 기업이 만기까지 성실하게 원리금을 상환하면 금리 일부(50%)를 돌려주는 방식을 채택하고 있다. 성실 상환에 대한 인센티브를 통해 자금 흐름을 빠르게 하기 위해서이다.

경상남도는 2020년에 사회적경제 기금 조례를 제정한 바 있다. 다른 자치단체와 마찬가지로 도가 직접 운용하는 방식이다. 2021년에는 지역 신협(6개) 창구를 통해 사회적경제기업에 약 31억 원을 융자 지원했다.[47] 신용 및 담보 대출로 이루어지고, 융자 기간은 최대 3년이다. 대출 기업들의 금융 비용 부담을 덜기 위해 이자 지원(2.5% 이내)도 해 주고 있다.

여기서 한 가지 의문점이 생긴다. 도 사회적경제 기금의 전달 체계에 경남사회금융이 포함되지 않은 이유는 무엇일까? 경기도처럼 공적 자금을 활용한 융자 사업은 전문 금융기관을 통해 이루어져야 한다는 정책 방향을 정한 것이 아닐까 추측된다. 설립된 지 얼마 되지 않은 신생 '대부업체'에 자금을 빌려준다는 것이 부담이 컸을 수도 있다.[48]

그렇지만 여전히 아쉬움이 남는다. 지역금융기관 창구를 통해 자금을 공급하더라도, 경남사회금융에 일부를 할당하기가 어려웠을까? 지방에서 최초로 설립된 사회적금융기관이고, 사회적경제를 잘 이해하는 현장 당사자들이 직접 출자해 만들었으므로 책임감 있게 사업을 추진하리라고 기대할 수 있지 않을까?

---

47 도 기금 21억 원 + 신협 자부담 10억 원.

48 도 기금을 사용하려면 물적 담보를 제공하라는 요청이 있었다고 한다.

하지만 도 기금의 위탁 여부가 전부는 아닐 것이다. 경남사회금융은 긴 안목을 가지고 출발한 기관이고, 불과 3년이 되지 않은 짧은 길을 걸어왔을 뿐이다. P2P 금융을 통해 경남도민에게 신뢰를 쌓고, 경험을 축적해 나가면서 사회적금융 전문 기관으로 서야 하는 큰 도전이 기다리고 있다. 시간이 걸리더라도 용기를 잃지 말고 앞으로 나아가기를……

7) 전북 유일의 민간 사회적금융 중개기관, 전북사회적경제연대회의

Jeonbuk Social Economy Network
전북사회적경제연대회의
전라북도 사회적기업·협동조합 통합지원센터

금융은 돈을 다루는 일이다. 금융업을 하려면 돈을 관리할 시스템이 필요하고 자금을 운용해 본 경험이 수반되어야 한다. 시스템은 외부의 도움을 받아 구축할 수 있다. 하지만 경험을 수입하는 것은 불가능하다. 경험이란 내부에서 직접 해 봄으로써 축적되는 것이기 때문이다. 이는 결국 사람의 문제이다.

지역에서 사회적금융 생태계를 만들고자 할 때 가장 큰 걸림돌이 바로 사람 문제이다. 책임 있게 일을 추진할 전문 인력이 없다. 이는 사회적금융만의 문제가 아니다. 지역 시민사회가 안고 있는, 풀기 힘든 숙제이다. 지역에서 열심히 활동하던 이들도 자원 부족 등 현실적 한계와 어려움에 부딪혀 수도권으로 떠나는 현상이 반복되고 있다.

단기간에 이 문제를 해결할 방법은 없다. 수도권과 비수도권의 극심한 격차가 해소되려면 많은 시간이 흘러야 할 것이다. 그렇지만 넋을 놓고 기다릴 수는 없다. 무언가 대책이 필요하다. 지역에 전문가가 없다면, 지식과 경험을 갖춘 기관에 누군가를 보내 배우게 할 수는 있지 않을까? 지역의 일꾼을 사회적금융 전문 기관에 파견해 핵심 노하우를 전수받자.

전라북도 사회적경제 조직들의 연합체인 전북사회적경제연대회의가 사회적금융 생태계 조성을 위한 사업 계획 중 하나로 삼고 있는 주제이다. 지역과 지방이 직면한 어려움을 잘 설명하고 있다. 이 계획이 언제 실행될지, 얼마나 성과를 거둘지는 미지수이다. 하지만 이 절박한 상황을 타개하려는 노력에 대해 함께 손을 잡아 줄 곳이 필요한 것만은 분명해 보인다.

'전북사회적경제연대회의'(이하 전북연대회의)는 전라북도의 범사회적경제 조직들이 연대해 만든 사단법인이다.[49] 2012년에 논의를 시작해 자조, 자립형 지역 경제 생태계를 만들어 가자는 공동의 목표를 수립하고 2014년에 정식으로 출범했다. 자활기업, 마을공동체, 사회적기업, 협동조합 영역, 그리고 지원기관들이 참여하고 있다.

사회적 가치를 창출하는 사회적경제기업과 조직을 지원함으로써 건강한 지역 생태계를 만드는 것이 목표이다. 지역 생태계는 시·군 단위로 구성되어야 한다고 보고, 전라북도 14개 시·군에 중간 지원기관을 설립하고 금융 지원 체계를 구축하기 위해 힘쓰고 있다. 고용노동

---

49 창립 당시 이름은 '전북 협동사회연대회의'였다가 2018년에 변경했다. 현재 40여 개의 단체와 기관이 참여하고 있다.

부, 기획재정부가 지정한 전라북도 사회적기업, 협동조합 통합 지원 사업을 위탁받아 운영하고 있다.

전북연대회의는 경상남도와 달리 비영리 사단법인 자격으로 사회적경제 지원 사업과 금융 중개사업을 하고 있다. 2장에서 살펴본 '신나는조합'이나 '사회연대은행'과 같은 형태라고 보면 된다. 그간 지역 단위에서 기금 사업을 운영한 경험이 있고 지방정부와 좋은 신뢰 관계를 형성하고 있어서, 전문회사 자격을 취득하지 않아도 사업을 진행할 수 있다고 판단한 것이다.

전북연대회의는 2020년에 전주시 '사회적경제 활성화 기금' 운용 수행기관으로 선정되어 전주시에 소재한 사회적경제기업에 자금을 지원하는 사업을 진행하고 있다. 2021년에는 전주시 기금 사업 경험을 인정받아 전북 '사회적경제 기금' 수행기관 역할도 맡고 있다. 전북을 대표하는 시와 도 기금을 같이 운용하는 기관이다.

시 활성화 기금은 관련 조례[50]에 따라 지역 사회적경제기업을 대상으로 융자 사업을 진행한다. 지원 대상별로 지원 금액이 다르다. 일반 융자는 5,000만 원, 재생에너지 사업은 1억 원, 자산화 사업도 최대 1억 원까지 가능하다. 매년 공모를 통해 지원 대상자를 선발하는 방식이다. 2023년까지 총 20억 원을 조성한다는 목표를 가지고 있다.

도 기금은 2020년 조례[51]가 제정됨에 따라 도내 사회적경제 조직을 지원하기 위한 목적으로 설치되었다. 2021년부터 2025년까지 총

---

50 '전주시 사회적경제 활성화 기본조례'를 말한다.

51 '전라북도 사회적경제 기금 설치 및 운용 조례'를 말한다.

60억 원의 자금을 조성한다는 계획을 세워 두고 있다. 사회적 가치를 평가해 제도권 금융을 이용하기 힘든 도내 사회적경제기업에 저금리, 무보증 방식으로 융자해 준다. 기업당 최대 5,000만 원이고, 최대 60개월까지 이용할 수 있다.

전라북도 사회적경제기금 조례가 다른 지방자치단체 조례와 다른 특징 중 하나는 기금 용도(제5조)에 투·융자 손실액을 보전해 주는 내용이 포함되어 있다는 점이다. 지자체 사회적경제기금 조례 중 손실액을 보전하는 내용을 담은 곳은 충청남도와 전라북도의 두 곳뿐이다. 사회적 가치를 창출하는 사회적경제 조직들의 특수성을 반영해 정부가 투자 손실을 인정하겠다는 뜻이다.

전라북도는 사회적경제기금 수행기관으로 선정된 전북연대회의와 투자 손실을 절반씩 분담하는 구조를 세웠다. 기금 운용 주체인 도道와 사업 수행기관이 같이 책임지는 방식이다. 서울시를 포함해 자치단체 상당수가 융자 사업의 손실 책임을 수행기관에 부담시키는 것과 비교하면 의미가 큰 접근 방식이다. 어려움을 함께 나누겠다는 뜻이기 때문이다.

수행기관도 절반의 책임이 있으므로 기금을 허투루 사용할 가능성은 크지 않을 것이다. 나아가 기금을 탄력적으로 운용할 여지가 생겨 어려운 사회적경제기업에 필요한 자금을 제공할 수 있다. 적은 비용으로 큰 편익을 창출하는 좋은 방법이다. 이러한 접근법은 사회적경제 지원 기금을 설치한 목적을 달성하는 데 유의미한 성과를 만들어 줄 것으로 판단된다.

전북연대회의는 도 기금을 활용해 저금리 융자와 이차 보전을 결합

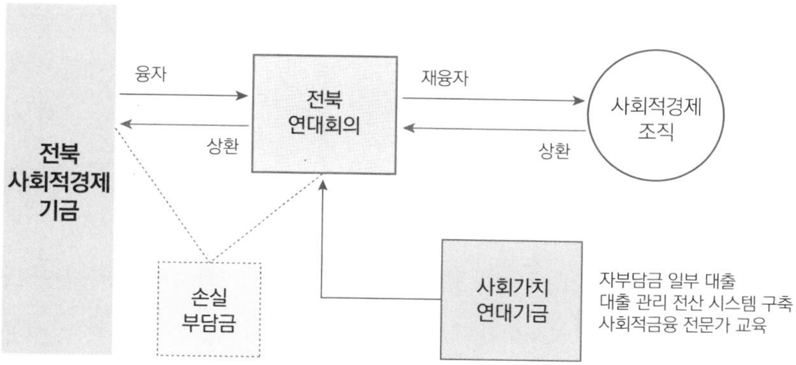

전라북도 사회적경제기금 융자 사업 운영 구조

함으로써, 자금 애로를 겪는 사회적경제기업의 금융 사각지대를 해소할 계획이다. 신규 대출은 저금리(최대 3%)[52]로 운영하고, 민간 금융회사의 고금리 대출을 이용하는 기업의 경우 사회적 가치 창출을 평가해 대출을 갈아탈 수 있도록 이차 보전(2% 내외)을 해 주는 방식도 함께 적용할 방침이다.

외부 전문 기관과의 협력 사업도 적극적으로 추진하고 있다. 전주시 활성화 기금 사업은 '전국주민협동연합회(우리함께)'[53]와 컨소시엄을 맺고 참여했다. 한국사회가치연대기금도 컨소시엄으로 참여하며 전북 사회적경제 기금 사업의 부담금 일부를 대출해 주었고, 인프라 구축과 전문 지식 전달 등에 지원을 아끼지 않았다고 한다. 나눔과 협력을 통한 멋진 연대의 한 장면이다. 축적된 경험이 많지 않고 전문 인

52 2021년은 2.5%로 운영한다.

53 '전국주민협동연합회'에 대한 자세한 내용은 3장 참조.

력도 부족한 지방에서 사회적금융 전문 기관을 만들어 운영한다는 것이 버거운 일임을 알기에 기꺼이 도움을 주고자 하는 마음에서 비롯한 것이라 여겨진다. 전북연대회의는 향후 내부 인력을 수도권의 사회적금융 전문 기관에 일정 기간 파견해 기금 운용 실무를 세밀히 배우게 할 계획이라고 한다.

전북연대회의의 이현민 금융위원장은 오랜 기간 지역 농민운동과 협동조합 운동을 해 온 활동가 출신이다. “연대회의가 꿈꾸는 미래는 무엇인가?”라는 질문에, ”지역에서 태어나고 성장한 청년들이 내 마을과 고장에 뿌리를 내리고 살아갈 수 있는 환경을 만드는 것이다.”라고 말했다. 멋진 꿈이다. 동시에 안타까움과 절절함이 묻어난다.

정부가 지역 발전을 위해 아무리 돈을 많이 풀어도 중앙과 지역의 비대칭은 좀처럼 극복될 기미를 보이지 않는다. 그 사이, 기회의 땅을 찾아 사람들은 정든 둥지를 떠나 서울로 서울로 향하고 있다. 어디서부터 잘못된 것일까? 지금 척박한 현실에서 매일 힘겨운 전투를 벌이고 있는 이들이 묻는다. 지역이 살아야 대한민국이 사는 것 아니냐고.

8) 관계와 가치의 사회적자본을 만들어 가는, 대구사회가치금융

“이자 없는 은행을 만들어 보고 싶습니다.”

‘대구사회가치금융’ 준비위원장을 맡고 있는 김지영 위원장은 대구

사회적금융 생태계 조성을 위한 바람을 그렇게 밝혔다. 대구에서 활동하는 사회적경제 조직 종사자들에게 무이자로 돈을 빌려주는 환경을 만들고 싶다는 것이다. 돈에는 왜 항상 '이자'라는 가격표가 붙어야 하는가에 대한 의문이며, 동시에 가치가 살아 있는 금융 질서를 만들겠다는 의지이기도 하다.

가칭 '대구사회가치금융'(이하 대구가치금융)은 대구 사회적경제 조직들의 연합체인 '대구사회적경제가치연대'(이하 가치연대)가 준비하고 있는 비영리 재단법인이다. 사회적금융을 다루는 전문 기관을 설립한다는 목표하에 기금위원회를 별도로 꾸리고 법인 설립을 위한 준비 작업에 착수, 2021년에 발기인 대회를 마쳤다. 정식으로 법인격을 갖춘 것은 아니지만 실질적인 활동을 시작했다고 보면 된다.

가치연대는 18개 사회적경제 관련 기관과 단체가 연대해서 만든 기구로, 대구 사회적경제 영역을 대표하는 공동 협의체이다. 대구 사회적기업 협의회, 대구 마을기업 연합회, 대구 사회적협동조합 협의회, 대구 자활기업 협회, 대구·경북 소상공인 협동조합 협업단 협의회 등 5개 부문과 기초 단위 구·군 사회적경제 협의회 8곳, 지원기관들이 참여하고 있다.

사회적경제를 지원하는 기금을 활용하는 방법도 있는데 왜 기관을 설립하려는 것일까? 기금 방식은 출연한 기관의 뜻에 따라 돈을 써야 해서 자금 운용에 제약이 많고 또 규모도 적어서 사회적경제기업들의 자금 수요를 충족시키는 데 한계가 있다고 보기 때문이다.

현재 대구에는 여러 단위의 기금이 존재하고 또 나름의 역할을 하고 있다. 대구시는 대구은행과 한국가스공사 등 공공기관이 출연한

(가칭)대구사회가치금융 설립 발기인 대회 자료, 대구사회적경제가치연대

돈으로 '사회적경제혁신기금'을 만들었다. 지난 2016년부터 소셜크라우드펀딩 대회를 개최해 입상한 기업들에 무이자로 융자해 주는 사업을 진행하고 있다. 현재까지 전달된 돈은 약 7억 원으로, 그동안 60여 개 기업을 대상으로 500만 원~3,000만 원의 대출 지원을 해 주었다.

대구시 동구에서 활동하는 사회적경제 조직들이 조성한 자조기금도 존재한다. '대구동구우애기금'이 그것이다. 외부의 도움 없이 본인들이 직접 출자해서 만든 자조기금이다. 기금 규모는 2억 원으로, 긴급 자금이 필요한 곳에 최대 2,000만 원까지 빌려준다. 규모의 많고 적음을 떠나, 당사자들이 직접 돈을 모으고 운용하는 것만으로 의미가 크다.

지난 2020년 2월, 코로나19로 대구광역시가 재난지역으로 지정될 당시, 우애기금은 그 위력을 발휘했다. 5개 기업에 1%의 저금리로 긴급 자금을 대출해 준 것이다. 은행들이 일제히 빗장을 걸어 잠그고 상담조차 받기 어렵던 시기였다. 그 엄중한 상황에서 묻지도 따지지도 않고 어려운 기업을 도왔다. 관계와 가치에 기반한 금융 질서가 작동한 것이다.

하지만 이런 흐름만으로는 한계가 있다. 지방정부와 공기업, 당사자들이 만든 기금도 중요하지만, 대구 사회적경제 영역이 커지고 있는 만큼 그에 부응하는 금융 지원 체계가 필요하다. 사회적경제 조직들이 필요로 하는 자금을 유연하게 공급하려면 전문 금융기관을 세울 때가 되었다. "사회적금융 전문 기관을 설립한다."라는 목표를 수립한 배경이다.

대구가치금융은 주춧돌 협약(2021년)을 통해 사회적경제기업들이 공동 출연하는 방식으로 초기 자금을 모았다. 공공시장 플랫폼 사업을 운영하는 사회적협동조합 '무한상사'를 비롯해 21개 당사자 기업, 12개의 중간 지원기관과 연대모임, 연구자들이 출연에 동참했다. 이 날 협약식을 통해 출연금 1억 원과 초기 운영 자금 6,000만 원이 조성되었다.

왜 이런 방식을 택했을까? 대구의 사회적경제기업과 단체들 모두가 참여하는 구조를 만들어야 한다고 믿기 때문이다. 법인 설립 자체보다 어떻게 법인을 만드는가가 더 중요하다. 대구가치금융은 공동의 자산이니, 사회적경제의 가치와 철학을 믿는 주체들이 마음을 보태는 것은 당연한 일 아니겠는가.

대구가치금융은 설립 후 5년간 총 100억 원의 자금을 조성한다는 목표를 세웠다. 기금은 사회적경제기업의 월 회비 납부금, 대구시 등 정부의 정책 자금, 중앙의 도매기금, 대구은행을 포함한 지역 공기업들의 후원금 등 다양한 창구를 통해 만들 생각이다. 특히 당사자들이 매달 내는 회비를 '상수'로 생각한다는 사실이 무척 인상적이다.

대구시 사회적경제 조례[54]에 기금 설치에 관한 내용(제12조)이 담겨 있는 만큼, 대구가치금융은 시와 의회에 사회적경제 기금을 설치해 달라고 촉구하고 있다. 대구가치금융이 대구시 사회적경제 기금을 운용할 기회를 얻는다면 지역 사회적금융 기관으로서 기반을 다질 수 있다. 대외적인 공신력도 얻게 되어 중앙정부 자금을 유치하는 데도 도움이 클 것이다.

현재 구상하고 있는 사업 내용은 크게 3가지이다. ①사회적경제기업을 대상으로 한 자금 중개 및 융자 사업 ②사회성과연계채권SIB 등 임팩트 투자를 통한 성장 지원 사업 ③고금리 금융상품을 이용하는 기업을 위한 대환대출 등 금융안전망 지원 사업이 그것이다. 현장 기업들의 자금 수요에 맞춰 투·융자 방식을 혼합해 활용한다는 구상이다.

"사업이 개시되면 지역에 어떤 변화가 생길 것으로 보는가?"라는 질문에 대해, 대구가치금융 설립을 추진하고 있는 김지영 위원장은 "현장 사회적경제 조직들의 금융 지원에 대한 욕구가 절실한 만큼, 맞춤형으로 자금을 지원하는 구조가 마련된다면 지역 사회적경제 생태계가 지금보다 훨씬 더 활성화될 것으로 생각한다."라고 말했다.

대구가치금융은 발기인 선언문에서 '관계가 신용이며 가치가 곧 담보일 수 있는 금융 질서, 소유와 불평등이 아니라 나눔과 평등의 사회

54 '대구광역시 사회적경제 육성 및 지원에 관한 조례'를 말한다.

적자본을 만들어 가는 든든한 울타리가 되겠다'라는 포부를 밝히고 있다. 이들의 바람대로 '가치금융'이 지역에 뿌리를 내린다면 대구의 사회적경제, 나아가 지역공동체의 발전을 위한 초석이 될 것이라 믿는다.

6장

정부가 이끈다
-공공기관

공공기관[1]은 사회 구성원 모두를 위해서 일하는 기관이다. 동시에 법률과 제도에 근거해 작동하는 기구이기도 하다. 공공기관이 어떤 일을 추진한다는 것은 해당 기관을 규율하는 법률과 규범에 따라 공익적인 사업을 진행한다는 뜻이다. 법률과 제도에 명확한 근거가 없으면 움직이지 않는다는 뜻과 같다. 따라서 법이 바뀌거나 정부의 정책 방향이 어디를 향하는가에 따라 공공기관의 역할도 달라진다.

금융을 다루는 공공기관도 마찬가지이다. 금융 공기업이 사회적금융을 다룬다는 것은 관련 법률이 존재하거나, 정부가 현행 법령의 틀 안에서 사회적금융 정책을 펼치고 있다는 뜻이다. 현재 우리나라는 후자에 속한다. 사회적금융을 담은 법안이 8년째 국회에 상정되고 있

---

1 공공기관은 '공공기관의 운영에 관한 법률'에 따라 정부의 투자, 출자, 출연 등 재정 지원을 통해 설립, 운영되는 기관이다. 공기업, 준정부기관, 기타 공공기관으로 구분된다. (다음 백과사전 참조)

으나 아직 제정되지 못했다.[2] 그마저도 사회적금융을 너무 좁게 바라보고 있다.

우리나라에서 사회적금융이 공공 영역에 편입된 것은 '사회적기업 육성법'에 따라 사회적기업을 위한 모태펀드[3]가 만들어진 것이 최초(2011년)이다. 주관 부처인 고용노동부가 사회적기업 투자를 목적으로 하는 투자조합(모태펀드)을 만들고 출자한 다음, 추가로 민간 투자자들을 모집해 전문회사에 기금 운용을 위탁하는 방식이다. 이 펀드의 운용을 맡은 기관이 '한국벤처투자'이다.

공적 보증 제도를 활용한 금융 지원도 이루어지고 있다. 정부 정책금융기관인 신용보증기금이 일자리 창출 등 당시 정부 정책에 부응하기 위해 사회적기업이나 1인 창조기업을 대상으로 정책 보증을 실행(2012년)한 이래, 협동조합(2013년), 마을기업(2017년), 자활기업(2017년) 등 사회적경제 영역에 속한 조직을 대상으로 보증 지원을 확대해 왔다.

빈곤층과 금융 취약계층을 돕는 포용금융도 실천하고 있다. 민간 마이크로크레디트 사업이 공공 부문으로 흡수되면서 전국적 단위에서 미소금융이 실행되었고, 2016년에 전담 기구(서민금융진흥원)가 설립되었다. 여기저기 흩어져 있던 서민금융 창구를 단일화해서 운영하는 것이다.

---

2 '사회적경제 기본법'을 말한다. 이 법이 통과된다면 '사회적금융'이라는 용어가 처음으로 법률에 명시된다는 의미가 있다.

3 개별 기업에 투자하지 않고 투자조합을 결성, 투자하는 '기금의 기금'을 말한다.

사회적금융 활성화 정책 평가

공공 부문의 사회적금융 정책이 본격화된 것은 2018년 문재인 정부의 〈사회적금융 활성화 방안〉이 발표된 이후이다. 26쪽 분량의 이 문서는 사회적금융을 정책 과제로 삼은 최초의 정부 방안이다. 사회적금융을 '사회적 가치 실현을 재무적 이익과 함께 추구하는 금융'이라고 정의하고, 사회적경제를 체계적으로 추진하기 위해 이 방안을 마련했다고 설명하고 있다.

광의의 사회적금융은 보조금grant과 자선philanthropy, 사회책임투자SRI를 모두 포괄하지만, 사회적금융의 범위를 '사회문제 해결을 위해 사회적경제기업 등에 투자·융자·보증을 통해 지원하는 것'으로 정하고 정책을 펼치겠다는 것이 골자이다. 사회적경제 지원 금융을 사회적금융으로 보겠다는 뜻이다.

이를 위해 ①사회적금융시장 조성 지원 ②공급 확대 ③인프라 확충의 세 가지를 핵심 과제로 설정했다. ①시장 조성 지원은 사회가치기금social benefit fund을[4] 조성하고, 사회적금융 중개기관을 육성하며, 민간 투자자 및 금융기관 참여 확대를 추진한다는 것이 주된 내용이다. ②공급 확대는 금융 공공기관을 통해 투자, 융자, 보증 등의 방법으로 정책 자금을 공급하겠다는 것이고 ③인프라 확충은 사회적금융기관들의 협력 강화를 위해 '사회적금융협의회'를 설치하고, 사회적금융 중개기관을 통한 자금 지원을 확대하며, 사회적 성과 평가 체계를

4 한국사회가치연대기금을 말한다.

마련한다는 내용을 담고 있다.

약 4년이 흐른 지금, 사회적금융 생태계는 어떻게 바뀌었을까? 공급량은 많이 늘었지만 사회적금융시장이 활발하거나 인프라가 잘 구축된 것으로 보이지는 않는다. 도매기금이 만들어졌지만 조성된 기금 규모는 기대에 미치지 못했고, 중개기관들이 튼튼하게 뿌리를 내렸다고 하기도 힘들다. 정부와 공공 부문이 선도적 역할을 함으로써 민간 시장 활성화를 촉진한다는 구상이 만족스러운 성과로 나타났다고 판단하기는 어렵다.

은행 등 민간 금융회사들의 참여율도 지지부진한 상태이다. 사회적금융 기관들의 네트워크 활성화나 정부와의 협치도 형식적 수준에 머물고 있다. 결정적으로 사회적금융 생태계 조성의 핵심 고리 역할을 할 기본법이 제정되지 못함으로 인해 여러 사업이 답보 상태에 머물고 있다. 공급 확대 외에 의미 있는 성과를 창출하지는 못했다는 것이 일반적인 평가이다.

정부는 금융위원회가 주관하는 '사회적금융협의회'를 통해 주요 공급 기관들의 사회적금융 추진 실적을 점검하고 자원 연계 강화, 정보 공유, 제도 개선 사항 등을 협의하고 있다. 현재 대출 영역은 5개 기관, 투자 영역은 2개 기관, 보증 영역은 3개 기관이 참여하고 있다.[5]

2021년도 공급 현황[6]을 살펴보면 대출 1,666억 원, 투자 810억 원, 보

---

5 투자 영역: 한국성장금융, 한국벤처투자 / 대출 영역: 서민금융진흥원, 중소벤처기업진흥공단, 소상공인시장진흥공단, 신협, 새마을금고 / 보증 영역: 신용보증기금, 기술보증기금, 지역신용보증재단

6 2021년 10월 기준, 〈21년 제3차 사회적금융협의회 개최 보도자료〉(2021.12.17.) 참조.

(단위: 억 원)

유형	공급기관	2021년 목표	2022년 목표	증감액
대출	소계	1,700	1,600	△ 100
	서민금융진흥원	100	100	-
	중소벤처기업진흥공단	800	800	-
	소상공인시장진흥공단	350	150	△ 200
	신협	300	350	50
	새마을금고	150	200	50
투자	소계	962	1,246	284
	한국성장금융	300	500	200
	한국벤처투자	661	746	84
보증	소계	2,500	2,850	350
	신용보증기금	1,000	1,200	200
	지역신용보증재단	150	150	-
	기술보증기금	1,350	1,500	150
총계	-	**5,162**	**5,696**	**534**

2022년 공공기관 사회적금융 공급 목표, 사회적금융협의회

증 3,110억 원을 공급해 연간 목표(총 5,162억 원) 대비 108%(총 5,586억 원)를 달성했다. 지원 대상 기업은 대출이 1,108개, 투자가 86개, 보증이 1,314개로 모두 2,508개였다. 사회적기업, 협동조합, 마을기업, 자활기업, 소셜벤처 등이 모두 포함된 수치이다.

2022년도 공급 목표는 전년보다 10%(534억 원) 증가한 5,696억 원이다. 대출 영역이 일부 감소(6%)했고, 투자와 보증은 각각 30%, 14% 증가했다. 현장 수요에 맞게 공급 목표를 일부 조정한 것으로 추측된다. 사회적경제기업 유형이나 지역별로 어떤 공급 계획을 가지고 있는가는 확인이 어렵다. 사회적기업이나 소셜벤처의 비중이 상대적으로 높을 것으로 추정된다.

정부의 활성화 방안 시행 이후, 현장에서는 어떤 변화가 생겼을까?

정부의 공급 확대로 매출 규모가 큰 기업이나 자산 상태가 좋은 곳은 과거보다 자금 조달이 훨씬 수월해졌다. 신용 상태가 좋고 현금 흐름도 양호해서 자금 회수 가능성이 크다고 보기 때문일 것이다. 하지만 상대적으로 매출이 작거나 규모가 크지 않은 기업들은 여전히 소외되고 있는 것으로 관찰된다.

자금이 지나치게 한쪽으로 몰리는 '쏠림' 현상도 보인다. 사회적기업과 소셜벤처로 자금이 많이 쏠리는 반면, 협동조합과 마을기업, 자활기업은 크게 달라진 게 없다. 사회적경제기업의 조직적 특성에 대한 고려 없이 공급자 중심의 정책을 펼치고 있다는 뜻이다. 수직적 전달 체계로 인해 가뜩이나 이산가족처럼 떨어져 있는 사회적경제 조직들 사이를 더 멀어지게 하고 있다.

정부의 노력에도 불구하고 정책 성과가 좋지 않은 이유는 무엇일까? 간단히 말하면 정책 설계의 틀과 내용이 시장금융의 문법과 질서를 따르고 있기 때문이다. 시장금융의 문법과 질서란 신용을 매개로 작동하는 수요와 공급의 함수를 말한다. 신용점수가 높으면 여유 있게 자금을 동원할 수 있지만, 신용점수가 낮으면 금융 공백의 늪에 빠지는 현상이 재현되고 있다.

매출이 높고 자산 규모가 큰 기업들과 그렇지 못한 곳의 온도 차이가 생기는 것도, 일부 기업들에 자금 쏠림이 나타나는 것도, 금융 결핍을 메우기 위한 '새로운' 접근법에 대한 고민 없이 기존의 질서와 흐름 위에서 해법을 모색했기 때문에 나타나는 현상이다. 현실 금융 구조의 문제점을 인식하고 금융의 사회성을 높이고자 했다면 다른 경로와 접근법이 필요했다.

정부의 노력을 폄하하려는 것이 아니다. 현실을 해석하는 관점의 차이를 말하고 있을 뿐이다. 정책금융을 포함해서 지금 우리 눈앞에 있는 금융 구조와 질서는 오랜 기간에 걸친 경험과 지식이 누적되어 만들어진 결과물이다. 그에 따라 강력한 경로 의존이 작동된다. 기차 선로의 간격이 정해지면, 선로 위를 달리는 구조물은 예외 없이 이 궤간을 따라야 하는 것과 같은 이치이다.

경로 의존에서 탈피하려면 궤간이 다른 새로운 선로를 놓아야 한다. 기존 경로를 통해선 문제를 풀 해답을 찾을 수 없으므로 새 경로를 만들어야 한다는 말이다. 그렇게 어려운 작업이 아니다. 정부가 가진 정책 수단들을 활용해 해법을 모색하는 상상력과 정책 의지만 있으면 가능한 일이다.

정부의 금융 결핍 해소 방안

우리는 1장에서 '금융 결핍'과 그로 인해 발생하는 위험을 처리하는 문제를 다루었다. 그리고 이 문제를 해결할 적임자이자 구원투수가 정부라는 사실을 알고 있다. 그렇다면 정부는 어떻게 이 문제를 해결할 수 있을까? 이 주제는 무척 중요하다. 현실의 금융시장은 금융 결핍을 메울 수 없고 따라서 이 문제를 해결할 주체는 정부가 유일하기 때문이다.

정부가 금융 결핍을 해결하는 대표적 방법은 위험을 '인수'하는 것이다. 사회적금융 공급 확대에 따른 금융 위험을 정부가 대신 떠안아서 처리해 주는 것이다. 정부가 위험을 인수하는 방식은 크게 3가지가 있다. ①공적 금융기관을 통해 위험을 '이전'받거나 ②다른 투자자 그룹과 투자자와 위험을 '분담'하거나 ③별도의 장치를 통해 위험을 '소각'하는 방법이 그것이다.[7]

정부의 위험 인수 원리와 방법

①위험 이전이란 공급자들에게 피해를 줄 수 있는 손실 위험을 공공 영역으로 옮기는 것을 말한다. 공적 보증 제도를 활용하는 방법이 그것이다. 보증기관이 대출이 필요한 기업에 보증을 서고, 채무 상환이 이루어지지 않을 경우 돈을 빌려준 은행에 대신 갚아 주는 방식이다. 정부가 추진하는 정책 보증의 보증 비율은 대부분 100%여서 은행은 아무런 손해를 입지 않는다.[8]

이 선로는 이미 존재하고 있지 않은가? 맞다. 정부의 사회적금융 활성화 정책 중 가장 효과가 큰 사업이 보증을 활용한 위험 이전이다. 이 사업의 핵심은 이전의 조건과 처리 방법에 있다. 어떤 위험을 이전받을 것인가, 판단의 기준은 무엇인가, 위험 이전에 따른 손실은 어떻게 처리할 것인가 등에 대한 원칙과 방법론을 정교하게 설계해야 성과를 거둘 수 있다.

보증기관은 통상 정부와 은행 두 곳에서 출연을 받는다. 정부의 출연금은 예산을 사용하고, 은행은 무상으로 자금을 제공한다. 정부가

7 문재인 정부의 '사회적금융 활성화 방안'은 ①이전과 ②분담 방식을 활용한다.

8 공적 보증은 '일반보증'과 '정책 보증'으로 나뉜다. 통상적으로 일반보증의 보증 비율은 보증기관 85%, 대출기관 15%로 이루어진다. 대출기관의 도덕적 해이를 방지하기 위해서이다.

정책금융에 예산을 지원하는 것은 당연하다. 하지만 은행이 보증기관에 공짜로 돈을 출연하는 이유는 무엇일까? 해답은 보증 제도의 핵심인 '운용 배수'에 있다.[9] 운용 배수란 신용보증 잔액을 기본재산으로 나눈 값을 말한다.[10] 간단히 말해 보증기관이 보증서를 발급할 수 있는 최대 금액이다.

예를 들어 은행이 보증기관에 100억 원을 출연했다고 가정해 보자. 보증기관이 이 돈을 재원으로 1,000억 원의 보증서를 발급했다고 하자. 고객은 보증기관이 발급한 보증서로 은행에서 대출을 신청한다. 이자율이 5%이고 대출 기간은 5년이라고 할 경우, 은행이 출연한 원금을 회수하는 데 걸리는 기간은 얼마일까? 총 2년이다. 1년에 50억 원씩 이자 수입이 발생하기 때문이다. 따라서 2년이 지나면 손익분기를 넘어 이익이 발생한다. 은행의 출연금은 기부가 아니라 일종의 '투자'인 셈이다.

보증서를 발급한 액수가 늘어날수록 은행 수익도 늘어나는 것이다. 뭔가 좀 이상하다. 정부가 위험을 이전받은 것은 금융 공백을 메우고자 함인데, 이 정책으로 은행이 혜택을 누리고 있다니. 정부 입장에서는 예산 투입이 줄어 재정 효율이 높아졌다고 판단할지 모르지만, 결과적으로 이 정책은 민간 은행이 이익을 창출하는 마당을 깔아 준 것과 진배없다.

우리나라에 지방 공공은행이 있다면 어떻게 될까? 마찬가지로 공

---

9 신용보증기금은 기본재산의 최대 20배까지, 지역신용보증재단은 15배까지 자금을 운용할 수 있다.

10 정확히 말하면 보증 잔액을 기본재산과 이월 이익 잉여금의 합계 금액으로 나눈 값이다.

공은행이 보증재단에 100억 원을 출연했다고 가정해 보자. 보증재단은 이 출연금을 재원으로 총 1,000억 원의 보증서를 발급한다. 고객들은 이 보증서로 공공은행에서 대출을 받는다. 공공은행이 출연한 돈은 이자 수익이 발생하기 시작하면 2년 후에 원금을 회수할 수 있다.

무엇이 다를까? 이익금이 시중은행의 금고로 가지 않고 공공은행으로 들어오게 된다는 점이다. 공공은행은 공익적 목적의 사업에 금융을 지원하는 기관이다. 따라서 이 돈은 지역의 혁신기업에 자금을 지원하고 지역 주민들의 삶을 풍요롭게 하는 사업에 투자될 것이다. 은행의 이익이 지역에 재투자됨으로써 지역 경제가 살아나는 선순환 구조가 만들어진다.

팬데믹의 영향으로 2020년 한 해 동안 은행들은 사상 최대의 호황을 누렸다. 만일 정부가 새로운 '경로'를 만들겠다고 판단했다면, 위험 이전에 따른 편익이 은행이 아닌 '사회'로 흘러 들어가게 할 수 있었다. 보증기관 출연의 대가로 은행이 거두어들인 초과수익을 사회에 환원하도록 제도를 설계하면 되기 때문이다. 이는 지방 공공은행이 없어도 가능한 일이다.

온 나라가 전염병으로 몸살을 앓고 자영업자와 소상공인들의 생존이 벼랑 끝에 몰린 상황에서, 금융회사가 수십조 원의 당기순이익을 벌어들이는 것이 과연 온당한 일인가 묻고 싶다. 사회책임 이행이나 ESG 경영 차원에서라도 은행들이 수익의 일정 부분을 사회적금융을 위해 쓰도록 독려하는 것이 정부의 역할이 아니었을까 하는 아쉬움이 남는 대목이다.

②위험 분담이란 미래 손실 위험을 정부와 다른 공급자가 함께 분담하는 것을 말한다. 정부와 투자자가 손실분을 나누어 부담하는 방식이다. 위험 분담은 위험 이전보다 정책 효율이 떨어진다. 위험을 부담할 인센티브가 없다면 민간 참여율이 낮을 것이기 때문이다. 따라서 민간 자본이 충분히 위험을 인수할 계기를 제공할 필요가 있다.

정책 보증 사업을 할 때, 보증기관이 위험을 100% 인수하지 않고 은행이 일부를 부담하라고 하면 어떤 반응을 보일까? 무언가 다른 대가를 요구할 가능성이 크다. 은행의 존재 이유는 수익 창출이고 시장금융의 작동 방식은 그런 것이므로. 그러므로 정부는 민간의 투자자들이 위험을 기꺼이 수용할 수 있는 여러 정책 수단을 개발해야 한다.

대표적인 방법이 사회투자 목적의 '협력기금'을 만드는 것이다. 정부가 융자나 투자 목적의 사회투자기금social fund을 조성한 후, 기금 사업에 참여하는 민간 투자자나 중개기관이 전체 투자 금액의 일부를 분담matching토록 하는 방식이다. 이때 정부는 투자자들에게 세제 혜택을 제공하거나 투자 수익을 환원해 주는 방법[11] 등을 통해 참여를 촉진할 수 있다.

손실 발생 시, 정부가 많은 부분을 책임지는 방식으로 설계하는 것도 가능하다.[12] 민간 투자자에게 최대 수익을 보장하고 최소 손실을 부담시키는 방식으로 기금을 구조화하는 것이다. 핵심은 정부와 민간이 같은 배를 타고 노를 저을 환경과 조건을 만드는 것이다.

11 수익 발생 시 정부는 가져가지 않고 민간에 모두 환원한다는 조건을 제시하는 것을 말한다.

12 손실을 정부가 모두 부담하면 ②분담이 아닌 ①인수가 된다.

③위험 소각incineration이란 투자·융자에 따른 손실분을 별도의 기금을 조성해 태워 버리는 것을 말한다. '소각'은 손실 발생분 자체를 원천적으로 없앤다는 점에서 ①이전과 ②분담과 차이가 있다. 이전과 분담은 누군가가 최종적으로 책임을 부담하게 되지만, 소각은 책임 자체가 사라진다.

이 방식을 적용하려면 '어떤 기준으로 소각 대상을 선별할 것인가?'에 대한 원칙이 정립되어 있어야 한다. 가장 좋은 방법은 손실 발생 금액과 사회적 가치를 상계相計하는 것이다.[13] 특정 기업이 빌린 돈이 1억 원이고 이 기업이 창출한 사회적 가치가 1억 원이라면, 둘을 상계해 상환할 금액을 영zero으로 만드는 것이다. 따라서 가치 측정 기준의 도입이 필수적이다.

아예 처음부터 정부가 채무를 대신 갚아 주고 추후 돌려받는 방식도 있다. 미국의 중소기업청이 팬데믹으로 어려움을 겪는 자영업자와 소기업들에 자금을 빌려주고, 사용 요건을 준수하면 빚을 면제해 주는 정책이 여기에 해당한다.[14] 금융회사, 손실기금, 혁신기업이 삼자三者 계약[15]을 맺고 융자 금액의 상환 책임을 손실기금이 지도록 한 다음, 평가를 통해 채무액을 면제해 주는 방식을 설계하면 된다.

혁신기업은 융자금 상환을 면제받기 위해 사회적 가치 창출에 최선을 다할 것이다. 정부는 예산으로 혁신기업의 부채를 대신 갚아 준

---

13 예를 들어 어떤 사회적기업이 빌린 돈이 2억 원이고 이 기업이 이 돈을 활용해 창출한 사회적 가치가 1억 원이라면, 1억 원에 대해 채무 상환 의무를 면제하는 것을 말한다.

14 PPP(Paycheck Protection Program)를 말한다. 더 자세한 내용은 5장 참조.

15 채권자는 은행, 채무자는 손실기금, 신청인은 혁신기업이 되는 방식이다.

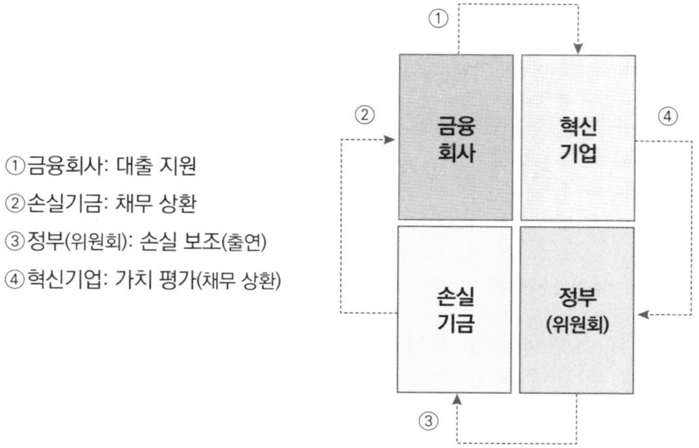

위험 소각 운영 프로세스

셈이지만 그만큼의 사회적 가치를 창출했으므로 재정 효율을 충분히 달성한다. 결과적으로 혁신기업과 정부 모두 만족스러운 상태에 도달한다.

정부의 위험 인수 정책은 어떤 효과를 만들어 낼까? 수요자는 필요한 자금을 공급받으니 사업에 도움이 될 것이다. 공급자는 손실 위험을 부담하지 않아도 되니 정부 정책을 따를 것이다. 결과적으로 정부가 수요자와 공급자 사이에서 '촉매' 역할을 함으로써 막혔던 돈의 흐름을 원활히 하는 데 기여할 수 있다.

혹자는 정부가 위험을 감수하는 것은 예산을 허투루 쓰는 것이라고 말할지 모른다. 하지만 이는 어리석은 생각이다. 정부의 예산이란 결국 국민의 호주머니에서 나온 것이다. 사회적으로 유익한 일에 돈이 흐르도록 돕는 것은 예산 낭비가 아니다. 도리어 예산을 효과적으로 사용하는 방법이다. 혁신기업을 돕고 사회적 가치를 창출하는 것보다 훌륭한 사업이 어디 있겠는가.

지금까지 이야기한 내용을 정리하면 다음과 같다.

- 신용 결핍을 메우는 대표적 방법은 누군가가 대신 위험을 떠안는 것이다.
- 위험을 인수할 수 있는 최고의 적임자는 정부이다.
- 정부가 위험을 인수하는 방법은 이전, 분담, 소각 등이 존재한다.
- 어떤 경우든, 새로운 경로를 통해 문제를 해결하는 것이 중요하다.

그것이 무엇이든, 현재 존재하는 제도와 경로는 모두 과거 선택의 역사적 산물이다. 우리를 둘러싼 각종 규율과 제도는 현실의 조건과 사실에 의해 결정된 것이 아니라는 뜻이다. 이는 우리가 선택할 수 있는 미래의 경로를 제약하는 요인으로 작용한다. 결국 발전이란 과거의 경로에서 벗어나 새로운 길을 찾아가는 과정이다.

개인의 판단과 선택이 아니라 법률과 제도의 틀 안에서 움직이는 공공 영역에서 새로운 경로를 찾아간다는 것은 어려운 일이다. 따라서 공적 부문 안에서 경로 선택의 자율을 방해하는 요인이 무엇인지 살펴보고, 제거할 필요가 있다. 공직자들이 참신한 기획과 실험을 할 수 있는 여건과 환경이 조성되어야 한다. 그래야 공직에 종사하는 이들이 신념을 가지고 공공의 이익을 위해 더 열심히 일할 수 있다.

1) 사회적경제기업의 튼튼한 울타리, 신용보증기금

'신용보증기금'(이하 신보)은 1976년에 설립된 공적 보증 기관이다. 신용보증을 통해 중소기업의 금융을 원활히 하고, 신용정보의 효율적 관리 운용을 통해 건전한 신용 질서를 확립함으로써 국민경제의 발전을 도모한다는 사명을 지니고 있다. 오랜 기간 신보는 신용보증, 신용보험, 투·융자 복합금융, 경영 지원 등 종합적 지원을 통해 중소기업의 돕는 동반자 역할을 해 오고 있다.

전국에 109개 영업점을 두고 있으며, 2022년 기준 보증 총량은 약 80조 원이다. 보증서 발급을 통해 시장에 유통(창조)된 신용의 크기라고 보면 된다. 창업기업, 수출기업, 주력산업은 물론 신성장동력, 일자리 활성화 분야 등 국민경제에 긍정적 영향을 미칠 수 있는 산업 및 영역에 전방위적인 지원을 한다. 기술보증기금과 함께 우리나라 공적 보증 제도의 양대 축을 이루고 있는 기관이다.

신보가 사회적경제 영역에 관심을 가지기 시작한 것은 2012년 무렵이다. 최초 '사회적기업' 나눔 보증(2012년) 프로그램을 만든 이후 '협동조합' 희망보증(2013년), '마을기업' 두레보증(2017년), '자활기업' 초록보증(2017년) 등 사회적경제기업에 대한 보증 상품을 잇달아 출시했다. 개별 사회적경제기업의 특성에 따라 별도의 보증 상품을 설계한 것이다.

2018년부터는 본점과 전국 8개 영업본부에 사회적경제 지원 업무를 총괄하는 전담팀을 설치해 사회적경제기업에 대한 보증 및 컨설팅 업무를 수행하고 있다. 보증 한도 금액도 기존 1억 원에서 3억 원으로 확대했고, 양질의 청년 일자리 창출과 양극화 해소를 위해 '소셜벤처'에 대한 보증(2019년)도 시행하고 있다. 사회적경제기업 전체를 대상으로 보증을 지원하는 시스템을 구축한 것이다.

2021년 8월까지 제공한 보증 실적을 살펴보면 사회적기업이 2,942건에 3,524억 원, 협동조합이 559건에 461억 원, 마을기업이 37건에 25억 원, 자활기업이 59건에 43억 원 수준이다. 총 3,597개 기업에 4,000억 원이 넘는 보증을 지원했다.[16] 종류별로 보면 보증 건수(81%)와 금액(86%) 모두 사회적기업이 가장 많고 협동조합이 다음(건수 19%, 금액 11%)이다.

대다수 정책금융기관들이 정부가 '사회적금융 활성화 정책'(2018년)을 실시한 이후 사회적경제기업 지원 사업에 참여한 것과 달리, 신보는 훨씬 이전 시점부터 사회적경제 영역을 지원해 왔다. 특히 사회적경제기업 특성에 맞는 상품을 개발해 출시한 점, 규모 측면에서 단일 기관으로 가장 많은 금액을 공급한 점 등은 무척 고무적인 일이라 여겨진다.

외부 기관들과의 협력 사업도 적극적이다. 2018년에는 사회적경제 전문 지원 기관인 한국사회적기업진흥원, IBK기업은행과 협력해 1,000억 원 규모의 사회적경제기업 지원 보증 사업을 추진한 바 있다. 사회적기업진흥원이 지원이 필요한 사회적경제기업을 추천해 주면 신보가 보증서를 발급하고, 기업은행이 해당 기업들의 대출 이자율을

16 소셜벤처 보증은 기간이 짧아 별도로 실적 집계를 하지 않았다.

감면해 주는 방식이다. 기업은행이 10억 원, 신보가 40억 원을 출연해 총 50억 원의 재원을 조성해 지원한 사업으로, 사회적경제기업을 위한 사업 자금 융통과 금융 비용 절감에 도움을 주었다. 중간 지원기관과 은행, 보증기관이 힘을 합쳐 사회적경제기업을 지원한, 좋은 협력 사례라 할 수 있다. 이 협력 방식은 보증을 활용한 사회적경제기업 지원 사업의 표준으로 자리 잡았다.[17]

'지역 자산화 보증'(2020년) 지원도 하고 있다. 지역 자산화란 지역에 존재하는 유휴 시설이나 토지를 지역사회에 유의미한 활용 공간으로 조성하는 사업을 말한다. 지역 주민들 스스로가 원하는 공간을 만들어 공동으로 소유하고 사용하는 방식이다. 지대나 임대료 상승에 영향을 받지 않기 때문에 지역공동체 활성화에도 크게 도움이 된다.[18]

문제는 자산 매입에 필요한 자금을 금융회사에서 대출받기가 쉽지 않다는 점이다. 이 어려움을 해결하기 위해 현재 행정안전부, 신용보증기금, 농협은행이 업무 협약을 체결해 지역 자산화 사업을 추진하는 주체에게 공간 매입에 필요한 자금을 지원하고 있다. 지원 대상 선정위원회가 추천한 사회적경제기업에 최대 10억 원의 보증서를 발급한다.

신용보증은 운용 배수를 활용해서 소규모 자본으로 큰 신용을 창조하는 금융 수단이며 장치이다. 법이 정한 한도 내에서 '뻥튀기'를 할 수 있다. 신보는 최대 20배까지 운용한다. 예를 들어 기본재산이 950억

17 서울 등 일부 '지역신용보증재단'은 이 방식에 따라 사회적경제기업을 지원한다.
18 대표적으로 전남 목포의 '건맥1897협동조합'이 있다. 자세한 내용은 4장 참조.

원이고 전년도 이익 잉여금이 50억 원이라면 1,000억 원의 20배인 2조 원까지 보증서를 발급할 수 있다.

따라서 금융 지원이 꼭 필요하지만 시장금융을 통해 자금을 조달하기 힘든 산업이나 사업 영역에 정책 보증을 통해 신용을 공급하면 적은 재정으로도 큰 효과를 볼 수 있다. 1997년 외환위기 당시, '생계형 창업보증'을 통해 대규모 실업 사태의 완충 장치 역할을 한 것이 대표적인 사례이다. 국가적인 위기 상황에서, 이 사업을 통해 경제 활성화에 기여한 기관이 신보이다.

2018년에는 국내 최초로 사회적경제기업 금융 지원을 위한 '표준 평가 시스템'을 구축했다. 사회적경제기업의 특성을 반영해 평가등급을 산출하고 정성 지표를 정량화해 객관성을 확보했다는 평가를 받는다. 지원 대상 기업을 판단할 때, 사회적경제 '부합성'과 금융 지원 '타당성' 비율을 70:30으로 설계해 수익보다 가치를 중요시한 것도 특징이다.[19] 현재 다른 기관들도 활용할 수 있도록 시스템을 공개하고 있다.

평가 기관이 기업 실태표와 현장 실사를 통해 항목별로 평가 결과를 입력하면 사회적 가치와 금융 지원 등급이 매겨지고 이를 결합한 사회적금융 등급이 자동으로 산출된다. 이 평가 시스템은 사회적경제 영역에 대한 경험이 부족한 금융회사들이 지원 대상 기업을 판단하는 데 도움을 주고 있다. 2021년 현재 50개 기관이 활용하고 있고, 참여 기관이 계속 늘어나는 추세이다.

---

19 일반형은 70:30 기준을, 협동조합형은 60:40 기준을 적용하고 있다.

사회적경제기업 평가시스템 누리집(www.kodit.co.kr)

신보 상임이사 출신이며 현재 한국사회가치연대기금의 사무총장으로 일하고 있는 박학양 총장은 "신보가 조금 일찍 사회적경제기업을 지원한 사례와 경험이 다른 정책금융기관에 도움을 주는 등 공공 부문의 사회적금융 기반 조성에 긍정적인 영향을 미쳤을 것으로 생각한다."라고 말했다. 윗선의 지시가 아니라 자발적으로 새로운 사업 영역을 개척해 왔다는 점이 무척 인상적이다.

"사회적경제기업 지원 사업을 담당했던 직원들의 반응은 어땠는가?"라는 질문에, "사회적경제기업은 대표의 자질이나 조직 문화 측면에서 훌륭한 기업이 많았다. 그 영향인지 몰라도 직원들의 직무 만족도가 높은 편이었다."라는 답변이 돌아왔다. 공공과 민간이 마음을 맞춰 함께 문제를 해결해 가는 것을 협치라고 한다. 그런 측면에서 신보는 좋은 협치의 모범을 보여 주고 있다.

2) 정부 모태펀드 투자 전문 운용 기관, 한국벤처투자

'한국벤처투자'(이하 한벤투)는 2005년에 설립된 모태펀드 운용 기관이다. 모태펀드란 기업에 직접 투자하지 않고 개별 펀드에 투자해 위험을 최소화하면서 수익을 추구하는 펀드를 말한다. 전체 출자금으로 모母펀드를 만든 후, 펀드 운용사가 결성하는 자子펀드에 출자하는 방식이라고 보면 된다. 기금의 기금 혹은 재간접펀드라고 불린다.

한벤투는 정부 출자금으로 모펀드를 만들고 민간 펀드 운용사가 결성한 자펀드를 통해 벤처기업과 중소기업에 투자하는 역할을 하는 전문 기관이다.[20] 중소벤처기업부, 문화체육관광부, 고용노동부, 보건복지부 등 총 12개 정부 부처에서 출자금에 해당하는 예산을 지원받는다. 2021년 말까지 정부가 모태펀드에 출자한 금액은 약 7조 원이다.

2005년 펀드 결성[21] 이후 2021년까지 1,015개 자펀드에 약 33조 원의 자금을 조성해 운용하고 있다. 투자 대상 기업은 8,400여 개에 이른다. 정부 정책 자금의 승수 효과는 약 5배이다. 모펀드와 자펀드가 같이 위험을 분담하는 매칭 투자 방식이다. 자펀드의 평균 존속 기간은 7~8년이며, 매년 100개 이상의 자펀드가 신규로 결성되고 있다.

창업기업 지원, 일자리 창출, 인수합병, 해외 투자, 문화산업, 특허 등 투자 영역 및 대상도 다양하다. 한벤투는 모태펀드에 출자하는 정

20 현재 한벤투는 일자리창출펀드, 스마트대한민국펀드 등 11개 분야에 총 29개 펀드를 운용하고 있다. 한국모태펀드는 그중 하나이다.

21 모태펀드의 운용 기간은 총 30년(~2035년)으로 계획되어 있다.

부의 정책 자금을 맡아 운용하는 역할을 한다. 따라서 투자 영역이나 대상 설정 등 기금 운용 방향은 출자자(12개 정부 부처)의 정책 결정을 따른다. 각각의 자펀드에는 일종의 '꼬리표'가 달려 있다고 보면 된다.

운용 방식은 이러하다. 한벤투는 정부 출자 기관의 지침에 따라 펀드 구조를 설계한 뒤, 공개 경쟁을 통해 자펀드를 운용할 회사를 선정한다. 운용 회사가 선정되면 펀드(투자조합)에 출자금 납입이 이루어지고, 운용 회사는 약정된 투자 대상 조건에 부합하는 기업에 투자한다. 자펀드는 투자금을 회수한 후 펀드 규약에 따라 조합원에게 회수금을 배분하며, 최종적으로 조합을 청산하는 것으로 사업이 종료된다.

출자 대상, 다시 말해 자펀드를 구성하는 조합 유형vehicle은 벤처투자조합,[22] 신기술사업투자조합,[23] 기관전용 사모집합투자기구PEF[24] 등이다. 자펀드를 운용할 의사가 있는 회사는 한벤투의 출자 조건에 맞추어 투자조합 제안서를 접수함으로써 선정 과정에 참여하게 된다. 출자 조건에는 주목적 투자 대상 및 투자 의무 비율, 업무집행조합원GP의 의무출자 비율, 펀드 존속 기간, 관리 및 성과 보수 등이 포함되어 있다.

투자 방법은 목적사업과 투자 대상에 따라 조금씩 다르기는 하지만 대략 3가지로 구분된다. ①신규로 발행되는 주식이나 지분을 인수하는 방법 ②무담보 전환사채CB나 무담보 신주인수권부사채BW 또는 상환전환우선주RCPS를 인수하는 방법 ③조건부 지분인수계약SAFE을 체

22 '벤처투자 촉진에 관한 법률' 제50조에 따른 벤처투자조합을 말한다.
23 '여신전문금융업법' 제44조에 따른 신기술사업투자조합을 말한다.
24 '자본시장과 금융투자업에 관한 법률' 제9조에 따른 기관전용 사모집합투자기구를 말한다.

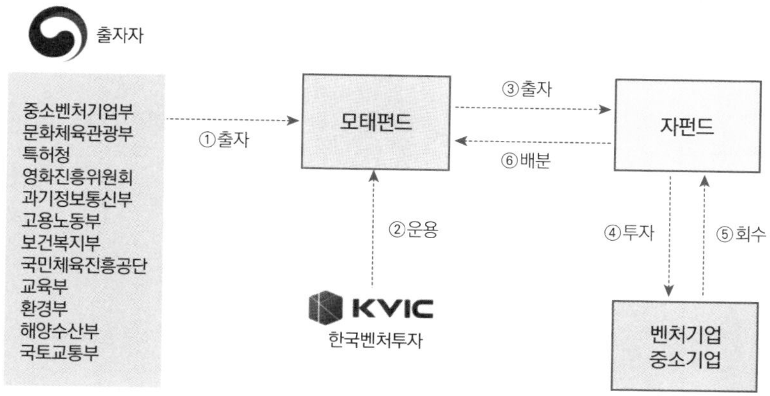

한국모태펀드 기금 조성 및 운용 흐름도

결하는 방법이 그것이다. 운용 회사가 투자를 집행하는 전통적인 방식들이다.[25]

운용 회사는 펀드 운용에 필요한 '관리보수'와, 기준 수익률을 초과 달성했을 경우 수익의 일부를 '성과보수'로 받는다. 운용 회사 관점에선 수익률이 높을수록 보상이 늘어나는 구조이므로 수익률을 최대한 올리기 위해 노력할 가능성이 크다. 통상 펀드 조성 목적에 부합하는 기업에 60% 이상 투자하게 되어 있다. 펀드 결성 취지인 정책 목적 달성과 수익률 제고라는 두 마리 토끼를 잡기 위해서이다.

현재 한벤투가 운용하는 펀드 중 사회적경제기업에 대한 투자가 이루어지는 계정은 두 가지이다. 하나는 고용노동부가 출자해 운용하는 '사회적기업펀드'이고, 다른 하나는 중소벤처기업부가 출자한 '소셜임

25 투자 방법에 대한 자세한 설명은 4장 임팩트 금융 참조.

팩트펀드'이다. 전자는 주로 사회적기업에 투자하고, 후자는 소셜벤처기업에 투자한다.

2011년에 처음 결성된 사회적기업펀드는 사회적기업이 시설 비용이나 연구개발비로 사용할 자금 지원을 위한 초기 마중물seed money 투자로 만들어졌다. 2021년 말 현재까지 총 7개 펀드가 결성되었으며, 조성된 금액은 총 408억 원이다.[26] 지금까지 50개 기업에 총 315억 원의 자금을 투자했으며, 이 중 33개 사회적기업에 투자한 금액은 218억 원이다.

2018년에 처음 결성된 소셜임팩트펀드는 사회문제 해결을 추구하면서 혁신성과 성장성을 보유한 소셜벤처에 투자하기 위한 목적으로 만들어졌다. 모태펀드에서 결성 금액의 60%를 출자하고, 40%는 운용 회사가 민간 투자자로부터 모집하는 방식이다. 2021년 말 현재 총 15개 조합에 2,618억 원의 자금이 결성되어 1,880억 원이 투자되었다.

이 펀드 운용에 참여하는 투자회사 중 대다수가 4장에서 살펴본 임팩트 투자회사이다. 임팩트 투자회사는 소셜벤처기업을 육성한 경험을 상당 부분 축적하고 있다. 나아가 혁신기업에 투자할 자금원이 늘 부족하다. 이 두 가지 요소가 한벤투 사업에 참여하는 계기로 작용한다.

금융위원회가 주관하는 '사회적금융협의회' 자료에 따르면, 2021년도 한벤투의 사회적금융 공급 목표는 662억 원이고 9월까지의 공급 실

26 정부 예산 260억 원, 민간 출자금 148억 원을 합한 숫자이다. 2022년 2월 현재 8호 조합(60억 원 규모) 결성 진행 중이다.

적은 478억 원이다. 자펀드를 통해 총 63개 사회적경제기업에 투자를 실행한 것으로 나타난다. 2022년도 공급 목표는 전년보다 84억 원 늘어난 746억 원이다. 꾸준히 투자를 늘려 가려는 계획을 읽을 수 있다.

사회적경제기업에 대한 투자 생태계가 활발하지 않은 이유는 무엇일까? 여러 가지 원인이 복합적으로 작용한 결과이겠으나, 크게 두 가지를 들 수 있다. 하나는 사회적기업과 협동조합 등 이른바 전통적인 사회적경제기업은 시장의 투자 방식에 부합하는 조건을 갖춘 곳이 많지 않아서 일반 투자회사들이 참여를 꺼리는 것으로 보인다.

다른 하나는 임팩트 투자를 전문으로 하는 중개기관 숫자가 부족한 것이다. 정부의 사회적금융 활성화 방안(2018년) 이후 공공 자금의 공급량은 늘어나는 추세인 데 반해, 사회적경제기업 지원이나 사회목적 사업을 핵심 사업 영역으로 다루는 회사나 기관은 많지 않다. 정부의 공급량을 소화할 만큼의 투자 생태계가 조성되어 있지 않다는 뜻이다.

ESG 경영이 화두로 떠오르면서 사회와 환경을 위한 민간 투자는 더 늘어날 전망이다. 일부 임팩트 투자회사들은 투자 자금 확보의 기본 방향을 대기업 등 민간회사 쪽으로 선회하는 것으로 관찰된다. 공급 자체보다 공급 전달 체계를 정비할 때가 된 것이다. 사회적경제를 포함 혁신기업을 지원하는 정부 각 부처가 새롭게 고민해야 할 과제이다.

공공 부문의 사회적금융 공급은 '마중물' 성격을 가져야 한다. 정부 재정은 민간의 자금을 끌어오는 촉매이자 지렛대로 활용될 때 투입 효과가 극대화된다. 민간의 자금 흐름이 변하고 있다면 그에 맞추어 공급 구조와 방식을 바꿀 필요가 있다. '한정된 예산으로 최대의 정책 효과를 거두는 것'이 나라 살림살이의 기본이 아니겠는가.

3) 혁신기업과 사회투자를 위한 성장 사다리, 한국성장금융

'한국성장금융'(이하 성장금융)은 2016년에 설립된 모험자본 공급 기관이다. 건강한 기업 성장 생태계를 조성한다는 목표로 다양한 형태의 모펀드를 결성, 정책적 지원이 필요한 영역에 선제적으로 자금을 공급하는 역할을 하고 있다. 한국벤처투자와 마찬가지로, 직접 대상 기업에 투자하지 않고 자펀드를 구성해 전문회사GP에 운용을 위탁하는 기금의 기금이다.

2021년 현재까지 19개 모펀드를 구성, 총 278개 자펀드를 관리하고 있다. 모펀드 조성 금액은 6.4조 원이고 결성된 자펀드는 25.6조 원이다. 약 4배의 승수 효과를 얻는 셈이다. 투자 기업은 3,620개에 이른다. 창업기업이 1,044개(28.8%), 성장기업이 2,299개(63.5%), 회수 및 재도전 기업이 277개(7.7%) 순이다. 투자 기업의 88%(3,170개)가 중소기업이다.

성장금융이 관리하는 펀드 중 사회적기업의 자립을 돕고 사회적 가치를 창출하는 혁신기업을 지원하기 위해 만들어진 기금이 있다. 2018년에 결성된 '사회투자펀드'가 그것이다. KB금융 공익재단과 KB자산운용, 한국거래소와 한국예탁결제원. 한국증권금융 등이 총 825억 원을 출자해 조성한 펀드[27]로, 매칭 금액을 포함해 2021년 현재

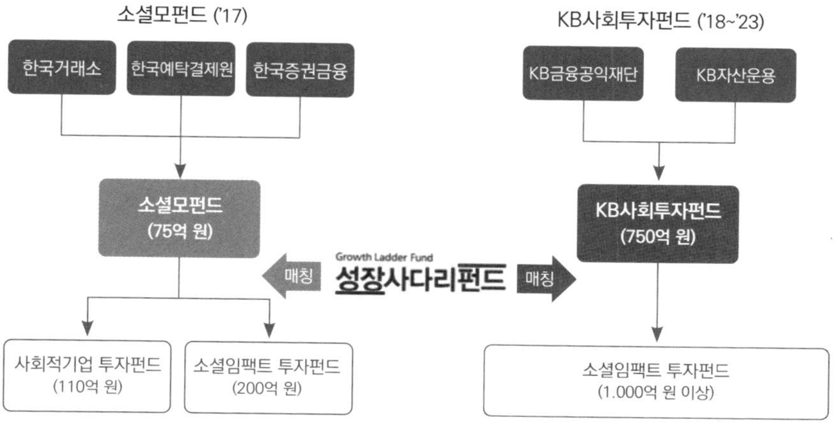

사회투자펀드 운영 구조, 한국성장금융

까지 약 2,200억 원의 자금을 결성했다.

펀드 운용 구조는 다음과 같다. 성장금융은 사회투자펀드와 성장사다리펀드[28]를 50:50으로 결합matching해 운용 금액을 정한 후, 공개 경쟁을 통해 자펀드를 운용할 회사를 선정한다. 운용사가 선정되면 투자기구에 출자가 이루어지고, 운용 회사는 투자 대상 조건에 부합하는 기업에 투자를 실행한다. 투자 기간이 완료되면 투자금을 회수한 다음, 투자자들과 성과를 배분하고 조합을 해산하는 것으로 사업이 종료된다.

펀드 존속 기간은 평균 10년이다. 인내 자본으로 기능하기 위해 장기로 설정한 것이다. 투자회사들의 참여율을 높이기 위해 일반 펀드

---

27 두 개 펀드로 구성되며, 한국거래소 등이 출자한 '한국소셜펀드' 계정이 75억 원, KB금융 공익재단 등이 출자한 'KB사회투자펀드' 계정이 750억 원이다.

28 성장금융이 관리하는 핵심 펀드 중 하나로 모펀드 규모는 1.85조 원이다.

에 비해 기준 수익률은 낮추고(최소 2%) 성과 수익률은 높게 설정했다. 전체 투자 금액 중 비수도권에 투자한 금액이 일정 비율 이상이면 추가 성과보수를 지급하도록 설계한 것도 특징이다.

투자 대상(기구)은 집합투자기구와 투자조합들이다. 사회적기업과 소셜벤처 등 사회적경제기업에 투자한 경험이 있거나 임팩트 성과 관리 경험이 있는 회사는 운용사 선정 과정에서 가점을 받는다. 2021년 현재 총 7개 회사가 선정되어 펀드를 운용하고 있다. 디쓰리쥬빌리파트너스, HGI, 크레비스 등 대부분 임팩트 투자를 전문으로 하는 기관들이다.

성장금융은 2022년부터 사회투자에 관심이 있는 민간 투자자를 직접 모집해 운용사들의 투자자 모집 부담을 완화해 줄 계획이다. 운용사들이 민간 투자자를 모집하는 일에 어려움을 겪고 있다고 판단하고, 기관의 네트워크를 활용해 돕겠다는 뜻이다.[29]

자펀드 운용사들이 민간 투자자LP 확보에 어려움을 겪는 이유는 무엇일까? 간단히 말해 사회적경제기업에 투자하는 방식으로는 자신들이 기대하는 수익률을 충족하기 어렵다고 보기 때문이다. 대다수의 임팩트 투자회사가 겪는 어려움이기도 하다.[30] 우리나라 사회적금융 시장이 아직 미성숙 단계에 머물고 있다는 뜻이다. 가치를 추구하면서도 충분히 수익을 창출할 수 있다는 실질적인 증거를 많이 축적할 필요가 있다.

---

29 자펀드 운용사(GP)는 일정 비율의 민간 투자자(LP)를 의무적으로 모집해야 한다.

30 앞의 5장에서 소개한 임팩트 투자회사들과의 인터뷰에서 "사업 추진에 가장 힘든 요소는 무엇인가?"라는 질문에 대해 모든 회사가 예외 없이 'LP 모집의 어려움'을 첫 번째로 꼽았다.

성장금융은 투자 손실이 발생할 경우 자신들이 손실을 우선 부담하는 방식을 적용하고 있다.[31] 이 방식을 더 강화하기 위해 민간 투자자들의 손실 부담을 줄이는 방안, 이익 발생 시 성과보수를 늘리는 방안, 투자 종료 시점에 일정 가격으로 성장금융 지분을 매입할 권리[32] 등 투자 인센티브를 높이는 방안 등을 종합적으로 검토하고 있다.

금융위가 주관하는 '사회적금융협의회' 자료에 따르면, 2021년도 성장금융의 사회적금융 공급 목표는 300억 원이고 10월까지 공급 실적은 332억 원이다. 사회적기업, 소셜벤처 등 23개 사회적경제기업에 투자를 실행한 것으로 확인된다. 2022년도 공급 목표는 전년보다 200억 원 늘어난 500억 원이다. 2021년 현재까지 총 88개 기업[33]에 약 1,000억 원의 자금을 공급했다.

한국벤처투자와 마찬가지로 성장금융도 간접투자를 전문으로 하는 기관이다. 따라서 사회적금융을 중개하는 전문회사가 없다면 사회적경제기업에 대한 투자 사업을 지속할 수 없다. 운용 회사의 역량과 전문성이 사회투자 생태계를 만드는 핵심이다. 구슬이 아무리 많아도 꿸 사람이 없으면 목걸이를 만들 수 없는 것과 같은 이치이다.

"현 단계에서 정책금융기관이 해야 할 역할이 무엇이라고 생각하는가?"라는 질문에 대해 성장금융의 서종군 전무이사는 "사회적금융의 초기 투자자로서 시장의 지평을 넓히는 것"이라고 답했다. 좋은 투자 사례를 만들고, 전문성을 가진 운용사가 늘어나 민간 자금이 자연스

31 민간 투자자의 출자 지분을 '후순위'로 배치해 투자 위험을 줄이는 것을 말한다.

32 '콜 옵션(call option)'을 말한다.

33 사회적기업과 소셜벤처의 투자 비중은 각각 25%와 75% 수준이라고 한다.

럽게 유입될 수 있는 시장 환경을 조성하는 데 지렛대 역할을 하겠다는 뜻이다.

혁신기업에 대한 정부의 투자 확대가 시작된 지 4년 남짓, 좀 더 긴 호흡으로 바라볼 필요가 있다. 중요한 것은 정책의 일관성이다.[34] 무릇 새로운 것이란 낡은 것들의 대지에서 잉태되지만, 동시에 그 땅의 자양분으로 성장한다. 단절이 아닌 연속, 그 연장선 속에서 저항의 파도를 뚫고 새로운 질서를 만들어 낼 때, 비로소 세상은 더 나은 쪽으로 바뀌어 갈 것이다.

4) 취약계층의 삶을 보듬는 서민금융기관, 서민금융진흥원

서민금융진흥원

'서민금융진흥원'(이하 서금원)은 2016년에 설립된 정책 서민금융기관이다. 미소금융중앙재단(2007년) 시절부터 저신용자와 차상위계층 이하를 대상으로 한 창업 및 운영 자금 대출, 취약계층을 위한 소액보험 지원 등 서민과 취약계층을 위한 맞춤형 금융 지원 사업을 추진해 왔다.

서금원은 휴면예금관리재단(미소금융재단)의 후신後身이다. 서민금

34 한국적 맥락에서 가장 취약하고 위험한 요소 중 하나로 판단된다. 정권 교체가 이루어질 때마다 과거 정권의 실적 지우기가 반복적으로 이루어져 왔기 때문이다. 색깔과 상관없이, 좋은 정책의 합리적 계승과 발전이라는 성숙한 정치 문화가 정착되어야 한다.

융 관련 법률[35]이 제정됨에 따라 5개 시중은행과 한국자산관리공사, 생명보험사(23개), 손해보험사(11개)가 설립 자금을 공동으로 출자해 만들어졌다. 미소금융, 햇살론, 국민행복기금 등 기존에 개별적으로 운영되던 서민금융 업무를 통합해 관리한다. 서민금융 창구가 일원화된 것으로 보면 된다. 전국 50개 지역에 '서민금융통합지원센터'를 운영하는 등, 말 그대로 서민금융을 지원하기 위해 설립된 정부 기구이다.

서민금융 지원 사업은 크게 금융 서비스와 비금융 서비스, 두 가지 유형으로 구분된다. 금융 서비스는 대표적인 서민 금융상품인 '햇살론'을 포함해 총 6개의 금융상품[36]을 공급하고 있다. 저소득, 저신용 사회 취약계층을 대상으로 저금리 대출을 해 주고 있다.

서민들의 편리한 금융 생활을 지원하는 비금융 서비스도 운영한다. 민간 금융회사의 서민 금융상품을 비교해 보고 적합한 상품을 선택한 후 대출 신청까지 할 수 있는 '맞춤대출 서비스,' 정책 서민금융 이용자의 신용과 부채 상태를 점검해 장기적으로 금융 비용을 줄이도록 돕는 '신용·부채 컨설팅,' 서민·취약계층의 금융 이해력을 높이기 위한 '금융교육' 등 다양한 서비스를 제공하고 있다.

사회적금융 사업도 적극적이다. 전국의 미소금융재단 창구와 민간 사업수행기관들을 통해 사회적경제기업에 자금을 지원한다. ①기부금[37]을 재원으로 운영되는 미소금융 기업재단(6개)과 은행재단(5개),

---

35 '서민의 금융 생활 지원에 관한 법률'을 말한다.

36 햇살론, 미소금융, 햇살론15, 햇살론 뱅크, 햇살론 유스, 햇살론 카드를 말한다.

37 서금원의 '휴면계정' 기부금은 기업과 은행의 지정기부금, 일반기부금으로 구성된다.

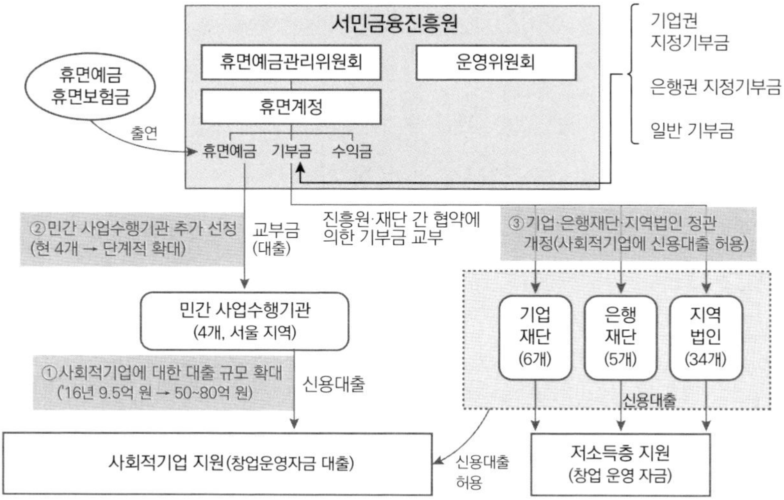

"서민금융진흥원 사회적금융 확대 방안," 〈사회적금융 활성화 방안〉, 2018

지역법인(34개)의 경우, 정관 개정 및 협약(2018년)을 통해 사회적금융 사업을 할 수 있도록 했다. 저소득층 창업 자금 지원 외에 사회적경제기업에 대한 신용대출 사업을 추가한 것이다.

②휴면예금[38] 운영 수익금을 재원으로 한 민간 사업수행기관 대출 사업도 확대 시행하고 있다. '사업수행기관'이란 사회적경제기업에 금융 지원을 하는 사회적금융 중개기관을 말한다. 참여 기관도 최초 2개(2017년)에서 11개(2021년)로 늘었다.[39] 비수도권에서 활동하는 수행기관도 3개(제주, 부산, 강원) 있다. 앞으로도 지역과 지방의 중개기관

38 '휴면예금'이란 저축 후 일정 기간 찾아가지 않은 예금을 말한다. 잔액 기준 1만 원 미만의 예금은 1년 이상 거래가 없으면 휴면예금 계좌로 분류된다.
39 신규 대출은 하지 않고 사후 관리만 하는 기관(2곳)은 제외한 수치이다.

을 적극적으로 발굴할 계획이다.

①미소금융재단과 지역법인 지점 창구를 통해 이루어지는 대출 사업은 사회적기업과 사회적협동조합을 대상으로 임차 자금과 운전 자금, 시설 자금을 융자해 주는 신용대출 사업이다. 미소금융재단 시절부터 사회적경제기업에 자금 지원을 해 왔지만, 정부의 사회적금융 활성화 정책에 따라 사업을 크게 확대했다. 대출 한도는 1억 원(연 4.5% 이내)이고, 대출 기간은 최대 6년이다.

②민간 사업수행기관을 통해 진행되는 사회적경제기업 대출 사업은 정관의 사업목적에 '서민금융생활 지원 사업'을 포함한 법인이나 사회적금융 중개기관에 필요한 자금을 무이자로 빌려준다.[40] 공신력, 재정 능력, 사업 수행 능력 등을 종합적으로 평가해 수행기관을 선정한다. 대출 적용 금리는 최대 6%, 법정 최고 금리의 30% 수준으로 정했다.

현재 서금원은 전국 순회 사업설명회 등을 통해 사회적경제기업 대출 사업을 맡길 민간 사업수행기관을 발굴하기 위해 힘쓰고 있다. 특히 비수도권의 중개기관을 찾는 일에 노력을 기울이고 있다. 수도권에 비해 인력과 자원이 열악한 조건이어서 믿고 맡길 만한 기관을 찾기가 쉽지 않다고 한다.

사회적금융 연간 공급 목표는 금융위원회와 협의해 결정하고 있다. 2021년에는 141개 기업에 총 85억 원을 공급했다. 2022년 공급 목표는 100억 원이다. 자금 공급이 많지 않은 이유는 기본 재원의 한계 때

---

40 서금원의 자금을 받은 중개기관이 사회적경제기업에 자금을 제공하는 간접 대출 방식이다.

문이다. 기업·은행의 기부금과 휴면예금 운영이익을 재원으로 사업을 하고 있어서 공급량을 늘리는 데 어려움이 있다는 설명이다.

서금원은 사회적금융 생태계 조성을 위한 다양한 노력을 기울이고 있다. 상품 정보 플랫폼인 '사회적금융 한눈에' 서비스를 개발(2020년)해 공개함으로써 사회적경제기업이 사회적금융 관련 금융상품 정보를 쉽게 얻을 수 있도록 도와주는 것도 그중 하나이다. 2021년 현재 전국 68개 은행, 공공기관, 지자체, 민간기관에서 제공하는 140개 상품 및 지원 제도 관련 정보가 등록되어 있다.[41]

기업 신용 평가 전문회사와 제휴해 대출 심사를 위한 신용 평가 서비스도 무상으로 제공한다. 고용노동부의 '사회적가치 지표SVI[42]'를 참고해, 사회적금융 중개기관이 대출 심사를 할 때 편리하게 쓸 수 있도록 평가 지표를 정량 지표 10개로 단순하게 구성했다. 사회적경제기업의 신용 변동 사항을 확인해서 평가의 정합성을 높이기 위함이다.

민간 사업수행기관을 통한 융자 사업은 서금원이 수행기관에 돈을 빌려주는 형태로 이루어진다. 수행기관은 사업이 종료되면 돈을 상환해야 한다. 따라서 손실이 발생하면 수행기관이 책임질 수밖에 없고, 이는 대출 사업이 경직된 형태로 작동하는 원인이 된다. 공공 재원의 손실 문제를 해결할 장치가 만들어지지 않으면 풀기 어려운 숙제이다.

이 문제는 비단 서금원만 겪고 있는 어려움이 아니다. 사회적경제기업에 정책 자금을 공급하는 지방정부 대다수가 이 한계에 봉착해

41 서금원은 2018년 이후 매년 사회적금융 중개기관의 실태를 조사해 공유하고 있다.

42 'Social Value Index'의 약자이다. 사회적 성과 60%, 경제적 성과 30%, 혁신 성과 10% 비율을 중심으로 해서 총 14개 정량 지표로 구성된다.

있다. 재정 집행의 엄정함과 사회적 가치 창출을 위한 금융 지원 정책 목적이 충돌하는 지점이다. 정부와 국회가 국민적 합의를 통해 돌파구를 찾아야 하는 주제이다.

"사회적금융 지원이 원활히 이루어지기 위해 해결해야 할 과제가 무엇이라고 생각하는가?"라는 질문에 대해 서금원의 사회적금융 담당자는 "사업 수행기관들의 지속 가능성을 높일 방안이 필요하다."라고 답했다. 자원 부족과 손실 부담 등 어려운 환경에서 사회적경제기업을 지원하는 일을 하는 기관이 많은 만큼, 협치 차원에서 이들을 지원할 방법을 찾아야 한다는 뜻이다.

옳은 지적이다. 공공기관은 법률과 제도의 제약으로 사회적금융 공급에 어려움이 있고 민간 금융회사는 무관심하다. 사회적금융 공급이 원활히 이루어지려면 사회적금융을 다루는 전문 중개기관들이 지역에 튼튼히 뿌리를 내릴 수 있는 전달 체계를 구축해야 한다. 중앙과 지방정부, 정책금융기관, 사회적금융 중개기관이 함께 풀어 가야 할 공통의 과제이다.

맺음말

지금은 지도와 나침반을 꺼낼 때

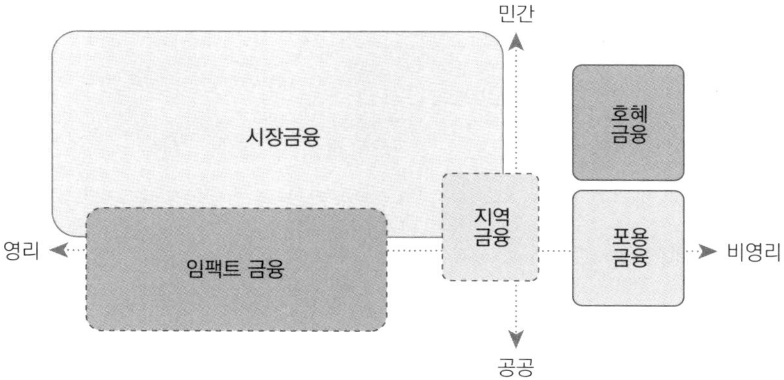

이 그림은 서기 2050년을 상상하며 우리나라 금융시장을 그려 본 것이다.

앞서 1장에서 살펴본 모습과는 상당한 차이가 있음을 알 수 있다. 시장금융이 여전히 가장 큰 영향력을 발휘하고 있지만, 사회적금융의 네 영역도 지금보다 크게 발전한 형태로 자리 잡고 있다. 물론 이 그림은 과학적 근거 없이 상상한 것일 뿐, 미래 생태계가 어떻게 바뀔지는 알 수 없다.

임팩트 금융이 시장금융 깊숙이 침투해 튼튼한 기반을 닦을 수도 있고, 반대로 시장금융에 포섭되어 가치 지향을 상실한 채 표류할 수도 있다. 미국식 지역재투자법이 도입되어 지역금융이 만발할 수도 있고, 지금의 모습처럼 척박하게 버려진 땅으로 남아 있을 수도 있다. 호혜와 포용금융이 강물처럼 흐를지, 흔적도 없이 사라질지 예측하기 어렵다. 어쨌든 모든 것은 변한다.[1]

2050년의 세상은 어떤 모습을 하고 있을까? 비관적인 전망이 될지 모르지만, 지구 환경은 지금보다 더 나빠질 것이고 사회 양극화로 인한 불평등도 개선되지 않을 가능성이 크다. 금융시장의 구조와 질서는 선한 얼굴을 하고 있을까? 잘 모르겠다. 한 가지 분명한 사실은, 우리가 어떻게 생각하고 행동하는가에 따라 2050년의 금융시장은 달라질 것이라는 점이다.

철학자 존 로크John Locke는 새로운 의견은 종종 보편적이지 않다는 이유만으로 사람들에게 의심받거나 반대에 부딪히게 된다고 말했다. 사회적금융을 바라보는 시선도 이와 비슷한 것 같다. 사회와 금융은 합성할 수 있는 단어가 아니라고 생각하는 사람도 있고, 현실 금융은 인간을 돈의 노예로 만들고 있다고 주장하는 이도 있다. 물론 지금은 어느 것도 진실이라고 단정할 수 없다.

우리 시대의 금융이란 돈을 빌리고 빌려주는 행위, 이상도 이하도

---

1 나오미 클라인, 《이것이 모든 것을 바꾼다》, 2014, 서문에서 인용.

아니다. 가치 중립적이며 방향과 목적이 비어 있다. 하지만 그것으로 충분할까? 돈이 미래를 위해 유익하게 쓰이게 하는 것이 '진짜' 금융 아닐까? 누군가의 말처럼, 금융이 현재와 미래를 연결해서 사회가 잘 굴러가도록 하는 도구로 쓰이려면 일정한 방향이 필요한 것 아닐까?[2] 돈은 선한 쪽으로 흘러가야 한다는 원칙과 표준normal 같은 것 말이다.

사회적금융은 전통 금융의 관점에서 바라보면 무척 낯선 영역이다. 시장금융과 떼어 놓고 평가할 만한 요소나 원리도 부족하고 역사적 경험과 흔적도 미미하다. 금융의 사회성을 복원했다고 주장할 만한 성과나 증거도 충분치 않다. 기껏해야 주류 금융의 어두운 구석을 메우는 보충적 접근에 불과한 모습으로 비칠 수도 있다.

하지만 이런 평가는 전통적인 주류의 시장금융이 올바른 방향으로 가고 있다는 전제 위에서만 유효할 뿐이다. 흰 백조가 절대적 다수를 구성하고 있다고 해서 검은 백조의 존재가 부정되지 않듯이, 사회적금융의 출현은 새로운 경로를 통해서 기존의 질서와 다른 방식의 금융이 가능하다는 것을 알려 준다. 검은 백조의 출몰 자체가 그 증거라고 할 수 있다.

사회적금융은 금융 질서가 시장 친화적 형태에서 벗어나 '사회 친화적인' 구조와 방식으로 재편되어야 한다는 전제에서 출발한다. 금융은 경제의 흐름을 원활히 하기 위해서 존재하는 것이라는 말은 금융의 역할을 지나치게 좁게 바라보거나 잘못 해석한 것이다. 금융의 역

---

2 미히르 데사이, 《금융의 모험》, 2018에서 인용.

할은 지구 생태계와 인간 사회를 올바른 방향으로 이끌어 가는 촉매가 되는 것이다.

금융의 사회성을 회복하는 것이 필요하다는 이 새로운 가설과 전제는 다른 시선으로 금융을 바라보게 한다. '금융이 사회와 구성원을 위해 복무해야 한다면, 지금의 금융 질서는 잘못된 게 아닐까? 공공재로서의 금융이 시민 다수의 삶을 나은 방향으로 이끌어 가려면 지금의 제도와 시스템을 바꾸어야 하는 게 아닐까?' 그런 의구심을 갖게 한다.

전제를 의심하지 않으면 기성의 질서를 따라가게 된다. 무언가 잘못 돌아가고 있다고 느낄 때, 배가 엉뚱한 쪽으로 가고 있음을 깨달았을 때, 우리가 해야 할 일은 계속해서 달려가는 것이 아니라 지도와 나침반을 꺼내 항로를 다시 살펴보는 것이다. 가정이 잘못되었을 수 있다는 합리적 의심으로 걸어왔던 길을 되짚어 보아야 한다.

바로 지금이 그럴 때인지 모른다. 지구 환경 파괴로 인류의 미래가 한 치 앞을 가늠할 수 없는 안개 속으로 빨려 들어가고 있지 않은가. 환경 오염의 주범인 인간이 돈에 눈이 멀어 땅과 바다를 생명이 살 수 없는 지옥으로 만들고 있다. 그리고 그 배후 어딘가에 금융이 또아리를 틀고 앉아 있다. 자본과 금융이 이 범죄 행위를 확대 재생산하는 도구로 활용되고 있다.

인정하고 싶지 않은 이 불편한 진실 앞에서, 사람들은 미래에 대한 막연한 희망과 두려움을 안고 주어진 현실에 충실하며 살아가고 있다. 하지만 침몰하는 배 위에서 테이블을 정리하는 것만큼이나 어리석은 행동은 없다. 우리는 위기를 직시할 필요가 있으며 또 그래야만

한다. 달리던 고속도로를 빠져나와, 좁은 길을 따라 새 경로를 개척해야 할 때이다.

위기는 은폐되어 있던 시스템의 어두운 단면을 드러내 준다는 측면에서 문제를 해결할 좋은 기회이기도 하다. 새로운 기획과 실험을 할 계기를 만들어 준다. 금융은 수단이고 도구이며 인간이 만든 피조물이다. 자연 생태계와 마찬가지로, 인간이 만든 구조물도 살아 있는 시스템처럼 변화하고 움직인다. 미래 금융이 어떻게 전개될지는 순전히 우리의 판단과 선택에 달려 있다.

금융은 세상을 바꿀 수 있는 강력한 도구 중 하나이다. 금융의 흐름을 바꾸면 돈이 선하게 쓰이는 세상을 만들 수 있다. 금융의 사회성을 강화하는 노력을 통해 인류가 직면한 위기를 극복할 돌파구를 마련할 수 있다. 후손들에게 깨끗한 지구와 더불어 함께 살아가는 멋진 사회를 물려주려면 지금과는 다른 질서가 필요하다. 우리는 더 나은 금융을 할 수 있다.

후기

사회적금융이라는 화두를 붙잡고 살아온 지 10년이 훨씬 지났다. 처음에는 이 영역에 관심을 가진 이를 찾기가 쉽지 않았는데, 지금은 정부가 정책을 만들어 추진하기도 하고, 이 업에 종사하는 중개기관도 많이 늘어났다. 다행스러운 일이다. 별 볼 일 없는 필부匹夫가 그래도 강을 건널 징검다리의 돌 하나를 놓았다고 생각하니 기쁘다.

인터뷰를 진행하면서 많은 사람을 만났다. 다들 최선을 다하고 있었고 자신이 하는 일에 신념과 열정을 가진 훌륭한 분들이었다. 힘든 여건 속에서도 꿋꿋하게 그 길을 걸어가는 분들에게 경의를 표한다. 이들에게서 선을 위한 힘forces for good이 느껴진다. 우리가 사는 세상이 더 나아질 수 있을 것이라는 희망을 본다. 큰 아름드리나무로 자라 많은 열매를 맺기를 바란다.

여전히 세상은 혼탁하다. 쓰레기 같은 정보들, 선정적이고 자극적인 구호들, 갈등과 분열을 조장하는 말들이 넘쳐난다. 흑과 백, 이쪽과 저쪽, 우리 편과 다른 편, 아군과 적군, 맞고 틀림이라는 단순한 기준과 잣대로 인간과 사회를 재단하는 말과 글이 횡행하는 시대이다. 다름의 차이를 확대 해석해 편 가르기를 하는 모습을 자주 보게 된다. 중심을 잡기가 쉽지 않다.

이럴 때일수록, 상대와의 차이점을 들춰내기보다 공통점을 찾아 함께 미래를 그려 나가는 작업이 필요하다. 맞은편에 앉은 이를 진심으로 이해하려면 그의 신발에 발을 넣어 보아야 한다. 선입견을 내려놓고 열린 마음으로 상대의 이야기에 귀 기울일 때, 비로소 다른 세계가 보이기 시작한다. 협력과 연대의 씨앗은 그 토대 위에서 잉태되는 것이라 믿는다.

나는 시장경제를 신봉하는 사람이 아니다. 그렇지만 현실의 시장경제를 부정하거나 그림 속 이상을 추종하지는 않는다. 정신 승리는 개인에게는 만족감을 줄지 모르지만 현실을 바꿀 수 없다. 현실이 아무리 추악해도 오직 현실에 입각할 때 변화를 만들어 낼 수 있다. 이상과 현실 사이, 그 작은 틈새를 뚫고 나갈 용기와 지혜가 필요하다.

동안거冬安居 기간 동안, 세상의 흐름에서 잠시 벗어나 온전히 한 가지 주제에 집중하고자 애를 썼다. 여전히 글쓰기는 고된 노동이다. 미흡하나마 시작한 일을 마무리할 수 있어서 다행이라 생각한다. 이제 동굴에서 나와 다시 세상으로 가야 할 시간이다. 특별한 능력도 비상한 재주도 없는 사람이기에, 발밑의 작은 것들을 살피며 늙어 가려 한다.

사회적금융 일문일답

■ 사회적금융이 일반 금융과 다른 점은 무엇인가?

일반 금융은 시장 원리에 따라 작동하는 방식이지만, 사회적금융은 시장에서 배제된 사각지대를 메우려는 시도라는 점에서 다르다. 시장금융은 신용을 매개로 움직인다. 따라서 부도 위험이 있다고 판단되는 저신용 회사나 개인에게 자금을 제공하지 않는다. 이것을 '금융 결핍'이라고 부른다. 사회적금융은 이 결핍을 해소하기 위한 적극적인 금융 행위로서, 금융을 모든 시민이 누려야 할 공공재로 바라본다.

■ 사회적금융에는 어떤 종류가 있는가?

국가마다 차이가 있지만 크게 포용금융, 호혜금융, 임팩트 금융, 지역금융의 네 덩어리로 나눈다. 포용금융은 빈곤계층과 금융 소외자를 지원 대상으로 삼고, 호혜금융은 시장금융 원리를 따르지 않고 독립적이고 자조적인 금융 질서를 만들어 간다. 임팩트 금융은 혁신기업을 돕기 위한 금융이고, 지역금융은 낙후된 지역 경제를 살리는 것이 목적이다. 각각의 영역은 기계적으로 나누어져 있지 않다. 겹치기도 하고 연결되기도 한다.

■ 사회적경제를 지원하는 금융은 어디에 포함되는가?

앞서 분류한 기준으로 보자면 '임팩트 금융'에 속한다. 사회적경제기업과 조직, 사회적 프로젝트를 지원하는 이유는 이들이 사회에 긍정적 영향impact을 창출하기 때문이다. 현재 우리나라 사회적금융 공급량 대부분이 소셜벤처를 포함한 범사회적경제 영역을 지원하는 사업에 투자되고 있다. 사회적경제 영역이 그만큼 중요하다는 뜻이다. 하지만 사회적경제 지원 금융이 사회적금융 전부는 아니다. 우리 사회의 금융 결핍은 무척 넓고 크게 자리하고 있다.

■ 사회적경제기업은 금융 지원을 골고루 받고 있는가?

그렇지는 않다. 마을기업, 협동조합, 자활기업은 소셜벤처나 사회적기업과 비교해 상대적으로 소외되어 있다. 지원 방식에 따라 온도의 차이가 크다. 위 3개 영역은 융자와 투자 모든 측면에서 지원을 잘 받지 못한다. 협동조합은 금융 사업을 하는 길이 원천적으로 막혀 있고, 사회적기업도 투자 측면에서 제약이 많다. 사회적경제기업이 가진 특수성이 제대로 반영되지 않고 있기 때문이다.

■ 사회적금융 중개기관이 필요한 이유는 무엇인가?

은행 등 제도권 금융기관들이 금융 공백을 메우는 작업을 하지 않기 때문이다. 시장금융의 중개기관은 손실 위험이 두려워 사회적금융을 회피한다. 따라서 이 영역에 돈이 흐르려면 자금을 중개하는 전문 기구가 있어야 한다. 사회적금융 생태계가 잘 조성된 국가들에서 공통적으로 발견되는 현상은 공급 채널의 중심에 '중개기관'이 자리하고 있다는 사실이다. 이들이 다리 역할을 해 주지 않으면 사회적금융은 작동하지 않는다.

■ 사회적금융 중개기관은 주로 누가 이용하는가?

중개기관이 가진 사명과 사업 방향에 따라 다르다. 포용금융 사업을 하는 기관은 빈곤계층과 금융 소외자가 주로 이용한다. 시민 투자 플랫폼을 운영하는 곳은 일반 시민을 대상으로 하고, 임팩트 투자회사의 주 고객은 소셜벤처와 사회적기업이다. 호혜금융은 연대와 협력으로 묶인 단체와 지역 공동체 구성원들이 곧 이용자이다. 지역금융은 지역 기반의 사회적경제기업 등 혁신기업들을 지원하는 일을 주로 하고 있다.

■ 사회적금융 중개기관이 갖추어야 할 능력은 무엇인가?

당연한 말이지만 자금을 조성하고 운용할 수 있어야 한다. 어디에서 자금을 조달해 누구에게 분배할 것인가에 대한 철학과 원칙을 세우고, 돈이 원활하게 순환할 수 있는 구조를 설계해야 한다. 개성상인의 철학으로 비유하면, 돈을 모으고集錢 지키고守錢 잘 쓰는用錢 능력이 요구된다. 나아가 사회적금융은 관계형 금융을 지향하므로 지원 대상의 연성 정보를 축적, 활용할 수 있어야 한다.

■ 사회적금융 중개기관이 직면한 힘든 과제는 무엇인가?

어려운 살림살이 여건이다. 사회적금융 기관은 지원 대상자의 편익을 먼저 고려하기 때문에 재정 형편이 녹록하지 않다. 특히 비영리로 운영되는 기관은 사업소득만으로는 운영비를 충당하기가 쉽지 않다. 외부 위탁사업 등을 통해 비용을 메우려고 노력하지만, 그로 인해 조직의 정체성이 흔들릴 위험이 존재한다. 가치를 잃지 않으면서도 기관을 안정적으로 운영하도록 균형을 유지해야 하는 도전에 직면해 있다.

■ 지역에서 사회적금융 기관을 설립하려면 어떻게 하면 되는가?

먼저 작은 규모의 기금을 조성해 직접 운용해 보는 것이 중요하다. 이 과정을 통해 경험을 축적한 다음 기관을 설립하는 순서로 접근하는 것이 바람직하다고 본다. 시스템과 전문성을 갖추는 것은 짧은 기간에 해결할 수 있는 일이 아니다. 따라서 정부 기금을 위탁받아 운용할 자격과 조건을 갖추는 것을 목표로 삼되, 우선 자조기금을 만들어 운용하면서 실전 경험을 쌓는 과정이 필요하다.

■ 사회적금융 생태계 조성에서 정부의 역할은 무엇인가?

금융 생태계가 잘 움직일 수 있도록 법률과 제도를 정비하는 것이 핵심적인 임무이다. 다음으로 시장금융이 작동하지 않는 결핍 공간에서 촉매 역할을 하는 것이다. 사회적금융을 실행하는 과정에서 발생하는 위험을 적극적으로 해결하는 중재자가 되는 것이다. 구체적으로 공적 보증을 활용한 위험의 이전, 민간 투자자들과의 위험 분담, 손실기금 등을 통한 위험 소각 등의 방법이 있다.

■ 사회적금융 생태계 조성을 위한 입법 과제는 무엇인가?

지금 우리나라엔 사회적금융을 규율하는 법률이 없다. 그로 인해 기존 법제의 틀 안에서 사회적금융을 중개하는 기구들이 활동하고 있지만 여러 지점에서 충돌이 생기고 있다. 지방정부는 법적 근거 없이 조례를 통해 반쪽짜리 행정을 하는 실정이다. 금융 사각지대를 해소한다는 측면에서 사회적금융을 활성화할 수 있는 입법이 필요하다. 기본법을 제정하는 것이 가장 좋지만, 특별법을 만들거나 기존 법률을 개정해서라도 법적 토대를 만들어야 한다.

■ 생태계 활성화 측면에서 외국과 우리나라의 차이점은 무엇인가?

미국은 네 가지 영역이 비교적 골고루 발전되어 있다. 영국은 정부가 목적의식적으로 임팩트 금융 생태계를 구축한 사례에 해당한다. 독일은 상대적으로 지역금융 기반이 잘 구축되어 있다. 우리나라는 영국과 유사한 형태로 진행되고 있다. 정부가 정책을 주도하면서 민간을 끌어들이는 방식이다. 하지만 자원이 대부분 수도권에 몰려 있어서 지역 간 격차가 매우 크다.

■ 우리나라 사회적금융 생태계는 잘 작동하고 있다고 보는가?

이제 막 씨앗을 뿌리기 시작한 도입 단계이기 때문에 판단하기엔 이른 감이 있다. 정부의 활성화 정책(2018년)은 공급량을 많이 늘렸고 생태계를 조성하는 데 지렛대 역할을 했다. 하지만 '전문 중개기관들이 뿌리를 튼튼히 내리고 역할을 잘 수행하고 있는가?'라는 시각에서 보면 부족한 점이 많다. 재원 측면도 공공에 대한 의존도가 높고 민간자본의 참여율은 미흡한 실정이다.

■ 민간자본이 이 생태계로 유입되려면 어떤 접근이 필요하다고 생각하는가?

세제 혜택 등을 통해 많은 시민이 참여할 동기를 제공해 줄 필요가 있다. 기업에 대한 ESG 평가 기준도 엄격하게 적용해서 워싱washing 현상이 일어나지 않도록 제도를 정비해야 한다. 사회적 가치를 창출하기 위해 힘쓰는 진짜 혁신기업들에 자금을 공급할 체계를 구축하는 것이 핵심이다. 이를 통해 착한 투자를 통해서도 적정 수준의 수익을 창출할 수 있다는 믿음을 시민들에게 심어 주어야 한다.

■ 사회적금융 생태계가 풍성해지려면 어떤 조건이 필요하다고 보는가?

생태계의 핵심은 다양성이다. 종種이 다른 생명체들이 서로 섞여 공생하는 것이 자연생태계의 본질이다. 사회적금융도 마찬가지이다. 각자 믿는 신념에 따라 생태계의 일원으로서 자신의 역할을 하면 된다. 지향이 같다면 함께 숲을 만들어 가는 동료일 뿐, 다름을 탓할 이유가 없다. 물론 그 기저엔 좋은 토양이 있어야 한다. 척박한 땅에서 나무와 숲이 자랄 수 없는 것과 같은 이치이다.

■ 향후 한국 사회적금융 생태계를 어떻게 전망하는가?

정부 정책 변화 등 변수가 많아서 속단하긴 힘들지만 계속 성장 발전할 것으로 보인다. 다만 각 영역이 균등하게 성장할 것 같지는 않다. 현재 흐름으로 볼 때, 시장금융과 맞닿아 있는 임팩트 금융이 가장 활성화될 것이라 여겨진다. 포용금융은 대부분 제도권으로 편입되었고 지역금융도 정부 정책 의지가 중요하다는 점에서, 차기 정부가 어떤 판단을 하는가에 따라 변화가 클 것이다.

■ 임팩트 금융이 활성화될 것으로 보는 근거는 무엇인가?

가치 있는 사업에 투자해도 수익을 창출할 수 있다는 사례가 만들어지면서 시장금융과 기업 자금이 이 영역으로 유입되고 있기 때문이다. ESG 영향으로 인해 유입되는 자금의 양도 많고 속도도 빠르다. 특히 기후와 환경 분야의 투자 규모가 빠르게 증가하고 있다. 국내는 물론이고 지구적 차원에서도 임팩트 금융시장은 지금보다 훨씬 큰 규모로 성장할 것으로 예상한다.

■ 사회적금융 영역 중 중요도 측면에서 어디가 우선이라고 생각하는가?

저마다 필요성이 있어서 어디가 더 중요하다고 말하기는 어렵다. 굳이 답하자면 모든 영역이 중요하다. 사회적금융의 출발점은 금융 공백과 소외를 극복하기 위한 노력이므로 네 영역 모두 나름의 의미와 가치를 지닌다. 상대적으로 열악한 영역은 호혜금융과 지역금융이다. 연대와 협력을 바탕으로 움직이는 공동체는 희소하고, 지역은 토대를 만들 자원이 절대적으로 부족하다.

■ 사회적금융 기관에 전하고 싶은 말이 있다면?

주제넘은 이야기가 될 수 있지만, 실력을 키우라는 말을 전하고 싶다. 주류 금융의 크기와 영향력에 비교해 볼 때, 사회적금융 기관들은 아주 미미한 존재이다. 금융은 신뢰가 생명이다. 시민들이 자산을 안심하고 맡길 수 있으려면 믿음을 주어야 한다. 가치가 높다고 신뢰를 얻을 수 있는 것은 아니다. 시장금융의 중개기관들과 어깨를 나란히 하려면 경험을 쌓고 실력을 배양해야 한다. 건투를 빈다.

참고문헌

경기개발연구원, 〈지역금융의 재조명 : 금융소외계층을 위한 지역금융의 역할〉, 2013.

관계부처 합동, 〈사회적금융 활성화 방안〉, 2018.

관계부처 합동, 〈사회통합형 주거 사다리 구축을 위한 주거복지 로드맵〉, 2017.

관계부처 합동, 〈친환경·포용·공정경제로의 대전환을 위한 ESG 인프라 확충 방안〉, 2021.

국사편찬위원회, 《20세기 여성 전통과 근대의 교차로에 서다》, 노바미디어, 2007.

금융위·금감원, 〈2021년 금융회사의 지역재투자 평가결과 발표〉, 2021.

김유현, 〈경남 사회적경제기업의 투융자 지원을 위한 기금조성 필요성과 운용 방향〉, 2019.

김은경, 〈미국의 지역 기반 관계금융 시스템〉, 《질서경제저널》, 2018.

김형미, 〈한국 협동조합 현황과 공제 사업의 전망〉, 2020.

노동공제연합 풀빵, 〈노동 공제의 문을 열다〉, 2021.

대구 사회적경제가치연대, 《대구 사회적금융 기금 포럼 및 주춧돌 협약 자료집》, 2021.

동작신협, 《동작신협 35년사》, 2017.

디쓰리쥬빌리파트너스, 〈Redefining growth〉, 2021.

로버트 쉴러, 《새로운 금융 시대》, 조윤정, 노지양 옮김, 알에이치코리아, 2013.

뤼프케, 스티글리츠 외, 《두려움 없는 미래》, 박승억 외 옮김, 프로네시스, 2010.

문진수, 〈우리나라에서의 사회혁신채권(SIB) 적용 방안에 관한 연구〉, 2015.

문진수, 《금융, 따뜻한 혁명을 꿈꾸다》, 북돋움, 2013.

문진수, 《돈의 반란》, 북돋움, 2015.

미히르 데사이, 《금융의 모험》, 김홍식 옮김, 부키, 2018.

민병길 외, 〈내생화폐론으로 본 지역예대율과 지방은행의 의의〉, 《사회경제평론》, 2018.

박원순, 《지역재단이란 무엇인가》, 아르케, 2011.

박종현, 〈사회적금융의 현재와 미래〉, 2022.

사회연대은행, 《사회연대은행 2020 연차보고서》, 2021.
서상원 외, 〈중소기업 관계금융의 현황과 성과〉, 《경제분석》, 2017.
신나는조합, 《신나는조합 20주년 백서》, 신나는조합, 2020.
신협중앙회, 《한국 신협운동 50년사》, 2011.
아름다운재단, 《희망가게 사업 10주년 성과보고서》, 2013.
아이쿱협동조합연구소, 〈한국 사회적경제 공제의 실태와 발전 방안〉, 2019.
윤미경, 〈여성 대상 소액대출 사업에서 비금융 지원이 가계소득에 미치는 영향〉, 《여성경제연구》, 2021.
재단법인 밴드, 《2020 재단법인 밴드 연차보고서》, 2021.
제현주, 《돈이 먼저 움직인다》, 어크로스, 2021.
조일현, 〈독일 보증은행의 중소기업금융에 대한 역할〉, 신용보증기금, 2013.
주민신협, 《협동 40년, 상생의 꽃으로 활짝 피다》, 2021.
채희율, 〈독일 금융시스템의 특징과 시사점〉, 《금융연구 working paper》, 2014.
하연섭, 《제도분석, 이론과 쟁점》, 다산출판사, 2011.
한국노동조합총연맹 외, 〈노동공제조합 입법추진 토론회〉, 한국사회가치연대기금, 2021.
한국사회가치연대기금, 《SVS 2020 연차보고서》, 2021.
한국사회가치연대기금 외, 《사회연대공제 활성화 국회 토론회 자료집》, 2022.
한국사회가치연대기금, 《사회적금융 활성화 정책 평가와 과제 국회 토론회 자료집》, 2021.
한국사회혁신금융, 〈경상북도 사회적경제 금융 생태계 조성을 위한 연구〉, 2020.
한국은행 프랑크푸르트사무소, 〈독일의 은행제도〉, 2009.
한석호, 〈사회적경제와 노동운동의 접목을 위한 제언〉, 2021.

도움 주신 분들 (가나다순)

곽제훈 (팬임팩트코리아, 대표)
권 찬 (아름다운재단, 사무총장)
김동환 (청년신협추진위원회, 공동추진위원장)
김연안 (아름다운재단, 국장)
김예주 (아름다운재단, 간사)
김재경 (대구시 사회적경제지원센터, 센터장)
김정태 (mysc, 대표)
김준호 (한국사회주택협회, 팀장)
김지영 (대구사회적경제가치연대, 기금위원장)
김현숙 (동작신협, 전무)
김형미 (상지대학교, 교수)
김홍길 (제주특별자치도, 국회협력관)
남보현 (HGI, CEO)
남철관 (나눔과미래, 국장)
노영한 (신나는조합, 사무국장)
도현명 (임팩트스퀘어, 대표)
류화영 (북서울신협, 주임)
문보경 (사회투자지원재단 사회적경제연구소 부소장)
문성환 (신나는조합, 상임이사)
문철우 (성균관대학교, 교수)
박기범 (비플러스, 대표)
박소륜 (HGI, CSO)
박종찬 (한살림연대기금, 팀장)
박형규 (행복나눔재단, 매니저)
박학양 (한국사회가치연대기금, 전 사무총장)
서경준 (피피엘, 사무총장)

서유경 (한국사회가치연대기금, 팀장)
성진경 (오마이컴퍼니, 대표)
송경용 (한국사회가치연대기금, 이사장)
신경철 (사회적기업연구원, 본부장)
신일용 (화성시청, 팀장)
안준상 (사회연대은행, 본부장)
여 진 (공익활동가 공제회 동행, 사무처장)
유유미 (전국주민협동연합회, 상임회장)
윤성일 (마포공동체경제네트워크 모아, 이사장)
윤태환 (루트에너지, 대표)
이덕준 (디쓰리쥬빌리파트너스, 대표)
이상진 (한국사회혁신금융, 대표)
이재원 (나눔과미래, 차장)
이종익 (한국사회투자, 대표)
이현민 (전북사회적경제연대회의, 사회적금융위원장)
이현배 (주민신협, 이사장)
장지연 (한구사회가치연대기금, 실장)
전재홍 (북서울신협, 전무)
정원각 (경남사회가치금융대부, 전 상임이사)
제현주 (인비저닝파트너스, 대표)
조금득 (청년신협추진위원회, 공동추진위원장)
최경호 (주거중립성연구소 수처작주 소장)
최인순 (주민신협, 전무)
하정은 (재단법인 밴드, 이사장)
한상엽 (소풍벤처스, 대표 파트너)
한석호 (전태일재단, 사무총장)
한영섭 (노동공제연합 풀빵, 팀장)
한영현 (마을과 집, 이사장)
한유경 (경기도청, 팀장)
한종훈 (피피엘, 선임 매니저)

우리가 몰랐던 진짜 금융 이야기
한국의 사회적금융 현장 리포트

초판 1쇄 2022년 9월 5일

지은이 | 문진수

펴낸곳 | 북돋움coop(북돋움출판협동조합)
펴낸이 | 상현숙
디자인 | 채홍디자인

신고 | 2020년 7월 30일 제2022-000059호
주소 | 서울시 금천구 가산디지털2로 166, 511호
전화 | 02-6369-0715
팩스 | 0303-3447-0715
블로그 | http://blog.naver.com/bookddcoop
이메일 | bookddcoop@naver.com

ISBN | 979-11-971422-8-4 (03320)

* 책값은 뒤표지에 있습니다.
* 파본이나 잘못된 책은 구입한 서점에서 바꿔드립니다.

이 도서는 한국출판문화산업진흥원의 '2022년 중소출판사 출판콘텐츠 창작 지원 사업'의 일환으로 국민체육진흥기금을 지원받아 제작되었습니다.